자연의 실상
신살론과 인연법

자연의 실상 신살론과 인연법

초판 1쇄 발행 2023년 1월 9일

지은이 김대현
펴낸이 장길수
펴낸곳 지식과감성#
출판등록 제2012-000081호

교정 정은솔
디자인 김찬휘
편집 김찬휘
검수 이주연, 이현
마케팅 정연우

주소 서울시 금천구 벚꽃로298 대륭포스트타워6차 1212호
전화 070-4651-3730~4
팩스 070-4325-7006
이메일 ksbookup@naver.com
홈페이지 www.knsbookup.com

ISBN 979-11-392-0865-8(03180)
값 45,000원

- 이 책의 판권은 지은이에게 있습니다.
- 이 책 내용의 전부 또는 일부를 재사용하려면 반드시 지은이의 서면 동의를 받아야 합니다.
- 잘못된 책은 구입하신 곳에서 바꾸어 드립니다.

자연의 실상
신살론과 인연법

대현 사주 작명 연구
자연의 실상 신살론과 인연법

김대현 지음

신살론(神殺論)에 대해서

당(唐)나라 때 연주(年柱)를 근본으로 하여 감정하는 당사주(唐四柱)가 널리 통용되어 무속인들이 십이지신살(十二支神殺)이나 당사주(當四主)로 사주를 감명하는 일이 많았었다.

청(淸)나라 때 유백온(劉伯溫) 임철초(任鐵樵)의 적천수(適天髓) 학설이 세상에 나오면서 격국(格局)과 억부(抑扶) 조후(調候)가 나오게 되었고, 십이지신살(十二支神殺)의 연구가 부족했던 것이 사실이다.

인간 생활에서 십이운성(十二運星)과 십이지신살(十二支神殺)의 응용이 여러모로 해당하지만, 신살(神殺)에 대한 확실한 문헌이 희소(稀少)하여 안타까울 뿐이다.

십이지신살(十二支神殺)을 혹자는 연주로, 혹자는 일주로 보며, 등등, 이 또한 혼란되어 이현령(耳縣鈴) 비현령(鼻縣鈴)으로 사실 무엇이 올바르다 주장할 수는 없으나, 무속에서는 당사주를 년지(年支)로 대입하는 일이 많았고, 오늘날에는 사주 명리가 대중화되면서 일주 중심으로 보는 사람이 많은 편이다.

길신(吉神)과 흉살(凶殺)의 합칭(合稱)으로 통용되는 신살(神殺)은 오성법(五星法)에서 기원하여, 자평(子平) 선생 이전에는 신살(神殺)이 성행하였으나 오행의 생극제화(生剋制化) 이치와 불합치(不合致)되어, 자평(子平) 선생이 이것을 고쳐 일간 위주로 인원용사법(人元用事法)을 취하여 신살(神殺)과 납음오행(納音五行) 및 년(年)을 위주로 하는 법을 버리고, 신살(神殺) 일부분만을 사용하게 되었다.

그러나 합형충파해(合刑沖破害)가 신살론(神殺論)에서 파생(派生)되었다는 사실을 아는 사람이 적다. 가령, 누구나 알고 있는 삼재살(三災殺) 같은 경우 년지(年支)를 기준으로 보게 되어, 희신으로 보는 삼재살(三災殺)과는 많은 차이점이 있게 된다. 그래서 복삼재(福三災)와 악삼재(惡三災)로 나누어지게 되었다.

간지(干支)의 명확한 이해와 격국(格局) 희기의 분별, 십신(十神)과 육친(肉親)의 원리, 그리고 합형충파해(合刑沖破害)에 대한 확실한 변화를 통하여 길흉(吉凶)을 구분하는 것이 매우 바람직할 것이다.

사주 명식을 집으로 비유하면 신살(神殺)은 집 내부의 장식이나 장치와 같은 매우 귀중한 성분이다. 그러므로 격국의 고저(高低)와 부귀빈천(富貴貧賤)을 논하려면 우선 희신을 구하는 자평법(子平法)으로 파악해야 할 것이고, 인간 삶에서의 희노애락(喜怒哀樂)과 운세의 길흉(吉凶)을 알기 위해서는 신살론(神殺論)을 반드시 공부해야 한다.

필자가 서두에서도 말했지만, 합형충파해(合刑沖破害)가 신살론(神殺論)이다. 신살(神殺)의 숫자는 300여 종에 달할 만큼 무분별하게 많으며 중복되는 신살(神殺) 또한 많은데, 필자는 사주 감명에 필요한 신살(神殺)을 골라 누구나 이해할 수 있도록 정리하는 바이다.

사주를 감명함에 때로는 단순한 것이 좋은데, 사실 합형충파해(合刑沖破害)만 완벽히 알아도 사주 감명에는 전혀 문제가 없으나, 신살(神殺)은 합충(合沖) 생극제화(生剋制化)의 연장선에 해당한다. 그러므로 신살(神殺)의 작용을 반드시 알아야 한다.

그리고 각기 천간의 성분을 알기 위해서는 "비부명리 천간론 비결", 지지의 성분을 알기 위해서는 "비부명리 신살론 비결"을 공부하여 본다면, 명리에 대한 최종 결론을 얻을 수 있을 것이다.

목차

신살론(神殺論)에 대해서	4
십이지신살(十二支神殺)	11
겁살(劫殺)	13
재살(災殺)	18
천살(天殺)	22
지살(地殺)	26
년살(年殺)	31
월살(月殺)	37
망신살(亡身殺)	44
장성살(將星殺)	49
반안살(攀鞍殺)	54
역마살(驛馬殺)	57
육해살(六害殺)	63
화개살(華蓋殺)	68
십이운성(十二運星)	73
절지(絶地)	75
태지(胎地)	88
양지(養地)	98
장생(長生)	112
목욕(沐浴)	128
관대(冠帶)	140
건록(建祿)	148
제왕(帝旺)	156
쇠지(衰地)	164
병지(病地)	172
사지(死地)	179
묘지(墓地)	187
목국(木局)의 조건	197
화국(火局)의 조건	212
금국(金局)의 조건	228
수국(水局)의 조건	245
충살(沖殺)의 특징	258
자오충(子午沖)	262
유묘충(酉卯沖)	266

신인형충(申寅刑沖)	271	축오귀문살(丑午鬼門殺)	391
해사충(亥巳沖)	278	인미귀문살(寅未鬼門殺)	397
진술충(辰戌沖)	284	묘신귀문살(卯申鬼門殺)	401
축미형충(丑未刑沖)	291	진해귀문살(辰亥鬼門殺)	404
형살작용(刑殺作用)	295	사술귀문살(巳戌鬼門殺)	410
인사신삼형(寅巳申三刑)	300		
인사형살(寅巳刑殺)	303	공망살(空亡殺)의 특징	414
사신형살(巳申刑殺)	306	태월공망(胎月空亡)	422
축술미삼형살(丑戌未三刑殺)	310	궁(宮)으로 보는 공망(空亡)	425
축술형살(丑戌刑殺)	314	십신(十神)으로	
술미형살(戌未刑殺)	316	보는 공망(空亡)	431
자묘상형살(子卯相刑殺)	320	신살(神殺)로	
자형살(自刑殺)	323	보는 공망(空亡)	449
파살(破殺)의 특징	333	배성(配星)으로	
해살(害殺)의 특징	354	보는 공망(空亡)	457
원진살(怨嗔殺)의 특징	365	백호대살(白虎大殺)	461
귀문관살(鬼門關殺)의 특징	374	괴강살(魁罡殺)	468
자유파귀문살(子酉破鬼門殺)	389	양인살(羊刃殺)	479

사신동주(死神同柱) 487	낙정관살(落井關殺) 525
묘신동주(墓神同柱) 492	음인(陰刃) 526
목욕동주(沐浴同柱) 497	십악대패살(十惡大敗殺) 527
식상묘신(食傷墓神) 501	홍염살(紅艷殺) 531
관식동주(官食同柱) 503	
	도화살(桃花殺) 535
천을귀인(天乙貴人) 505	편야도화(遍野桃花) 538
천월덕귀인(天月德貴人) 508	곤랑도화(滾浪桃花) 540
문창귀인(文昌貴人) 509	목욕살(沐浴煞) 541
금여성(金輿星) 511	여연살(女戀殺) 544
건록(建祿) 513	남연살(男戀殺) 545
암록성(暗綠星) 515	의처(疑妻) 의부살(疑夫殺) 546
삼기(三奇) 517	고신과숙살(孤神寡宿殺) 547
천사(天赦) 518	
	간여지동(干與支同) 551
복성귀인(福星貴人) 519	효신살(梟神殺) 552
태극귀인(太極貴人) 520	천의성(天醫星) 554
재고귀인(財庫貴人) 521	철쇄개금성(鐵鎖開金星) 556
녹마동향(祿馬同鄕) 524	탕화살(湯火殺) 557

곡각살(曲脚殺)	558		급각살(急脚煞)	594
현침살(懸針殺)	559		격각살(隔角殺)	595
평두살(平頭殺)	561			
고란살(孤鸞殺)	562		맺음말	596
음양차착살(陰陽差錯殺)	564			
천라지망(天羅地網)	565			
지망살(地網殺)	567			
복음살(伏吟殺)	568			
삼살방(三煞方)과 이사할 때	569			
음인살(陰刃殺)	576			
상문조객살(喪門弔客殺)	581			
삼재살(三災殺)	583			
단장관살(斷腸關殺)	587			
육수성(六秀星)	588			
음양살(陰陽殺)	589			
철사관살(鐵蛇關殺)	590			
오귀살(惡鬼殺)	591			
교신성(交神星)	592			
불구각살(不具角殺)	593			

십이지신살(十二支神殺)

【십이지신살(十二支神殺)은 상기 도표에 의한다】

십이지신살(十二支神殺)

일간 신살	甲	乙	丙	丁	戊	己	庚	辛	壬	癸
겁살	申	酉	亥	子	亥	子	寅	卯	巳	午
재살	酉	申	子	亥	子	亥	卯	寅	午	巳
천살	戌	未	丑	戌	丑	戌	辰	丑	未	辰
지살	亥	午	寅	酉	寅	酉	巳	子	申	卯
년살	子	巳	卯	申	卯	申	午	亥	酉	寅
월살	丑	辰	辰	未	辰	未	未	戌	戌	丑
망신	寅	卯	巳	午	巳	午	申	酉	亥	子
장성	卯	寅	午	巳	午	巳	酉	申	子	亥
반안	辰	丑	未	辰	未	辰	戌	未	丑	戌
역마	巳	子	申	卯	申	卯	亥	午	寅	酉
육해	午	亥	酉	寅	酉	寅	子	巳	卯	申
화개	未	戌	戌	丑	戌	丑	丑	辰	辰	未

일부 학파에서 말하는 도표와는 차이점이 있다. 어느 학파에서는 년지삼합(年支三合)으로, 또는 일지(日支) 중심으로 보는 학파도 있는데,

명리에서 가장 중요한 것은 월지(月支)가 사주 명식의 제강본부(提綱本府)라는 점이다.
　그리고 그 제강본부(提綱本府)에 의해서 격국(格局)과 조후법(調候法), 억부법(抑扶法)을 판단하게 되는데, 이 모든 것을 판단하는 기준점은 일간(日干)에 의한 월지(月支)와의 관계에서 성립한다.

　일지(日支)는 일간(日干)의 육신이라 간지일여(干支一如)이므로, 십이신살(十二神殺)을 살펴볼 때 월지 삼합국(三合局)으로, 타지지(他地支)와의 관계를 살피는 것이 중요하다.
　그리고 십이지포태법(十二支胞胎法)은 일간의 힘의 강약을 살피는데 매우 중요한 작용을 한다. 그러므로 월지(月支)와 일간(日干)과의 관계에서 절태양생(絶胎養生) 욕대관왕(浴帶官旺) 쇠병사장(衰病死藏)의 십이운성(十二運星)을 살피고, 일지(日支)와 월지(月支)와의 관계를 살피는 것이 가장 명확하게 신살(神殺)과 포태법(胞胎法)을 아는 방법이다.

겁살(劫殺)

겁살(劫殺)은 겁탈작용(劫奪作用)을 한다는 살성(殺星)으로, 기신작용을 하면 가난하고 한(恨) 많은 삶을 살게 된다. 삼합오행(三合五行)의 절처(絶處)이다. 예를 들면 목국(木局) 삼합(三合)의 화개살(華蓋殺)인 미토(未土)의 다음 글자가 겁살(劫殺)이며, 포태법(胞胎法)의 절지(絶地)에 해당한다.

【겁살(劫殺)은 포태법(胞胎法)의 절지(絶地)이다】

일간	甲	乙	丙	丁	戊	己	庚	辛	壬	癸
겁살	申	酉	亥	子	亥	子	寅	卯	巳	午
십신	편관	편관	편관	편관	편재	편재	편재	편재	편재	편재

절지(絶地)란 육체로부터 혼(魂)이 분리된 상태를 말한다. 겁살(劫殺)을 대살(大殺), 영웅살(英雄殺)이라고 하며, 상충방(相沖方)이 되는 망신살(亡身殺)과 충(沖) 하는 것이므로, 외부로부터 겁탈(劫奪)당하는 살성이다. 그래서 "외탈왈겁(外奪曰劫) 내실왈망(內失曰亡)"이라 했다.

절지(絶地)란 비어 있는 곳을 뜻하는데 빈 것은 채워지는 법이므로, 신살(神殺) 중에서 희기 작용이 가장 분명하다. 겁살(劫殺)은 일간에 따라서 갑을병정(甲乙丙丁) 일간에는 편관(偏官)이 되고, 무기토(戊己土)

일간과 경신임계(庚辛壬癸) 일간에는 편재(偏財)가 된다.

그러므로 갑을병정(甲乙丙丁) 일간은 편관(偏官)이 희신이면, 대권(大權)인지라 생살지권(生殺之權)의 권력을 차지할 수 있고, 무기경신임계(戊己庚辛壬癸) 일간의 편재(偏財)가 희신이면 대부(大富)를 이루게 된다.

겁살(劫殺) 성분은 신속, 결단, 급변, 속행, 혁명, 횡재, 등에 인연이 있으나, 흉신작용을 하면 손재, 도난, 겁탈(劫奪)을 당하게 된다.

원국 내 겁살(劫殺)이 기신작용을 할 때는 외부로부터 방해받는 괴이한 일들이 발생하고, 재물이 모이지 않거나 장애 구설수가 많으며, 아내나 자식이 겁살(劫殺)로서 기신이면 현처, 효자는 기대하기 어렵다.

겁살(劫殺)이 기신(忌神)이면 내가 아무리 선량하다 해도 장애를 발생시키고 귀찮게 하므로 어쩔 수 없이 대항하게 되는데, 명식의 겁살(劫殺)이 기신일 때 다시 대세 운에 겁살운(劫殺運)이 들어오면 겁살(劫殺) 작용은 더 포악해져, 겁탈, 강탈, 납치, 포로, 총성, 유괴, 압류, 철거, 손재, 파재, 불구, 교통사고, 수술 등이 발생하게 된다. 사주 전체를 보고 육친에 대입해서 통변한다.

*년겁살(年劫殺)이 기신이면 조상이 가난하고 한이 많았다.

*월겁살(月劫殺)이 기신이면 부모 형제가 가난하고 한이 많다.

*일겁살(日劫殺)이 기신이면 부부가 가난하고 한 많은 삶을 살아가게 됨을 뜻하고, 부부 해로하기 어렵다. 본인은 첩을 두거나 이별하기 쉽고 자식 덕도 기대하기 어렵다.

*시겁살(時劫殺)이 기신이면 방탕하거나 불구자식 또는 단명하는 자식이 될 수 있다.

자신 사주의 겁살(劫殺)이 기신이면 내가 사는 집에서 겁살(劫殺) 방향에 사는 사람은 나를 이용하려 뱀 꽈리 틀듯이 도사리고 있으므로 그쪽은 가까이하지 말 것이며, 이사 또한 그쪽으로 가서는 안 된다.

겁살(劫殺) 세년이 기신인 손님이 방문했다면, 편재(偏財)인가 편관(偏官)인가를 먼저 살피고, 편재(偏財)나 편관(偏官)의 록근천간(祿根天干)이 투출했다면 더욱 흉하다고 감명한다.

가령, 편재(偏財)가 겁살(劫殺)이면 집안의 생사(生死) 또는, 사느냐 못사느냐, 망(亡)하느냐, 손재, 파산 등으로 왔다고 감명하며, 편관(偏官)이 칠살(七殺)이 되어 투출했다면 관재구설 법정출두로 감명한다.

또한, 해당 겁살(劫殺)의 동서남북을 정하고 가령, 신금(申金)이 겁살(劫殺)이면 서방(西方), 해수(亥水)가 겁살(劫殺)이면 북방(北方), 인목(寅木)이 겁살(劫殺)이면 동방(東方), 사화(巳火)가 겁살(劫殺)이면 남방(南方)이므로, 인목겁살(寅木劫殺)에 걸렸다면, 인목(寅木)은 목기(木氣)이고 역마(驛馬)이며 재물이므로 그와 관련된 물상으로 통변하며 동방(東方)에 출입한 일이 있거나, 출입할 일이 생길 수 있으므로 주의해야 한다.

또한, 그곳에서 만나는 사람으로 인해서 인인패사(人人敗事)할 수 있으므로, 인목(寅木)에 관련된 색상의 옷이나 인방(寅方)에 갈 때, 목기(木氣)에 해당하는 김, 강, 고, 구, 권, 공, 근, 등의 성씨에 주의하고, 푸른색 옷을 입은 사람을 주의하는 것이 좋다.

겁살(劫殺)은 인신사해(寅申巳亥)로 역마(驛馬), 지살(地殺), 겁살(劫殺), 망신(亡身)에 해당하는데, 형충(刑沖)이 되었는지를 살핀다. 교통액, 망신(亡身), 먼 여행, 가출 등을 참고하며 육친을 적용하고, 오행(五行)의 깨어짐을 접목(椄木)한다.

명식의 겁살(劫殺)이 기신이면, 융통성이 작고 성격이 급하며 물불 안 가리는 성격으로 부부불화하고, 여성은 만혼과 신불기도 칠성기도 하는 것이 좋고, 공부를 많이 하면 무관(武官)에 길하다.
　겁살운(劫殺運)이 올 때, 마음은 급하고 일은 뜻대로 안 풀려 답답하며 매사 불이익이 발생하기 쉬우므로 경거망동은 금물이다. 집안 근심 관재구설수에, 비단옷 입고 밤길 걷는 형국으로 알아주는 이가 없는 격이다.
　겁살(劫殺)이 희신작용을 하면 대체로 신강명이 되는데, 사람이 총명하고 재주가 뛰어나며 귀명(貴命)이 된다. 이때 겁살(劫殺)의 천간투출이 있다면 더 귀명이라 판단한다. 겁살(劫殺)이 없는 사람보다 있는 사람의 그릇이 큰 경우가 많아서, 대부대귀(大富大貴)한 사가 될 수 있다.
　그러나 신약명으로 겁살(劫殺)이 기신작용을 하면 돌발사고로 비명횡사하는 때도 있는데, 겁살(劫殺)에서 천간이 투출했다면 더 흉하다. 겁살(劫殺)이 명식에 하나가 있고 대세 운에서 셋이 모인다면, 예측하기 어려운 흉(凶)한 일이 발생한다.

　겁살(劫殺)은 재물겁탈(財物劫奪) 관재재앙(官災災殃)에 연결되는 살성(殺星)이므로, 기신이면 도둑을 경계해야 한다. 또한, 분실사고로 지갑을 잃거나, 친구 동료에게 믿은 도끼에 발등을 찍힌다.
　편재겁살(偏財劫殺)이 흉신이면 재난, 손재, 강도나 도둑을 만나 손재를 당하거나, 주거불안 이동수가 된다.
　편관겁살(偏官劫殺)이 흉신이면 관재구설, 법정출두, 형옥살, 여성은 정조겁탈(貞操劫奪), 성폭행을 당하거나 남자에게 돈을 뜯기는 일도 있으며, 남자를 기피(忌避)하고 혐오하는 성향도 있다.

일지겁살(日支劫殺)이 흉신이면 가령 갑신일주(甲申日柱)에 신금(申金)이 겁살(劫殺)이면 편관겁살(偏官劫殺)이므로 성폭행을 당하고 원하지 않은 결혼을 할 수도 있다.

또는 일지(日支) 편재겁살(偏財劫殺)이 기신(忌神)이면 재다신약(財多身弱)이 될 것인데 인생에서 한 번은 쫄딱 망하고 부부 헤어지고, 재기하려고 갖은 애를 쓰는 인생이 될 수도 있다.

재살(災殺)을 삼재팔난(三災八難) 수옥살(囚獄殺)이라 하는데, 어딘가에 갇혀 보거나 대인기피 은둔자 등을 상징한다. 꼭 교도소가 아닐지라도 병원, 유괴, 감금 등으로 외롭고 고독한 일을 겪게 된다는 살성(殺星)이다.

활동성에 장애가 발생하거나, 사면초가로 움직이지 못하는 현상이 발생한다. 특히 일지가 재살(災殺)이고 천간이 투출한 경우 더욱 흉하여 배성의 덕을 기대하기 어렵고, 심하면 자폐아(自閉兒)가 되기도 한다.

겁살(劫殺) 다음 지지인 자오묘유(子午卯酉) 왕지(旺地)가 재살(災殺)이 되는데, 갑을병정(甲乙丙丁) 일간은 정관지지(正官地支), 무기경신임계(戊己庚辛壬癸) 일간은 정재지지(正財地支)가 재살(災殺)이 된다.

【재살(災殺)은 포태법(胞胎法)의 태지(胎地)이다】

일간	甲	乙	丙	丁	戊	己	庚	辛	壬	癸
재살	酉	申	子	亥	子	亥	卯	寅	午	巳
십신	정관	정관	정관	정관	정재	정재	정재	정재	정재	정재

재살(災殺)은 생명과 명예에 관련된, 목숨 걸고 싸우는 일들이 발생하는 것으로 본다. 그러므로 재살(災殺)이 희신이면 무관(武官)으로 길하지만, 기신이면 일반인이 감당하기 어렵다.

재살(災殺) 발동은 빠르게 나타나는 편이고, 정신계에 관련된 골치 아픈 일에 연결되기 쉽다. 명식의 재살(災殺)이 흉신인데 대운에도 들어오고, 다시 재살(災殺)을 돕는 세운이 온다면, 그로 인한 교통사고, 혈광사, 횡사, 괴질, 어딘가에 갇혀 보는 일이 발생하기 쉽다.

재살(災殺)은 장성살(將星殺)과 상충방(相沖方)으로 충돌하는 것이므로 구속, 투쟁, 사고, 급성질환 등의 재앙이 따른다. 따라서 감옥살이를 하는 사람에게는 대체로 수옥살(囚獄殺)이 있으나, 반드시 수옥살(囚獄殺) 때문에 갇히는 것은 아니며, 어떤 의미에서는 사회로부터 격리되어 은둔자 생활을 하게 된다는 의미가 있다.

또는 과다(過多)하게 신경 쓸 일이 있거나, 도모하는 일이 구설이 되는 일이 발생한다. 성격적으로는 현실을 도피하거나 염세적인 성향이 있으며 심술궂은 면도 있다.

* 년재살(年災殺)이 기신이면 관재나 질병이 본인에게 자주 발생하며, 조상도 가난하고 한 많은 삶을 살다가 횡사(橫死)했을 수 있다.

* 월재살(月災殺)이 기신이면 실물, 도적, 관재, 직업의 장애가 발생한다. 부모 형제도 가난하고 한 많은 삶을 살다가 횡사(橫死)할 수도 있다.

* 일재살(日災殺)은 권력 지향적이며 타인을 압도하는 눈빛과 언어를 구사한다. 그러나 기신이면 일평생 파란곡절(波瀾曲折)이 많으며, 부부이별이 아니면 흉사(凶事)나 혈광사(血光死)를 당할 수도 있다.

또한, 월지(月支)나 일재살(日災殺)이 기신이면, 처가 식구나 친구 동료들 중 나를 헐뜯는 자가 있게 되는데, 그 사람은 대체로 재살(災殺)에 해당하는 띠일 가능성이 있다.

*시재살(時災殺)이 기신이면, 자식이 많아도 자식 덕이 부족하고, 부모가 보살펴야 하는 불구자식이 있을 수가 있다. 만약 자식이 효자라면 단명하는 자식이 있게 될 가능성도 있다.

신강명으로 재살(災殺)이나 겁살(劫殺)이 희신(喜神)이고, 장성(將星) 관록(官祿) 제왕(帝旺)이 동주(同柱)하면 큰 인물이 되며, 재산을 모으고 잘 산다. 그러나 일간을 방조(幇助)하는 인성(印星)이 없거나 신약하면, 길운일 때는 잠시 평안하지만 일생 허리를 못 펴고 산다.

신약으로 재살(災殺)이 기신이면 재살(災殺) 방향으로 이사해서는 안 되고, 재살(災殺)에 해당하는 띠와 그쪽 방향 사람을 경계하는 것이 좋다.

관살(官殺)과 재살(災殺)로 희신이면, 법규를 계도집행(啓導執行)하는 사람이 되기 쉽고, 재살(災殺)이 어디에 있던지 희신이면 군경, 수사기관, 권력자 무관성(武官星)에 길하다.

신약사주에 기신작용을 하면 육친궁 어느 곳에 있든지 범법자, 사기꾼, 도둑이 되기 쉽고, 재성(財星)이면 처첩 시비구설, 쟁투가 발생하기 쉽다.

희신작용의 재살(災殺)이면 경찰서나 관공서, 법원, 교도소, 사법기관을 상대로 사업하거나, 구내식당을 하는 것도 좋다.

재살(災殺) 띠와는 될 수 있으면 주종 관계를 맺지 않는 것이 길하다.

재살운(災殺運)이 흉신이면 시비 가릴 일이 생기므로 관재(官災)를 경계해야 한다.

여명 일지관살(日支官殺)이 재살(災殺)로 기신이면 남편이 삼재팔난(三災八難) 수옥살(囚獄殺) 될 수도 있다.

남명은 재살정재(災殺正財)가 기신이면 재난풍파(災難風波)를 당하여 가난하고 부부 해로하기 어렵다.

삼재팔난(三災八難) 형옥살(刑獄殺)을 상징하는 재살(災殺)은 육친이 무덕(無德)하고 삼재팔난(三災八難)이므로 공을 많이 들여야 한다.

신병신액(神病神厄)이 없으면 죽을 고비도 겪어 보는데, 사업은 불가하다. 재물을 모을 만하면 나가고 만고풍상(萬古風霜)을 겪으며, 먹을 것 없는 제사에 절하는 격이다.

관재구설(官災口舌) 손재(損財) 화재(禍災)를 조심하고 빚 보증을 서지 않아야 하며, 믿는 도끼 발등 찍히기 쉬우니 남을 믿지 말아야 한다. 특히 신약명은 재살운(災殺運)에는 사업해서는 안 된다.

직업은 무관(武官)이 길하고, 재살(災殺) 기신은 구속, 감금, 송사, 교통액, 횡액수로 배우자 덕을 기대하기 어려운데, 특히 천간이 투출된 경우 더 흉하다.

다시 말해서 일지에 사묘절(死墓絶)에 좌하는 일간이 신약하다면, 가령, 병자(丙子) 정해(丁亥) 무자(戊子) 기해(己亥) 임오(壬午) 계사(癸巳) 일주는 일지재살(日支災殺)이 되는데, 재살(災殺)의 정기천간이 투출한 경우 한번 불행이 찾아오면 대책이 없는 경우가 많다.

천살(天殺)

천살(天殺)은 어쩔 수 없는 자연재해를 말하는 살성(殺星)으로, 하늘 보고 탄식(歎息)하는 일이 발생한다는 흉살(凶殺)이다.

천살(天殺)은 진술축미(辰戌丑未)에 해당하며 상충방(相沖方)인 반안살(攀鞍殺)과 충돌하는 것으로, 예상치 못한 천재지변(天災地變)과 같은 일이나 원인 모를 질병인 신병신액(神病神厄)이 발생하기 쉽다.

가령, 목국(木局)의 묘목(卯木)과 묘술합(卯戌合)이 되는 술토(戌土)가 천살(天殺)일 경우, 만약 화기왕성(火氣旺盛)하여 수기(水氣)를 꼭 필요로 하는데 술토(戌土)의 천살운(天殺運)이 제방제수(堤防制水)를 한다면, 수기(水氣)의 조력(助力)이 끊어지고 극히 해로운 일이 발생한다.

【천살(天殺)은 포태법(胞胎法)의 양지(養地)이다】

일간	甲	乙	丙	丁	戊	己	庚	辛	壬	癸
천살	戌	未	丑	戌	丑	戌	辰	丑	未	辰
십신	편재	편재	상관	상관	겁재	겁재	편인	편인	정관	정관

하늘 보고 탄식(歎息)하게 한다는 천살(天殺)이 기신작용을 하면 하늘의 노여움을 당하여 홍수에 전답이 유실되거나, 산사태로 집이 무너지거나, 지진, 해일, 태풍, 자연재해나, 사람이 벼락에 맞거나, 화재, 수재

등에 의한 재산과 인명피해가 오거나, 예상치 못한 하늘의 천재지변(天災地變)이 발생한다.

*년천살(年天殺)이 기신이면 본인은 일찍 타향객지하고, 조상은 가난하고 한(恨) 많은 삶을 살았기 쉬우며, 자손 덕을 보기 어렵다.
*월천살(月天殺)이 기신이면, 부모 형제가 무덕(無德)하고 가루 장사 하면 태풍이 불어오고, 소금 장사를 하면 소나기가 와서 다 녹는 격이다. 관직, 공직(公職), 직장생활이 길하며, 사업은 안 하는 것이 좋다.
*일천살(日天殺)이 기신이면 공방살(空房殺) 작용으로, 부부 금실은 견우직녀(牽牛織女)와 같다. 직장 관계나 어떤 일로서 주말부부로 멀리 떨어져 근심하며 살아간다.
남자는 내시(內侍)와 같고, 여자는 고집이 세어 남편을 억압하고 타인의 조언을 거부하며 저지르고 보는 성격으로, 흉사(凶事)를 당할 수도 있다.
*시천살(時天殺)이 기신이면 자식이 효도해도 불행이 연속되고, 탈법(脫法), 탈세(脫稅) 등으로 감옥살이를 하는 수도 있다.

대세 운이 기신으로 천살운(天殺運)이 발동하면 해외 나갈 일이 있거나 되는 일이 적으며, 부부이별을 하거나 각거(各居) 또는 각방(各房) 쓰고 살아간다. 그리고 천살흉신(天殺凶神)의 대세 운에는 관재구설, 암(癌)이나 풍(風)을 조심해야 한다.
천살(天殺) 발동으로 재난(災難)이 발생하면 마비, 중풍, 언어장애, 신경성, 심장질환 등이 발생하기 쉽고 오래가므로 신불기도가 필요하다.
곧바로 반안살(攀鞍殺) 방으로 가서 치료하거나 반안살(攀鞍殺) 방위에 머리를 두고 잠을 자면 치료가 되는 일도 있다.

즉, 미토(未土)가 천살(天殺)이면 천살(天殺)을 충(沖)하는 축토(丑土) 방향인 북동방 쪽으로 머리를 두고 자는 것이 좋다.

천살(天殺)이 기신이면 농사일은 수확이 적고 불길하며 동업(同業)은 실패한다. 그러므로 천살(天殺) 기신이 왕성한 사람에게 사업 밑천을 대 주면 밑 빠진 독에 물 붓기다.

천살방(天殺方)이 희신(喜神)이면 조상신을 보호하는 호법신장(護法神將)이 출입하는 방(方)이므로, 종교적인 물건을 두지 않는 것이 길하다. 또한, 공부하는 학생에게는 행운 방향이며, 조상님의 선산을 모실 방향이다. 반안살(攀鞍殺) 방으로 책상을 두면 정신이 흐려지기 때문이다.

진술축미(辰戌丑未) 사묘고(四墓庫)는 각기 쓰임이 달라서 수기(水氣)를 제압할 때는 술토(戌土)가 우선이고 미토(未土)는 차선이며, 화기(火氣)를 설기하는 용도일 때는 진토(辰土)가 우선이고 축토(丑土)는 차선이다.

습토(濕土)를 써야 할 때 조토(燥土)가 천살(天殺)이 되거나, 조토(燥土)를 써야 할 때 습토(濕土)가 천살(天殺)이면 흉액가중(凶厄加重)이며, 조토(燥土)를 써야 할 때 조토(燥土)가 있다면 천살(天殺)의 흉액은 무시해도 좋으며 오히려 길하다.

*갑목(甲木)과 정화(丁火) 기토일간(己土日干)은 술토(戌土)가 천살(天殺)이다. 그러므로 수기(水氣)를 제방제수(堤防制水)할 때는 길하지만, 화기(火氣)가 왕성한 사주라면 흉액가중(凶厄加重)이다.

*을목(乙木)과 임수일간(壬水日干)은 미토(未土)가 천살(天殺)이며 수기(水氣)를 제방제수(堤防制水)할 때는 길하지만, 화기(火氣)가 왕성한 사주라면 흉액가중(凶厄加重)이다.
*병화(丙火) 무토(戊土) 신금일간(辛金日干)은 축토(丑土)가 천살(天殺)이며, 화기(火氣)가 왕성한 사주라면 길하지만, 수기왕성(水氣旺盛)한 사주라면 흉액가중(凶厄加重)으로 천살(天殺) 작용이 나타난다.
*경금(庚金)과 계수일간(癸水日干)은 진토(辰土)가 천살(天殺)이며 수기왕성(水氣旺盛)했을 때는 흉액가중(凶厄加重)이지만, 화기(火氣)가 왕성(旺盛)한 사주라면 길하여 천살(天殺) 작용은 무시해도 좋다.

결혼을 못 한 남녀는 천살방(天殺方)으로 이사를 하거나, 천살방(天殺方)의 인연을 찾으면 혼사(婚事)가 이루어진다.
천살(天殺)이 부성입묘(父星入墓)라면 아버지 선망하기 쉽고, 자존심이 강하여 인덕이 없다. 일명 천재지변(天災地變)으로 믿은 도끼에 발등이 찍힌다. 그러므로 남을 너무 믿어서는 안 된다.

천신기도 산기도가 좋고 결혼은 두 번까지 할 수도 있으며, 자녀 근심수로 무자식이거나 기형아 출산이 염려되고, 질병체질에 예상치 못한 일이 발생하므로 중생공덕 업장소멸 천신기도 산기도가 자손을 위해서 길하다. 특히 시지천살(時支天殺)로 기신이면 자식을 위한 공줄기도가 필요하다.

지살(地殺)

　십이신살(十二神殺)의 지살(地殺)은 십이운성(十二運星)의 장생(長生)과 같은데, 갑목(甲木)은 해수(亥水), 을목(乙木)은 오화(午火), 병화(丙火)는 인목(寅木), 정화(丁火)는 유금(酉金)이다.
　무기토(戊己土) 일간은 화기(火氣)와 같이 통변한다. 진술축미(辰戌丑未)는 사계(四季)에 해당하며, 무토(戊土)는 진술(辰戌)과 같고 기토(己土)는 축미(丑未)와 같다.
　진술축미(辰戌丑未) 방위는, 진토(辰土)는 사계(四季)의 방위인 동남방(東南方), 미토(未土)는 남서방(南西方), 술토(戌土)는 서북방(西北方), 축토(丑土)는 북동방(北東方)이다.
　무토(戊土)는 병화(丙火)와 같은 인목(寅木)이 지살(地殺)이고, 기토(己土)는 정화(丁火)와 같은 유금(酉金)이 지살(地殺)이다.
　경금(庚金)은 사화(巳火), 신금(辛金)은 자수(子水), 임수(壬水)는 신금(申金), 계수(癸水)는 묘목(卯木)이 지살(地殺)이다.

【지살(地殺)은 포태법(胞胎法)의 생지(生地)이다】

일간	甲	乙	丙	丁	戊	己	庚	辛	壬	癸
지살	亥	午	寅	酉	寅	酉	巳	子	申	卯
십신	편인	식신	편인	편재	편인	식신	편관	식신	편인	식신

지살(地殺)은 일찍 고향을 떠난다는 뜻이 있어서 타향으로 유학을 가거나, 움직임, 변동, 객사(客死), 교통액 등을 상징한다. 양일간(陽日干)은 삼합오행(三合五行)의 첫 글자인 인신사해(寅申巳亥)가 지살(地殺)에 해당한다.

 상충방(相沖方)인 역마(驛馬)와 충돌하는 것이므로 이사, 이민, 출장, 유학 등 타향살이하는 일이 많다.

 특히, 역마살(驛馬殺)은 스스로 결정하여 움직인다는 능동성(能動性)이고, 지살(地殺)은 타의에 의해서 움직인다는 수동성(受動性)을 뜻한다.

 그러므로 역마살(驛馬殺)은 내가 일으키는 사고이고, 지살(地殺)은 타인에 의해서 내가 사고를 당하는 것에 해당한다. 그러므로 역마살(驛馬殺)은 어딜 가든 내가 결정해서 가는 것이고, 지살(地殺)은 외부 간섭에 의한 움직임을 뜻하므로 역마살(驛馬殺)의 능동성(能動性)과 지살(地殺)의 수동성(受動性)을 반드시 구별해야 한다.

 움직임 변화 변동을 상징하는 역마지살(驛馬地殺)이므로 육친에 적용하여 기신과 희신을 구별하여 변화의 움직임을 살펴야 한다.

 지살(地殺)은 일간의 생지(生地)에 해당하므로 아이가 갓 태어나서 걸음마를 하듯이 분주한 움직임을 뜻하므로 활동적인 움직임, 변화, 새로운 일에 대한 시작 또는 계획에 해당한다.

 가령, 지살(地殺)이 인수운(印綬運)으로 희신(喜神)이면 공부를 하기 위한 움직임으로 유학을 가거나 출장, 전근, 돈을 벌기 위해서 고향을 떠나는 것 등에 해당한다.

 지살(地殺)은 수동적(受動的)이므로 유학을 간다면 부모나 친척의 권유로 움직이는 것이며, 출장이나 전근을 간다고 해도 윗사람의 권유로 움직이는 것을 뜻한다.

  사주 명식에서 지살(地殺)이 동(動)하는 사주는 대체로 변화가 자주 발생하고 안정 찾기가 어려워서 이사 및 직업 변동이나 재물 변동이 심하다.

  양일간(陽日干)의 지살(地殺)은 인신사해(寅申巳亥), 음일간(陰日干)의 지살(地殺)은 자오묘유(子午卯酉)에 있으므로, 양일간(陽日干)의 지살(地殺)은 전진력(前進力)에 해당하고, 음일간(陰日干)의 지살(地殺)은 안정을 찾으려는 성분으로 작용한다.

  그러므로 같은 지살(地殺)일지라도 양일간(陽日干)과 음일간(陰日干)을 달리 통변해야 하는데, 양일간(陽日干)의 지살(地殺)은 역마살(驛馬殺)과 같이 인간사에 관련된 움직이는 일에 해당하고 교통수단이므로, 인목(寅木)은 버스, 신금(申金)은 기차, 사화(巳火)는 비행기, 해수(亥水)는 배가 된다. 그리고 교통조건이 되므로 강, 바다, 철로, 항로가 된다.

  인신사해(寅申巳亥)는 도로를 상징하며 인간사의 활동에 관계한다.

  재성(財星)이 지살(地殺)이면 돌아다니면서 돈 버는 직업을 가지거나, 말로 벌어 먹고산다. 남녀사주에 재관(財官)이 지살(地殺)이면, 인신사해(寅申巳亥)를 활용하여 그곳 방위에 합당한 곳에서 여자를 만나거나 돈을 번다.

  가령, 해수(亥水)가 지살(地殺)이면 유원지, 호수, 강, 바다 등에서 이성을 만나기 쉽고, 수기(水氣)에 관련된 직업이 많다.

  지살(地殺)이 형충(刑沖)이 되었다면 노상사고나 교통사고를 잘 당하고, 횡사(橫死)하는 일이 발생할 수 있다. 지살(地殺) 세년에는 바쁘게 움직일 일이 생기므로 변화를 경계해야 한다.

*년지살(年地殺)이 기신이면 일찍 고향을 떠나기 쉽다. 또한, 객지에서 객사(客死)하신 조상이 있을 수 있다.

*월지살(月地殺)이 기신이면 조상의 유업을 상속받아도 지키지 못하고 자수성가하거나 부모 형제와 이별하고 객사(客死)하는 형제가 있을 수 있다.

*일지살(日地殺)이 기신이면 동서남북 이동 변화가 심하고, 부부이별이 아니면 작첩(作妾)할 팔자이며 실속 없이 분주하다. 대체로 호기심이 왕성하고 싫증을 잘 느끼는 편에 해당하며 일찍 타향으로 떠나게 된다. 또한 사업 변동이나 여행을 좋아하거나 또는 출장이나 영업 등 움직임이 잦다.

나와 상대하는 사람이 지살(地殺)에 해당하면, 도와준다거나 도움받을 생각은 하지 말아야 한다. 특히 기신일 경우 시간만 허비하는 일이 많다.

*시지살(時地殺)이 기신이면 자식이 타향객지하고 돌아오지 않으며 임종(臨終) 시에도 임종을 지켜 줄 자식이 없거나, 한 많은 삶을 살거나 자식 신상이변수가 있게 되며 또는 부모 가슴에 무덤을 쓸 수도 있다.

명식 내의 지살(地殺)이 희신이고 생지(生地)나 록왕지(祿旺地)에 일간이 동주(同柱)하면 무역업이나 외교관으로 해외 생활을 할 수 있다. 또한, 지살(地殺) 방향에서 나를 돕는 자가 오기 때문에 지살(地殺) 방향의 현관문이 난 곳으로 이사하는 것이 좋다. 그러나 기신이면 지살(地殺) 방향으로 이사해서는 안 된다.

재성(財星)이 지살(地殺)이면 돌아다니며 돈 버는 일을 하거나, 운수업을 하기 쉽다.

　아내가 지살재성(地殺財星)으로 일간 외의 타 천간과 암합(暗合) 되어 있다면 사통도주(私通逃走)하는 처(妻)가 될 수도 있다.

　남명이 재성지살(財星地殺)이면 돌아다니다가 아내를 만나고, 기신(忌神)이면 꽃뱀을 만나며 손재하고 재난풍파한다.

　여명에서 관성지살(官星地殺)이 일간 외의 타 천간과 암합(暗合)되었다면 남편이 바람을 피우거나 첩(妾)을 둘 수 있고 부부이별하기 쉽다.

　또한 관성(官星)이 지살(地殺)이면 돌아다니다 남자를 만나기 쉽고, 기신이면 남자로 인해서 망신살이 되며 손재하고 재난풍파(災難風波)한다.

　지살(地殺)은 부부궁이 부실하고 변화 변동하는 일이 많으며, 이사 및 직업 변동이 잦게 되는데, 월지살(月地殺)은 어머니 선망 수가 강하고 사업은 안 하는 것이 길하며 입으로 먹고사는 직업이 길하다.

　땅에서 일어나는 변화, 여행, 이주, 해외 출입, 교통수단, 전출입은 일지가 삼합(三合)으로 연결될 때 해당한다.

년살(年殺)

년살(年殺)을 도화살(桃花殺), 함지살(咸池殺), 욕패살(浴敗殺), 상사병(相思病), 색정살(色情殺)이라 하는데, 일간의 욕지(浴地)에 해당한다.

상충방(相冲方)인 육액살(六厄殺)과 충돌하는 것이므로, 유행과 화려한 생활을 좋아하고, 색감(色感)에 민감하여 미색(美色)을 탐(貪)하며, 야성적인 성욕과 성생활 위주로 결혼하는 일이 많다.

즉흥적인 생각으로 본능에 치우치며 유행을 따라가는 성품으로, 조상의 얼을 계승(繼承)하는 성분과는 다름이 있어서 현실주의 성향이 강하다. 따라서 주색, 직장 태만, 음주와 가무, 방탕, 현실주의 생활을 하며, 화류계, 서화(書畵), 구기(球技) 등에 인연이 있어 본다.

【년살(年殺)은 도화살(桃花殺), 포태법의 목욕살이다】

일간	甲	乙	丙	丁	戊	己	庚	辛	壬	癸
년살	子	巳	卯	申	卯	申	午	亥	酉	寅
십신	정인	상관	정인	정재	정관	상관	정관	상관	정인	상관

특히, 도화살(桃花殺) 성분이 지살(地殺)이나 역마살(驛馬殺) 또는 육해살(六害殺)과 근접해 있다면 체육관 등에서 옷을 벗고 뛰는 상으로, 운동선수에게서 많이 볼 수 있다.

년살(年殺)은 도화살(桃花殺)이라고 하며 일명 바람기로 묘사하는데, 지살(地殺)의 다음 글자인 자오묘유(子午卯酉)에 해당한다. 명식이 귀격(貴格)이면 고관대작(高官大爵)이고, 여명은 요조숙녀(窈窕淑女)로서 화려한 생활을 하지만, 명식이 흉격(凶格)으로 관살혼잡(官殺混雜)에 기신 작용을 하면 바람둥이로 삼처삼부(三處三夫) 팔자가 되기도 하는데, 성욕(性慾)이 왕성하여 참지 못하는 단점이 있다.

　가령, 무토일간(戊土日干)에 묘목(卯木)이 도화살(桃花殺)이고, 갑을목(甲乙木)이 투출되어 관살혼잡(官殺混雜)이면, 암장부집(暗藏夫集)에 도화발동(桃花發動)이 되는 여명으로 부부 해로도 못 할뿐더러, 남자들로 인해서 풍파에 시달리는 일생을 살아갈 수 있다.

　사주에 지살(地殺)이 있다면 도화발동(桃花發動)으로 연결되는데, 집 안에만 있다면 어찌 도화살(桃花殺)이 되겠는가? 그래서 지살역마(地殺驛馬)로 돌아다니다가 도화살(桃花殺)이 되는 것이다.

　도화살(桃花殺) 옆에 지살(地殺) 역마(驛馬) 육해살(六害殺)이 한 글자 근접(近接)하고 있으며 망신살(亡身殺)이 있다면 역마도화(驛馬桃花) 망신살(亡身殺)로 연결되는 것이므로, 생각 없이 피운 바람기로 패가망신(敗家亡身)이 되는 것이다.

　예전의 노인들이 옹기그릇과 여자는 내돌리면 바람 들어 깨진다고 한 말이 이것을 두고 한 말이다. 년살(年殺)은 붉은 봉숭아꽃 도화(桃花)가 가물거리고 촉촉한 못 함지(咸池)에 비유하는데, 실제로 바람 들어 이성이 그리워지면 얼굴이 붉어지고 입가에 침이 고이며, 특히 눈의 흰자위가 충혈되면서 눈 어미가 촉촉하게 젖는다.

그러나 도화살(桃花殺)이 희신(喜神)인 명식은, 사교적인 성품으로 항상 명랑하고 남에게 친절하며 우호적이다. 고급관료 부인이나, 사교가 필요한 사업가, 연예인, 예능직, 화려함을 추구하는 관련 사업이나, 주류업, 유흥업, 요식업, 의류업 등은 도화(桃花)가 있어야 인기가 있고 유능하다.

그러므로 도화살(桃花殺)은 능수능란한 처세수완으로 보게 되며, 밝고 환한 것을 상징한다. 특히 해당 육친에 적용하여 살피게 되는데, 눈웃음이 예쁘고 볼우물이 매력적인 사람은 사주에 수기(水氣)가 많고 도화살(桃花殺)이 있는 사람이 많다.

* 인수도화(印綬桃花)는 어머니의 바람기로 사통도주(私通逃走)할 수 있어서 첩모(妾母)를 봉양(奉養)해 본다고 하는데, 서출인생(庶出人生)이 될 수도 있다.
* 비겁도화(比劫桃花) 기신 작용은 호색(好色), 손재(損財), 작첩(作妾), 이별(離別), 탈재(奪財) 작용을 상징한다.
* 식상도화(食傷桃花)는 생식기 도화(桃花)라, 발동되었다면 호색(好色), 관재(官災), 삭탈관직(削奪官職) 등을 상징하며, 자녀가 호색하거나, 남녀 본인 또한 연애결혼을 하게 된다.
* 재성도화(財星桃花)는 아버지나 아내, 시어머니가 호색(好色)한다. 어떤 경우든 희기(喜忌)를 가려야 하는데, 희신(喜神)이면 처덕에 발복하고 여복이 있으며 재물이 풍족하다.

기신(忌神)이면, 아내가 호색(好色)하거나 재난풍파를 겪으며 아버지 덕이 불미하다.

* 정관도화(正官桃花)가 희신(喜神)이면 승진 출세가 빠르고, 여명의

경우 양호한 남자인연이다. 남편이 호색(好色)하는 경향이 있지만 귀부인 격으로 길하며, 연애결혼을 하기 쉽다.

그러나 기신이면 바람을 피우며 호색(好色)하고, 남명의 경우는 직업이 하천하여 유흥업 종사자가 되기 쉽고 직업 변동이 많으며, 자녀가 호색하기 쉽다.

*살성도화(殺星桃花)는 호색하는 사람과 인연이 되거나 남편 덕이 부족하기 쉬우며, 남명의 경우에는 호색(好色)하는 자녀의 일로 근심이 그칠 날이 없으며, 바람나서 득병(得病)하는 상이다. 그러나 희신(喜神)으로 유력하다면 용모가 수려(秀麗)하고 기예(技藝)가 출중하며 인자하고 중후한 성품이 된다.

*도화(桃花)가 사절지(死絶地)에 기신(忌神)이면, 교활하고 배은망덕하다.

*도화살(桃花殺)이 공망(空亡)이면 인내력이 좋은 수행심이 발생하지만, 형충(刑沖)이 되었다면 음욕살(淫慾殺) 발동으로 나타나고 신체가 허약하며 호색하거나 단명하게 된다.

*도화살(桃花殺)이 귀인으로 희신이면 유흥업이나 여자를 거느리고 사업으로 성공 출세하며, 사회사업 등에 적선한다.

*년도화(年桃花)가 희신(喜神)이면 대체로 부부 애정이 깊고 다정하며 잘산다. 그러나 기신일 때는 도화병으로 가슴앓이하셨던 조상이 있게 되고, 도화병으로 비운(非運)에 가신 분이 있다고 통변한다.

*년도화(年桃花)가 재성(財星)이나 관성(官星)이면 연상녀, 연하남과 인연이 되기 쉬우며 아니면 늦은 신랑을 만나고, 성감(性感)이 조숙(早熟)하여 조혼(早婚)하는 특징이 나타난다.

*월도화(月桃花)는 화려한 것을 좋아하므로 패션, 무용, 수영선수, 영화, 연극, 유흥업, 주류업, 화류계에 인연이 있어 본다. 그리고 호색(好色)으로 양기(陽氣)를 소모하고, 성병으로 고생해 볼 수도 있다.

*월도화(月桃花)가 기신이면 부모 형제 중 화류병으로 사망하거나 성병 관련을 유추할 수 있고, 부모 형제의 도화병도 있었을 것이라 추리한다.

*월도화(月桃花)가 인성(印星)이면 환경이 불미하여 어머니가 재취(再娶)이거나, 어머니가 홀어머니일 수도 있으며, 유부남, 유부녀의 사통(私通) 등 성적 불만이 있게 된다.

*일도화(日桃花)는 성병을 조심해야 하는데, 기신이면 부부불화가 끊일 날이 없으며 서로가 바람을 피워 패가망신하기 쉽다. 작첩동거, 여자구설, 남자구설, 부군작첩, 의부 의처증, 가정 내 이성에 의한 풍파가 발생한다.

*시도화(時桃花)는 부부이별수가 강하고, 자손이 화류계에 종사하거나, 부부간 성적 불만족 현상으로 늦바람이 날 수 있다.

*천합지형(天合支刑)의 형살도화(刑殺桃花)가 있다면 주색잡기로 패가망신하고, 여난(女難) 관재(官災)나 성병으로 인해서 고통을 당한다.
또한 곤랑도화(滾浪桃花)는 겉은 얌전하고 예의가 좋아도, 음탐호색(淫貪好色)으로 남자는 여자의 저주(詛呪)를 받기 쉽고, 여자는 남자의 신세(身世)를 망(亡)치기 쉬우며 에이즈 임질(淋疾) 성병에 걸리기 쉽고, 복상사(腹上死)하는 수도 있다.
묘하게도 부부간의 합정(合情)도 자오묘유(子午卯酉) 일진에 많이 이루어진다.

도화살(桃花殺)은 대체로 색탐(色貪)을 하고 부부궁이 나빠서 부부불화 이별작용을 하며, 성격이 조급해도 뒤끝은 깨끗한 편이지만, 집중력이 부족하여 공부에 어려움을 겪게 된다. 그러나 사람이 많이 따르는 형으로, 서비스 분야에 성공수가 있다.

도화살(桃花殺)로 가출했을 때는 각기 다른 곳에서 만나더라도 꼭 해당 지역으로 가서 연애하므로, 도화방(桃花方)으로 간다면 찾을 수 있다.

평소에 정숙(貞淑)하고 얌전하던 사람이 도화살(桃花殺) 발동으로 색난(色難)을 일으켜 가정이 풍비박산될 때는, 도화병(桃花病)으로 사망한 영혼이 빙의(憑依)되어 그런 것이므로, 그 영혼을 찾아 천도제(遷度祭)를 올려 주면 본정신으로 돌아온다.

그런 영혼을 찾을 수가 없다면, 위령제(慰靈祭) 천도제(遷度祭)를 하는 것이 좋고, 부적(符籍)을 써서 빙의된 영혼을 천도하는 것이 길하다. 그리고 도화살(桃花殺) 방향에 장롱, 화장대, 장식물을 진열하는 것도 좋다.

명식의 도화살(桃花殺)이 기신으로 형충(刑沖)되었다면 안정 찾기가 어려워서 흉하다. 이때 다시 행운에서 도화운(桃花運)을 만난다면 이성재난(異性災難), 관재망신(官災亡身)을 당하고 가출하는 일도 있다. 그러나 도화(桃花)가 희신작용을 하는 사람은 만물박사처럼 아는 것이 많아서 그 주위에 모여드는 사람이 많다.

월살(月殺)

월살(月殺)을 고갈살(枯渴殺) 또는 고초살(枯草殺)이라 하는데, 일명 무속인살(巫俗人殺)이라고도 하며, 발육부진, 기능마비 등의 흉살작용을 하는 신살이다. 모든 것을 메마르게 한다는 뜻으로, 명식에서 고갈살(枯渴殺)이 흉작용을 하면 그 피해는 더욱 크다.

【고갈살(枯渴殺)은 포태법(胞胎法)의 관대지(冠帶地)이다】

일간	甲	乙	丙	丁	戊	己	庚	辛	壬	癸
고갈살	丑	辰	辰	未	辰	未	未	戌	戌	丑
십신	정재	정재	식신	식신	비견	비견	정인	정인	편관	편관

고갈살(枯渴殺)은 진술축미(辰戌丑未)에 있는데, 명식이 한랭하고 수기(水氣)가 왕성할 때 술토(戌土)가 있다면 매우 길하고, 차선은 미토(未土)이다.

그런데 있어야 할 술미조토(戌未燥土)가 없고, 고갈살(枯渴殺)에 해당하는 진토(辰土)나 축토(丑土)가 있어서 한기(寒氣)를 가중하면, 고갈살(枯渴殺)의 흉의는 더 가중되는 것으로 통변한다.

이와 반대로 진토(辰土)나 축토(丑土)가 고갈살(枯渴殺)이지만, 화설생금(火洩生金)하고 화기(火氣)를 수렴하여 온도조절이 되었다면, 흉의는 없어지고 귀인작용이 된다.

그러나 명식의 다른 토기(土氣)와 형충(刑沖)으로 묘신(墓神)이 발동되었다면, 예상치 못한 흉사(凶事)가 자주 발생하여 힘든 인생이 된다.

고갈살(枯渴殺)은 삼합오행(三合五行)의 관대지(冠帶地)에 해당하는데, 상충방(相沖方)인 화개살(華蓋殺)과 충돌하는 것이므로 예상치 못한 장애물을 만나는 것과 같아서, 매사 순조롭지 못하고 위축되는 발육부진(發育不進)을 뜻한다.

고갈살(枯渴殺)이 형충(刑沖)되었다면 격파(擊破)당하는 것이므로, 각종 기능이 마비되는 것과 같다. 가령, 갑목(甲木)의 축토(丑土)는 천을귀인(天乙貴人)으로 금기창고(金氣倉庫)를 상징하며, 남명의 경우 아내에 해당하는 재물이다.

그런데 발육부진(發育不進) 고갈살(枯渴殺)이면 그 처의 미모를 내세울 것이 없고 재물도 빈약할 것을 상징하며, 귀인(貴人)의 음덕(蔭德) 또한 고갈(枯渴)되었음을 뜻한다.

그러나 윗글에 설명했듯이 갑목일간(甲木日干)이 목화상관격(木火傷官格)일 때, 왕성한 화기(火氣)를 수렴(收斂)하여 금기(金氣)를 생하며, 목분화열(木焚火熱) 되는 것을 막아 준다면 진정한 귀인작용으로 아내로 인해서 발복 성공을 이루게 된다.

진술축미(辰戌丑未) 토기(土氣)는 종교, 믿음, 신앙과 관련이 큰 만큼, 형충(刑沖)되었다면 신앙의 개종(改宗), 교리에 대한 회의, 종교분쟁이 발생함을 뜻한다.

상충방(相沖方)인 화개살(華蓋殺)은 오행의 창고인데 이것을 파괴하므로, 자원이 고갈되고 타인과 반목(反目)과 불화(不和)함이 있게 된다.

특히, 화기(火氣)가 많은 여명 사주에서 술미조토(戌未燥土)가 고갈살(枯渴殺)로 작용하여 금수(金水)의 기운을 마르게 하면, 신장(腎臟)의 수기(水氣)가 마르므로 혈액순환이 활발하지 못하고, 음기(陰氣)가 약해지면서 월경(月經)이 고르지 못하여 심한 월경통(月經痛)을 겪게 되고, 일지고갈(日支枯渴)이면 배성에 해당하는 육친이 매사 장애를 겪고 기능이 마비되는 현상이 발생한다.

명식 내에 고갈살(枯渴殺)이 기신작용을 하면 소아마비, 사업부진, 자금고갈, 종교분쟁, 교통사고 등이 발생하기 쉽고, 원인 모를 신병신액으로 시름시름 아프게 되며, 일명 무속인살로서 원인 모를 질병인 무병(巫病)에 시달리기도 한다.

특히, 여명의 식상(食傷)이 고갈살(枯渴殺)로 기신이면 자식과 남편의 정이 부족하고 부부 해로 또한 어려우며, 무속인, 화류계, 만신이 되는 사람도 많으며 신병신액으로 나타난다.

또한 장애인 자식이 있으며, 건강하다면 일생 그 자식으로 인해서 근심 걱정이 있게 된다. 예로부터 농부가 고갈살(枯渴殺) 날에 씨를 뿌리거나 묘종(苗種)을 하지 않았는데, 부정(不正)을 타기 때문이다.

묘하게도 고갈살(枯渴殺) 날에는 종자(種子)가 발아(發芽)되지 않는다고 한다. 월살(月殺) 날은 이사나 잔치도 안 하며 혼인도 가렸다. 건축, 창고 짓는 일, 동물의 교미(交尾), 닭의 부화, 장 담그기도 가렸다.

부부합정은 자오묘유(子午卯酉) 도화(桃花)가 들어가는 날이나 인신사해(寅申巳亥) 날에 많이 이루어지는데, 옛사람들은 진술축미(辰戌丑未), 특히 월고갈(月枯渴)이나 일고갈(日枯渴)은 부부합정(夫婦合情)하지 않는 날로 보았다.

그날 씨를 뿌리고 자식을 잉태하면 아이가 세상에 해악을 끼치거나, 평생 병약체질로 고생할 수 있다고 한다.

사주에 고초살(枯草殺)이 많으면 무자식 팔자라고 하는데, 일시의 고갈살(枯渴殺)은 장자건각(長子蹇脚)이요 손수부절(孫愁不絶)이라, 자식이 불구이거나 자식으로 인해서 근심 걱정이 많다고 했기 때문이다.
그러나 고갈살(枯渴殺) 일지라도 자신의 사주에서 희신이면 피할 필요는 없을 것이다.
신약사주가 월살(月殺)이 중첩되거나 재살태과(財殺太過)면, 신병, 무병, 신경쇠약, 정신이상, 우울증과 같은 병마(病魔)에 시달리거나, 지적장애(知的障礙)로 나타난다.
신약사주에 월살(月殺)이 있는데 다시 월살운(月殺運)이 들어오거나 형충(刑沖)이 되었다면 신체가 마비될 수 있고, 신앙(信仰)을 개종(改宗)하거나 신념이 변하는 경험을 하게 된다.
정신적인 목마름에 신흥종교나 무속에 맹종하기 쉽고, 일상으로부터 일탈이 염려된다. 망상장애(妄想障礙)가 발생하고, 남편이나 아내, 자식을 혐오하기도 한다.
월살운(月殺運)에 우울증, 분노, 죄의식, 두려움, 무기력, 공허함이 생긴다. 그러므로 공허함을 채우기 위해서 일탈(逸脫)을 하거나 신흥종교에 빠져 맹신자가 되거나, 다단계에 빠져 허송세월하기도 한다.

고갈살(枯渴殺)은 육친에 대입하여 통변하게 되는데, 희기신을 세밀히 가려야 한다. 가령, 여명의 식상고갈(食傷枯渴)이면, 자식과 남편에 관련된 문제가 있을 것을 상징한다.

자기 자신을 표현하고 나타내는 인생무대가 발육부진(發育不進)이므로 유방이나 생식기, 생각의 나타남이 발육부진 고갈(枯渴)이므로 소극적인 성격이 되며, 재물이 불어나지 않는다. 또한, 유방암이나 자궁암의 염려도 있다.

특히, 고갈살(枯渴殺)이 형충(刑沖)으로 기신이 된 경우 더 심하며, 여명의 시주(時柱) 고갈살(枯渴殺)이 식상(食傷)이거나, 남명은 관성(官星)일 경우, 무자식, 정신지체아, 자폐아, 소아마비, 또는 불구 자식일 수도 있다.

남명의 경우 성기가 발육부진이므로 번데기를 상징하거나 내시 같은 성격에 소극적이며 재물을 만드는 재주가 부족하고, 정력 또한 고갈(枯渴)되어 발기불능(勃起不能)이 될 수도 있다.

그러므로 신체가 왜소하고, 재물이 모이지 않을 것을 상징하며, 재성(財星)이 고갈살(枯渴殺)이면 그 처성의 문제점이 나타나며 외모가 아름답지 않고, 재물이 빈한하며 불길(不吉)하다.

남녀 관성(官星)이 고초살(枯草殺)이면 직업이 시원치 않으며 승진발전의 혜택이 줄어듦을 상징하고, 인수(印綬)가 고초살(枯草殺)이면 부모의 사랑이 발육부진(發育不進)이 되므로 심히 불길하여 어머니의 신상이변수를 생각할 수 있다.

비겁(比劫)이 고초살(枯草殺)이면 형제, 친구, 동료의 덕이 작을 것을 상징하므로, 고초살(枯草殺)이 희신이기를 기도해야 할 것이다.

*년고갈(年枯渴)이 기신이면, 부지런히 노력해도 되는 일이 없다. 선대조상이 굶주려 있으므로 그러하다. 선대조상 중에 무당으로 사당(祠堂)을 섬기던 분과 깊은 인연이 있으며 배고프게 살다 가신 한스

러운 조상님이 계시는데, 극진히 해원제사(解怨祭祀)를 지내고 잘 대접하면 조상이 도와서 어느 정도 일이 풀리게 된다.

*월고갈(月枯渴) 기신은 이리저리 머리를 써 봐도 되는 일이 없으며 자본만 축난다. 부모 조상이나 그 형제 중에 굶주린 영혼이 있으며, 그분이 살아생전 사당(祠堂)에 차려 놓은 밥을 훔쳐 먹고 부정(不正)을 탔다고 본다. 또는 무속, 사당, 불교를 섬기던 분이 있으며 그분과 깊은 인연이 있다.

또한, 배고프게 살다 가신 한스러운 조상이 있게 되는데, 조상님께 극진히 해원제사(解怨祭祀)를 지내고 잘 대접하면 조상이 도와서 어느 정도 일이 풀리게 된다.

만약 비겁(比劫)이 고갈살(枯渴殺)이면 형제 중에 가난한 굶주린 형제, 발육부진, 신상이변의 형제가 있거나, 고갈백호(枯渴白虎)라면 불귀객이 있었음을 상징한다.

*일지고갈(日支枯渴)이 기신으로 정기천간이 투출했다면, 부부 합심하여 공(功)을 들여도 견우직녀처럼 떨어져 살며, 공방살(空房殺) 작용으로 한숨만 나온다.

무속인과 인연이 많아서 박수나 무당이 될 수도 있으므로, 지극정성 업장소멸 기도를 해야 한다. 특히 일지가 육친궁의 무엇인지를 판단하고, 합충(合沖)과 천간투출(天干透出)의 발동 관계를 살펴야 한다.

*시고갈(時枯渴)로 기신이면 효자가 거의 없으며, 단명수에 불구자손으로 근심만 더해 간다. 이때 시고갈(時枯渴)일지라도 육친궁에서 여명의 식상(食傷)으로 기신이거나, 남명에서 관살(官殺)이 시고갈(時枯渴)로 기신일 경우 더 흉하여, 일생 자식으로 인해서 근심 걱정

이 발생하고 자식이 장애인이거나 무력할 수 있으므로, 기도가 최선이다.

고갈살(枯渴殺)은 일명 무속인살(巫俗人殺)로 정법(正法)보다 신비한 것을 더 좋아한다. 특히 고갈살(枯渴殺)이 있으면서 관살태왕(官殺太旺)하다면, 신체 불구, 소아마비, 교통사고 등을 주의해야 하는데, 질병체질로 허약하며 고독하고 적막하며 신풍파(神風波)가 있어서 승려, 무속인, 화류계, 예능, 서비스 분야가 길하며 자식이 무덕하다.

사업에 동업은 절대 불가하고, 부부궁 또한 흉하므로 많은 공(功)을 들여야 길하고, 단명수도 있다.

망신살(亡身殺)

　망신살(亡身殺)은 모든 것을 파(破)하고 깨트린다는 살성(殺星)인 파군살(破軍殺) 또는 관부살(官符殺)이라고 한다. 망신(亡身)당하게 됨을 뜻하며 인덕이 부족하다.
　인신사해(寅申巳亥)와 자오묘유(子午卯酉)로 구성되었으며 삼합오행(三合五行)의 건록(建祿)에 해당하고, 상충방(相沖方)인 겁살(劫殺)과 충돌하는 깃이다.
　취득에 관한 욕망으로 분탈(分奪)이 생기는 까닭에 내부로부터 잃는 것이므로, 내실(內失)이라 본다. 따라서 육친망실(六親亡失), 작별(作別), 실물망실(實物亡失) 등이 발생한다.

【망신살(亡身殺)은 일간의 록지(祿地)이다】

일간	甲	乙	丙	丁	戊	己	庚	辛	壬	癸
망신살	寅	卯	巳	午	巳	午	申	酉	亥	子
십신	비견	비견	비견	비견	편인	편인	비견	비견	비견	비견

　망신살(亡身殺)은 외부로부터 강탈하려는 자와 대적하는 것이라 어찌 몸을 다치지 않으리오. 그래서 망신(亡身)당하는 것으로 망신살(亡身殺)이라고 한다.

고전에 이르길 망자실야(亡者失也)요, 자내실지위망신(自內失之謂亡身)이라 했다. 가령 수국(水局)에서 해수(亥水)가 망신(亡身)인데 해수(亥水)에 의하여 수기(水氣)가 범람(氾濫)하면, 부목(浮木), 화식(火熄), 토류(土流), 금침(金沈)이 발생하므로 망(亡)한다는 의미인 것이다.

그러나 망신살(亡身殺)이 겁살(劫殺)과 대적하여 이긴다면 생왕귀살(生旺貴殺)을 만난 것이라, 외모가 준수하고 산수, 수리, 계산능력이 탁월하며, 언변이 유창하고 필력(筆力)과 문장력(文章力)이 좋아서 인기가 상승하고 발전하게 된다.

망신살(亡身殺)은 양일간(陽日干)이나 음일간(陰日干)의 록지(祿地)에 해당하는데, 무기토(戊己土)의 사오(巳午)는 인수(印綬)이므로 록지(祿地)가 아니다. 그러므로 망신살(亡身殺)이라고 볼 수 없다. 무토(戊土)가 진정한 큰 힘을 쓸 수 있는 지지는 술토(戌土)와 진토(辰土), 기토(己土)는 미토(未土)와 축토(丑土)이다.

망신살(亡身殺)이 희신작용이면 남명은 호연지기(浩然之氣)가 있고, 여명은 여장부 기질이 있다. 외모가 준수하고 유머가 있으며, 대인관계가 능숙하다.

관성(官星)이 유력하다면 대관(大官)이요, 인수(印綬)가 유력하다면 학문으로 성공하는 학자인 경우가 많다.

간여지동(干與支同) 일주로 기신작용이면 게으르고 거짓말을 잘하며 송사를 잘 일으키고, 배성이 무력하게 된다. 재난(財難)과 관재(官災)가 발생하고 윗사람의 인덕(人德)이 부족하여, 윗사람의 도움 받기 어려워서 문제가 더 커지게 된다.

망신살(亡身殺)이 기신작용이면 인비과다(印比過多) 명식일 것이고,

윗사람, 상사, 어른 앞에서 잘났다고 까불고 설치다가 반드시 엉뚱한 망신살(亡身殺)이 뻗치므로, 항상 겸손해야 한다.

기신작용을 하는 망신살 세년에는 과욕(科慾)으로 무리한 일을 도모하다 망신당할 일이나 관재재난(官災災難)이 발생하기 쉽다. 그러므로 자만심을 경계해야 한다. 망신살이 합(合)이 되어 기신이 되었다면 주색잡기로 패가망신(敗家亡身)하기 쉽다.

사주 내에 망신살 1개는 비밀이 많으며, 2개는 부부이별수에 해당한다. 기신작용을 하는 3개의 망신살이면 불치의 질병에 걸리게 되며, 육친 간의 다툼, 이별, 실물, 도난, 사업실패, 도산(倒産), 파산, 사기, 신체구속, 가정 폭행 등 여러 가지 사건이 쉴 새 없이 일어난다.

*년망신(年亡身)이 기신이면 일찍 타향객지 생활을 하고 고생을 하며, 선대조상의 유산업적이 광풍(狂風)에 날아가고 쪽박을 찬다. 선대조상은 탐관의 정치인이었거나, 바람기가 많았거나, 타인과 원한 관계로 몰락했을 수 있다. 선대(先代)에 청춘에 죽은 객사귀신이 있다고 통변한다.

*월망신(月亡身)이 기신이면 부모 형제가 온전하지 못하고 여러 갈래로 흩어지거나 변동이 많다. 부모 형제 또는 육친궁으로 적용하여 보게 되는데, 특히 기신으로 충(沖)이 되었다면 선대조상 부모나 그 형제 중에 청춘(靑春)에 죽은 객사귀신의 영혼이 왕래하여 부모의 하는 일이 매사 장애이고, 본인 또한 되는 일이 없으니, 천도 제사가 길하다고 통변한다.

*월지망신(月支亡身)이거나 인수망신(印綬亡身)이면, 어머니가 재취(再娶)이거나 한(恨)이 많다.

*일망신(日亡身)이 기신으로 충(沖)이 되었다면 부부 해로하기 어렵고, 재혼을 해도 또다시 부부가 바뀌기 쉽다. 형제나 청춘의 객사귀신이나 잡귀 잡신이 따라와 왕래(往來)하며 장난치는 일이 있어서 가정 풍파를 일으키고, 부부이별을 하는 괴이한 일이 발생하기도 한다. 또한, 고집이 세어서 아무리 타일러도 말을 듣지 않는다. 돈이 아까워 해원제사나 종교 같은 것은 믿지 않다가, 결국 돈 잃고 명예마저 추락하며 타향객지하기 쉽다.

신강사주의 일지망신(日支亡身)이거나, 신약사주의 간여지동(干與支同) 식상(食傷)이나 재성(財星) 또는 관살(官殺)이면, 처첩(妻妾)이나 재물, 그리고 자식으로 인해서 반드시 망신(亡身)을 당하게 된다.

*시망신(時亡身)이 신강사주의 간여지동(干與支同) 기신이면 말년에 믿기 어려운 괴이한 일들이 발생하는 것은 청춘남녀 귀신의 장난이다. 자식이 성장할수록 재물이 줄어들고, 자녀나 부부 일로 인해서 망신(亡身)을 당한다.

일지 간여지동(干與支同) 망신살(亡身殺)은 성소수자가 많은 특징이 있다.

여명은 망신살 세년에 임신이나 출산을 하면 몸에 수술하는 일이 많으며, 대세 운에 망신(亡身)이 기신으로 셋이 모였다면 불치의 질병수가 강하다.

망신살(亡身殺)이 기신이면 조혼(助婚)은 불길하고, 일지망신이 충(沖)이 된 사주는 점술에도 소질이 있는데, 재산을 물려받아도 물거품이 되고 타향생활에 동분서주, 먹을 것 없는 제사에 절하는 격이다.

　망신(亡身)이 합(合)이 되어 기신이면, 주색잡기로 패가망신하는 사람이 많은데, 재성(財星) 망신동주(亡身同柱)는 아내나 아버지 또는 시가집 망신(亡身)이며, 관살(官殺) 동주망신(同柱亡身)은 직업이나 남편 또는 자식으로 인한 망신(亡身)을 당한다.

　망신동주(亡身同柱) 편관(偏官)이면 사통망신(私通亡身)에 해당한다.

　부부 중 외도할 때 애인을 숨겨둔 곳은 망신살(亡身殺) 방이다.

　망신살(亡身殺)은 청춘에 죽은 객사귀신(客死鬼神)으로 보며, 괴이한 일이 많다고 본다. 영혼결혼식을 해 준다면 길하다.

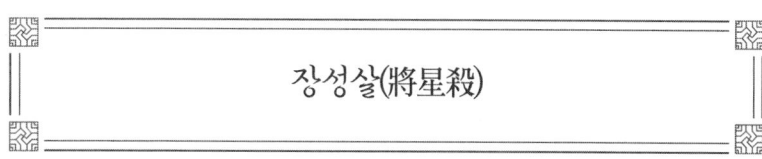

장성살(將星殺)

　장성살(將星殺)은 삼합오행의 왕지(旺地)로서 상충방(相沖方)인 재살(災殺)과 충돌하는 것이므로, 자존심이 강하여 굽힐 줄 모르는 전진무퇴(前進無退)의 특징이 강하다.

　따라서 일지에 장성살(將星殺)이 있는 사람은 주체정신이 확실하여 남에게 유혹됨이 없는 장점이 있지만, 남녀 부부 해로하기 어렵고 자존심이 강하며 인덕이 부족한 자수성가 명이므로, 스스로 모두를 이루어야 한다.

　그리고 비겁과다(比劫過多)로 기신작용인데 동업을 하면 패망하는 특징이 있고 직장생활이 어려우니, 독립적인 개별사업 프리랜서 일을 하는 것이 길하다.

【장성살(將星殺)은 일간의 양인(羊刃)이다】

일간	甲	乙	丙	丁	戊	己	庚	辛	壬	癸
장성	卯	寅	午	巳	午	巳	酉	申	子	亥
십신	겁재	겁재	겁재	겁재	정인	정인	겁재	겁재	겁재	겁재

　장성살(將星殺)은 포태법(胞胎法)의 제왕(帝旺)과 같으며, 일간의 양인(羊刃)에 해당하는 지지겁재(地支劫財)인데, 음일간(陰日干)은 지지겁재(地支劫財)를 매우 좋아하는 특징이 있다.

무기토(戊己土) 일간은 신살(神殺)과 포태법(胞胎法)을 병정화(丙丁火) 일간처럼 적용하는데, 기(氣)의 측면에서 본다면 사오(巳午)는 인성(印星)일 뿐이다. 그러므로 무토(戊土)의 겁재(劫財)인 미토(未土)나 축토(丑土), 기토(己土)는 겁재(劫財)인 진토(辰土)나 술토(戌土)를 장성(將星)으로 적용해도 큰 문제는 없을 것이다.

일간이 신약하여 장성(將星)이 희신이면서 양인동주(羊刃同柱) 칠살(七殺)이 있거나, 신강하고 칠살(七殺)이 희신이면 생살지권(生殺之權)을 장악하고, 재성동주(財星同柱)면 재정권(財政權)을 잡는다고 하였다.

그러나 신약하고 장성(將星)이 공망(空亡)이면 속세를 떠나고자 하는 마음을 항상 두거나, 아니면 입산수도하게 된다. 겁재(劫財)를 의지하는 사주에서 겁재(劫財)가 공망(空亡)이므로 의시처가 없으며, 세상과 맞서 대항할 힘을 상실한 것과 같아서 은둔자 성향으로 나타난다.

특히 월장성(月將星)으로 공망(空亡)이면 세상에서 도피하거나 입산수도하는 경우가 많은데, 일명 무용지장(無用智將)이다.

장성(將星)은 말을 탄 장수(將帥)를 뜻하므로 무관살(武官殺)이다. 그러므로 정보통신, 수사관, 군경, 마약 수사, 교도관 등 무관직으로, 행정직보다 움직임 변동이 많다.

장성(將星)은 역마살(驛馬殺)로 작용을 하므로, 집에서 먹는 밥보다 외부에서 먹는 밥이 많다. 목숨 걸고 지키려는 강직함이 있으며 용맹심이 왕성하여 결단성 있는 행동을 한다. 또한 무슨 일이나 진취적으로 임하여 인내와 끈기로 어려움을 이겨 나간다는 뜻이 있다.

장성살(將星殺)이 희신(喜神)이면 권부(權府)를 장악하고 다스리는 지배력이 있으며, 원칙을 지키는 주관이 뚜렷한 올곧은 사람이다.

장성살(將星殺)은 명령 받기를 싫어하면서 남 시키길 좋아하고, 과시욕(誇示慾)이 강하며 주인공이기를 고집한다. 외골수 기질이 강한 편으로 장성(將星)이 유력(有力)하면 영웅호걸(英雄豪傑)로 권부(權府)에 출세하며, 공명정대(公明正大)한 리더로서 존경받는 삶을 살아간다.

*년장성(年將星)이 희신이면 무관직으로 권력을 쥐고 만인을 통솔함이 있으며, 선대조상은 용감한 군인, 무관으로 통변한다. 그러나 장성(將星)이 형충(刑冲)이면 선대조상이 전사했다고 본다.
*월장성(月將星)이 희신이면 문무겸전(文武兼全)하여 병권(兵權)을 한 몸에 잡으며 부모 형제의 도움이 크고, 무관(武官)의 가문이다.
*일장성(日將星)이 희신이면 비록 명예는 있다고 하지만, 너무 개방적일 수 있다. 무관살(武官殺)에 영웅살(英雄殺), 역마살(驛馬殺)과 같으니 한곳에 안주하지 못하고 잦은 변화 변동으로 작용하여, 만나지 않아야 할 인연을 자주 만나게 되므로 부부 별거, 이별, 사별 등이 발생할 수 있다.
중심이 바로 서고 목표가 분명하며 삿된 유혹에 현혹되지 않고, 정신이 강하여 뜻한 바 자기 길을 묵묵히 가는 사람이지만, 자기 과시욕(誇示慾)이 강하고 비교 우위 지향으로 외골수의 기질이 있으므로 항상 독선을 경계해야 한다.
*시장성(時將星)이 희신이면 대인은 녹(祿)이 더하여 길하고, 소인이면 편안할 것이고, 자손은 나라에 충절하고 장래성이 있다. 그러나 신강신약을 판단하고 희기신을 구분한 후 적용해야 한다.

여명 월지나 일지 장성살(將星殺)은 인덕이 없는 자수성가 명이 되므로 별로 좋을 것이 없다. 기(氣)가 너무 강하다 보니 고집이 세어서 남편을 멋대로 갈아 치우거나 본인이 사회에 진출하게 되는데, 집에만 머문다면 원인불명으로 몸이 자주 아프고, 금수(金水) 일간은 신기(神氣)가 있는 경우도 있다.

한마디로 여자가 칼을 차고 있는 격으로 보면 된다. 요즘은 여명 또한 사회에 진출하여 자기의 역량을 발휘하는 시대이므로 나쁘다고 할 수는 없으나, 가정적으로는 문제가 있는 경우가 많다.

그나마 음일간(陰日干) 여명은 길한 바 있으나 양일간(陽日干)은 부부풍파가 있게 되는데, 병화일간(丙火日干) 여명이 신왕한 장성살(將星殺)이면 가정 살림은 인연이 없다.

여명의 장성살(將星殺)이나 반안살(攀鞍殺)이 희신이면, 귀인살(貴人殺)로 작용하여 귀격(貴格)의 생활을 할 수 있지만 목석 같은 인생을 살기 쉽고, 외부활동을 좋아하므로 가정생활은 좋다고 할 수는 없으나, 자아실현(自我實現)에는 길하다.

월일지 장성(將星)의 여성은 애교가 없고, 특히 병화(丙火)와 임수일간(壬水日干) 여명의 신강사주는 해(害)됨이 있으므로, 바지 입고 활동하며 평생 직업을 가져야 한다.

자식의 사주에서 장성살(將星殺)이 든 아들이 종손 역할을 맡는 경우가 많은데 차남이라도 그러하고, 한 집안에 장성살(將星殺)을 가진 자녀가 둘이 있을 때 서로 성인이 되었다면, 한 사람은 독립하여 타향에서 사는 것이 좋다.

그러나 한집이나 같은 마을에 살게 된다면, 손위 형제는 성공하기 어렵고 무력해지며 단명하게 된다.

장성살(將星殺)은 역마살(驛馬殺)과 같아서 움직이는 살성(殺星)이므로, 들어앉아 구속당하는 것을 매우 싫어하고 항상 활동하고 싶어 한다. 특히 자수(子水)와 오화(午火)가 장성(將星)일 때 더욱 그러하다.

조혼(早婚)은 흉(凶)하고 만혼(晚婚)에 백두낭군(白頭郎君) 인연이 길하다. 조혼(早婚)은 부부궁이 불리해지고 외정수로 작용하며 남편을 능멸하기도 한다.

장성살(將星殺)은 대인은 길하나 소인은 빛 좋은 개살구 인생이 되는 경우가 많으므로, 될 수 있는 한 남녀 서로 궁합을 보고 인연법에 맞는 배성을 택하는 것이 길하다.

장성살(將星殺)은 전사(戰死)한 영혼으로 본다. 그러므로 위령제를 지내면 좋고, 장성살(將星殺) 방향의 담장을 높여야 길하다. 만약 대문이나 출입구가 낮으면 봇물 터진 것과 같이 가운이 기울어 엉망이 된다.

특히, 장성방(將星方)의 담장이 낮으면 남자에게 화(禍)가 크게 미치고, 공부하는 학생은 더욱 꺼린다.

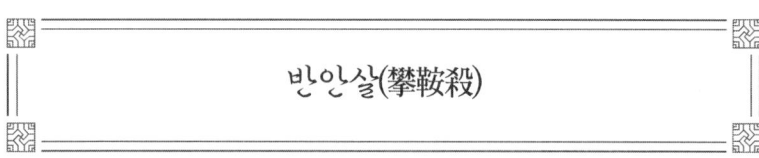

반안살(攀鞍殺)은 삼합오행(三合五行)의 쇠지(衰地)에 해당하며 상충방(相冲方)인 천살(天殺)과 충돌하는데, 반안살(攀鞍殺)이 있다면 무기토(戊己土) 천간 한 글자 외의 진술축미(辰戌丑未)는 없어야 길하다.

명식의 진술축미(辰戌丑未) 묘고(墓庫)가 반안살(攀鞍殺)이므로, 무기토(戊己土)를 제외한 묘고(墓庫)에 통근한 천간에 막대한 타격이 나타날 수 있으므로, 사묘고충(四墓庫冲)이 되는 것은 대흉하다.

【반안살(攀鞍殺)은 포태법의 쇠지(衰地)이다】

일간	甲	乙	丙	丁	戊	己	庚	辛	壬	癸
반안	辰	丑	未	辰	未	辰	戌	未	丑	戌
십신	편재	편재	상관	상관	겁재	겁재	편인	편인	정관	정관

진술축미(辰戌丑未)는 백호살(白虎殺)과 괴강(魁罡), 귀문살(鬼門殺)과 묘고(墓庫)를 포함하고 있으며, 특히 진술(辰戌)은 귀인(貴人)이 응하지 않는 땅이므로 기신작용을 하면 더 흉하다. 그러므로 희신작용이어야 한다.

반안살(攀鞍殺)은 대체로 길신작용을 하는 경우가 많지만 각기 사주에 따라서 기신작용을 하는 경우도 많은데, 기신으로 형충(刑冲)이 되었다면 다리나 허리가 부러진 말을 탄 형상으로, 매사 장애가 된다.

그러나 반안살(攀鞍殺)이 희신이면 여유로운 행복인생을 암시하고, 공무원이나 교사와 같은 안정된 직업의 인연이다.

허세를 잘 부리는 경향이 있으나 인생의 60대 나이와 같아서, 무모한 도전이나 과욕하지 않은 장점이 있다.

반안살(攀鞍殺)이 희신이면, 승진, 진학 운이 오고 사업 번창하며, 일반인은 집안이 편안하고 운세는 좋으나, 약방의 감초 격으로 실익이 없는 일에 끼어들어 재화(災禍)를 자초하기도 한다.

반안살(攀鞍殺)이 있는 사람은 화려하게 꾸미고 거들먹거리고 자랑하기를 좋아하며 타인이 자신을 알아주기를 좋아한다.

인수(印綬)가 반안살(攀鞍殺)로 희신이면, 특수한 예능 분야에서 출세하고 인정받는다. 특히 장성(將星), 반안(攀鞍), 역마(驛馬)가 삼위일체(三位一體)면 크게 출세하는 대격(大格)이 될 수 있다.

반안살(攀鞍殺)인 진술축미(辰戌丑未)가 십신에서 무엇인지가 중요하다. 겨울에 제방제수(堤防制水)가 필요하다면 술미조토(戌未燥土) 반안살(攀鞍殺)이 길하고, 축진습토(丑辰濕土) 반안살(攀鞍殺)은 흉(凶)하다.

또는 여름 생이면 습기(濕氣)를 요구하는데 진토(辰土)나 축토(丑土)가 반안살(攀鞍殺)이면 길하지만, 술미조토(戌未燥土)가 반안살(攀鞍殺)이면 흉(凶)하다고 판단한다.

* 년반안(年攀鞍)이 희신이면 조상의 음덕이 있다. 일평생 영화를 누리며 사는 것은 선산(先山)의 덕으로, 음택(陰宅)의 도움이 크다.
* 월반안(月攀鞍)이 희신이면 곳곳에 이름이 나고 관운(官運)이 좋다. 부모 형제가 안락하며 집안이 화목하다.

*일반안(日攀鞍)이 희신이면 재벌도 아니요 가난한 것도 아닌 삶으로 중산층(中産層) 생활을 하며, 부부 해로하고 편안하다.

*시반안(時攀鞍)이 희신이면, 팔자가 좋아서 처첩(妻妾)을 앞뒤로 거느리고 자손 농사를 잘 지었으니 모두 출세한다.

반안살(攀鞍殺)이 희신이면, 대체로 임기응변(臨機應變)이 좋다. 평소에 재물 융통이 잘되고 항시 돈 마를 날이 없으며, 혹 돈이 떨어지면 또 생길 수 있는데, 은인(恩人)이 따라다니는 격이다.

그러므로 돈을 빌리려거든 반안살(攀鞍殺) 방향에 있는 자를 찾아 도움을 요청하면 반드시 도움을 준다. 진토(辰土)는 동남방(東南方), 미토(未土)는 남서방(南西方), 술토(戌土)는 서북방(西北方), 축토(丑土)는 북동방(北東方)이다.

반안살(攀鞍殺)이 희신일 때 반안살(攀鞍殺) 띠에 해당하는 자가 직원이 되었다면 덕이 많아서 재수대길(財數大吉)하다.

잠잘 때 반안살(攀鞍殺) 방향으로 머리를 두고 자면 하는 일이 잘 진행된다. 그러나 귀가 얇아 실패 수나 사기당하는 수도 있으며, 동분서주 바쁘게 움직이는 것이 길하다.

사무직으로 앉아 있다면 근심 걱정이 발생하기 때문에 바쁘게 사는 것이 길하다. 여성 또한 직업을 갖는 것이 길하고 활동을 해야 한다. 집안에서 살림만 하면 없던 병도 발생한다. 부부궁은 약간 불리해서 풍파수가 있으므로, 만혼하는 것이 길하다.

역마살(驛馬殺)

역마살(驛馬殺)이란 말은 누구나 들어 봤을 것이다. 이곳저곳 잘 돌아다니는 사람을 보고 역마살(驛馬殺)을 타고났다고 말하는데, 이것은 활동성을 상징하므로 인생사에 대단히 중요한 성분이다.

역마살(驛馬殺)을 떠돌이 장사꾼의 살성(殺星)이라 말하기도 하는데, 인간의 활동성에 해당하므로 도로의 신(神) 역할이다.

도로에 해당하는 외에도 해운 항만청, 비행기, 철도와 도로 그리고 자동차, 또는 움직이는 인간의 발, 타이어, 엔진, 인공위성, 인터넷 시스템, 정보통신 분야, 도로건설, 고속도로, 전기통신 등, 현대 사회 세상의 움직이는 거의 모든 분야가 역마살(驛馬殺)에 해당한다.

【역마살(驛馬殺)은 포태법(胞胎法)의 병지(病地)이다】

일간	甲	乙	丙	丁	戊	己	庚	辛	壬	癸
역마	巳	子	申	卯	申	卯	亥	午	寅	酉
십신	식신	편인	편재	편인	식신	편관	식신	편관	식신	편인

자오묘유(子午卯酉)가 손으로 하는 일과 정신계에 관련된다면, 인신사해(寅申巳亥) 역마(驛馬)는 인간의 발, 움직이는 물상에 해당하는데, 그런데 사실 움직이지 않는 것은 없다.

그러므로 내적 활동과 외적 활동으로 구별할 수 있겠는데, 음간의 자오묘유(子午卯酉)는 내적 활동이고, 양간의 인신사해(寅申巳亥)는 외적 활동에 해당한다.

인신사해(寅申巳亥)는 생지(生地)이고, 생지(生地)의 운은 새로움, 시작, 지나간 일에 대한 변화 변동으로 작용한다.

지살(地殺)은 수동적(受動的)이므로, 반항할 수 없는 명령에 따라서 싫든 좋든 나의 의지와 상관없이 움직이는 것이지만, 역마살(驛馬殺)은 능동적(能動的)이므로 나 자신의 의지에 의한 움직임, 변화 변동이 되므로 내일을 향한 더 나은 조건을 만들기 위해서 스스로 움직이는 것이다.

수동적(受動的)인 것과 능동적(能動的)인 것이 별것 아닌 것 같지만, 매우 큰 차이가 있다. 역마살(驛馬殺)에 교통사고가 난다면 내 차로 들이받아 내 돈 물어 주는 것이지만, 지살(地殺)에는 사고 당하는 것이 된다.

남명 재성역마(財星驛馬)가 일지와 합(合)이 되었다면 국제연애나 결혼을 할 수 있다. 여명 또한 관성역마(官星驛馬)가 일지와 합(合)이 되었다면 국제연애나 결혼을 할 수 있다. 이때 내가 합(合)해서 가는 것인지, 합(合)해서 나에게 오는 것인지 파악이 매우 중요하다.

재성역마(財星驛馬)는 해외의 재물, 관성역마(官星驛馬)는 해외의 직업, 인수역마(印綬驛馬)는 해외의 학문이므로, 외화획득이나 해외 취업, 해외 유학 등이 여기에 해당한다.

남명은 역마살(驛馬殺)이 재관합신(財官合身)이고, 여명은 역마살(驛馬殺)이 관식합신(官食合身)이면, 해외자손 혼혈아 자식을 낳는다고 추리한다.

역마살(驛馬殺)이 형충(刑沖)이면 한평생 분주하고, 교통사고, 골절, 신액(身厄) 재앙이 많다.

천간역마(天干驛馬)는 빠르고, 지지역마(地支驛馬)는 느리지만, 대체로 신속한 변화가 나타나는 것이 역마(驛馬)의 특징이다.

역마(驛馬)와 망신살(亡身殺)이 겹치면, 관재망신(官災亡身) 노상망신(路上亡身)을 겪는다.

역마살(驛馬殺)이 생왕(生旺)하고 길신이면 대마(大馬)로, 임기응변(臨機應變)과 외교수완(外交手腕)이 좋고, 재성동주(財星同柱)라면 외화획득(外貨獲得)에 현모양처(賢母良妻)와 인연이다.

역마(驛馬)가 사절(死絶)되었거나 기신이면 병마(病馬)로 본다. 그러므로 인생살이 타향객지 서러움이 많다. 만약 재성역마(財星驛馬)가 흉신이면 남명은 악처인연으로, 당주를 패망시키고 도망가는 악인연을 만나며 가난하다.

외국 관련 직업은 역마지살(驛馬地殺)이 재성(財星), 관성(官星), 인수(印綬) 등의 오행으로 판단한다.

역마(驛馬)가 관살국(官殺局)이나 식상국(食傷局)을 형성하면 대형 교통사고가 두려운데, 신강사주보다 신약사주가 더욱 심하다.

방송 매체, 인터넷, 정보통신, 기술 분야도 역마지살(驛馬地殺)과 관련이 깊다. 전자(電子), 전파(電波), 위성(衛星), 광통신(光通信)과 관련이 있는 목화오행(木火五行)과 목화통명(木火通明)을 오행의 역마지살(驛馬地殺)과 대비하여 사주를 봐야 한다.

역마살(驛馬殺)의 세년에는 신규사업, 변동, 이사, 이동, 여행, 해외직업 관련 문제 등이 생긴다. 그러므로 급하게 하는 일을 조심해야 한다.

역마살이 형충(刑沖)이면 허리 부러진 말이므로 발복이 쉽지 않으며, 척추디스크가 염려된다.

역마공망(驛馬空亡)은 병든 말로 본다. 그러므로 질병이 많으며 노년에는 허리가 아파서 고생하고, 척추디스크, 뼈에 문제가 생긴다. 가령, 명식에 신금(申金)이 하나 있고 대세 운에 2~3개의 신금(申金)이 모여서 자형(自刑)이면, 양금살상(兩金殺傷)으로 통변한다.

그러므로 거의 반드시라고 해도 좋을 정도로 교통액이나 뼈에 관련 문제가 발생한다. 또한 신금(申金)에 해당하는 육친도 참고한다.

역마살(驛馬殺)이 기신이면 평생 안정 찾기가 어렵다. 타향살이하며, 주거 변동, 직장 변동이 수시로 발생하며 바쁘기만 하고 소득이 공허하다. 그러나 희신이면 임기응변(臨機應變)이 뛰어나고, 재물의 융통이 출중하다.

활동성이 뛰어나므로 사방팔방 돌아다니기를 좋아하고, 재성역마(財星驛馬)가 희신(喜神)이면 일찍부터 재물을 축적한다. 인수역마(印綬驛馬)를 의지하는 경우라면 해외학문도 되겠지만, 일찍 고향을 떠나서 공부하는 경우가 많다.

인신사해(寅申巳亥)의 역마(驛馬) 중에 인목(寅木)은 자동차, 사화(巳火)는 비행기, 신금(申金)은 자동차나 열차, 해수(亥水)는 해운항만 배로 비유된다.

영업사원은 역마(驛馬)가 있어야 하고, 역마살(驛馬殺)이 길신인 사람을 영업사원으로 쓰면 회사가 번창한다.

*년역마(年驛馬)는 고향을 떠나 타향에서 자리를 잡는다. 선대조상은 상인이기 쉽고, 년지가 형충(刑沖)이면 조상이 타향 객사했다고 본다.

*월역마(月驛馬)는 동서를 모두 내 집같이 다니며 사업한다고 하지만, 월지충(月支沖)이면 부모 형제는 타향에서 객사했다고 본다.
*일역마(日驛馬)의 기신작용은 풍류 주색잡기에 능하고 이성문제로 염문 구설을 일으키며, 한곳에 안주하지 못하고 돌아다니기를 즐겨한다. 그러므로 부부이별, 사별, 양손에 술병 들고 슬피 우는 영혼이 왕래하므로 마음 붙일 곳이 없다. 부부궁이 불리하며 외정이 발생하고, 이별, 사별할 수도 있다.

*시역마(時驛馬)는 동서득자(同書得子)하는 상으로 동가숙(東家宿), 서가숙(西家宿)하며 양방에서 자식을 생산하지만, 자식과 이별하고 객지에서 자식이 내 영혼을 찾는다.
　여명의 경우 식상(食傷)과 관성(官星)에 역마살(驛馬殺)과 망신살(亡身殺)이 합신(合神)했다면 사통도주(私通逃走)하거나 외정득자(外情得子)할 수도 있다.
　사주에 희신(喜神) 역마가 인수(印綬)나 정관(正官) 또는 식신(食神)이 되었다면 활동이 많으며, 재성(財星)이 역마동주(驛馬同柱)면 많은 재물을 득재하고, 생왕(生旺)하다면 일찍부터 재능을 겸비하여 외교관(外交官)이 된다.
　편관(偏官)이 역마동주(驛馬同柱)라면 고생하고, 합신(合神)했다면 사통도주(私通逃走)하기 쉬우며, 식상역마(食傷驛馬)를 도식(倒食)하면 수복(壽福)을 잃는다.
　일시지의 역마(驛馬)가 나란히 있거나 합(合)이 되었다면 이민 가서 국제결혼 하게 된다.

역마(驛馬)에 해당하는 자손(子孫)은 키우기 힘들지만, 성장한 후 인물이 된다. 가령, 경금(庚金)의 역마살(驛馬殺)은 해수역마(亥水驛馬)이므로, 돼지띠 아들이나 딸, 손자가 그러하다.

자신 사주의 역마살(驛馬殺)에 해당하는 사람과 관계를 끊으면 다시 만나기 어렵다.

역마살(驛馬殺)은 항상 이동, 변동이 많고 타향에서 성공하는 경우가 많으며 신병을 조심해야 하고, 외부에서 먹는 밥이 많다.

어떠한 직업 및 학술을 익히는데 첫 인연이 되는 사람은 역마살(驛馬殺) 띠가 많으며, 회사 또는 직장에 입사하면, 사장은 재살(災殺) 띠이며, 소개자는 역마살(驛馬殺) 띠가 많다. 중대한 일을 발생시키는 자 역시 역마살(驛馬殺) 띠가 된다.

해수(亥水)가 재성역마(財星驛馬)라면 물가, 강가, 바닷가, 배에서 이성인연을 만나는 경우가 많으며, 인목(寅木)이 재성역마(財星驛馬)라면 숲이 많은 곳이나 차중 연애에 해당한다.

목화(木火)가 같이 있다면 동남아시아 쪽, 수목(水木)이 같이 있다면 동북아시아에 해당한다.

상대 사주 역마일진(驛馬日辰)에 사주 감명은 이사, 분가, 소식, 출장, 여행, 이민, 가출, 유괴사건 등으로 문의하는 경우가 많다.

육해살(六害殺)

　육해살(六害殺)을 육액살(六厄殺)이라고도 하는데, 대체로 해로움을 준다는 살성(殺星)이다. 그러나 세상만사는 음양대립(陰陽對立)으로 생멸(生滅) 작용을 하며 진화하고 있으므로, 어느 명식에는 해됨으로, 어느 명식에는 이익을 주는 작용일 뿐이다. 전체가 해로움만 있는 것은 이 우주에 없다고 봐도 될 것이다. 그러므로 기신과 희신을 구별해야 한다.

　【육해살(六害殺)은 포태법의 사지(死地)이다】

일간	甲	乙	丙	丁	戊	己	庚	辛	壬	癸
육해	午	亥	酉	寅	酉	寅	子	巳	卯	申
십신	상관	정인	정재	정인	상관	정관	상관	정관	상관	정인

　삼합오행(三合五行)의 사지(死地)에 해당하는 육해살(六害殺)은 상충방(相沖方)이 되는 년살(年殺) 도화살(桃花殺) 수옥살(囚獄殺)을 충(沖)하여 도화살(桃花殺)을 발동시키므로, 도화살(桃花殺)과 육액살(六厄殺)의 흉살작용이 나타나게 된다.

　육액살(六厄殺)은 도화살(桃花殺)의 화려함과 다른, 음침(陰沈)하고 어두운 살성(殺星)으로 현실을 외면하고 음지(陰地)로 숨어드는 것이므로, 병마(病馬)를 매어 둔 형상으로 질병체질이 되기 쉬우며, 극히 무력하여 자기 할 바를 모른다.

　그러면서도 육액살(六厄殺)이 흉신이거나 다봉(多逢)한 사람은 호색탐(好色貪)하는 경우가 많은데, 항상 비실비실해도 주색(酒色)에 집착하여 자신의 정기를 고갈시켜 고난을 자초한다.

　어려운 일과 장애 되는 일이 많으며 실패가 따르는 등 부진하게 되는데, 척추질환과 폐질환으로 작용한다.

　육액살(六厄殺)은 일명 무속인살, 종교인살 이라고도 볼 수 있는 살성으로 업장(業障)을 소멸(消滅)시키는 삶을 살아야 할 업인(業因)이 많다. 육친작용도 강하여 해당 육친이 무력하게 된다.

　즉, 육해살(六害殺)은 무력한 살성(殺星)으로 무력함이 질병이 되는데, 움직이기 싫어하고 스스로 폐쇄(閉鎖)된 환경을 만드는 것과 같다.

　육해살(六害殺)은 역마살(驛馬殺)의 다음 글자로, 말이 달리고 나면 피곤하여 지치는 법이다. 고로 몸살에 걸려 질병이 든 것과 같다. 그러므로 신병신액, 화재(禍災), 수재(水災), 관재(官災), 소송(訴訟), 재난(災難), 풍파(風波)가 발생하고, 평생을 신음하며 고생하거나 집안에 도적이 잘 들고, 어떤 머리를 써 보지만 잘되는 일이 적다.

　육해살(六害殺)은 고질병, 만성질환, 만성피로 증후군이 발생하고, 먼 여행을 하면 쉽게 질병을 얻는다.

　육해살(六害殺) 세운에는 신병을 조심해야 하고 매사 권태로우며 척추질병, 관절부상, 관절허약 등도 조심해야 하는데, 제대로 되는 일이 적으며 지지부진하여 속을 썩인다. 특히 과로를 조심해야 한다.

　식상(食傷)이 육액살(六厄殺)로 기신이면, 여명의 경우 자식이 무력하고 질병체질이 되기 쉬우며 종교인 성향인데, 합정(合情)에 집착하기 쉽다. 특히 사주에 수기(水氣)가 많거나 도화살(桃花殺)과 충(沖)이 되었다면 호색음란(好色淫亂)하기 쉽다.

오행기운(五行氣運)은 왕성해도 병(病)이 되고 무력해도 병(病)이 된다. 육해살(六害殺)은 양간(陽干)의 식상(食傷)이며, 음간(陰干)의 인수(印綬)가 되는데, 육액(六厄)으로 무력하다면 무력함을 채우려는 심리가 발생한다. 그러므로 자식과 잘난 척에 집착하고, 남들보다 돋보이려 한다.

특히 희기신을 따져서 감명하고, 희신이면 무난하지만, 기신이면 여명의 경우 양호한 자식인연이 어렵고, 척추질환과 폐질환의 염려가 있으며, 자궁질병과 가난한 특징이 있다.

*재성(財星)이 육액살(六厄殺)로 기신이면 현처인연이 어렵다. 아내가 신병신액하고 가난하며 무병에 걸리거나 무속인이 될 수 있고, 척추질환 등으로 병치레가 잦고 재물이 모이지 않으며 무력하다.
*관성(官星)이 육액살(六厄殺)로 기신(忌神)이면, 직업이 시원찮고 여러 번 재혼해도 양호한 배우자 만나기가 힘들며 무력하다. 또한, 무병(巫病)으로 인한 고생으로 종교인 성향이 나타나고, 혹 칠살(七殺)이 되었다면 그 흉액(凶厄)이 대단하여, 결혼 안 하는 것이 좋다는 말을 할 정도이다.
*인수(印綬)가 육액살(六厄殺)로 기신이면, 어머니가 무속인이거나 사당(祠堂)을 섬기거나 극히 무력할 것을 뜻한다. 인수(印綬)가 무력하므로 공부로 경쟁하는 인생이 되기 힘들고, 끊어지고 막힘이 과중하다.
*비겁(比劫)이 육액살(六厄殺)로 기신(忌神)이면, 형제, 친구, 동료 덕이 없으니 동업하기 힘들고 분탈작용(分奪作用)으로 나타나, 이것이

육액살(六厄殺)이구나 하는 탄식이 생긴다.

육해살(六害殺)이 기신이면 그 피해는 더욱 크다. 여섯 가지 질병을 앓던가, 중도포기 좌절하며 일생이 반쪽 운으로 흐르게 되는데, 부모, 형제, 부부, 자녀 등 육친이 무덕(無德)하고 패운(敗運)이 꼬리를 물게 되는데 해마다 청포묵을 바치고 고사를 지내는 것이 비방이다.

*년육액살(年六厄殺)은 양자로 갈 팔자이며 신앙을 경시(輕視)하고 성의(誠意)가 없었던 벌로 인한 괴이한 병이나, 화재(禍災), 수재(水災)로 청춘(靑春)에 사망한 조상이 있게 된다. 또한, 선대조상 줄에 명산대천 기도했던 분과 깊은 인연이 있다.

*월육액살(月六厄殺)은 매사 타인으로 인한 해(害)를 입거나, 잘해도 구설에 오르며 정(情)이 없어지고, 신불(神佛)을 모시고 살 팔자이다. 명산대천 기도를 하고 구제중생하며 도(道) 닦는 사람이 길하다. 여명의 월육해살(月六害殺)이 관성(官星)으로 남편이 되었다면 남편 덕을 기대하기 어려우므로 애초에 포기하는 것이 더 큰 실망이 되지 않을 것이다.

*일육액살(日六厄殺)은 승려, 무녀(巫女), 목사, 신부나 보살 팔자이며, 부부간에는 태산이 가로 놓여 있는 것과 같아서 부부 공방살(空房殺)로 작용한다. 조상 줄에서 명산대천 기도했고, 그분과 깊은 인연이 있으므로 지극정성 기도를 해야 한다.

남명이 일육액살(日六厄殺)이 기신이면 처(妻)가 무속인이 될 수도 있다. 남녀 일육액살(日六厄殺)은 남에게 의지하는 경향이 많고 고질병, 만성질환, 만성피로 증후군이 있으며 원행을 하면 쉽게 질병을 얻는데, 항상 비실비실해도 성욕(性慾)에 집착하고 척추질병으로 고생하는 일이 많다.

　*시육액살(時六厄殺)은 자손들이 종교 관련업을 하는 경우가 많은데, 자손 덕으로 말년은 편안하겠지만, 신앙심이 없으면 불구 단명하게 되므로 자손의 영화를 못 본다. 조상 줄에서 명산대천 기도했고 그분과 깊은 인연이 있으므로, 칠성기도(七星祈禱)를 해야 한다.

　자신의 사주에 육해살(六害殺) 띠에 해당하는 자식이 있다면 임종 자식이고, 또한 그 자식 덕으로 살아가며, 그 자손 덕이 크다.

　연월지에 육해살(六害殺)이 있을 때 원인 모르게 사업이 부진하거나, 조상이 자주 현몽할 때에는 조상 천도재를 올리면 좋다. 주로 의술 구제중생 및 도(道)를 닦다 돌아가신 영혼의 음덕을 많이 본다.
　망자(亡子)를 위한 모든 천도식은 육해살(六害殺) 날이 제일 길하며 육해살(六害殺)의 방향에 따라서 상차림을 하게 된다.
　육해살(六害殺) 띠에 해당하는 사람과 원한을 맺으면 반드시 피해를 보게 된다. 전생에 진 빚을 받으러 온 사람이기 때문이다.
　육해살(六害殺)은 명산답사(名山踏査), 월살(月殺)은 무당(巫堂) 및 사당(祠堂)을 의미한다. 이런 살(殺)이 있는 사람은, 조상 줄에서 명산대천 기도 및 무당으로 사당을 섬기던 분이 있으며, 그분과 인연이 있다.
　육해살(六害殺)은 해당 육친에 어려움이 생기고 아니면 질병을 앓던가, 또는 자연재해나 관재(官災)에 휘말릴 수 있다. 이 살이 있는 사람은 조급한 성격으로, 모든 일을 빨리 처리하는 습성이 있고 비밀이 많다. 여성은 산액(産厄)이 염려되고 질병을 조심해야 하는데, 무자식이 되는 경우도 있다.

화개살(華蓋殺)

도화살(桃花殺) 역마살(驛馬殺)과 함께 화개살(華蓋殺)이란 말은, 대부분 들어 봤음직한 신살(神殺)의 대표와 같다. 화개살(華蓋殺)은 삼합오행(三合五行)의 묘지(墓地)에 해당하며, 오행의 정기(精氣)를 수장(收藏)한 보전창고(保全倉庫)라고 할 수 있다.

가령, 화국(火局)의 화기(火氣)는 술토(戌土)의 창고에 보관되므로, 본질을 보전계승(保全繼承)시키는 것과 같다. 따리서 진술축미(辰戌丑未)를 고지(庫地)로 정하고, 일의 끝을 상징하는 것이므로 오행의 정기를 수장(收藏)하는 동시에, 새로운 것을 창조하는 오묘한 진리를 가지고 있다.

【화개살(華蓋殺)은 십이운성의 묘고(墓庫)이다】

일간	甲	乙	丙	丁	戊	己	庚	辛	壬	癸
화개	未	戌	戌	丑	戌	丑	丑	辰	辰	未
십신	정재	정재	식신	식신	비견	비견	정인	정인	편관	편관

토기(土氣)는 믿음 신의(信義), 토속신앙과 믿을 신(信) 종교를 상징하는 정신의 보관창고로써, 화개(華蓋)가 있다면 문화, 예술, 사찰(寺刹), 학교, 신앙생활 등의 인연으로 팔방미인(八方美人)의 재주꾼이 된다.

화개살(華蓋殺)이 오행의 보관창고가 되므로 구두쇠 소리를 듣고 자신에게는 인색하지만, 타인에게는 베푸는 성질을 가지고 있다. 즉, 자신은 근검절약하면서도 고통받는 사람을 보면 측은지심으로 도우려 한다.

화개살(華蓋殺)의 직업으로는 승려, 법사, 신앙인, 예술, 교회, 문화사업, 사찰, 창고업, 묘지관리, 장례사업, 미술관, 전시장, 극장, 수도장, 부동산, 편의점, 할인점 등의 관련 사업에 성공하는 일이 많다.

심성은 고요하고 적막하여 사색(思索)과 명상(冥想)을 많이 한다. 이상적인 세계를 건설하려는 야망이 크며, 자칫 수렁에 빠지는 일이 많다.

화개살(華蓋殺)은 게으른 학자나 놀기 좋아하는 도인의 특징을 지니고 있는데, 화개살(華蓋殺)이 공망(空亡)이면 출가도인으로, 승려나 신부 종교 관련 일을 하게 된다.

사주에 화개살(華蓋殺)이 하나 있으면서 희신작용이면 정신이 맑고 생각이 깊으며 철학적인 데 반하여, 화개살(華蓋殺)이 기신으로 한 글자 이상이면 무능나태(無能懶怠)하다.

태월(胎月)이 화개(華蓋)라면 서출(庶出)이나 사생아(私生兒), 혹은 양자(養子)인 경우가 많으며 부모 덕이 없다.

*년화개살(年華蓋殺)은 부모 조상의 유산상속이 있어도 지키지 못하며 타향객지 생활을 하거나 외국에서 곤고(困苦)하게 살아간다. 조상은 학자나 종교인이다.

특히 연월주의 상관(傷官)이 화개동주(華蓋同柱)하였거나 화개살(華蓋殺)이면, 조모나 증조부가 지극한 불자였다. 이처럼 해당 육친은 불도(佛道)를 닦게 된다. 자신 역시도 불도인연(佛道因緣)이 깊은 사람이다.

*월화개살(月華蓋殺)이나 비겁(比劫)이 화개동주(華蓋同柱)하면 형제

자매가 병약(病弱)하거나 형제 덕이 적으며, 차남이라도 장남 행세를 하게 되고, 조상의 가훈을 빛내야 한다는 임무가 있다.

인수(印綬)가 화개동주(華蓋同柱)면 어머니나 조부가 불자이다.

*일화개살(日華蓋殺)은 부부이별하고 승려가 되기 쉽다. 조상 줄에서 부모는 불도를 믿는 승려나 신앙심이 깊은 사람이며 자신도 불도인 연이 많다. 일주 화개동주(華蓋同柱)는 일명 목에 탯줄을 걸고 나왔다 하는데 몸에 붉은 반점이 있기 쉽고, 탯줄은 염주(念珠)를 의미한다. 불전(佛典)에 귀의함이 좋다.

*시화개살(時華蓋殺)은 자식이 적고, 혹 무자식일 수도 있다. 오로지 홀로 있기를 좋아하며, 적막함을 느끼게 될 것이다. 그러나 희신이면 중년 이후 하는 일마다 성공하고, 빈가출생(貧家出生)이라도 빈손으로 자수성가하게 된다.

시화개(時華蓋)가 공망이면 자식 덕은 기대하기 어렵고 무자식과 같으며, 종교인이 된다.

사주에 화개살(華蓋殺)이 있으면 심성은 선량한 무골호인(無骨好人)으로, 구도심(求道心)이 강하고 자비심이 많아서 구제중생(救濟衆生)하고, 승려나 신부가 되기도 한다.

관살(官殺)이 화개동주(華蓋同柱)이거나, 화개살(華蓋殺)과 일지합신(日支合神)하는 여명은 승려나 신부 같은 성직자와 혼외정사 하는 경우가 많은데, 남편이 종교 관련업에 종사하는 사람이면 예외가 된다.

화개살(華蓋殺)끼리 혼인을 하면 이혼했다가 재결합하는 일이 많으며, 여명의 일화개(日華蓋)는 문장력과 예능 등에 뛰어난 재주가 있는 팔방미인으로, 고집이 세고 음주 가무에 소질이 많으며 호색하는 경우가 많다.

남명 재성(財星)이 화개살(華蓋殺)이나 화개동주(華蓋同柱)하면 그 처(妻)가 종교에 깊숙이 빠지는 여성과 인연이 된다.

화개살(華蓋殺)이 희신작용을 하면, 예술과 학문에 능(能)하며 고매한 인격을 갖추고 배우자 복이 좋아서 자신보다 훌륭한 가문의 배우자를 만나는 특징이 있으나, 화개공망(華蓋空亡)이거나 기신작용이면 종교인이 될 명으로 고독(孤獨)함을 면치 못한다.

여명에 과숙살(寡宿殺)이 있고, 일화개살(日華蓋殺)이면 승려와 같은 종교지명으로 외롭고 고독하며, 시화개살(時華蓋殺)이 공망(空亡)이거나 식상공망(食傷空亡)이 되었다면 무자식이 되기 쉽다.

남명 또한 관살(官殺) 화개살(華蓋殺)이 공망(空亡)이거나, 시주가 화개공망(華蓋空亡)이면 무자식일 수 있으며 종교 관련업을 하는 자가 많은데, 혹 자식이 있다면 그 자식의 효도 받기가 어렵다.

명식에 화개살(華蓋殺)이 한 글자 이상이면 종교 법인이 운영하는 학교에 가는 경우가 많은데, 국가에서 운영하는 학교에 가려면 관인상생(官印相生)이 잘되어야 한다.

화개살(華蓋殺)이 재성(財星)이면 종교업으로 돈을 잘 벌지만, 독신자가 많다. 여명 사주의 관살(官殺)이 진술축미(辰戌丑未)에 있다면 종교로 인해서 부부인연이 되는 경우가 많다.

화개(華蓋) 백호살(白虎殺)은 죽음과 연결되어, 축산업(畜産業)을 하면 대패재(大敗財)하는 경우가 많다.

이런 신살(神殺)들이 상충관계(相沖關係)에 있다면 그 흉액(凶厄) 또한 강렬하다. 겁살(劫殺)과 망신살(亡身殺), 재살(災殺)과 장성살(將星殺), 천살(天殺)과 반안살(攀鞍殺), 도화살(桃花殺)과 육해살(六害殺), 지살(地殺)과 역마살(驛馬殺), 월살(月殺)과 화개살(華蓋殺)이 서로가 형충(刑沖)이 될 때 흉살(凶殺)작용이 더욱 강해진다.

사주에 화개살(華蓋殺)이 있다면 본인 사망 시 화장(火葬)을 해도 문제가 없다. 기신작용을 하는 화개살(華蓋殺)은 개나 고양이 등 애완동물을 키우면 매우 흉하여 관재구설(官災口舌) 재난풍파(災難風波)를 당하거나 예상치 못한 흉사(凶事)가 겹치게 된다.

십이운성(十二運星)

십이운성(十二運星)

일간 신살	甲	乙	丙	丁	戊	己	庚	辛	壬	癸
절지	申	酉	亥	子	亥	子	寅	卯	巳	午
태지	酉	申	子	亥	子	亥	卯	寅	午	巳
양지	戌	未	丑	戌	丑	戌	辰	丑	未	辰
생지	亥	午	寅	酉	寅	酉	巳	子	申	卯
목욕	子	巳	卯	申	卯	申	午	亥	酉	寅
관대	丑	辰	辰	未	辰	未	未	戌	戌	丑
건록	寅	卯	巳	午	巳	午	申	酉	亥	子
제왕	卯	寅	午	巳	午	巳	酉	申	子	亥
쇠지	辰	丑	未	辰	未	辰	戌	未	丑	戌
병지	巳	子	申	卯	申	卯	亥	午	寅	酉
사지	午	亥	酉	寅	酉	寅	子	巳	卯	申
묘지	未	戌	戌	丑	戌	丑	丑	辰	辰	未

월지는 사주 명식의 제강본부(提綱本府)로 명식의 천간지지(天干地支)의 기(氣)를 판단하는 기준으로 작용한다. 그러므로 십이운성(十二運星)은 월지에서 일간의 기(氣)의 강약을 판단하여, 그 사람의 성격과 운

(運)의 희기를 판단하는 저울추가 된다.

　월주는 사주의 환경이고, 일주는 그 환경 속에서 살아가는 개별적 성분이다. 그러므로 십이운성(十二運星)을 판단할 때 월지(月支)를 기준으로 하고, 일지(日支)나 연주(年柱) 또는 시주(時柱)는 일간(日干)을 보좌하여, 신약(身弱)하다면 방조(幇助)하고 신강(身强)하다면 설기(洩氣)하거나 관성(官星)으로 일간을 제어(制御)하는 억부(抑扶)의 방법을 사용하고, 이것에서 용희기구한(用喜忌仇閑)을 찾게 된다.

　사주에는 수많은 신살(神殺)이 있지만, 제일 중요한 신살(神殺)은 합형충파해(合刑沖破害)이다. 다시 말해서 합형충파해(合刑沖破害)를 알기 위해서 천간론(天干論)과 포태법(胞胎法)을 공부하는 것이다.

　그러므로 기본에 충실해야 하는데, 격국(格局)과 용신(用神) 그리고 합형충파해(合刑沖破害)와 각기 천간의 성분을 알기 위해서 천간의 구조배합을 살피고, 지지의 성분을 알기 위해 신살(神殺)과 포태법(胞胎法)의 공부가 이루어져야 한다.

　즉, 천을귀인(天乙貴人)이나 암록성(暗綠星) 등, 그러한 신살(神殺)들이 아무리 좋은 뜻이 있어도 기신(忌神)이면 업인살(業因殺)로 작용하므로, 희신인지 기신인지를 판단하기 위해서 합형충파해(合刑沖破害)가 중요하다는 것이다.

절지(絶地)

 십이운성(十二運星)에서 절지(絶地)란 생명의 기운이 완전히 끊어져 안정됨이 없이, 정신-혼(魂)이 육체와 분리되어 다음 생을 기다리는 상태이다. 만물의 기(氣)는 살아 있으되 아직 아무런 형체가 없이 땅속에서 고요히 잠겨 있는 것과 같다. 끝과 시작이 함께 있으며 무(無)에서 유(有)를 창조하는 시기로, 이것이 바로 공즉시색(空卽是色)이다.

【겁살(劫殺)은 포태법의 절지(絶地)이다】

일간	甲	乙	丙	丁	戊	己	庚	辛	壬	癸
절지	申	酉	亥	子	亥	子	寅	卯	巳	午
십신	편관	편관	편관	편관	편재	편재	편재	편재	편재	편재

 인간계로 말하면 사람이 죽은 뒤의 사후세계로, 어머니 자궁 속에 아직 아버지의 정자 씨가 떨어지지 않은 상태가 되겠고, 새로운 육체를 배정받기 위해서 신계(神界)와 인간계를 공부하는 지극히 정적인 무념무상(無念無想)의 단계로 동적인 상태로 변화하는 단계를 말한다.
 절지(絶地)는 일간의 편재(偏財)나 편관(偏官)으로, 기신이 되었다면 피해가 무척 크다. 그러므로 월지(月支)가 절지(絶地)라면 일지(日支)나 시지(時支), 일지가 절지(絶地)일 때는 월지(月支)나 시지(時支)에서 반드시 생욕록왕(生慾祿旺) 중에서 한 글자가 일간을 방조해야 한다.

다시 말해서 어떤 경우라도 인수(印綬)와 비겁(比劫)에 일간을 방조하는 오행이 근접해 있어야 하는데, 인수(印綬)에 일간일지(一干一支), 비겁(比劫)에 일간(日干)과 지지(地支) 한 글자가 있다면 평안한 인생이 된다.

60간지 중에 절지(絶地)는 갑신(甲申), 을유(乙酉) 지지편관(地支偏官), 경인(庚寅), 신묘(辛卯) 지지편재(地支偏財)로 4개의 간지에 해당한다.

갑신(甲申) 을유일주(乙酉日柱)는 일지가 편관(偏官)이 되어 일간을 극(剋)하는 하극상(下剋上)의 절지(絶地)이다. 다시 말해서 육체가 정신을, 땅에 해당하는 지지가 하늘 정신에 해당하는 천간을 하극상(下剋上)하는 상이다. 여명이면 참을 수 있겠지만, 남명이면 처의 등쌀에 부부 해로하기 어려움을 상징한다.

말이 좋아 절처봉생(絶處逢生)이라 하여 절처(絶處)에서 생(生)을 만난다고 하는데, 갑신(甲申)은 신중임수(申中壬水)가 있으므로 절처봉생(絶處逢生)에 해당하지만, 을유(乙酉)는 절처악살(絶處惡殺)에 해당한다.

갑신(甲申) 을유(乙酉)의 남명은 처권(妻權)이 강하여 고양이 앞의 쥐의 형상으로, 매사 불평불만이 많으며 가정에 안주하지 못하고, 정처 없는 유랑인생이 되기도 한다.

경인(庚寅) 신묘일주(辛卯日柱)는 상극하(上剋下)로, 남편이 처를 극(剋)하는 상이지만 정상위(正常位)에 해당하므로, 비록 절지(絶地)일지라도 부부 큰 문제없이 살아가지만, 의지처가 쇠약하다면 귀가 여려서 문제이다.

음양(陰陽)은 양기(陽氣)인 하늘이 음기(陰氣)인 땅을 품어 줘야 하고, 음기(陰氣)인 땅은 하늘을 받아 줘야 진정한 음양화합(陰陽和合)으로 만물이 자생(自生)하게 된다.

절지(絶地)는 세대교체의 시기이다. 인간사에 비유하면 생명의 창조 작업이 이루어지기 전의 무념무상(無念無想)의 정적상태(靜的狀態)이다.

아직 어느 곳에도 안착(安着)하지 못하는 귀신세계이므로 혼(魂)의 자유가 있는 단계로, 구속을 매우 싫어한다. 그러면서도 항상 불안하고, 비몽사몽(非夢似夢)의 상태로 예민하다.

비록 지극히 정상적인 부부교합이라 해도 가정, 회사, 친구, 동료 등 타인과 주변의 눈치를 살피고, 정상적인 일이면서도 내가 잘못하지 않았는가를 생각하며, 강한 호기심이 불안한 요소로 작용하여 심장병이 발생하고, 시력을 쇠약하게 하는 작용을 한다.

절지(絶地)는 악한 일은 못 하는 순백색(純白色)의 처녀지신(處女之身)으로, 첫날밤과 같은 호기심, 행복함, 불안함이 섞여서 매우 생각이 많으며, 실행력이 미약하다.

타인의 말에 거부나 반항하기 어려우며, 귀가 여려서 외부의 자극이나 감언이설(甘言利說)에 쉽게 동요(動搖)되거나 흔들리는 경향이 많아서 이익을 따져 보지 못한 채 휘둘리고, 실리적(實利的)인 면에서 항상 손해를 보며 뒤늦은 후회의 눈물을 흘리는 일이 많다.

이것은 모두 잠재된 호기심으로 인해서 스스로 문제 속으로 들어가는 경우가 많아서이다. 그러므로 동정 결혼이나 원치 않는 임신으로 어쩔 수 없이 결혼하고, 일생 눈물 흘리는 여성들도 많다.

절지동주(絶地同柱)가 아닐지라도 기묘일주(己卯日柱)나 계미일주(癸未日柱) 여명 또한 그러하여, 남자의 거짓 사랑에 정조를 잃거나 금전적인 손실을 보는 일이 많으므로, 매사 신중하고 침착해야 한다.

절지(絶地) 성분은 잠재의식, 연구, 사색, 단절, 이별, 시작, 끝, 신앙,

기도, 그리움, 외로움, 허약, 나약(懦弱), 무기력, 통제 불능, 고립, 파재, 인색, 호색, 경박(輕薄) 등의 의미를 내포하고 있으며, 극도로 쇠약한 운성을 상징하므로 재물과 명예를 감당하기 힘들다. 특히 극신약하다면 질병과 단명수이다.

　포태법의 절지(絶地)를 신살에서는 겁살(劫殺)이라 했으며, 일간이 신약하다면 편관(偏官)에는 겁탈(劫奪)을, 편재(偏財)에는 재난풍파(災難風波)를 당하여, 가난한 인생을 만들고 경제적인 불안이 발생한다.
　비록 부귀가문 출생일지라도 결국 파산의 염려가 있게 되는데, 본정신을 차리고 보니 당하며 속고 살아온 인생이 한심하여, 독종적인 기질로 변하는 경우도 종종 목격된다. 한마디로 극(極)과 극(極)을 오가는 형태로, 때론 자살하기도 한다.
　독하지 않으면 생명을 보존하고 살아남기 힘들다는 것을 알았으므로 나이 먹을수록 독해져서 오히려 극부극처(剋父剋妻) 작용을 하기도 하는데, 자기의 나약함을 감추기 위한 반작용(反作用)의 심리이다.
　한편 절처봉생(絶處逢生)이란 말의 의미도 깊이 새겨볼 필요가 있는데, 이것은 육신과 정신이 단절되고 모든 인연이 끊어지는 자리에서 환생(還生)하는 새로운 인연이 다시 생겨난다는 뜻으로 하나가 끝나면 또 하나가 그 자리에서 생겨난다는 이치를 말하는 것이다. 그러므로 전생인연이 모두 끝나고 새로운 인연을 형성하는 경우로 나타나기도 한다.
　그러나 절처봉생(絶處逢生)이라는 달콤한 꼬임에 빠져 돈 주고 마음 주고 몸까지 준 인생에서 남은 것이 없으니, 치열한 생활전선에서 힘들게 일하지만 항상 손해 보는 경우가 많다. 포태법(胞胎法)이나 십이신살(十二神殺)에서 가장 허약한 운성이 절지(絶地)이기 때문이다.

경인(庚寅) 신묘(辛卯)는 그래도 절지(絶地) 인생이지만 배성이 재물이라, 득재(得財)를 위해서 열심히 노력하지만 힘겹기만 하다. 타고난 순백지신(純白之身)으로 역량이 부족하기 때문이다.

그러므로 아무도 없는 데 가서 하염없이 울면서 누구 때문이라는 타인을 원망하는 심리가 형성되어, 상대를 비방하고 처자와 불화하거나 처자의 신체가 허약하다.

절지(絶地)는 남녀가 합정(合情) 직전의 단계이다. 그러므로 합(合)을 반기는 마음이다. 문제가 생기든 말든 그것은 나중 문제이다.

이런 심리가 호기심과 전율로 작용하여 몰래 따 먹는 사과가 맛있다는 것을 알게 되어, 절지(絶地)에 있는 사람들은 남녀 합정을 상당히 좋아한다. 그것도 나이 먹을수록 즐기는 성향이 강하다.

사주 명리를 공부하다 보면 성교심리(性交心理)까지 파헤쳐야 하고, 하여간 운기 파악은 심리 해부이다. 절지(絶地)는 부모 형제와 인연이 부족하고, 직업에서는 오락업, 유흥업, 음식업으로 성과를 거두는 경우도 많다.

신묘(辛卯) 을유일주(乙酉日柱)는 선천적인 명기의 소유자일 가능성이 많은데, 신묘일주(辛卯日柱)는 돌산에 피어 있는 난초, 화초, 토끼가 되어 겁이 많으며, 수집가에게 걸리면 강제로 뽑혀 가서 파란풍파를 경험하고 진정한 난초가 되기도 한다.

을유일주(乙酉日柱)는 돌산 계곡에 숨어 있는 분재로, 제대로 된 장인(丈人) 수집가에게 걸린다면 단번에 스타 등극으로 이어져 부귀가의 애장품이 되어 사랑받을 수 있으나, 잘못된 장인(丈人)의 손에 걸린다면 시장바닥 분제(分際)로 험한 인생을 살다 무당이 되는 수도 많다.

특히, 신묘(辛卯) 을유일주(乙酉日柱)는 배우자 인연에 따라서 많은 인생 변화를 겪는다. 또한 명기(名器)의 소유자일 가능성이 크므로 어쩔 수 없이 양다리 걸쳐 두 남편과 살아가는 여자도 있다.

경인(庚寅) 갑신일주(甲申日柱)는 당당하게 사는 사람이 많다. 직업적으로는 연예계나 유흥업에 해당하며 미용업에도 적합하고, 철강 금속 기계 산업에 종사하여 성공하는 사례도 많다.

사람이 죽어서 무덤에 묻히면 육신과 정신이 완전히 분리되어 육신은 음적(陰的)인 상태인 흙이 되어 백(魄)이라 한다.

정신은 혼(魂)이라 하며, 영원히 돌아올 수 없는 무(無)의 세계, 죽음 뒤편 현상계 너머의 양적(陽的)인 상태로, 음양(陰陽)을 합하여 혼백(魂魄)이라 한다.

육체는 음적 상태, 정신은 양적 상태를 말하며, 육체와 정신이 합(合)한 것을 인간이라 한다. 영육(靈肉)이 합(合)이 되고, 신명(神明)이 합(合)이 되었다면, 신인합일(神人合一)이라 한다.

인간의 삶은 장생(長生)에서 출발하여 묘지(墓地)의 무덤에 들어가고, 영계(靈界)에서 육체계로 다시 돌아오기 전에 유체계(幽體界)를 거치는데 이를 절지(絶地)라 하므로, 이것이 곧 무(無)에서 태어난 유(有)가 다시 무(無)로 돌아가는 색즉시공(色卽是空) 공즉시색(空卽是色)이다.

그렇다고 인간이 영원히 사라지는 것은 아니다. 자연에서 보면 나무의 본질은 봄에 자라기 시작하여 여름에 무성하고, 가을에 열매를 맺어 완성을 이루며, 겨울에 사(死)하게 된다.

무성하게 자라고 열매를 맺게 하는 자연계의 힘인 기(氣) 수액(水液)

은, 겨울에는 땅속뿌리에 저장하여 원시반본(原始返本)하고, 다음 해 봄에 다시 생명의 창조작업으로 나타나듯이, 정적상태의 동절기(冬節氣)를 상징하는 운성(運星)이 사묘절(死墓絶)인데, 그중 절지(絶地)는 해월(亥月)에 해당한다.

육신은 물질이므로 생사(生死)가 있고 죽으면 소멸(消滅)하지만, 정신(情神)은 무형(無形)의 기(氣)로서 소멸 없이 육체라는 옷만 바꿔 입을 뿐이므로, 영원한 죽음이란 없는 것이다.

육신에서 분리된 영혼(靈魂)은 떠돌면서 새로운 육신을 찾는다. 영혼 생전의 인연인과(因緣因果) 선악(善惡) 행위 등이 업인(業因)이 되어 그 파장과 맞는 음체 여성과 양체 남성의 부부합으로, 새로운 생명의 태기(胎氣)로 잉태(孕胎)하여 환생의 과정을 겪는 것이 현생 인간이다.

이때 부부합정(合情)을 틈타 또 다른 영혼이 들어와 쌍둥이가 되고, 한 부모에서 태어난 아이지만 전혀 다른 인격을 지닌 자식으로 성장하는 경우로 작용하기도 한다.

또는 두 개의 혼(魂)이 한 육체에 동거하는 때도 있는데, 이는 일사무성(日事無成)의 저주받은 운명을 사는 경우로 작용하기도 한다. 이러한 숨어 있는 혼(魂)의 정체를 아는 방법이 사주 속에 들어 있음이니, 명리는 신(神)의 학문인 것이다.

명리란 알고 보면 매우 간단하여, 자연을 두고 이치를 구하면 명명백백(明明白白)한 이치가 나오고 그것이 정답이 된다.

*년절지(年絶地) 조상궁은 인간이 아닌 귀신이므로 현상계에 무슨 덕을 줄 수 있을까? 물론 귀신 세계이므로 선견지명(先見之明)이 발생하고, 꿈은 잘 맞을 것이다.

*월절지(月絶地)는 부모 형제의 덕이 부족하며, 귀신의 도움을 받아서 종교업이나 무당이 되는 사람도 있다.

*일절지(日絶地)는 귀신 같은 배성 인간으로 부부인연이 박덕할 수밖에 없는데, 특히, 기신으로 정기천간이 투출했다면 배성의 덕을 기대하기 어렵다.

*시절지(時絶地)는 자식이 육체 없는 혼(魂)과 같은 동자신(童子神)이 둥둥 떠다니는 형상으로, 평생 어린애 같은 발육부진(發育不進) 아이한테 무슨 덕을 기대할 수 있겠는가?

가령, 을유일주(乙酉日柱)가 갑신시(甲申時)에 태어났다면 무자식 팔자와 같다. 연월주에서 식상(食傷)으로 건왕하다면 무자식은 아니지만, 시주궁(時柱宮)이 절신(絶神)이므로 양호하다고 할 수 없다.

절지(絶地)는 공즉시색(空卽是色)처럼 무(無)에서 빛이 나타남을 일컫는 글자로, 삼라만상이 있게 하는 생명세포의 맨 처음 시발점이므로, 포지(胞地)라고도 한다.

절(絶)은 끊어졌다. 단절되었다. 없다. 무(無)의 뜻이며 남녀합일, 부부합일, 영육합일을 못 한 상태로, 육신이 없는 영혼과 같다.

십이운성 가운데 정신은 있고 육체가 없는 것은 절(絶)뿐이다. 육신이 없는 영혼(靈魂)은 무(無)에서 유(有)를 창조하는 태기(胎氣)로서, 가장 허약하고 무기력하다.

절지(絶地)는 새로움의 창조작업의 시발처(始發處)이므로 무엇이든지 하고 싶지만, 육신이 없으니 아무것도 할 수가 없다. 이것이 일생 짊어지고 가는 운명의 수레바퀴로, 생각은 많지만 실행력과 밀어붙이는 힘이 부족하므로 인생사 모든 일에서 막히고 끊어져, 될 듯 될 듯하면서도 쉽게 이루어지는 일이 적다.

 육신을 잃은 허공의 영혼이 구하는 것은 새로운 육체이다. 어디를 가서 어느 육신을 선택해야 할 것인가?
 인간은 경험 때문에 사리를 분별하는 능력이 생기는데, 영혼(靈魂)이 안주하고 쉴 곳이 없으니 무엇이 옳고 좋으며 완벽한지를 판단할 수 없고 단지 기분(氣分)만 있으므로, 인과(因果)의 법칙을 따를 뿐이다.
 그러므로 자신을 좋아하고 사랑하면 무조건 따르고 선택하는 귀 여린 특징이 강하여, 이성, 친구, 동료의 부탁에 거절하지 못하고 질질 끌려가므로 불행을 자초한다. 건록(建祿)이나 제왕지(帝旺地)가 능수능란(能手能爛)하게 자기의 실리를 판단하는 것과는 정반대의 속성이다.
 이러한 절지(絶地)의 특징은 남녀 결혼하고서도 계속 이어진다. 이별, 분리, 이산(離散)의 비애, 비교의식(比較意識)은 평생을 따라다니는 숙명이다. 상대보다 더 좋은 상대가 나타나 꼬인다면, 마음은 그렇지 않으면서도 몸은 따라가 버린다.
 혹은 상대보다 더 좋은 조건의 사람이 나타나 자길 꼬여 주기를 바라는 속성이 자리한다. 그러므로 배성 입장에서는 의처, 의부의 기질로 나타난다.
 같은 또래끼리는 사랑하고 좋아하지만, 헌신적이고 희생적인 것은 아니므로 그냥 즐기길 원한다. 그러므로 절지좌(絶地坐)는 백두낭군(白頭郞君) 인연에 만혼이 길하다고 말한다. 많은 연애를 해 보고 결혼하라고 말하는 것이다.

 절지좌(絶地坐)를 가진 인생은 자신보다 훨씬 연상인 상대를 좋아하고 사랑하는 특징이 강하다. 여성이야 그렇다 치고 남성 역시 연상의 여인을 좋아한다. 무엇이 사랑이고 인생인지를 가리지 않고 덮어놓고 사랑한다.

육신이 없는 영혼이 제멋대로 좋아하고 싫어하며, 사랑하고 헤어진다고 해서 따지거나 붙잡을 수는 없다. 시작은 있으나 끝이 없고 일관성이 없다.

낡은 것은 싫증이 나고 거들떠보지도 않으며 항상 새로워야 한다. 이러한 마음이 변태성 욕구로 작용하기도 한다. 그만큼 절지(絶地) 영혼은 변화와 새로운 것을 즐기는 변덕이 심하다. 타고난 운성이 그런 것을 어찌하랴!

특히 을유(乙酉) 신묘일수(辛卯日柱)들은 더욱 심한 일들이 벌어신다. 지독한 공주병 왕자병 증세에 자기만 바라봐 주길 원하다가 상대가 배신하면 자살로 이어지는 일도 있으며, 배성을 수시로 귀찮게 하여 이별, 사별로 이어진다. 남녀 관계만이 아니라 매사 인내력이 부족하고 비교의식이 발생하므로, 자기 가치가 상실된다.

절처봉생(絶處逢生)의 절지(絶地)는 변화를 상징하는 별로서 천성이 단순하고 순수하지만, 모든 것에 관한 관심과 흥미, 호기심이 많다.

즉흥적(卽興的)이며 지구력(持久力)이 없고, 생각은 많지만 깊게 생각하지 않는다. 마음에 들면 의심하지 않으며, 금세 반기고 따른다. 상대가 무엇이고 어떠한지를 생각하고 따질 필요나 그럴 겨를이 없다.

쉽게 끓는 냄비가 쉽게 식는다고 사랑에 쉽게 빠지며 쉽게 헤어진다. 상대가 바람을 피우면 자기는 두 배 더 바람피울 것이라며 옭아매고, 정작 바람은 본인이 피운다.

새롭고 아름다우며 기쁘고 즐거운 상대를 만나면, 아무리 오래 사귀어 온 사이라도 이내 뿌리치고 사라진다. 애정에 관한 호기심이 특이하며 조숙(早熟)한 성향이다.

겉으로 볼 때는 단순하고 순박하지만 내면은 지극히 자기위주(自己爲主)이고, 욕심이 많으면서도 냉혹한 특징이 나타난다.

내 마음에 드는 것은 무엇이든지 갖고 싶어 하는 철없는 욕심으로, 철없는 사랑을 하고 무지갯빛 꿈을 즐긴다. 참고 견디는 아량과 관용이 적어 무모하고 무책임하다.

남이야 어찌 되든지 나만 이롭게 잘살자는 것이다. 영특하고 간사해서가 아니고, 타고난 운기가 너무나 허약해서 생각하고 분별할 능력이 부족하기 때문이다.

다행히 진실하고 정직하며 착하고 너그러운 상대를 만나면 다행으로 평생 해로할 수 있지만, 간사하고 음흉하며 지능적이고 타산적인 자를 만나면 후회하고 발버둥 쳐 봐야 소용없을 것이다.

자자손손 천세 만세 행복하기를 원하는 것이 인지상정(人之常情)이다. 자기 자신을 알고서 덕을 쌓으며 많이 베풀고 살아간다면 하늘의 천신이 수호하여 연꽃 방석에 앉히게 될 것이므로, 베풀고 감사하며 사랑하고 살아야 한다.

절지좌(絶地坐) 남명의 성교는 분위기의 영향을 많이 받는다. 분위기에 따라서 강약의 양면성이 다르게 나타나는데, 일지 적용을 우선하지만 월지도 참조해야 하며, 사주구조의 신강신약 희기신이 우선이다.

여명은 성(性)에 대해 부끄러워해도 남자의 흥분도를 높이는 기교가 있고 은근히 즐기는 타입으로, 호기심이 많아서 변태 행위도 있기 쉽다. 그러나 이성 간에 큰 도움 주는 사람이 적으며, 이용의 대상으로 삼는 사람을 많이 만난다.

*년절지(年絶地)가 기신이면 단절, 독립, 부침(浮沈) 현상을 암시하며 절처봉생(絶處逢生)의 운성으로, 선대조상이 양자이거나, 조업을 이어 왔어도 조상 덕이 없으므로, 어려서 부모 형제를 떠나서 타향에서 살아가기 쉽다.

부모 형제와 인연이 박덕하고 고난과 좌절이 끊이지 않으나 대체로 말년은 평안하게 되는데, 신강사주로 연주가 희신이면 조상이 청귀(淸貴)하다.

*월절지(月絶地)가 기신이면, 부모의 환경이 절지(絶地)에서 태어난 것이므로 육친의 덕이 부족하며, 고통 번뇌가 끊이지 않는다. 사회생활에 불평불만이 과다(過多)하고, 환경변화가 많은데 적응이 늦으며, 형제간에 고독(孤獨)하다.

비록 형제의 덕이 있다고 하지만 가난한 형제로, 마음은 반갑지만 도움을 주고받을 수 없다. 그러나 신강하고 절지(絶地)가 희신이면 부모, 조상, 형제의 덕이 크다.

*일절지(日絶地)가 기신이면 신약하므로 육친 무덕에 타향객지할 수 있고 배우자 덕마저 불미한데, 먹고살 만하면 사기를 당하고 재앙(災殃)이 따른다.

부부인연도 바뀌기 쉬우며, 부부 애정이 진실하지 못하다. 만약 절지에서 천간까지 투출한 기신이면 경솔하고 천박하여 호색망신(好色亡身)을 당할 수 있고, 배성의 덕이 없어서 악인연을 만나거나 마음에 드는 배우자를 만날 수 없다.

또한 가족이 화목하지 못하며, 여명은 거짓된 사랑에 혼전에 정조를 잃거나 강간 겁탈을 당하여 건달 깡패와 같은 남편을 만나기 쉬우며, 남명 또한 처덕이 적고 여자로 인해서 스토킹도 당해 본다.

일지가 기신인 갑신(甲申), 을유(乙酉), 경인(庚寅), 신묘일주(辛卯日柱)는 배성의 덕은 기대하지 않는 것이 좋다. 특히 재화(災禍)를 자초하지 않는 삶을 살아야 한다. 그러나 희신이면 귀부인이 되거나 부명이 된다.

*시절지(時絶地)가 기신이면 아들이 없기 쉽고 자식 덕이 적어 효도 받기가 쉽지 않으며, 여명은 조급하고 경솔(輕率)하며 극부(剋夫)가 염려된다.

자손(子孫)에 대한 근심이 많고 가정생활이 원만하지 못하며, 말년 운이 안 좋아서 고생을 많이 하는 삶을 살게 되고, 매사 불평불만이 상존한다.

그러나 신강사주로 절지(絶地)가 희신이면 귀자(貴子)에 자식 덕이 크고, 초년은 어려웠을지라도 말년은 길하다.

태지(胎地)

　60간지 중에 태지좌(胎地坐)는 병자(丙子), 정해(丁亥), 무자(戊子), 기해(己亥), 임오(壬午), 계사(癸巳) 등 6개의 간지이다. 월지가 태지(胎地)일 경우, 반드시 생욕록왕(生慾祿旺) 지지 중 한 글자가 일간을 보좌해야 평안한 인생이 된다.

　일간이 신약하여 태지(胎地)가 기신이면, 태지(胎地)에서 정기천간 투출은 매우 흉하나. 신강하고 태지(胎地)가 희신일 때도 일간과 무정 관계의 천간투출은 반갑지 않다. 가령, 해수(亥水)가 희신(喜神) 일지라도 기토일간(己土日干) 입장에서는 임수투간(壬水透干)은 없는 것이 길하다.

【재살(災殺)은 포태법의 태지(胎地)이다】

일간	甲	乙	丙	丁	戊	己	庚	辛	壬	癸
태지	酉	申	子	亥	子	亥	卯	寅	午	巳
십신	정관	정관	정관	정관	정재	정재	정재	정재	정재	정재

　갑목(甲木)에 유금(酉金)이 정관(正官), 을목(乙木)에 신금(申金)은 정관암합(正官暗合), 경금(庚金)에 묘목(卯木)은 정재(正財)이고 명암합(明暗合)을 하고 있으며, 신금(辛金)에 인목(寅木)은 정재(正財)이고 천을귀인(天乙貴人)이며 인중병화(寅中丙火) 명암합(明暗合)이다.

*병자일주(丙子日柱)는 일지정관(日支正官) 음양살(陰陽殺).
*정해일주(丁亥日柱)는 암합정관(暗合正官) 천을귀인(天乙貴人).
*무자일주(戊子日柱)는 암합정재(暗合正財).
*기해일주(己亥日柱)는 암합정관(暗合正官).
*임오일주(壬午日柱)는 암합정재(暗合正財).
*계사일주(癸巳日柱)는 암합정관(暗合正官) 천을귀인(天乙貴人).

절지(絶地)는 편재(偏財)나 편관(偏官)으로 이루어졌는데, 태지좌(胎地坐)는 정재(正財) 정관(正官)으로 이루어져 상당히 깔끔하지만, 암합(暗合)으로 복잡한 심리구조가 형성된다.

태지(胎地)는 잉태(孕胎)와 태교(胎敎), 애착(愛着)과 소중함, 보호와 의타심, 구상과 발심(發心) 등의 의미를 내포한다. 아버지의 부정(父情)과 어머니의 모혈(母血)이 음양교접(陰陽交接)으로 합일(合一)을 이루고 잉태(孕胎)한 것을 상징하는데, 임신 초기의 5개월 이내로 본다.

그러나 태중(胎中)의 5개월은 10년과 맞먹는 시간이다. 잉태(孕胎) 기간은 276일로 만 9개월이지만, 그 과정 중 전반부는 태지(胎地), 후반부는 양지(養地)에 해당한다.

사주에서 지지(地支)는 열두 개로 이루어져 있고, 월지(月支)가 변하여 대운이 되고, 대운의 간지(干支)는 10년을 상징하므로, 묘절태양(墓絶胎養)의 단계는 인간 세상의 40년에 해당한다.

276일 입태(入胎) 중에서 잠재의식(潛在意識) 깊숙이 어머니의 태교 영향을 그대로 받게 되는데, 절지(絶地)의 임신 전과 임신 후의 행동 심리와는 하늘과 땅만큼의 차이가 발생하고, 악인일지라도 선인의 마음을 가지게 된다.

　훌륭한 태교로 오로지 축복과 사랑 등만 기억되었다면, 그 아이는 육체계에서 더욱 훌륭한 인물이 될 것은 당연한 이야기이다.

　절지좌(絶地坐)에서 원하지 않은 임신(姙娠)에 동정결혼(同情結婚) 또는 강제결혼(强制結婚) 부정포태(不貞胞胎)의 가능성으로 임신 출산한 아이는, 정신적인 불안이 평생을 숙명(宿命)처럼 따르고 이것으로 인해서 정신질병이 나타날 수 있지만, 태지(胎地)의 합법적인 임신 출산의 아이는 편안한 심리가 형성된다.

　또한 어머니 배 속에서 자라나니, 밖의 세상사는 전혀 알 수 없다. 십이운성 중에서 최고로 순수하고 낭만적이며, 내일의 꿈을 먹고 살아가는 격에 해당한다.

　그러므로 순수하고 선(善)한 호인(好人)의 마음으로 살아가고, 아무리 힘든 일이 있더라도 천을귀인(天乙貴人) 조상 줄의 선인(善人)과 천신(天神)의 도움이 임한다.

　그러면서도 태지좌(胎地坐)에는, 본인은 안 그러려고 하는데도 자기도 모르게 악살심(惡殺心)이 발동하기도 하는, 극(極)과 극(極)의 이중인격이 숨겨져 있다.

　예전에는 북두칠성(北斗七星) 칠성(七星) 7 곱하기 7일 하여 49일이 지나서, 자궁 속에 정자(精子)와 난자(卵子)가 합(合)이 되어 육(肉)과 혼(魂)이 형성되고, 태몽(胎夢)을 꾸게 되며 임신 사실을 알게 되었지만 (사람이 죽으면 북두칠성 칠성(七星) 7 곱하기 7일 하여 49일을 49재라 하여 육체를 떠난 혼(魂)이 영계(靈界)에 안착(安着)하게 된다) 요즘 시대에는 한 달이면 잉태 여부를 알 수 있는데, 15주가 넘으면 확실한 성별이 결정되고, 알 수 있다고 한다.

이때 부정포태(不貞胞胎)나 원치 않는 성별의 잉태(孕胎)도 있으므로, 이러한 요소들이 태아(胎兒)의 생사(生死) 갈림길이 되어 엄청난 스트레스에 시달린다.

이러한 태아(胎兒)의 잠재의식이 성인이 되어서도 미래에 대한 근심 걱정, 우울증을 불러오는 요인으로 작용한다(실지 태지좌(胎地坐)들은 쓸데없는 걱정으로 한세월 보내는 사람들이 매우 많다).

그래서 태지좌(胎地坐)들은 심장병 환자가 많은 특징이 있고, 입태 당시 어머니의 극심한 우울증, 놀람, 슬픔이 그대로 아기의 성격과 체질을 형성하여 출생하는 경우가 비일비재(非一非再)하다.

그때 가졌던 태아(胎兒)의 스트레스나 악감정은 잠재의식에 기록되는데(이것은 현상계의 기억과는 또 다른 차원이다), 성장하며 어떤 계기에 의해 깊이 잠재된 증오심이 표면에 나타나게 되었다면, 이때부터 이상하리만큼 사람이 변하여 때로는 타인의 상상을 벗어나는 행동, 그러니까 학자로서 전혀 그럴 것 같지 않았던 사람이 제자를 성폭행하거나 재물을 상납 받거나 등등, 하여간 이해하기 힘든 행동을 하게 된다.

그러므로 하늘에서는 이걸 막기 위해 정재(正財)나 정관(正官)의 암합(暗合)과 천을귀인(天乙貴人) 길성(吉星)을 태지(胎地)에 배당하여 사람을 변화시키고자 한다. 이처럼 깊은 뜻이 십이운성(十二運星)에 담겨 있다.

생사(生死)의 갈림길(부모 관점에서 무엇을 원하느냐의 차이점)인 태지(胎地)에서부터 이미 저주(詛呪)받은 운명은(그 인생에는 불쌍하지만), 인간계에 오지 않는 것이 좋을 것이다.

그러나 낙태되는 그 순간 태아(胎兒)의 공포감은 글이나 말로서 표현하기 힘든 것으로, 절지(絶地)로 돌아간 그 혼은 기회를 노려 인간으로 환생(還生)하여, 자기를 갈기갈기 분해(分解)했던 악념(惡念)을 되돌려 준다.

이 부모의 평생의 한(恨)으로 남기 위해 자식으로 출생하여 세상에 다시없는 효도를 하며 살다가, 천재지변(天災地變)을 당하거나 자살하여 고통을 준다. 이것이 바로 악념(惡念)의 윤회(輪回)이므로, 틀림없는 사실로 믿어야 한다.

자신은 헐벗고 굶주리고 못 먹어도 아낌없이 자식을 위해서 내어 주고, 자식의 웃음에서 행복함을 느끼는 것이 어머니 음천간(陰天干) 음체(陰體)의 마음이다.

그런데 특히 년월(年月)에서 식상태왕(食傷太旺) 간여지동(干與支同) 흉신악살(凶神惡殺)이 되었다면, 이미 전생업인(前生業因)에서 자식과의 문제가 있을 것을 상징한다.

일시주(日時柱)는 후천적으로 내가 만드는 과정이자 후세(後世)의 모습이며, 연월은 거부할 수 없는 전생의 숙명(宿命)이기 때문이다.

일평생의 삶은 사주 전체에 있다. 양체(陽體)인 아버지 마음은 인성(印星)으로 부모 조상의 유업을 지키고, 그 안에서 살아가려 한다. 자연계의 나무에서도 양체(陽體)는 기둥의 상징으로, 뿌리인 부모 조상의 유업을 받드는 동시에 음체(陰體)에게 자신의 모든 기운을 전이시키고 이어 주는 역할을 한다.

줄기와 잎 그리고 열매는 음체(陰體)의 속성으로, 무한히 벌리고 성장시키는 작용을 한다. 음체(陰體)는 양체(陽體)와 더불어 자기를 펼치고 열매를 만들며, 양체(陽體) 또한 음체(陰體)의 덕으로 열매를 보게 되며 자기의 사명을 다하게 된다.

그래서 음일간(陰日干)은 상관(傷官)인 자식이 사망하면 희망이 없으므로, 자식의 묘궁(墓宮)에서 함께 사망하는 것이다. 그러므로 아버지와 어머니, 나는 따로 떼어 놓을 수 없는 관계이다.

그러나 남자는 좋으면 그만으로, 일단 자기의 정욕(情慾)을 불태우고 본다. 그러나 여성은 아기가 생긴다면 성장시킬 것에 대한 걱정이 앞서므로 심사숙고한다.

그러한 경향으로 여명 태지좌(胎地坐)는 자식을 위한 걱정 속에 살게 되며 불감증(不感症)이 발생할 수 있고, 이성 친구가 연인으로 변하는 것을 싫어하기도 한다.

일지나 월지가 태지(胎地)에 있다면 천성이 아름답고 순박하며, 정신은 유력하지만 육체는 묶여 고립되어 있으므로, 생각과 계획은 탁월하고 매사 능통한 것 같으나, 세상 물정이 어두우며 외향적인 발표력과 활동력, 외교와 처세, 결단심과 거부하는 마음이 부족하여, 타인이 부탁하는 것이면 싫으면서도 받아들이게 되어, 뒤통수 맞는 일이 많다.

예를 들어 누가 돈이나 보증을 요구하면, 능력이 없으면서도 그 자리에서 거부하지 못한다. 그러므로 상대에게 희망을 주게 되고, 그 후에 거부한다.

그러므로 철석같이 믿었는데 결과적으로는 안 된다 하므로, 선의의 손해를 입은 상대방은 불신하고 원망할 것이 당연하지만, 그것이 천성

(天性)이므로 어찌할 수가 없다.

다시는 그러지 않겠다고 벼르다가도, 똑같은 실수를 저지른다. 이러한 성격적인 요인이 합해져 아군을 적군으로 만드는 우(愚)를 범한다.

다시 말해서 끊고 맺음이 부족한 성격인 것이다. 특히 신약할 때 이런 일이 더 많으므로 월태지(月胎地)인 경우 반드시 록왕(祿旺)의 글자가 있어야 한다.

절지(絶地)의 경우 싫고 좋음이 분명하며 상대방 기분을 별로 생각하지 않으므로 처음부터 안 된다 냉철하게 발로 차 내는 경우라면, 태지좌(胎地坐)는 무력하게 양손에 떡을 들고 고민하는 형태이다.

록지(祿地)나 왕지(旺地)라면 노력은 해 보겠지만 믿지 마세요, 하면서 좋게 거절할 것이다. 이처럼 건록(建祿) 제왕지(帝旺地)들은 충분히 독립하여 일을 만들고 해 나가지만, 태지좌(胎地坐)는 유약하여 처세(處世)가 불안하므로 사업가의 기질이 안 되는 것이다. 태아(胎兒)가 어찌 타인을 도울 수 있고, 타인을 거두어 먹일 수 있겠는가?

태지(胎地)는 일단 사랑을 하면 쉽게 빠지며 열정적(熱情的)인데, 절지좌(絶地坐)와는 반대 성격이 발생한다. 절지좌(絶地坐)는 사랑은 변하는 것으로, 영원한 사랑이 어디 있느냐고 생각한다. 그러나 태지좌(胎地坐)는 상대가 변심하거나 정(情)이 시들면 막무가내이다.

마치 태아(胎兒)가 어머니의 품에서 떨어질 수 없듯이 첫사랑과 쉽게 헤어질 수가 없고, 가슴속에 첫사랑의 그림자를 숨긴 채 살아간다.

처음 마음의 문을 열기는 힘들지만, 마음의 문을 열면 그 마음의 그 순정(純情)을 믿는다. 심지어 배우자가 먼저 사망했어도 가슴에 묻고서 내가 갈 때까지 기다려 달라며 울고 만다.

회사나 신앙생활도 마찬가지로, 한 번 믿으면 회사가 잘못되지 않는 한 이직(移職)하려는 마음을 갖지 않으며, 회사가 잘되었다면 나도 잘되게 해 줄 것이라고 믿는다.

실직자(失職者)가 되었다면 새로운 직장에 적응하기 힘들어 많은 마음고생을 하는데, 융통성(融通性)을 기르는 것이 무엇보다도 좋을 것이다.

한 번 다니던 종교에서 멀리 이사를 하고 집 앞에 가까운 종교가 있어도, 멀리 있는 그곳까지 찾아가며 광신자(狂信者)의 기질을 가진 경우도 있다.

이 모든 것은 주체의식(主體意識)이 부족하여 기대고 의지할 곳에 목숨 걸게 되고, 이것이 대단히 강한 집착(執着)으로 작용하기 때문이다.

태아(胎兒)가 오로지 어머니를 의지하듯이, 살아가면서 학문, 종교, 배우자나 자식, 직업, 심지어는 합정 등, 의지나 위안이 되는 곳에 매달린다. 심하면 의처, 의부증이 되기도 한다.

태지(胎地)는 절지(絶地)보다 운기가 강하지만, 아직은 뱃속의 태아이므로 야심을 갖거나 큰일을 하기는 어려운 면이 많다.

또한 세상은 적당히 타협하고 권모술수도 쓸 줄 알아야 내 것 내가 지키고 살아갈 수 있으나, 착하게 법대로만 살아가야 한다는 마음에 불평불만이 발생하고, 폭넓은 세상과의 지식이 모자란 삶이므로 우울하다.

왜냐하면 절지(絶地)에서 인간사회에서의 필요한 공부를 하게 되는데, 현실과 이론의 차이에서 오는 괴리감(乖離感)을 많이 느끼게 되기 때문이다.

대체로 음식습관에 까다로움이 나타난다. 그러나 절지(絶地)가 음식도 한 가지를 계속 못 먹고 맛있는 것을 찾아 먹는다면, 태지(胎地)는 있는 것을 변화시키려 하고, 평소에 과묵하지만 술을 마시면 수다스럽다.

보수적이기보다는 진취적으로 아기자기하게 집 단장도 손수 하고, 항상 새롭게 환경을 변화하는 것을 좋아한다. 특히 어린 생명이나 화초 등에 호기심을 가지거나 귀여워하며, 폭력을 싫어한다.
정확하고 세심하며 꼼꼼하고, 나는 없어도 타인을 위하는 마음이 강하면서도 타인이 실수하는 꼴은 이해하지 않으며, 헛된 일, 낭비, 부정한 재물이나 편법, 거짓말이나 사기 등 권모술수와는 거리가 멀기에, 때로는 고지식한 사람으로 보이기 쉽다.
근면성실(勤勉誠實)하고 겉으로 드러나는 경쟁(競爭)이나 정면대립을 피하며 독자적인 노력으로, 비록 힘과 역량이 부족해도 의식주(衣食住)에 큰 걱정 없이 살아간다.
야무지지는 않아도 덜렁대지도 않고, 약속을 잘 지키므로 신의 있는 사람이란 소리를 들으며, 검소한 생활로 중년 이후 안정된 기반을 갖추는데, 혹 인색한 성향이 강하여 눈총을 받는 일도 있지만, 그것을 나쁘다고 할 수는 없다.

태지좌(胎地坐) 남명의 성교는 탐구(探究)하고 조절하는 타입으로, 강하지는 않으나 즐겁게 해 주는 기술이 있어서 여자에게 인기가 있다.
여명은 성(性)에 관심이 많은 척해도 불감증(不感症)에 걸릴 염려가 있으나, 어느 날 성(性)에 눈을 뜨면 깊은 탐구(探究)를 원하기도 하며, 부끄러움을 모른다.

*년태지(年胎地)는 조상의 마음이 원만하여 악인(惡因)이 없었고, 자신은 어렸을 적에 부모의 변화로 고향을 떠나서 타향객지 생활하는 일이 많으며, 부모인연이 박덕하므로 자수성가를 해야 한다.

*월태지(月胎地)는 권태를 잘 느껴서 한 가지 일에 전념하지 못하므로 직업과 주거 변화가 심하다. 일찍 부모 형제를 떠나 타향객지 생활을 하고 자수성가해야 하지만, 많은 변화 변동을 겪으며 고생하게 되는데, 귀가 여려 타인의 꼬임에 빠지기 쉬우니 매사 돌다리도 두드리며 걷는 마음으로 살아야 한다.

*일태지(日胎地)는 어려서 허약(虛弱)하다가 중년 이후에 건강해진다. 부모 형제와 인연이 불미하고 몇 번이고 재혼하기도 쉬우며, 직업 변동이 심하여 한 직장에 전념하지 못하며 정서가 불안하다.

여명의 경우 시부모와의 사이가 좋지 못하여 재혼하는 수가 생기고, 특히 병자(丙子) 기해일주(己亥日柱) 여명은 타인으로 인해서 부부이별사가 발생하기 쉽다.

무자(戊子) 계사일주(癸巳日柱) 여명은 의심이 많으며 남편 덕이 적고, 첫사랑을 가슴에 품고 살아가는 일이 많다. 배성에서 바람나 헤어지기 쉬운 구조이다.

*시태지(時胎地)는 수다스럽고 감정 기복이 심한 편으로, 자녀가 본인 사업을 계승하지 못하며, 자식이 허약하여 근심이 발생한다. 딸은 있어도 아들이 없거나, 아들이 있어도 아들 노릇을 못 하게 되며, 효도를 기대하기 어렵고 각거(各居)해서 살아간다.

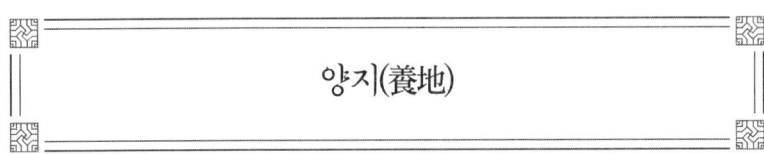

60간지 중에서 양지좌(養地坐)의 간지는 갑술(甲戌), 을미(乙未), 경진(庚辰), 신축(辛丑)으로 총 4개이다.

양지(養地)는 태아의 5개월 이후부터 태어나기 전까지를 일컫는다. 이때는 사후세계(死後世界)의 모든 기억을 정리하고 새롭게 인간계의 구성원이 되기 위한 준비 단계로, 분리작용(分離作用)이 강하게 나타나는 것이 특징으로 생가(生家)와 인연이 적다.

【양지(養地)는 십이신살의 천살(天殺)이다】

일간	甲	乙	丙	丁	戊	己	庚	辛	壬	癸
양지	戌	未	丑	戌	丑	戌	辰	丑	未	辰
십신	편재	편재	상관	상관	겁재	겁재	편인	편인	정관	정관

예전에는 타향객지 양자(養子)로 가는 경우가 많았고, 요즘 시대에는 외국 유학이나 공부로 인해서 멀리 떨어져 그리움으로 사는 일이 많다.

인간사에 분리작용이 아닌 것이 없다고 하지만, 사후세계(死後世界)를 받아들이고 인간계와 분리작용이 되는 사지(死地)와는 정반대의 속성이며, 한편으로는 새로움의 시작을 나타내는 것이므로, 매사가 새롭게 진행된다.

그러므로 명식에 양지(養地)가 발동되었다면, 양자(養子)로 가거나 분가(分家)해야 하는 등, 일평생 안정 찾기 어려울 정도로 주거, 직장, 이성, 가족 등에서 분리작용, 변동이 발생한다.

양지좌(養地坐)는 영혼계(靈魂界), 고향, 부모, 형제, 부부, 자식, 재물, 학문 등 모든 일에서 일어나는 분리작용을 극복해야 할 숙명적 사명이 있는 것이다.

여기서 한마디 더 하자면 재물과의 분리인데, 인생사에서 한 번은 사기, 패재, 겁탈을 당하고 피눈물을 흘리게 될 것이 정해진 것과 같다.

이때 1천만 원이 나갈 거, 미리부터 100만 원을 타인을 위해서 베풀고 써라. 그리하면 9백만 원을 번다. 이것이 진정한 십일조이다.

또한 출생(出生)의 고통 속에는, 발가벗겨진 내 몸을 많은 사람이 내려다보는 데서 반항할 수 없이 울어야 하는 고통이 반드시 수반되므로, 인생에서도 -자의든 타의든- 교통사고도 포함하여 피 보는 일, 수술대에 오르는 일, 인내하고 기다리는 일, 두렵고 무섭고 겁나는 일, 생사의 갈림길에 서는 일 등이 자주 발생하게 된다.

이러한 과정을 겪고 나면 중년 이후 재물복이 좋아지고, 나이가 들수록 안락해지는 대기만성(大器晩成)이 양지좌(養地坐)의 특징이다.

그러나 발가벗겨진 처녀지신을 여러 사람이 봤으므로(예전에 여성의 알몸을 처음 보는 사람과 결혼해야 한다는 말이 있었음) '한 번 발가벗겨지고 수술대에도 올라가 본 몸인데' 하는 잠재의식이 있어서, 이별, 사별, 변화 변동 등 인생사 대부분의 문제를 별로 대수롭지 않게 생각한다.

그러므로 사교적이고, 색정(色情)수가 들어가 호색(好色)하는 경향을 나타낸다. 그것은 순수하고 여린 호기심의 일종이라, 같은 호색(好色)이라 해도 묘지좌(墓地坐)의 잘못된 수집(收集)하기의 성격과는 전혀 다른 양상이다.

양지(養地)가 속해 있는 진술축미(辰戌丑未)는 화개(華蓋), 반안(攀鞍), 고갈(枯渴), 천살(天殺)로 이루어진 창고가 된다. 창고를 지키기 위해서 강인한 백호(白虎), 괴강(魁罡), 입묘(入墓)가 필요한 것이고(오죽했으면 진술축미(辰戌丑未)에 좌(坐)한 일간을 궁합에서 배척했을까?), 목생화(木生火)의 교차로인 진토(辰土), 화극금(火剋金)의 교차로인 미토(未土), 금생수(金生水)의 교차로인 술토(戌土), 수생목(水生木)의 교차로인 축토(丑土)를 배정하여, 상생(相生)하도록 안배되어 있다.

예를 들어 인묘(寅卯)가 진(辰)을 거치지 않고는 사오(巳午)에 갈 수 없는 것이다. 그러면서도 인목(寅木)은 목생화(木生火)에, 묘목(卯木)은 목극토(木剋土)에 중점을 두고 있다.

*자오묘유(子午卯酉)는 하늘과 진리, 정신계, 원방각(圓方脚) 사상(思想)에서 원(圓)과 인체의 머리를 뜻한다.

*진술축미(辰戌丑未)는 원방각(圓方脚) 사상(思想)에서 방(方)과 땅, 인간의 내장(內臟)과 네모, 하늘의 뜻을 알아주는 생명의 모체(母體), 자애로움, 자비를 상징한다.

*인신사해(寅申巳亥)는 원방각(圓方脚) 사상(思想)에서 각(脚)을 상징하며 역마살(驛馬殺)을 두어 손발을 상징하는 삼각형으로, 삼신사상(三神思想), 삼위일체(三位一體), 삼신불(三神佛), 화신(化神), 만물, 자연, 인간 활동 등을 상징한다.

보신불(報身佛)은 아미타불(阿彌陀佛), 법신불(法身佛)은 대일여래불(大日如來佛), 응신불(應身佛) 또는 화신불(化神佛)은 석가여래불(釋迦如來佛)을 말하는데, 이것을 삼신불(三神佛)이라 한다.

삼신불(三神佛)의 법(法)이 있으므로 인간, 자연, 만물이 발생하는 것이다. 하늘과 땅이 있다 한들 그를 알아주는 인신사해(寅申巳亥)가 없으면 쓸모가 없으니, 인신사해(寅申巳亥)가 있으므로 하늘과 땅을 알아주는 자연계가 있노라고 성인은 말씀하셨지 않은가?

그래서 사상(四象)을 나타내기 위해서 진술축미(辰戌丑未)가 필요하고, 진정한 어머니 궁으로 봄, 여름, 가을, 겨울을 나타내며, 신살(神殺)로는 화개(華蓋)와 반안(攀鞍)을 길신(吉神)으로, 천살(天殺)과 고갈(枯渴)은 기신(忌神)으로 정하여 길(吉)함과 흉(凶)함을 나누었다.

포태법(胞胎法)에서 쇠지(衰地)와 묘지(墓地)는 길신을 상징하며, 관대(冠帶)와 양지(養地)는 흉하다 하였으나, 이 또한 화개(華蓋) 반안(攀鞍)이 기신, 천살(天殺) 고갈(枯渴)이 희신으로 변하는 쓰임의 문제가 있으므로, 희신과 기신은 각기 사주에 따라서 매우 큰 변화가 있게 된다.

가령, 여름에 태어난 화기(火氣)가 왕성(旺盛)한 병술일주(丙戌日柱)라면, 술토(戌土)는 화개살(華蓋殺)이지만 기신작용이고, 병진일주(丙辰日柱)라면 진토(辰土)는 고갈살(枯渴殺)이지만, 최고의 희신이 된다.

그러므로 해당 글자의 쓰임이 무엇인지를 판단하고, 있어야 할 글자가 없는 것, 없어야 할 글자가 있는 것, 이것을 판단하는 것이 사주에서 가장 중요하다. 그래서 인생사가 새옹지마(塞翁之馬)라고 한 것이다.

진술축미(辰戌丑未)에 좌한 천간의 십이운성(十二運星)은 이렇다.

* **양지(養地)**: 갑술(甲戌), 을미(乙未), 경진(庚辰), 신축(辛丑).

* **쇠지(衰地)**: 갑진(甲辰), 을축(乙丑), 경술(庚戌), 신미(辛未).

* **관대(冠帶)**: 병진(丙辰), 정미(丁未), 무진(戊辰), 기미(己未), 임술(壬戌), 계축(癸丑).

* **묘지(墓地)**: 병술(丙戌), 정축(丁丑), 무술(戊戌), 기축(己丑), 임진(壬辰), 계미(癸未).

양지(養地)와 쇠지(衰地), 관대지(冠帶地)와 묘지(墓地)가 지지충(地支沖)의 관계이다. 이처럼 동서남북 한 치의 오차 없이 1점 1획의 차이 없이 60간지가 짜여 있다.

모으고 수집(收集)하며 절약의 대명사인 묘지(墓地)와, 있는 대로 가져다 일을 벌이는 관대(冠帶)를 형충(刑沖) 시켜 중(中)을 이루는 것이다.

여기서 중(中)은 중화경집(中和經集), 윤집궐중(允執厥中), 중화(中和) 등을 일컫는데, 동방(東方) 인묘(寅卯), 서방(西方) 신유(申酉), 남방(南方) 사오(巳午), 북방(北方) 해자(亥子)를 사방(四方) 사상(四象)으로 둔 모습을 입구(口)로 표현한다.

동서남북의 연결고리로 진술축미(辰戌丑未)를 쓴 후에, 뚫을 곤(丨)으로 하늘과 땅을 연결해 편중(偏重) 편파(偏跛)됨이 없도록 만든 글자로, 검은색과 흰색의 중간인 회색을 상징한다. 그래서 스님은 회색 옷을 입고 '중'이라 한다.

교회의 상징인 십자가(十), 절의 상징인 만(卍) 자 모두, 중(中)을 상징하는 변형글자이다. 그러므로 모든 종교의 아버지는 중(中)이라는 글자로 아미타불(阿彌陀佛)에 속하고, 모든 진리의 핵심이 중화(中和)에 근본을 두는 것이다.

동이족(東夷族)이 문명(文明)을 펼쳐 나아갈 때 12부족으로 펼쳐 갔다. 기독교에서 12지파로 펼쳐져 나갔다는 것도 이와 같다.

또한, 불교에도 12보살(나무 관세음보살 마하살, 나무 대세지보살 마하살, 나무 천수보살 마하살, 나무 여의륜보살 마하살, 나무 대륜보살 마하살, 나무 관자재보살 마하살, 나무 정취보살 마하살, 나무 만월보살 마하살, 나무 수월보살 마하살, 나무 군다리보살 마하살, 나무 십일면보살 마하살, 나무 제대보살 마하살)이 있다.

이 모두가 동서남북(東西南北) 사방팔방(四方八方), 명리에서 말하는 자(子), 축(丑), 인(寅), 묘(卯), 진(辰), 사(巳), 오(午), 미(未), 신(申), 유(酉), 술(戌), 해(亥) 12지지를 상징한다.

중(中)은 위와 아래로 통한다는 뜻이고, 위로 올라간다고 볼 때는 하늘, 아래로 내려온다고 볼 때는 땅, 음양(陰陽)을 이어 주는 신(神)과 성기를 상징한다.

사방을 입구(口)처럼 두른 담 안에 뚫을 곤(丨)처럼 들락날락하면서 물건을 넣는 모양, 어떤 물건의 한가운데를 뚫는 모양새이므로 양기(陽氣)가 음기(陰氣)를 뚫었다는 표현으로, 손가락을 세워 입에 대고 '쉬' 하면서 '말하지 마라, 비밀이다'라는 뜻과도 통한다. 하늘 음양(陰陽) 천지합충(天地合沖)의 비밀인 것이다.

그래서 밖에 대해서는 안이 되고, 가장자리에서는 한가운데의 의미가 된다. 또는 화살이 과녁의 중심에 맞는 것, 적중한 것을 뜻한다.

명리에서 말하는 충(沖)은 물 수(氵)와 중(中)의 합자이다. 공허하다. 비어 있다. 아무것도 없다는 뜻으로 빌 -비어 있는- 충(沖)인데, 앞에 물 수(氵) 자가 있으므로 '물이 비어 있을' 충(沖)이 된다.

합충(合沖)이란 글자 속에, 우주의 신비인 블랙홀과 화이트홀이 포함되고, 이러한 모든 것을 포용, 포함하고 사방팔방(四方八方)을 중화(中和)시키는 모체(母體)가 진술축미(辰戌丑未)이다.

한마디로 진술축미(辰戌丑未)는 중(中)이다. 간도 쓸개도 없이 자유자재로 움직인다. 가령, 인묘(寅卯)는 동방 3.8목으로 뚜렷하게 본연의 자리를 잡고 있다면, 진토(辰土)는 그 자리를 종잡기 어려운, 소금과 같은 역할을 한다고 보면 되겠다.

같은 양지동주(養地同柱)라 해도 백호(白虎), 괴강(魁罡), 입묘살(入墓殺) 등의 영향으로 많은 차이점이 발생하므로, 진술축미(辰戌丑未)를 알면 명리 60%는 졸업한 것이 될 것이다.

월지나 일지에 진술축미(辰戌丑未) 좌한 일간은 대체로 사주가 청순하고 맑아야 한다. 신왕(身旺)보다는 신강(身强)이, 신강(身强)보다는 신약(身弱)한 듯해야 인덕이 있어서 귀인의 도움을 받는다.

어쨌든 현모양처, 인내의 상징인 쇠지(衰地)와 철딱서니 없는 양지(養地)를 형충(刑沖)시켜 중화(中和)해 주는 자연계의 이치가 참으로 고맙다.

양지(養地)는 관대지(冠帶地)처럼 철든 인생으로 가는 오뚝이 주색풍파(酒色風波)가 아니라, 아직 자기 잘못을 뉘우치지 못하고 정신만 살아 움직이는 주색풍파(酒色風波)이다. 이러한 특징들이 인생의 중요한 선택에 작용하면 어떤 결과가 나올까?

명리는 이처럼 숨겨진 심리와 참된 자기를 성찰(省察)하여 인간 완성과 해탈을 돕고, 운기(運氣)의 희로애락(喜怒哀樂)도 살피어 더욱 현명한 판단과 선택을 하며 살게 해 주는 참 진리의 교과서라 할 수 있다.

우리 조상님들은 유교(儒敎)의 성리대전(性理大全)이 있어서 예의범절(禮儀凡節), 인간으로 해야 할 도리와 인의예지신(仁義禮智信)을 근본 삼아 공부하셨지만, 현대의 사람들은 서양 잡신에 현혹당해 경천애인(敬天愛人) 사상(思想)이 무너져 물질계에 정신을 지배당하고 있으므로, 이제부터라도 인간의 근본과 참된 진리를 찾고 공부해야 할 것이다.

 양지(養地)는 자연계의 축토(丑土)에 해당한다. 자수(子水)의 동지(冬至)에서 시작된 일양시생(一陽始生)의 포태(胞胎)가 축토(丑土)에 이양지지(二陽地支)가 되어 무럭무럭 성장함을 뜻한다.
 비록 어머니의 자궁 속이 모든 화(禍)를 피하는 집이라 해도, 태지(胎地)로부터 시작하여 20여 년을 산 것과 같아서 구속됨, 답답함을 싫어하게 되어, 돌파구를 만들어 새롭게 자기만의 인생을 만들고자 변화를 꿈꾸며, 불안, 공포, 자포자기, 생사의 갈림길인 낙태, 유산의 위험에서 벗어난다.
 내가 죽으면 어머니인 당신도 그만큼 다치게 될 것이다. 당신 뜻대로 해라. 나는 때가 되면 세상으로 나갈 것이라는 배짱이 생기면서도, 연약하여 번뇌와 불안감이 남아 있고 뒷심이 약하다.
 그러므로 인생사에도 생각은 많지만 실행에 옮기기는 어렵다. 상대와 싸운다고 해도 언쟁일 뿐, 치고받는 힘의 대결은 안 하는 온건한 성질이 된다.
 그러면서도 호기심이 최고로 왕성한 상태이다. 세상사 육체계에서의 생활은 어떨까? 뭘 먹고 살까, 무얼 해야 하나, 누구를 만나고 무엇을 하며, 인간 풍파는 어찌 견디고, 등의 온갖 잡다한 생각에 잠시도 쉴 틈 없이 사서 걱정하고, 공상 속에 빠져든다.

오로지 당신 뜻대로 하소서, 하면서 어머니를 믿으며 감사함을 갖는 태지(胎地)와는 달리 들떠 있는 마음으로, 정작 월급날은 먼데 돈 쓸 연구부터 하는 것과 같은 심리가 된다.

그러므로 태지(胎地)가 순수함이면 양지(養地)는 순수함을 넘어 익을 대로 익은 석류와 같으므로, 언제 와르르 쏟아질지 모르는 위험한 상태이기도 하다.

그런가 하면 절지(絶地)에서 시작된 영혼의 진화가 왕성해져, 영계의 모든 소식을 집합하고 있다. 절반은 혼(魂)이고 절반은 육체이며, 영계(靈界)와 인간계의 중간입장이므로, 양쪽 모두를 잘 알고 있다.

또한 혼계(魂界)에서 인간계로 다시 태어난다는 것은 인간이 죽어 영계(靈界)로 가는 것과 같으므로, 죽음과 같은 -전혀 다른 차원을 만난다는- 공포가 잠재되어 있다.

인간이 사지좌(死地坐)에 들면 육체계보다 종교, 진리, 역학, 사상, 철학, 사후의 세계를 궁금해 하듯이 양지좌(養地坐)는 인간계의 실상(實相)을 궁금해하며 수많은 정보를 기억한다. 부모의 말이나 행동 등 모든 것을 보고 들으며, 육체계에서 다시 써먹을 것을 기록하고, 과거 세 혼계(魂界)의 일들은 깊숙이 저장하는데, 머리에 든 것은 많아도 정리가 안 된 복잡하고 심란한 상태로, 나타내고 써먹기가 어렵다.

쓸데없는 전생 기억과 현재 의식이 충돌하고, 미래의 걱정 등이 서로 얽혀 포화상태와 같으므로, 정신분열 현상이 일어난다.

수련을 통하여 명상하거나 기도를 하여 들떠 있는 기운을 가라앉혀 맑게 하면, 수많은 정보가 밖으로 나와 써먹을 수가 있다.

월양지(月養地)나 일양지(日養地)에서 무속인이 되는 일도 꽤 있는데, 그것은 영혼계(靈魂界)의 기억이 제거되지 못하고 남아 있기 때문이다.

행운은 불행 다음에 오는 경우가 많은데, 절태양(絶胎養)에 해당하는 운성(運星)의 기운을 받은 일주는 대체로 불행 뒤에 오는 행운도 불행으로 잘못 인식하거나, 망설이다가 행운을 놓치는 경우가 많다.

똑같은 행운에 양지(養地)는 -비록 괴강백호(魁罡白虎)라 할지라도- 무력해서 놓치고, 관대지(冠帶地)는 무모(無謀)한 용기 때문에 실패가 따르며, 쇠지(衰地)는 가장 멋있게 풀어내고, 묘지(墓地)는 안정을 목표로 하므로 실패나 성공도 크게 작용하지 않는다.

관대지(冠帶地)는 뛰어나가 펼쳐서 큰 재물을 벌고 명예를 얻으며 자랑하고, 넘어져도 앞으로 나아가며 달려가는 형상이면, 양지좌(養地坐)는 생각만 왕성하고 펼쳐 낼 용기가 부족하다.

자유와 독립을 원하면서도 아직은 자궁 속이라 당차게 치고 나갈 수 있는 조건이 아니어서, 부담스럽다는 마음을 안고 고뇌(苦惱)한다. 배우자나 연인과 이별하고 싶어도 -좋게 말하면 신중하여- 실행하지 못하는 경우도 많다.

수업 중에 궁금증이 있다면, 양지(養地)는 질문할까 말까 고민만 한다. 생지좌(生地坐)는 남의 눈을 개의치 않고 묻게 되고, 목욕좌(沐浴坐)는 가르치는 선생이 마음에 안 드니 전학 보내 달라고 조르는 상이면, 관대좌(冠帶坐)는 선생님 실력이 없다고 말해 버린다.

록왕지(祿旺地)는 뒤에서 조종하고 실익을 얻는 데 비해서 양지좌(養地坐)는 실익도 없이 이러지도 저러지도 못하고 끌려 들어가 당한다.

겉으로 볼 때 당차고 잘 앞장서는 것 같으면서도, 뒷마무리를 못 하고 중도에 꽁무니 빼기 일쑤인 삶을 사는 것이 특징이다. 이처럼 같은 진술축미(辰戌丑未)일지라도, 그 성격이 확실히 구별된다.

양지좌(養地坐)와 장생좌(長生坐)는 상속의 별이다. 어느 부모가 막 태어난 아기에게 모든 것을 바치지 않겠는가! 이러한 특성은 -과잉보호로 문제가 될 수도 있겠지만- 물질적이든 정신적이든, 어떠한 형태로든 유산상속이 있을 것을 상징한다.

그런데 대체로 양지좌(養地坐)는 부모 형제와 같이 사는 것이 이익으로 작용하지 않는다. 분명히 한쪽에서 문제가 생기기 쉽다. 상속의 별이면서 동시에 분리를 상징하고, 그 어머니는 양자(養子)를 보내고 심한 가슴앓이 속에 피눈물을 흘려 보는 숙명(宿命)을 타고났기 때문이다.

이러한 고통을 조금이라도 줄이려면, 자식이 양지좌(養地坐)일 경우 수양부모(收養父母)를 모셔 주는 것이 좋다. 특히 승려, 목사, 신부, 무속인, 보살 등등 종교인이 아이의 부모가 되게 해 주는 것이 대단히 길하다.

속된 말로 자식을 팔아 줘야 한다는 것이다.

타인을 의지하고 살게 된다면 그 사람의 유산을 상속받는 것과 같은 행운이나 횡재가 있을 것을 상징하므로, 요즘 시대에서는 복권 당첨에도 해당하고, 시부모나 친정 부모 또는 처가의 재산을 물려받기 쉽다는 것을 뜻한다.

양지(養地)를 가진 여명은 물질적으로는 누리는 것이 많으나, 중년에 부부간의 생리사별을 암시하고 공방살(空房殺)로 작용하므로, 주말부부, 월말부부로 지내면 좋고 만혼이 길하며, 결혼 전에 가슴 아린 실연의 상처가 있는 것이 좋다.

시지(時支)에 양지(養地)가 있다면 타인의 자식을 양자(養子)로 받아들인다는 것을 뜻하므로, 무자식이거나 딸만 낳게 될 것을 상징한다. 또한 시주(時柱)의 형태에 따라서 남명은 관살(官殺)에, 여명은 식상(食傷)이 사묘절(死墓絶)에 좌한 동주천간(同柱天干)이 관살(官殺)과 식상(食傷) 또는 공망이면 무자식 팔자이다.

만일 본인의 자식이 없다면 타인의 자식을 양육(養育)하는 것이 숙명적(宿命的)이고, 바람직하다. 이미 본인의 자식이 있다면 각거(各居)해서 살거나 멀리 유학 보내는 것이 길한데, 이럴 때에도 타인의 자식을 양육(養育)하면 본인 자식과의 분리를 막을 수 있으므로 일거양득이다.

그러나 이때 돈만 알며 베풀지 못하고 내 자식만 찾는다면, 무자식 팔자를 맞추기 위해서 생목숨 데려가는 일이 발생한다. 즉 어느 날 자식의 비명횡사를 겪을 수가 있다.

기를 양(養)은 만물을 기른다. 키우다, 사육하다, 밥을 짓다, 새로운 것을 계획하다, 육성한다, 보호한다는 뜻이므로, 양지좌(養地坐)는 키우고, 보호하고, 육성(育成)하고, 가르치고, 사색(思索)하는 등에 많은 소질이 있다.

그러므로 양지좌(養地坐)는 강아지나 고양이 같은 생명을 보살피는 것도 많은 덕을 보게 된다.

한 생명을 양육하는 공덕은 미래생(未來生)의 행복을 인증받음과 같다. 다만, 내 사주에서 동물을 기를 수 있을 때만 가능하다. 동물을 길러서는 안 되는 사주가 동물을 기르면 예상치 못한 관재구설, 재난, 가족 풍파가 발생한다.

어느 자리에서든 베풀고 덕을 쌓으며 사랑, 감사를 하며 살아간다면,

풍파에서 구원하는 천신(天神)의 수호를 얻게 될 것이다.

양지좌(養地坐) 남명의 성교는 자연스럽게 화합하고 즐기는 평범한 타입으로 원만한 가정생활을 누린다.

갑술(甲戌) 신축일주(辛丑日柱)는 새로운 경험을 좋아하는 편이고, 신축일주(辛丑日柱)는 격정적일 수 있다.

여명은 강렬함과 담백함이 교차하므로 큰 파도가 밀려오는 것처럼 처리 곤란할 때가 있는가 하면, 그리움을 감추고 초월하며 살기도 한다.

*년양지(年養地)는 아버지가 아니면 본인이 양자로 가기 쉬우며, 생가(生家)와는 인연이 적어서 분가, 각거하고, 연상의 여성과 연애하기 쉽다.

*월양지(月養地)는 중년 이후 호색(好色)으로 패가망신하기 쉬우니 이성 관계를 주의해야 한다. 진술축미(辰戌丑未) 토기(土氣)가 형충(刑沖)으로 발동되었는지가 중요하다.

생가(生家)와 인연을 멀리하고 형제나 본인이 양자로 가는 수가 있다. 이 경우 꼭 양자(養子)로만 볼 것이 아니라, 부모궁으로부터 분리가 된 것이므로 고아가 되거나 입양이 된다는 점도 참고해야 한다.

명식에 화기(火氣)가 무력하고 자묘(子卯) 무례지형(無禮之刑)이 있다면 모자간의 분쟁(分爭)이 심각하다.

*일양지(日養地)는 생모(生母) 외의 사람에게 양육(養育)받는 일이 있을 수 있으며, 입양(入養)되거나 고아(孤兒)일 수도 있고, 혹은 생모(生母)의 정(情)을 느끼지 못할 수도 있다.

또한, 호색(好色)하고 재혼할 수 있으므로 여성은 백두낭군(白頭郎君)

인연에 만혼하는 것이 좋다. 그리고 모외유모(母外乳母)가 있거나 양자(養子)로 가는 것도 좋다.

호방(豪放)하고 의협적(義俠的)인 기질이 있으며 인격이 원만하고 온정(溫情)이 있는 편인데, 경진일주(庚辰日柱)와 을미일주(乙未日柱)는 극부(剋夫)하거나 남편이 하는 일이 잘 안 풀리며 부부이별, 사별수가 있으므로, 직업인으로 사회활동을 해야 길하다.

＊시양지(時養地)는 생모와 인연이 박덕하므로 계모(繼母)나 다른 사람에게 양육받기 쉬우며, 어릴 때 부모를 떠나서 타향객지 생활을 하든지, 어떤 형태로든 친부모와는 살 수 없는 형상이다.

여명의 경우 시부모를 부모 삼아 봉양(奉養)하고 효부가 된다면, 좋은 남편과 귀자(貴子)를 만나 늙어서 자녀의 효도를 받는다. 그러나 형충(刑沖)되었다면 흉하다.

장생(長生)

명리는 타고난 숙명과 스스로 개척할 수 있는 운명을 구분해 주어 현명한 인생을 살도록 하는 지침서이고, 신계(神界)의 프로그램이며 계획표이자 운명이다.

천성(天性)은 하늘에서 결정되어 타고나는 것이다. 인간의 운명은 천성(天性)에서 이루어지므로 이를 따르면 행운을 누리고, 거역하면 불행과 미운(非運)을 초래(招來)하게 된다. 이깃이 바로 십이운성(十二運星)의 비밀이다.

십이신살(十二神殺)과 십이포태법(十二胞胎法)은 모든 삼합(三合)과 우주 만물의 윤회(輪廻)인 양사음생(陽死陰生) 음사양생(陰死陽生)의 법칙을 근거로 한다.

【장생(長生)은 십이신살(十二神殺)의 지살(地殺)이다】

일간	甲	乙	丙	丁	戊	己	庚	辛	壬	癸
장생	亥	午	寅	酉	寅	酉	巳	子	申	卯
십신	편인	식신	편인	편재	편관	식신	편관	식신	편인	식신

각기 천간은 자신 고유의 성질과 권역대(圈域垈)가 있으므로, 그것에 맞게 양천간(陽天干)은 양천간(陽天干)대로, 음천간(陰天干)은 음천간(陰天干)대로 대입한다.

삼라만상이 상대성(相對性)인 음양대립(陰陽對立)으로 이루어졌고, 아무리 좋은 뜻이 있어도 희신(喜神)과 기신(忌神)으로 구별되는 것이므로, 양생음사(陽生陰死) 음생양사(陰生陽死)와 희기신을 먼저 구별하는 것이 올바른 순서이자 방법인 것이다.

장생(長生)은 병인(丙寅), 무인(戊寅), 정유(丁酉), 기유(己酉), 임신(壬申), 계묘(癸卯) 등 6개 일주이다.

장생(長生)에 대하여 알아보자면, 우선 같은 목기(木氣)이면서 갑목(甲木)은 북방수기(北方水氣) 해수(亥水)에서, 을목(乙木)은 남방화기(南方火氣) 오화(午火)에서 장생(長生)하는 까닭을 생각해 봐야 한다.

목기(木氣)의 양간(陽干)인 갑목일간(甲木日干)은 해묘미삼합(亥卯未三合)을 권역대(圈域垈)로 하고, 생지(生地)인 해수(亥水)에서 나타나 묘목(卯木) 왕지(旺地)에서 무성하게 뻗어 나가며 (모든 삼합(三合)은 자오묘유(子午卯酉) 왕지(旺支)에서 가장 왕성한 힘을 갖는다) 묘지(墓地)에 해당하는 미토(未土)에서 모든 힘이 다한다.

이와 같은 원리로 각각 목기(木氣)는 목국(木局), 화기(火氣)는 화국(火局), 금기(金氣)는 금국(金局), 수기(水氣)는 수국(水局)을 이룬다. 그런데 을목(乙木)은 음간(陰干)이며 갑목(甲木) 나무에서 변화, 전이된 나뭇가지에 해당하므로, 인오술화국(寅午戌火局)에서 나타나 오화(午火)에 장생(長生)한다.

즉, 을목(乙木)은 자신이 아닌 그 자식의 생지(生地)인 인목(寅木)에서 병화(丙火)를 낳고, 그를 통해서 자신의 존재 가치를 세상에 드러낸다는 의미로, 자식 병화(丙火)가 사망하면 자신 또한 삶의 희망을 상실하고 함께 입묘(入墓)하는 것이라고 보면 되겠다.

113

갑목(甲木) 양기(陽氣)는 목기(木氣)의 기둥이고 전진성의 기(氣)를, 을목(乙木)은 목기(木氣)의 가지와 잎이며 음기(陰氣)의 질(質)이고 형이하의 체(體)이며, 역행성(逆行性)의 기(氣)를 상징한다.

기(氣)는 하늘에서, 질(質)인 형체(形體)는 땅에서 발생한다. 하늘은 조상이요 땅은 자손(子孫)이다. 즉, 목기(木氣)의 조상은 수기(水氣)이고, 자손(子孫)은 화기(火氣)이다.

뿌리는 목기(木氣)의 조상인 북방수기(北方水氣)에서 태어나고, 지엽(枝葉)은 목기(木氣)의 자손(子孫)인 남방화기(南方火氣)에서 활짝 피어 성장한다.

병화(丙火) 태양은 동방(東方)에서, 정화(丁火) 달은 서방(西方)에서 떠오른다. 태양이 상생(長生)하는 인목(寅木)에서는 달이 지고, 달이 장생(長生)하는 유금(酉金)에서는 해가 진다. 뜨는 것은 장생(長生)이요, 지는 것은 사(死)이다.

화기(火氣)를 대표하는 병화(丙火)는 인오술화국(寅午戌火局)을 상징하며 인목(寅木)에 생지(生地), 오화(午火)에 왕지(旺地), 술토(戌土)에 묘지(墓地)가 된다.

병화(丙火)의 복사열기(輻射熱氣)로 작용하는 정화(丁火)는 사유축금국(巳酉丑金局)을 자신의 활동무대인 권역대(圈域垈)로 하고, 경금(庚金)이 입묘(入墓)하는 축토(丑土)에 입묘(入墓)한다.

금기(金氣)를 상징하는 경금(庚金)은 사유축금국(巳酉丑金局)으로 사화(巳火)에 장생(長生), 유금(酉金)에 왕지(旺地), 축토(丑土)에 묘지(墓地)가 된다.

금기(金氣)의 음천간(陰天干)인 신금(辛金)은 신자진수국(申子辰水局)

을 권역대(圈域垈)로 하며 자수(子水)에서 장생(長生)하고, 경금(庚金)의 숙살지기(肅殺之氣)를 물려받아 만물의 완성을 이루는 작용을 하는데, 자식인 임수(壬水)에게 모든 것을 전이(轉移)하고 그와 함께 진토(辰土)에 입묘(入墓)한다.

마찬가지로 수기(水氣)를 상징하는 임수(壬水)는 자신이 가진 모든 것을 계수(癸水)에게 전이(轉移)하고, 계수(癸水)는 그를 토대로 새로운 선천 문명을 열게 되는 사명을 갖게 되어 묘목(卯木)에서 장생(長生)하며, 자식인 갑목(甲木)에 모든 것을 전이(轉移)하고 미토(未土)에 입묘(入墓)한다.

이처럼 양기(陽氣)가 생(生)하는 곳에서 음기(陰氣)는 사(死)하고, 음기(陰氣)가 생(生)하는 곳에서 양기(陽氣)는 사(死)하듯이, 양기(陽氣)가 사(死)하는 곳에서 음기(陰氣)는 생(生)하고, 음(陰)이 사(死)하는 곳에서 양기(陽氣)가 생(生)한다. 이것을 양생음사(陽生陰死) 음생양사(陰生陽死)라고 한다.

음생양사(陰生陽死)에는 우주자연의 수많은 비밀을 함축하고 있으므로, 확실하게 알지 않으면 헛소리에 불과하다.

장생(長生)이란, 사람이 모체(母體)와 양지(養地)에서의 미숙한 영육(靈肉)과 혼계(魂界)의 형체를 벗어나, 인간계에 태어나 살게 되는 상태를 말한다.

즉, 동지(冬至)에서 일양(一陽)이 시생(始生)하여, 천지인삼재(天地人三才)의 인(人)에 해당하는 인월(寅月)에서부터 세상만물을 생화(生化)하여 성장시켜 나가게 되는 것이므로, 우주자연의 음양기(陰陽氣)가 합쳐서 사절태양(死絶胎養)의 과정을 벗어나 새로운 창조물로 태어난 것을 상징한다.

115

술토(戌土)에 입묘(入墓)시켜 겨울로 가는 해자축(亥子丑) 절태양(絶胎養)은 세상만물의 빙하기(氷河期)이면서 새로운 생명 탄생을 준비하는 과정으로, 어쩔 수 없이 겪어야 하는 블랙홀이다.

달리 설명하면, 아버지가 먹었던 모든 음식의 결정체(結晶體)와 호흡 속의 천기(天氣)가 양기(陽氣)와 합(合)이 되어 하나의 결정체 정자(精子)를 만들고, 어머니는 음식과 호흡 속 천기(天氣), 음기(陰氣)를 합(合)하여 난자(卵子)를 만든다.

이것이 바로 가로 일【一】과 세로 일【丨】이 음양합(陰陽合)되어 십【十】 완성을 이루고, 체(體)를 이루어 영육 인간이 되도록 만드는 과정인 절태양(絶胎養)에 해당한다.

그 과정을 거쳐 인간이 되기는 하였으되, 아직은 미약하고 순박(淳朴)하며 여리므로 각별하게 보호함이 마땅한 상태가 장생지(長生地)라는 것이다.

그러므로 장생(長生)은 10세 이전의 어린이, 처음, 출발, 시작, 계획, 청사진, 꿈, 목표의식, 새로운 시작, 나약함, 순수함의 의미를 갖는다.

세상만물 중에 사람 꽃이 제일 향기롭고 아름답다고 했는데, 어느 꽃은 잎이 만들어지기 전에 피어나고, 어떤 꽃은 잎이 만들어진 후에 피어난다.

순서나 모양이 어찌 되었든 모든 꽃은 향기롭고 아름다운데, 부모의 꽃은 자식이라 아니할 수 없다. 자식이 태어나 웃는 얼굴의 행복함이 인간으로는 최고의 향기(香氣)가 될 것이다.

부모 품을 떠나 자기를 나타내는 자오묘유(子午卯酉) 목욕(沐浴)과 같은 때는 인위적(人爲的)인 꾸밈이 발생하면, 인신사해(寅申巳亥)의 장생지(長生地)는 꾸밈없는 아름다움이며, 순수함의 결정체이다.

　태어난 자체만으로도 많은 사람을 행복하게 하고, 천진난만한 웃음을 주어 인간사의 모든 근심 걱정을 일시에 해소하므로, 무한한 축복(祝福)이고 행복이다.

　장생좌(長生坐)는 이처럼 천진난만하고 순수하며 귀엽고 사랑스럽다. 무엇이든지 부모가 시키는 대로 따른다. 부모는 사랑스러운 아이를 위해서 좋은 것들만 골라 주고 아낌없이 보호한다.

　그러나 아이에게 많은 신경을 쓰며 과보호(過保護)하는 모쇠자왕(母衰子旺)의 형상으로, 아이는 비만(肥滿)해지고 부모는 허약해질 수도 있음을 상징한다.

　그러므로 허약(虛弱)해진 부모는 힘겹게 살아가고, 자식으로 인해서 해야 할 일을 못 하는 형상이 될 수 있으므로, 이 점을 조심해야 한다.

　그리고 장생지(長生地)는 인간으로 해야 할 바를 배우는 중요한 시기이다. 그런데 스스로 배움을 찾는 것이 아니라, 부모와 타인이 이래라저래라 하는 것에 해당한다.

　생지(生地)는 양기(陽氣)가 발에 있어서 발이 뜨겁고, 이곳저곳 돌아다니길 좋아하므로, 부모나 윗사람은 강하게 통제한다.

　당연한 교육을 받는 시기이고, 아이로서도 자기를 위함이지만 간섭이 되는 것이므로, 마음속에 불평이 자리할 수 있는 경우로 작용한다. 이것을 지살(地殺)이라 하며, 수동적(受動的) 인간으로 변하게 된다.

　또한 장생좌(長生坐)는 어린아이이므로, 욕심껏 받기만 할 뿐 거부하는 마음이 없다. 그러므로 부모나 윗사람의 베풀어 준 사랑의 감사함을 잊고 당연하게 여기며, 윗사람을 이용의 대상으로 삼거나 게으른 성품이 될 수 있다.

그러므로 아이가 할아버지 수염 잡고 흔든다는 말처럼 건방지고 무례하며 독선적이고, 자기 멋대로만 하는 행동이 나오기 쉽다.

양지(養地)에서 태어난 어린아이이므로 사람됨이 착하고 순진무구함은 사실이지만, 개성이나 주관이 부족하고 주체성이 약하여 스스로 하는 일 처리에서는 주저하고, 타인을 의지하는 성격이 형성된다.

젖줄이요 보호자인 어머니가 의식주를 책임지며 정성껏 보살펴 주므로, 매사 믿고 의지하고 맡겨 버리면 누가 하겠지, 해 주겠지 하는 심리인데, 다시 말해 스스로 내려야 할 결정을 타인에게 미루는 격이다.

양지(養地) 이야기가 다시 나온 김에 조금 다른 설명을 덧붙이자면, 세상 만물은 앞으로 나아가는 미래지향으로 되어 있다. 즉 목기(木氣)라면 화기(火氣)로 변화하기 위해서 존재한다고 할 수 있나.

그러나 인간은 생각하는 동물이므로 그 생각과 마음이 운명을 만드는 것인데, 장생지(長生地)에는 과거지향적인 양지(養地)로 돌아가는 후퇴성(後退性), 목욕지(沐浴地)로 전진(前進)해 나가는 전진성, 또는 멈추고 머물러 오늘만 살고자 하는 정체성의 현상이 동시에 나타난다.

이것은 다른 모든 십이운성도 마찬가지로, 사주의 구조 배합과 희용신의 힘에 따라 과거로의 회귀, 현재에 안주, 미래지향의 3단계 중 어느 쪽을 지향하게 되느냐가 인생의 생로병사, 희로애락, 운명의 길흉을 결정한다.

그 사주가 전진해야 하는데도 과거지향으로 후퇴하면, 이미 그 사람은 전생의 업장(業障) 속으로 다시 들어가는 것과 같으므로, 업인을 정리해야 한다. 사주가 편고(偏枯)하다면 그 피해는 더욱 크게 작용한다.

대체로 전생업인이 적은 사람은 미래지향으로 긍정적이고 사랑이 넘치는 삶을 살지만, 업인이 중(重)하다면 과거지향과 근심 걱정으로 얼굴이 어둡고 칙칙하여 되는 일이 적으며, 지난 과거를 붙들고 늘어져 나의 잘못을 인정하지 못하고 타인의 잘못만을 탓한다.

자신 스스로 그렇게 하는 것이 아니라 그 사람의 기운이 그런 쪽으로 흘러가는 것이다. 마음으로는 매사 긍정적으로 생각하려 하지만, 마음과 같이 안 되는 것이다.

현재의 내가 내일의 나를 만들고 미래(未來)의 나를 만든다. 그러므로 밝은 마음으로 긍정(肯定)을 습관화하는 것이 필요하다. 그런 마음가짐으로 살아간다면 다가오는 내일은 충분히 행복한 인생으로 변하게 될 것이다.

대운에서 순행(順行)이냐 역행(逆行)이냐의 문제 역시 대단히 중요한데, 사주에 문제가 있어도 힘을 부여해 주고, 대업을 이루도록 돕는 것이 대운의 영향이자 힘이다.

부모, 조상, 형제가 아무리 나를 예뻐하고 보호해 주려 해도 비 오는 날 우산이 없다면, 또는 태풍이 불고 먹장 같은 눈이 내린다면, 화무십일홍(花無十日紅)이 될 것이다. 그래서 있을 때 나누고 베풀며, 감사하며 사는 삶이 중요하다.

통변성에 인수(印綬)는 친어머니라 좋고, 편인(偏印)은 계모와 같아서 나쁘다는 글을 많이 보았을 것인데, 목화토금수(木火土金水)의 음양간(陰陽干) 특징에 따라 많은 변화가 발생하므로, 정(正)이 좋고 편(偏)이 안 좋다는 생각은 절대금물이다.

정편인(正編印) 구분 없이 모든 육친(肉親)은 각기 사주마다 달라진다

(다만 고서에서 언급된 육친법은 보편적(普遍的)으로 이해하기 쉬운 형상을 말했다는 점을 기억하시기 바란다).

모든 육신은 근묘화실(根苗花實), 사주의 구조배합과 투출천간에 따라 정해진 틀에서 벗어나, 다른 성분이 되기도 한다는 것을 알아야 할 것이다.

가령, 갑목일간(甲木日干)에 해수(亥水)와 자수(子水)가 동시에 있다면 해수(亥水)는 편인(偏印), 자수(子水)는 정인(正印)이 되는데, 기존 명리에서는 자수(子水) 정인(正印)이 친모이며, 해수(亥水)는 편인(偏印)이므로 서모(庶母) 계모(繼母)라고 말하고 있다.

그런데 포태법(胞胎法)에서는 태어남을 상징하는 갑목(甲木)의 장생(長生) 글자는 해수(亥水)이지 자수(子水)가 아니다. 그렇다면 과연 갑목일간(甲木日干)의 친모는 누구인가?

이것에 대한 구분은 쉽기도 하고 어렵기도 하다. 나를 낳은 자, 일주를 있게 한 자를 찾아야 하는데, 이는 곧 조상과 부모이다. 가령 자수(子水)가 시지(時支)에서 왔고, 해수(亥水)는 연월지에서 왔다면 해수(亥水)가 친모이고, 자수(子水)는 어머니의 형제이거나 아버지의 첩(妾)이다.

이때 예외상황이 있는데 여자 혼자 임신하지는 못하므로, 아버지와 어머니의 관계성에서 당주가 후처(後妻)의 자식이 될 수도 있고, 어머니의 바람기로 사생아(私生兒)일 수도 있으며, 또는 본처 자식 또는 이복형제일 수도 있다. 등등 수많은 변수가 있으므로, 육친론을 한마디로 이러하다고 단정할 수 없는 것이다.

하여간 장생지(長生地)는 아이에서 자라나 성숙한 인간이 되어야 하므로, 모방심리(模倣心理)가 강하다. 여기서 모방심리(模倣心理)는 어머니의 심리와 욕구, 일지의 성분을 따라가는 것을 뜻한다.

좀 더 자세히 설명하자면, 정화일간(丁火日干)의 장생지(長生地)는 유금(酉金)이지만, 화기(火氣)에서의 유금(酉金)은 사지(死地)이다. 그러므로 화기(火氣)의 입장에서는 음양(陰陽)을 따지지 않고, 인월(寅月)이 진정한 장생지(長生地)가 되는 것이다.

그러나 사주에서는 음양(陰陽)의 차이를 분명히 구분해야 한다. 정화(丁火)는 병화(丙火)로부터 넘겨받은 복사열기(輻射熱氣)를 사용하는 것이므로, 유시(酉時)에서부터 정화(丁火)의 역할이 나타나는 것이다.

장생지(長生地)는 모방성(模倣性)이라 했으니, 유금(酉金) 성분이 모방성(模倣性)을 갖추게 된다. 즉, 다시 말해서 유금(酉金)은 사지(死地)이지만 월주 환경의 영향으로, 유금도화(酉金桃花) 문창성(文昌星)의 공부와 관련된 모방심리(模倣心理)로 작용한다고 보면 될 것이다.

이때 정화(丁火) 또는 모든 음간(陰干)이 신약하다면 자기의 역할을 드러내기 힘든 것이므로 양천간(陽天干)의 도움을 바라고, 의지하게 된다.

모든 음천간(陰天干)은 인수(印綬)보다는 겁재(劫財)인 양천간(陽天干)의 조력(助力)을 가장 좋아하므로, 음일간(陰日干) 여성은 친구와 같은 겁재(劫財), 즉 양간겁재(陽干劫財) 친구를 좋아하는 현상으로 나타난다.

그러므로 을목(乙木)이 갑목(甲木)을 만나서 등라계갑(藤蘿繫甲)하고, 정화(丁火)가 병화(丙火)를 만나 소월봉일(小月逢日)이 되며, 기토(己土)가 무토(戊土)를 만나서 산하전답(山下田畓)이 되며, 신금(辛金)이 경금(庚金)을 만나 신경흔접(辛庚欣接)이 되며, 계수(癸水)가 임수(壬水)를 만나 강상서설(江上瑞雪)이 된다.

반대로 양천간(陽天干)은 음천간(陰天干)을 만나면 피해로 나타나며, 아무리 신약(身弱)해도 음천간(陰天干)의 도움받기를 거부하므로, 이성이 다른 친구-음간겁재(陰干劫財)-의 도움보다는, 윗사람에 속하는 인수(印綬)의 조력(助力)을 원하는 성질이 된다.

명리란 이처럼 깊이 들어갈수록 매우 어려운 학문이다. 여기에서 반드시 알아야 할 것은 십이운성(十二運星)으로 명식 내의 기(氣)의 강약을 살피고, 육친(肉親)과 십신(十神)은 전체 사주의 구조배합을 따른다는 점이다.

장생지(長生地)는 성격의 뿌리인 포태법(胞胎法)에서 가장 순하고 착한 행운아의 운성이다. 포태법(胞胎法)에서 후견인의 인덕을 타고 태어나는 지지는 장생지(長生地)와 양지(養地)뿐이다.

양지(養地)는 숙명적으로 편모(偏母)나 수양부모(收養父母), 고아로서 타인을 부모로 삼아 행운의 스승이나 윗사람을 만나는 조건이고, 장생지(長生地)는 갓난아기처럼 순진(純眞)하고 원만하며 누구나 생모(生母)처럼 따르고 착하므로 인덕이 있는 것이다.

그런데 자기 사주에서 신약(身弱)하면서도 장생지(長生地)가 연월일시에 한 글자도 없다면, 이미 후견인의 인덕이 없어서 자수성가(自手成家)해야 할 것을 상징한다.

그러나 신약하면서 월장생(月長生)이 용신이 되어 준다면, 만인이 후견인인지라 어디를 가거나 귀여움과 신임(信任)을 받으며 은총(恩寵)을 누린다.

특히 월지나 일장생(日長生)을 타고난 사람은 어려서뿐만 아니라, 언제든지 어린아이의 천성과 같다. 사주를 감명할 때 월장생(月長生)이 있다면 이 사람 참 착하고 온순하다고 보면 틀림이 없다.

　어려서만 어머니의 보호를 받고 귀여움을 독차지하고 사는 것이 아니라 평생 윗사람의 보호가 따르며, 의식주에 큰 걱정 없이 살아간다.

　그러나 모방성(模倣性)으로 있는 것을 답습하여 변화를 주거나 타인의 것을 내 것처럼 똑같이 만드는 것, 상사나 윗사람이 시키는 일에는 뛰어나지만 스스로 찾아서 하는 일에는 부적격하므로, 남의 밑에서 일하는 직장인에 적성이 잘 맞고, 모범적이다.

　태어나면서부터 일생 후견인의 은총을 누리며 인인성사(人人成事)할 수는 있지만, 대립하고 이기고 승부하는 것에는 부족하고, 끊고 단절하며 타인 위에 올라서서 호령하고 자기를 따르게 하는 일에는 한계점이 있으므로, 욕심을 부려서는 안 된다.

　사람을 쉽게 믿으며 잘 따르고 선악개념(善惡槪念)을 파악하는 데는 서툴기에, 자칫 꾐에 빠져 일의 낭패를 가져오기도 쉽다. 그렇지만 신약하더라도 지지비겁(地支比劫)이 한 글자 있다면, 사업가로도 훌륭하게 일 처리를 해 나간다.

　신약하여 생지(生地)를 의지하는 구조인데 후견인을 외면하고 스스로 독립하는 것은, 마치 아기가 어머니의 젖꼭지를 외면하려는 것처럼 무모한 모험이며 불장난과 같아서, 실패와 비극을 초래할 수 있는 위험이 있게 되어 독자적으로 분가하기 어렵다.

　그러므로 부모를 모시고 한집에 살 가능성이 크다. 또한, 조상 부모의 유업을 물려받아 지키며 살아가기 쉽다. 그러므로 장생은 부모의 애착과 간섭에서 벗어나기 힘든 조건이 성립된다.

남명의 경우, 어머니가 과보호로 고부간의 갈등을 만드는 경우가 많으며, 또는 어머니가 아내를 헐뜯거나 모함하여 부부의 정(情)을 단절시키기도 한다. 일장생(日長生)의 경우는 배우자의 간섭이 많은 형태로 심한 스트레스로 작용할 수 있다.

여명의 경우 지나친 근심 걱정으로 딸 집에 너무 자주 찾아다니고 사위에게 이래라저래라 간섭하며, 부부싸움을 했다면 이혼시키려 하는 철없는 어머니가 되는 경우도 많다.

병인일주(丙寅日柱)나 임신일주(壬申日柱) 여성은 남편보다 친정 부모를 더 의지하기도 하며, 실지 신강사주 남녀의 친어머니가 자식 부부를 이별시키는 경우도 많다. 심지어는 40이 다 되어 가는 자식의 결혼을 자기 마음에 안 든다는 이유로 방해하기도 하는 것이 양지(養地)와 장생지(長生地)의 어머니이다.

자식 사랑을 나쁘다고 할 수는 없으나, 어찌 보면 친어머니가 자식 부부의 사랑을 질투하는 것과도 같으니, 무엇이든 지나친 것은 언제나 위험하다.

성장하기 전까지는 부모의 사랑 속에 보호를 받지만, 결혼 후에는 여성은 남편의 보호를 받아야 하고, 남명은 처(妻)와 가정사를 상의해야 하지만, 어머니, 부모, 형제 등의 지나친 간섭과 과보호에 마마보이로 성장하면 어머니나 처가로 인해서 애로사항이 발생할 수밖에 없을 것이다.

남명의 성교(性交)는 강한 편이지만, 마음이 불안하다면 엉뚱한 결과를 초래한다. 조용한 분위기에서는 대담하게 즐기는 타입으로 상대의 환영을 받는다.

남자가 정력이 부족하다면 무기력하고 성취욕이 부족하므로 성공하기도 어렵다. 또한 정력(精力)이 강한 자는 사람이 원만하여 신경질을 부리지 않으니, 가정이 화목하여 집 밖으로 웃음소리가 새어 나온다. 그러나 병적으로 너무 강하다면 이것은 부족함만 못한 것이므로 오히려 흉하다.

여명은 온순한 맹종형으로 기교가 없다. 상대가 이끄는 대로 순응할 뿐이다. 때로는 상대가 불만을 토로하기도 한다. 그래도 반응이 없다. 그러나 각자 명식마다 차이점이 있다.

*년장생(年長生)으로 희신이면, 조상과 부모가 장수(長壽)하였고 행복 번영을 누렸으며, 전진 발전된 삶을 살았고, 친부모와 인연이 강한 것이므로, 어린 시절 행복이 보장된다.

조부가 후덕(厚德)하며, 혹 년천간이 재성(財星)이고 년지가 일간의 장생(長生)이면, 부귀가문에서 출생하고 조상의 재물 덕이 크다.

그러나 재성천간(財星天干)이 뿌리가 없다면, 바람에 날아가는 재물로 재난풍파 당한 것을 상징한다. 혹 비겁과다(比劫過多)하다면 조상의 재물로 인해서 형제간에 쟁투(爭鬪)가 있을 것을 상징한다.

사주에는 태과불급(太過不及)이 있어서, 태과(太過)하거나, 편중(偏重)되었거나, 허약(虛弱)하다면 병(病)으로 작용한다. 아무리 좋은 길신일지라도 태과불급(太過不及)하지 않아야 길신의 덕이 빛나게 된다.

*월장생(月長生)이 희신이면 부모, 형제, 동료의 도움이 크고, 부모, 형제에게 영화(榮華)가 있으며, 신망(信望), 재능(才能), 명성(名聲)을 얻고 장수(長壽)한다. 친부모와 인연이 강하며 형제들도 부귀(富貴)하고 장수(長壽)하며, 성격이 좋은 사람들이다.

장생지(長生地)의 동주천간(同柱天干)이 일간과 관계가 좋은 희신이면 더욱 길하고, 일간과 무정 관계라면 좋은 영향력이 감소한다. 장생지(長生地)가 형충(刑沖)되었거나 기신이면, 좋은 뜻과는 거리가 멀다.

*일장생(日長生)으로 희신이면 배우자가 현명하고 장수하며 가정이 화평하고 많은 사람의 인덕이 있을 것을 상징한다. 그러나 효신살(梟神殺)에 해당하므로 신왕사주라면 덕이 줄어들게 된다.
여명은 건강하고 심신이 안정되어 귀자(貴子)를 길러 내며 행복을 창조하는 삶을 살아가는데, 병인(丙寅) 임신일주(壬申日柱)는 박학무용(博學無用)에 부궁불미(夫宮不美)에 해당하지만, 남명은 무난하다.
*시장생(時長生)으로 희신이면 자녀와 아랫사람이 건실하고 말년이 안락(安樂)하며, 귀자(貴子)를 두고 효도를 받으며 행복을 누린다.
시주는 중년 이후 노년과 귀숙지(歸宿地)를 상징하므로 시주가 길신이면 가정이 화목하고, 득자 이후부터 가족이 더욱 화목하고 행복하게 된다.
신약명으로 장생(長生)을 의지하는 명식이면 문장력이 탁월하고 집중력이 좋아서, 직업적으로는 학자, 저술가, 언론인, 연구원, 기획인, 입법기관, 특수기관, 교육기관 등에 종사하는 것이 길하다.

년지는 조상과 초년 시절, 월지는 일간의 뿌리로써 일생을, 일지는 나 자신과 개성(個性) 그리고 배성을 상징한다. 시지(時支)는 자식과 말년의 결실을 상징한다.
타고난 성품과 능력, 직업을 비롯한 인생사는 월지와 일지의 운기를 십이운성으로 분석하고 판단하며 관찰할 수 있다.

실제 모든 성격과 직업은 월지와 일지를 기준으로 한다. 월지와 일지에서 주로 그 사람의 성격, 기질, 능력, 직업, 운세 등을 파악하는데, 월지가 기본이고 일지는 자기개성(自己個性)이다.

월주(月柱)는 사주 전체의 환경으로, 일간은 자좌지지(自坐地支)에서 성격이 드러난다는 점을 주목할 필요가 있다. 일주는 월주에서 파생(派生)되고 포함된 개체(個體)라고 할 수 있다.

예를 들면 병인월(丙寅月) 30일에 30일주가 포함된 것이므로 기(氣)의 강약은 월주에서 찾고, 일주는 월주라는 환경에서의 나타남으로 이해하면 될 것이다.

그런데 예를 들어 병화일간(丙火日干)의 인목(寅木) 장생지(長生地)가 년지(年支)나 시지(時支)에서 올 수도 있으므로, 월주와 일지를 중심으로 월지와 일간, 월지와 일지, 그리고 일지와 일간, 타지지와 일간, 또는 타지지와 일지와의 관계와 강약을 파악해야 한다.

이때 모든 양간(陽干)은 조상의 혈통(血統)을 이어받는 것이요, 음간(陰干)은 양간(陽干)에서 바통을 이어받아 각기 오행을 완성하는 작용이므로, 월지에서 기(氣)의 강약 환경을 살피고, 타지지에서 신강신약을 적용하는 방법을 취한다는 양간과 음간의 차이점을 확실히 알아야 할 것이다.

목욕(沐浴)

60간지 중에서 갑자(甲子), 을사(乙巳), 경오(庚午), 신해(辛亥) 4개의 간지가 목욕살(沐浴殺)에 해당하며, 사주의 어느 곳에 있더라도 성립된다.

양천간(陽天干)의 목욕살(沐浴殺)은 정인(正印)과 정관(正官)이고, 음천간(陰天干)은 상관(傷官)과 정재(正財)에 해당한다.

고서에는 정인(正印), 정관(正官), 정재(正財)는 길신이고, 상관(傷官)은 기신에 해당하며, 목욕살(沐浴殺) 또한 흉하다고 설명되어 있다.

【목욕살(沐浴殺)은 도화살(桃花殺)이다】

일간	甲	乙	丙	丁	戊	己	庚	辛	壬	癸
목욕	子	巳	卯	申	卯	申	午	亥	酉	寅
십신	정인	상관	정인	정재	정관	상관	정관	상관	정인	상관

가령, 일주가 목욕살(沐浴殺)이면 호색음란(好色淫亂)하고, 월인수(月印綬)가 목욕살(沐浴殺)이면 어머니가 음란해서 재가(再嫁)할 수 있다고 설명되어 있다.

그렇다면 정인(正印), 정관(正官), 정재(正財)가 기신이어야 하지 않겠는가? 어찌 육친법과 포태법이 다르단 말인가? 목욕살(沐浴殺)이라고 때려잡아 안 좋다고 말하는 폐단(弊端)은 없어야 할 것이다.

사주는 4주가 하나가 되어 용희기구한(用喜忌仇閑)이 성립되어 무엇이 기신(忌神)이고 희신(喜神)인지, 형충파해(刑沖破害)는 어찌 이루어졌는지, 격국과 용신 그리고 조후와 신강신약의 구별이 우선되어야 한다.

갑목일간(甲木日干)의 목욕살(沐浴殺)이라 부르는 자수(子水)는 육친법의 정인(正印)이지만, 자수(子水)에는 갑목(甲木)의 통근처가 없으며 효신살(梟神殺)로 도식성분(倒食成分)이다. 인신사해(寅申巳亥)는 생(生)이 우선이고, 자오묘유(子午卯酉)는 극(剋)이 우선이다.

자연법에서 목욕(沐浴)은 십이지지(十二地支)의 묘목(卯木)과 같다. 해자축월(亥子丑月) 동절기(冬節氣)와 인월(寅月)의 장생지(長生地)를 지난 묘월(卯月)은, 춘풍(春風)에 봄바람이 불면 만물이 꽃 피우기 시작하는 것과 같아서 자기를 화려하게 나타내고 싶어 하는 때이다. 기후는 춥고 바람이 부니 따스한 양기(陽氣)를 그리워하고 성장하고 싶은 욕구가 강하다.

기신작용이면 목욕(沐浴)을 패살(敗殺)이라 하는데, 남녀 모두 이것저것 번뇌(煩惱)하고 방황하며 헛바람이 들어가고, 색욕(色慾)이 왕성하여 주색으로 방탕하고 심하면 패가망신한다.

사람으로 치면 목욕(沐浴)은 장생지(長生地)를 지난 10~20세에 해당한다. 혹자는, 태어나서 발가벗고 목욕(沐浴)하여 도화살(桃花殺)로 창피함을 모른다고 설명되어 있으나, 그렇게 통변하는 것에는 많은 문제가 있다. 그것은 옛사람들의 말만 듣고 자세히 알아보지도 않고 추론하는 것에 불과하다.

목욕(沐浴)이란 사람이 목욕하는 때가 아니라 장생(長生)의 어린아이

철부지의 옷을 벗은 청소년기(사춘기)로, 공부하고 멋 내며 아이의 순수함을 벗어나 성인의 단계를 준비하는 때를 일컫는 것이다. 장생지(長生地)의 발바닥에서 시작한 양기(陽氣)가 종아리 무릎에 다다른 것이라고 할 수 있다.

하지만 발가벗고 목욕하므로 수치심을 모른다는 의미로 착각할 수도 있는, 목욕(沐浴)은 머리 감을 목(沐), 목욕할 욕(浴)으로, 목욕(沐浴)하여 깨끗이 씻는 것을 상징하기 때문이다.

목욕하고 나오는 여성은 청순미가 발생하여 더욱 예뻐 보인다. 그런데 목욕(沐浴)하고 예쁘게 치장(治粧)하므로 다음 목적지는 외출이다. 그래서 목욕(沐浴)에 근접한 지살역마(地殺驛馬)가 있다면 잠시도 안주하지 못하고 나다니는 상이며, 망신살(亡身殺)이 근접하면 바람피우고 돌아다니다가 망신을 당하게 된다.

양천간(陽天干)은 자오묘유(子午卯酉) 왕지가 도화(桃花)이고, 음천간(陰天干)은 인신사해(寅申巳亥) 생지(生地)가 목욕살(沐浴殺)이 되므로 목욕, 치장하고 역마살(驛馬殺)로 밖으로 나가려는 상이다.

이처럼 이미 장생(長生)을 지나 양기(陽氣)가 무릎에 있으므로, 실내에 갇혀 있는 것을 너무나 답답해한다. 부모의 보호를 받으면서도 떠나고 싶어 하며, 자기만의 공간과 취미활동을 원하게 된다.

제대로 된 삶을 위해서는 이 시기부터 지식과 사회 규범을 공부하여 습득하고 꿈과 목표를 설정해야 하는 때이다. 그런데도 목욕살이 들면 자기를 나타내고 표현해야 하는 것이 공부보다 우선이 되므로 성조숙증으로 나타난다.

그러므로 공부해야 하는데도 모두가 귀찮고, 뭔지 모를 이성을 향한 그리움이 발생하므로 정신이 산만하여 깊은 공부를 할 수 없다.

 허황된 생각, 욕심, 호기심이 많으며 밝고 환한 것을 좋아하고, 자길 예뻐해 주는 것을 좋아하므로 누구에게나 돋보이려 하고, 인위적이며 가식적인 행동으로 자기를 감추려고 한다.

 장생(長生)의 순수성을 내재하였지만 순진무구함을 감추고자 노력하고, 안하무인(眼下無人) 관대지(冠帶地)로 가려 하므로 끊임없이 성장해 나가려 하는 패기는 좋으나 천둥벌거숭이와 같아서 실속이 적으며, 무엇이든지 자기 하고 싶은 대로 하려고 한다.

 시행착오를 수없이 반복하지만 반성하거나 두려워하지 않고, 될 대로 되라는 식으로 철없이 행동한다. 윤리, 도덕, 책임, 체면을 벗어던지고 폼생폼사 한다. 경험이 없어서 생각이 단순하고 판단력이 부족하며, 두려움과 겁이 없으니 기분과 감정만으로 겁 없이 덤비며 저질러 놓고 보는 상이다.

 그러므로 한곳에 오래 머물지 못하고, 한 가지 일을 계속하지 못하게 되어 실패가 많다. 즉흥적이라 인생 자체를 깊이 있게 설계하지 못하기 때문이기도 하다.

 또 다른 목욕(沐浴)의 특징은 매사 친구를 비교 대상으로 삼고, 좋은 것만 찾는다는 것이다. 친구 따라 강남 간다는 말처럼, 친구가 하는 것을 모두 따라 하면서 자신의 소질에 맞지 않는 일에도 시간을 허비하므로, 발전 성장이 느리고 자주 직업 변동을 한다.

 선악을 판단하는 능력이 안 되어 가리지 않고 친구를 사귀게 되므로 나쁜 길로 나가기 쉽고, 중요한 공부 시기를 놓쳐서 후회하는 경우가 많다.

목욕(沐浴)은 사춘기 내지는 동물의 털갈이 시기와도 같다. 방황도 해 보고 옳은 것을 아니라고 우겨도 보며, 윗사람의 조언이나 충고를 거부하는 청개구리와 같은 마음이 발생한다.

윗사람과는 거리를 두려 하고 부모의 경제사정은 나 몰라라 하므로, 부모, 형제, 윗사람의 인덕이 줄어드는 것은 어찌할 수 없다.

장생지(長生地)는 순수하고 여려서 부모의 보호 아래 통제되어 인덕이 발생하는 반면, 목욕지(沐浴地)는 스스로 반항하며 밝고 화려한 것만을 탐(貪)하여 윗사람의 조언을 거부하는 상으로, 이것이 실패로 이어지는 일이 많다.

때로는 부모 형제나 주위 사람을 배신하는 배은망덕한 성품으로 나타나기도 한다. 성숙하지 못한 상태임에도 부모의 고마움을 모르고, 친구와 이성 간에 더 다정하므로 의리는 있을지언정, 사리분별을 못 하면서도 잘난 척에 인덕을 자신의 발로 차 내는 격으로 과거와 내일을 생각하지 않고 현재의 즉흥적인 본능에만 빠져 있는 경우가 많다.

사주에 홍염살(紅艶殺)까지 있으면서 형충(刑冲) 발동이 되어 기신(忌神)이면, 반인륜적(反人倫的)인 부정(不貞)을 저지르기도 한다. 그러므로 주색(酒色)을 조심하지 않으면 가정파탄이 발생하고, 건강이 나쁘며 요절하기도 한다.

목욕(沐浴)은 유행에 가장 민감하게 작용하여, 어려서부터 새로운 유행(流行), 새로운 멋을 좋아한다. 그러므로 자신의 주체정신이 유력하지 않다면 친구를 따라 강남 가는 스타일로, 유행, 멋, 끼, 자기표현의 잘난 척과 헛된 욕심이 강하여, 어떻게든지 나를 나타내고 표현하고자 한다.

멋을 풍류(風流)라고 하는데, 풍류(風流)라면 무엇이든지 즐기고 쉽게 빠지며 진지함이 없다. 악기는 풍류를 나타내는데, 남이 기타를 치면 당장 기타를 즐기고, 남이 가야금을 타면 나도 가야금을 하려고 한다.

장생(長生)의 모방심리(模倣心理)는 윗사람을 따르려는 것이고, 목욕(沐浴)의 모방심리(模倣心理)는 친구나 연예인, 동경의 대상에 대한 것으로, 확연한 차이가 있다.

멋과 유행(流行)은 오래가지 않고 자주 변한다. 그러므로 오래 계속되거나 완성이란 없다. 그러므로 목욕좌(沐浴坐)는 음식을 먹어도 같은 반찬이 두세 번 올라오면 젓가락을 대지 않으려 한다.

가진 것 없는 빈 주머니일지라도, 빚을 내서라도 좋은 옷을 입고, 좋은 집에서 살고 싶어 한다.

남이 비싼 차를 타면 자기도 꼭 그 차를 사고 싶어 하는 등 현실성이 모자라고, 재물의 중요성을 모르기에 있으면 있는 대로 쓰고 보자는 심리로, 주머니에 돈이 적으며 모이지 않는다.

한마디로 저질러 놓고 보는 성격으로 시작은 잘하지만, 뒤끝이 약하여 주위 사람을 고생시킨다. 똑같은 목욕(沐浴)이라도 사주구조가 좋으면 품위가 있는 멋이고, 흉격(凶格)이면 천한 멋이 될 것이다.

사주구조가 좋은 사람은 환경이 좋아서 아주 고상한 멋, 품위 있는 멋을 부리며, 지구력(持久力)이 있어서 시종일관(始終一貫)하고, 교양이 있으므로 출세를 한다.

그러나 기신의 목욕좌(沐浴坐)는 귀가 여리기에 타인의 꼬임에 잘 넘어가고, 직장을 수시로 변동하면서도 변명을 한다. 이것이 안 맞고 이것이 싫고를 따진다.

자신의 능력이 부족하다는 것은 생각하지 않으며, 하고자 한 일의 60%만 채우면 100%를 이룬 것처럼 으스대며 다른 일을 하려고 한다. 직업 또한 남에게 으스대는 곳을 찾고 싶어 한다.

이처럼 예술과 기술에 적성이 맞고 평범한 직업에는 만족하지 못하는 경우가 많아서 특이하거나 남들이 우러러보는 직업에 종사하려는 경향이 강하게 나타난다.

연애를 해도 지구력이 부족하고 변화무쌍하다. 처음에는 천생인연이라 말하며 사귀다가도, 더 좋은 이성이 나타나면 싹 돌아선다. 그러므로 바람기가 강하며 변태적 기질이 성립하고, 부부인연이 변하게 된다.

변화를 좋아하고 시종일관(始終一貫)하기는 어렵지만, 진정 자신이 좋아하는 일에는 최선을 발휘하는 성품이다. 그래서 목욕(沐浴)을 가진 아들이나 딸이 있다면 본인이 한 가지에 몰두할 수 있는 환경을 만들어 주는 것이 좋다.

자기 적성에 맞는 것을 찾으면 그건 기가 막히게 파고들어 잘하기 때문이다.

양천간(陽天干)의 목욕(沐浴)은 효신(梟神)으로 변하여 도식작용으로 유산을 잘하고, 모처(母妻) 불화지상(不和之象)으로 흉액(凶厄)을 암시(暗示)한다.

여명의 도식작용(倒食作用)은 흉액(凶厄)이 많은 팔자로 발육부진(發育不進)을 뜻하며, 산부인과 질환의 원인으로 자식이 온전하지 못하다.

도식(倒食)이 되면 재주를 나타내고 써먹지 못하므로, 힘들여 공부한 지식을 재물로 연결하지 못하므로 가난하게 되고, 호색(好色)하고 경솔

(輕率)하여 고생하지 않아도 될 일을 스스로 사서 고생하는 경우가 많다.

일명 바람기로 묘사하는 목욕도화(沐浴桃花)는 색정살(色情殺), 도화살(桃花殺), 함지살(咸池殺)이라고 한다. 남녀 모두 성욕이 강하여 참지 못하는 단점이 있으며, 그것은 춘풍(春風)에 봄바람 때문이다. 기신이 되었거나 천합지충(天合地冲)이 되는 것을 가장 꺼린다.

귀격이면 고관대작(高官大爵)이고, 여명은 요조숙녀 귀부인으로 화려한 생활을 하지만, 명식이 흉(凶)하며 남녀 관살혼잡(官殺混雜)하고 합(合)이 들면, 바람둥이 삼처삼부(三妻三夫) 팔자가 되기도 한다.

목욕도화(沐浴桃花)가 희신작용을 하면 사교적인 성품으로 항상 명랑하고, 남에게 친절하며 우호적이다.

고급관료 부인이나 사교가 필요한 사업가는 도화살(桃花殺)이 있어야 인기가 있고 유능하다. 그러므로 귀격의 도화살(桃花殺)은 능수능란(能手能爛)한 처세수완(處世手腕)이 있게 된다.

대체로 눈웃음이 헤프고 볼우물이 매력적인 사람은, 도화(桃花)가 있거나 식상(食傷)이 강한 사람이다.

목욕살(沐浴殺) 중에서 갑자(甲子) 목욕살(沐浴殺)이 가장 강렬하다. 갑자(甲子)는 국생도화(麴生桃花)로, 부부가 수치를 모를 정도로 호색 음란할 수도 있다. 갑자(甲子)를 제외한 목욕(沐浴)은 대체로 남녀 모두 수완가(手腕家)로 사교적인 편이다.

일시지(日時支)에 형살도화(刑殺桃花)가 있다면 매우 불길하다. 천합지형(天合支刑)의 곤랑도화(滾浪桃花)가 있다면 겉은 얌전하고 예의가 바른 것 같아도 성적으로 음란하고 법정구설수가 많다. 또는 에이즈 임질 성병에 걸릴 가능성이 있고 복상사(腹上死)하는 수도 있다.

관살역마(官殺驛馬)가 목욕도화(沐浴桃花)와 합(合)이 되었다면 사통도주(私通逃走)하는 여인이 되기 쉽다.

목욕도화(沐浴桃花)가 희신작용을 하는 사람은 만물박사처럼 아는 것이 많아서 인기인이 된다. 또한, 유흥업이나 여자를 거느리고 하는 사업으로 성공하여 사회사업 등에 적선한다.

일목욕살(日沐浴殺)은 색탐(色貪)하고 부부궁이 불길(不吉)하다. 분리작용으로 이별하기 쉬우며, 잦은 출장 주말부부, 월말부부가 되는 것이 차라리 편안할 수 있다. 성격은 조급하고 뒤끝은 깨끗하지만, 집중력이 부족하여 학문으로 성공하기가 쉽지 않다.

그러나 사람이 많이 따르는 형으로 서비스 분야에 성공수가 있다. 연예인 화류계 무속인이 되는 수도 있으며, 귀가 얇아 사기를 잘 당하고 실패수도 많다.

그러나 이것도 귀인이나 희용신(喜用神)에 해당하면 발전 성공한다.

갑자(甲子) 을사일주(乙巳日柱)는 인생의 변화가 많으며, 을사일주(乙巳日柱) 남명은 덕망이 있고 존경을 받으나, 만약 부자(富者)가 되었다면 몸이 아플 수도 있다.

경오(庚午) 신해일주(辛亥日柱)는 의외의 고집이 세다. 여명은 두뇌 총명하고 사교적이지만, 부부이별하고 여러 남자를 만나기 쉬우며 고집이 세다. 특히 갑자(甲子), 을사(乙巳), 경오(庚午), 신해일주(辛亥日柱)는 남편 덕이 없어도 사회성은 특출하여 스스로 삶의 보람을 창조한다.

목욕(沐浴)의 여명은 초혼에 실패하고 생활이 안정되기 힘들다. 그러나 귀격(貴格)으로 천을귀인(天乙貴人)이 있거나, 희신작용을 하는 정관

(正官), 정인(正印), 재성(財星), 식신(食神)과 동주(同柱) 한다면 흉액이 반감된다.

그러나 흉격으로 상관(傷官), 칠살(七殺), 편인(偏印)과 동주(同柱)하거나, 형충파해(刑沖破害)가 있다면 더 흉(凶)하다.

목욕살(沐浴殺)인 남명의 성교는 상대가 누구든지 즐길 수 있는 수완이 있다. 그러나 너무 호색(好色)하다 몸이 상할까 염려되고, 색탐 방황을 할까 두렵다.

여명은 자연스럽게 타고난 환희를 즐길 줄 알고, 본능에 충실한 야성미와 관능미를 갖추어 상대방을 즐겁게 해 줌과 동시에, 자신도 옥로를 뿜어 대는 여인일 가능성이 높다.

직업적으로 연예계나 요식업이 좋고 무용, 미용사, 코디네이터, 수영, 관련업 등이 많으며, 금기(金氣)가 많은 사주는 금속기계, 철강업, 유흥업, 주류업, 게임장, 자동차 운전 같은 기술 분야에도 길하다. 그리고 일지 목욕궁(沐浴宮) 여성들 중 교육자나 역술인이 많다.

*년목욕(年沐浴)은 대체로 부부 애정이 깊고 다정하며 잘산다. 그러나 기신작용을 하면 부모와 함께 살기 힘들고 상처(喪妻)하기 쉬우며, 나이 들수록 생활고(生活苦)에 시달린다.

연월지가 목욕도화(沐浴桃花)로 목욕동주(沐浴同柱) 재관(財官)이 형성되었다면 성조숙(性早熟)으로 사춘기가 더욱 빨리 나타나고, 이성(理性)을 향한 마음이 강하여 결혼을 빨리하거나, 공부를 일찍 포기하여 힘든 인생이 될 수도 있다.

선대조상은 상사병으로 가슴앓이를 하였거나 비운(非運)에 가신 분이 있다고 보는데, 남명은 연상의 여인과 인연이 있고 여명은 연하의 남자를 만나거나 아니면 백두낭군(白頭郎君)이 인연이 되는 수가 있으며, 대체로 조숙(早熟)하다.

*월목욕(月沐浴)은 화려한 것을 좋아하므로 패션, 무용, 영화, 연극, 유흥업. 화류계에 인연이 있고, 단조로운 일에는 적성이 맞지 않는다. 변화가 많으며 어렵고 까다로운 일에 오히려 많은 흥미를 갖는다. 사주학을 공부해도 마찬가지다. 목욕(沐浴)이 있는 사람은 시종일관(始終一貫)하지 못하고 사주를 공부하다가 관상을 배우러 갔다가, 또 육효(六爻)를 배우러 가는 식이다.

호색하는 특징이 있으며 성병으로 고생해 볼 수 있다. 그리고 기신작용을 하면 부모 형제 중 화류병으로 사망할 수 있고, 성병에 자유로울 수가 없다.

환경이 불미하므로 어머니가 재가(再嫁)하였거나 이복형제가 있을 수 있으며 어머니 외에 아버지의 첩(妾)이 있을 수 있고, 중년에 부모가 사망하거나, 부부이별하고 생활고에 시달리며, 자식을 극파(剋破)할 수 있다. 성적 불만이 많으며 유부남, 유부녀와 사통도주(私通逃走) 할 수도 있다.

*일목욕(日沐浴)이 기신이면 화려하며 감성적(感性的)이지만 고독한 사람으로, 새로운 것을 좋아하며 유아 시절에 부모의 애정 결핍을 느끼고, 청년 시절에는 미색(美色)을 탐(貪)하며, 장년 시절에는 부부인연이 박덕하여 처량한 신세가 되는 경우도 많다.

가난한 가정에서 출생하고 재물복과 덕이 부족하여 부부인연이 바뀌고, 색정(色情)을 탐닉(耽溺)하며 요절하기 쉽다. 여명의 경우에는 남편에 대한 불만을 느끼고 쉽게 이혼하거나, 간통(姦通)의 가능성도 있다.

성병을 조심해야 하는데, 기신일 적에 부부불화가 끊일 날이 없으며 서로가 바람을 피우는 패가망신 수도 있다.

*시목욕(時沐浴)이 기신이면, 부부이별수가 강하고, 자손이 화류계 관련 직업으로 나아가기 쉬우며 조숙(早熟)하지만, 공부를 안 하고 자식이 속을 썩이며, 말년에 곤경에 처하기 쉽고, 여명의 경우에는 고집불통이며, 갑자(甲子) 신해일주(辛亥日柱) 여명은 귀격(貴格)이 아니라면 더 흉하여 화류계 생활을 하거나 늦바람이 날 수도 있다.

*남명의 목욕살(沐浴殺)이 재성(財星)에 있다면 그 처는 낭비가 심하고 재물손실이 따른다. 재성(財星)이 연월지에 있다면 연상의 여인과 결혼하거나 불륜에 빠지기 쉽고, 목욕동주(沐浴同柱) 재성(財星)이 형충(刑沖)이면 여성으로 인해서 재물손실이 따른다.

*여명의 관성(官星)이 목욕지(沐浴地)에 있다면 여성은 사회활동을 하고 남편은 외정을 즐긴다.

*인성(印星)이 목욕지(沐浴地)에 있다면 어머니가 미인이지만, 정(情)에 약하며 사회활동을 한다. 학업성적의 굴곡이 심하고, 직장에 만족하지 못하며 직업 변동이 많다.

*식상(食傷)이 목욕지(沐浴地)에 있다면 미식가이며, 언변이 좋고 노래를 잘 부르며 풍류를 즐긴다.

*비겁(比劫)이 목욕지(沐浴地)에 있다면 형제자매의 성격이 활발하고 역경 극복을 잘하지만, 직업이 자주 바뀌는 경향이 있다.

관대(冠帶)

60간지 중에서 관대지(冠帶地)는 병진(丙辰), 정미(丁未), 무진(戊辰), 기미(己未), 임술(壬戌), 계축(癸丑) 등 6개의 간지이다. 관대지(冠帶地)를 절기로 본다면 진월(辰月)이 되겠고, 묘월(卯月)의 목욕지(沐浴地)를 지나 늦봄과 초여름 중간 지점이다.

【관내지(冠帶地)는 십이신살의 고갈살(枯渴殺)이다】

일간	甲	乙	丙	丁	戊	己	庚	辛	壬	癸
관대	丑	辰	辰	未	辰	未	未	戌	戌	丑
십신	정재	정재	식신	식신	비견	비견	정인	정인	편관	편관

월령의 기(氣)는 관대지(冠帶地)를 형성하지만, 그렇다고 뚜렷한 성격이 되기는 어렵다. 왜냐하면 인생사 청년기와 중년기의 중간에 해당하는 애매한 시기이기도 하고, 진술축미(辰戌丑未)의 토기(土氣)가 괴강(魁罡), 백호(白虎), 귀문(鬼門), 묘고(墓庫)이다 보니, 형충(刑沖) 등에 의해 그 뜻에 많은 차이가 발생하기 때문이다.

또한, 가령 진토(辰土)가 관대지(冠帶地)라면 목기(木氣)에서는 재성(財星), 화기(火氣)에서는 식상(食傷), 토기(土氣)에는 통근처가 되며, 금기(金氣)에는 인수(印綬)가 되어 생조(生助)를 받을 수 있는가 하면, 수기(水氣)에게는 관살(官殺)이 되므로 도움받기 어렵다. 그러므로 당주의 성격 특징이 복잡한 것이다.

가령, 을목일간(乙木日干)이면 진토(辰土)가 관대지(冠帶地)인데, 을목(乙木)의 화개살(華蓋殺)이며 묘신(墓神)인 술토(戌土)가 근접(近接)하였다면 진술충(辰戌沖)이 되므로 을목(乙木)의 통근처가 잘리고, 술중신금(戌中辛金)은 을목(乙木)을 칠살(七殺)하게 된다. 그러므로 을목(乙木) 입장에서는 칠살(七殺)과 대항하는 심리가 형성된다.

관대지(冠帶地)에 좌(坐)하는 천간이 묘고충(墓庫沖) 되었다면 통근처가 상실되므로, 가족 내에 흉사하는 사람이 있게 된다.

관대(冠帶)가 있는 여명 사주가 귀격이면 교양이 있고 남편을 잘 내조한다. 그러나 기신이면 교양이 부족하고 고집과 편견(偏見)이 심하며 건방지고, 이기주의가 강하므로 가정이 원만하지 못하다.

관대지(冠帶地)가 있고 흉살(凶殺)과 공망(空亡)이 있다면 만사불성(萬事不成)으로, 불만이 누적되어 투쟁과 범법행위를 하고, 도박 및 잡기에 탐닉(耽溺)하는 인생이 되기도 한다.

토기(土氣)가 반안살(攀鞍殺), 화개살(華蓋殺)이면 길하지만, 고갈살(枯渴殺) 천살(天殺)이면 부부인연이 쉽게 변하고, 일지에 있다면 더 흉하다.

쇠지(衰地), 묘지(墓地), 양지(養地) 등이 관대지(冠帶地)와 같은 진술축미(辰戌丑未)에 해당하므로, 사주 내에서 토기(土氣) 성분이 어떻게 작용하느냐에 따라서 많은 변화가 있게 되는데, 연월일시 4주에 대입하고, 기신과 희신을 구분하여 비교한다.

계절과 사주에 따라서 원하는 것이 습토(濕土)인지 조토(燥土)인지 달라지는데, 기신작용이면 그만큼 풍파 또한 많다.

여명의 관대지(冠帶地)는 용모가 단정하고 행복한 가정에 결혼하는 인연이 있지만, 병진(丙辰) 임술일주(壬戌日柱) 여명은 부부인연이 변하기 쉽다. 한냉(寒冷) 사주라면 조토(燥土) 성분인 술미토기(戌未土氣)가 길하며, 화기(火氣)가 왕성할 때는 진축습토(辰丑濕土)가 관대지(冠帶地)가 되었다면 길하다고 볼 수 있다.

일지 진술(辰戌)은 수고(水庫)와 화고(火庫)로 부성입묘(夫星入墓)가 되어 남편과 인연이 적고, 시부모와의 사이가 나쁘다. 특히 자기 기분 내키는 대로 행동하는 임술백호(壬戌白虎)와 계축백호(癸丑白虎) 여명은 눈에 차는 좋은 인연만을 찾다가 노처녀로 살아가는 경우도 많다.

그렇지 않다면 결혼하고 백호살(白虎殺)에 부군횡사(夫君橫死)로 이어져 과부로 지내기 쉬우므로, 백두낭군(白頭郎君) 또는 신상 문제가 있는 남자를 만나거나 차라리 첩(妾)이 되는 것도 길하고, 자식 딸린 홀아비를 만나면 액운을 면한다.

관대지(冠帶地)는 목욕(沐浴)을 넘어온 사회 초년생으로 20대에 해당한다. 지금까지 배워 왔던 지식을 실전에 응용하는 단계로, 인생사의 시행착오를 거치며, 이론과 현실 사이의 괴리감에 방황, 갈등, 번뇌(煩惱)하는 때이다.

인생사 처음으로 양복도 입어보고, 여성은 정식 숙녀 대접을 받는 때에 해당한다. 반숙성인(半熟成人)인 관대(冠帶)는 처음 나타나는 벼 이삭이나 속 빈 강정과도 같다.

자존심이 지나치게 강하여 평범한 신분에 만족할 줄 모르고 불평불만이 많은데, 알맹이가 없는 벼 이삭이므로 고개를 바짝 쳐들고, 아래로 수그릴 줄 모른다. 아랫사람만 경시(輕視)하는 것이 아니라 윗사람에게도 안하무인이다.

늙으나 젊으나 같은 인간이고 당신이 어른이면 나도 어른이면서, 대담(大膽)하고 무례하게 만용(蠻勇)을 부리며, 부지런히 움직이지만 결국 헛수고인 경우가 많다.

숨기는 것이 많으며, 매사 시작은 잘하지만 상황 대처가 미숙하고 뒤끝이 흐리며, 사건이 터지면 도망부터 간다. 타인의 조언을 귀담아듣지 않으니, 아무리 조언을 해도 알아듣지 못한다.

이론은 있지만 경험은 부족한데도 자기주장만을 강하게 내세우며, 꿈과 용기가 과다하고 혈기(血氣)가 왕성하다. 자기 생각과 판단만이 옳다고 굳게 믿으므로 본인만의 관점에서 판단한 부정(不正)과 불의(不義)에 대항하는 정의감에 사로잡히는 것이 큰 특징이고, 현실과 적당히 중재, 타협하는 여우의 꾀-지혜-가 부족하다.

운기가 길하여 조금의 성공을 이루면 천상천하(天上天下) 유아독존(唯我獨尊)에 만사형통(萬事亨通)하는 것처럼 행세하므로, 패자로 밀려날 때는 무자비한 보복을 당하여 만신창이가 된다.

천성(天性)은 선천적으로 타고나는 것이고, 이것은 월일지(月日地)가 결정한다. 후천적으로 얼마든지 갈고 닦을 수 있기는 하지만, 타고난 천성을 바꾼다는 것은 결코 쉽지 않다.

가령, 병화일간(丙火日干)의 진월(辰月)이면 월관대지(月冠帶地), 병진일주(丙辰日柱)라면 일관대지(日冠帶地)이다.

여명이 신강일 경우 관대지(冠帶地)가 희신이면, 수복(壽福)을 만드는 월지식신(月支食神)으로 무한한 복이 되겠지만, 신약사주로 기신작용을 하면 부성입묘(父星入墓)이고 남자 창고, 관성(官星) 창고를 가지고 있는 경우이다.

그러므로 남자나 남편의 말은 한 귀로 듣고 한 귀로 흘리며 법질서를 이용하려는 사람으로, 건방이 하늘을 찌른다. 군림하며 위세(威勢)를 부리려 하고 타인을 무시하므로, 당연히 부부이별 수가 강하고 고난을 자초한다.

월일지에 관대지(冠帶地)이고 기신이면 가장 문제아로, 욕심이 많으며 사기수와 계략에 능통한 기회주의자가 되기 쉽다. 교양을 쌓고 수양(修養)하지 않으면 자존망대(自尊望臺)하고 허풍이 세다.

또한 어려서부터 죽을 때까지 아집(我執)이 대단하여, 이래라저래라 간섭하는 것을 용납하지 않는다. 부모한테도 순종(順從)하지 않고 형제들에게도 마찬가지이므로, 제삼자는 더더욱 할 말이 없을 것이다.

또한 남의 허물을 보면 비판하고 공격(攻擊)하는 것을 서슴지 않으며, 자신의 허물이나 잘못을 밝히거나 비판하는 것은 받아들이지 못하고, 기어이 반격하여 앙갚음하려는 마음이 상존한다.

남이 자신보다 잘살거나, 잘났거나, 앞서는 것은 싫어하고, 경쟁하면 수단과 방법을 가리지 않고 상대를 이기려고만 한다. 만일 나보다 앞서가는 경쟁자(競爭者)가 있다면 시기 질투가 심하고, 대립과 반목이 대단해서 가만 놔두지를 않는다. 그러므로 항상 적대 관계로 적이 많은 인생을 살게 된다.

관대지(冠帶地)에 있는 사람과는 싸움을 안 하는 것이 좋다. 왜냐하면 실패하고 졌다고 해도 인정을 안 하고, 도시락 싸 들고 와서 싸우자고 덤비면서, 끝까지 물고 늘어지기 때문이다.

용기와 박력이 넘치고 지는 것을 싫어해서, 아는 사람이 증권을 해서 돈을 벌었다면, 어떻게 하면 증권을 해서 돈을 버는지 왜 실패하는지, 그런 것은 개의치 않고 덮어놓고 뛰어든다. 이처럼 무조건 덤벼들고 실패하면서 자승자박(自繩自縛)을 한다.

단지 좋은 점은 쓰러져도 오뚝이처럼 일어나고 또 실패하지만, 후회하지 않는다는 점이다. 그러므로 사업가보다는 직장생활을 해야 한다.

명식의 관대지(冠帶地)가 기신이면 실패나 패배를 경험 삼아 공부해서 일어나는 것이 아니라, 운이 없었을 뿐이라며 단념하거나 후회하지 않고 그냥 불도저처럼 밀어붙이므로 실패와 적군이 많은 것이다.

부부간에도 고집불통이므로 부부 사이가 좋을 수 없다. 특히 여름 생 여명이 임술백호(壬戌白虎) 일주이거나, 겨울 생 계축백호(癸丑白虎)라면 그 고집에 속 터져서 어찌 살 수 있을까? 그러므로 부부이혼이 많은 것이다.

궁합(宮合)을 볼 때 상대방이 월관대지(月冠帶地)나 월목욕살(月沐浴殺)을 가지고 있다면, 되도록 피하는 것이 좋을 정도이다. 부부간 풍파가 많기 때문이다.

남녀가 모두 월지 관대지(冠帶地)가 있다면 서로 고집불통이고 한 치의 양보가 없으므로, 부부 해로하기가 어렵다. 그러나 한 사람은 관대지(冠帶地)이고 한 사람은 장생지(長生地)라면 무난한 궁합(宮合)이다.

장생(長生)은 그저 미워도 할 수 없고 좋아도 할 수 없이 그냥 그대로 따르니까 싸움을 안 하는 것이다. 관대(冠帶)가 별의별 성을 내고 화를 내고 욕을 해도, 장생(長生)은 못 들은 척한다. 그러므로 해로(偕老)하고 살 수 있는 것이다.

관대지(冠帶地)는 십이신살(十二神殺)에서 고갈살(枯渴殺)이므로 입산수도, 종교공부를 하면 길하다. 정신수련을 통하여 인내력을 기르며, 무모한 용기를 참 용기로 활용하는 것이 가능해지기 때문이다.

초년 풍파가 많지만 겸손을 배우고, 이해와 관용(寬容)으로 양보(讓步)하고, 지는 것이 이기는 것이란 사실을 알고 나면, 중년 이후에는 평안한 삶을 이룰 수 있다.

그러나 초중년(初中年)에 부모덕으로 평안하게 살았다면, 중년 이후에는 옛날을 그리워하며 살게 된다.

관대지(冠帶地)가 희신인 남명은 한 여성에 만족하지 못하고 상대를 자주 바꾸는 타입으로, 자신은 약하면서도 강한 여자를 좋아한다.

여명은 호기심이 많아서 이성을 자주 바꾸려 하지만, 한 번 자기 마음에 들면 목숨 걸고 지키려는 외고집이 발생하는데, 병진일주(丙辰日柱) 기미일주(己未日柱)의 여성은 남성에게 그리움의 고통을 남긴다.

관대지(冠帶地)는 군인 같은 제복 입는 무관 직업이 알맞고, 자산관리, 서비스직도 어울린다. 특히 무진일주(戊辰日柱), 기미일주(己未日柱), 임술일주(壬戌日柱)는 금융업(金融業)으로 진출하면 성공이 빠르고, 큰돈을 만지는 인연이 있다.

*년관대(年冠帶)가 희신이면 명문가 출신으로 유복(有福)하고, 유산을 물려받기 쉬우며, 조달출세(早達出世)할 수 있으나, 조혼(早婚)하면

부부인연이 바뀌고 늙어서까지 재혼(再婚)할 염려가 있다.

*월관대(月冠帶)는 중년에 발달한다는 암시가 있으나 개성이 뚜렷하고 완고(完固)하며, 집념(執念)과 고집불통으로 명예와 출세를 위해서 광분하고, 출세를 하면 가정불화가 심하여 부부인연이 바뀔 수 있다. 또한 여명은 광신자가 되는 특징이 있다.

*일관대(日冠帶)가 희신이면 형제간에 의리(義理)가 있는 인격자이며, 사회적으로도 인망(人望)을 얻고 자비심이 있어서 타인의 존경을 받는다. 자신의 운명을 개척하는 성실한 인간으로 미모의 처(妻)를 만나고, 성공하여 남을 돕는다.

그러나 부부인연이 바뀌기 쉬우며, 주거지 변동이 심하고, 관대지(冠帶地)가 형충(刑沖)으로 기신이면 좋은 뜻은 아무것도 없다.

*시관대(時冠帶)가 희신이면 자식이 발달한다. 그러나 욕심을 너무 부리면 패가망신한다. 여명은 성장 시에는 내성적이고 용모가 단정하지만, 성인이 되면서 외향적(外向的)이고 능동적(能動的)으로 변한다.

건록(建祿)

60간지 중에 건록(建祿)은 갑인(甲寅), 을묘(乙卯), 경신(庚申), 신유(辛酉) 등 4개에 해당한다.

일간을 중심으로 보는 건록지(建祿地)는 관(官)이 임한다고 하여 임관(任官)이라 하는데 벼슬을 얻었다는 뜻으로, 공부를 끝마치고 부임지로 떠나는 선비에게 국가에서 임명장을 주는 것과 같다.

【건록(建祿)은 십이신살의 망신살(亡身殺)이다】

일간	甲	乙	丙	丁	戊	己	庚	辛	壬	癸
건록	寅	卯	巳	午	巳	午	申	酉	亥	子
십신	비견	비견	비견	비견	편인	편인	비견	비견	비견	비견

건록지(建祿地)를 일명 록(祿)이라 하는데, 부귀(富貴), 풍요, 번창, 복록을 암시하며, 자립성가로 발달하는 운성(運星)이다. 사주의 구조배합이 좋으면 신망(信望)이 두텁고, 친족과의 인연은 박해도 결혼 운이 좋고, 자녀가 번창(繁昌)하며 장수(長壽)한다.

사회의 구성원으로 직장이나 사업체에서 일하며 정당한 보수나 대가를 받는 상태로, 공사(公私)가 분명하다. 명예와 체면, 상하의 질서 관계와 책임을 중히 여기는 특징이 있으며, 더 나은 자아발전과 완성을 위해서 열심히 뛰는 상이다.

어떠한 곤경도 극복해 내는 불굴의 정신과 의지가 있으며, 신념이 확고하고 주체정신이 확립되어 어지간한 꼬임에도 쉽게 말려들지 않는다. 신체가 건강하여 장수할 수 있다. 또한 관운(官運)이 있어서 공무원이 많으며, 보통 사람도 최고 학부를 나오는 등 학문에도 조예가 깊다.

대체로 중년을 전후하여 발달이 크고 정력이 충만해진다. 중년 이전과 이후 운세가 다르게 되는데, 사주구조와 대세 운에 따라서 운세를 판단해야 한다.

그러나 뜻이 좋다고 해서 무조건 성공발복을 하며 행복한 것은 아니다. 음양(陰陽)이 밝음과 어둠, 선악의 양면성을 말하는 것처럼, 월지건록(月支建祿)이 희신(喜神)이면 더욱 길하지만, 기신이면 재난풍파(災難風波)를 당한다.

신왕(身旺) 한데도 건록(建祿)이 또 있다면 배부른데 더 먹으라는 격으로 미련하고 둔명스럽다. 희신작용을 하는 건록(建祿)이 명식에 있다면 복록이 많아서 의식이 넉넉하며 관운(官運)도 좋고, 만사형통(萬事亨通)한다. 그러나 공망(空亡)이나 형충파해(刑沖破害)되었다면 길함이 부족하고 인덕도 적다.

월지에 있는 경우 건록격(建祿格)이라 하는데, 대체로 부모 복이 부족하여 자수성가하는 경우가 많으며, 일지에 있으면 일록격(日祿格) 또는 좌록(坐祿)이라 하며 부부간에 정(情)도 있고 맞벌이를 하며 살지만, 기신이면 배성으로 인해서 손재를 당하며, 선인연을 가장한 악인연을 만난다.

시지(時支)에 있다면 귀록격(歸祿格) 또는 시록(時祿)이라고 하는데 희신이면 길하지만, 기신이면 자식으로 인해서 근심 걱정을 하며 살게 된다.

일주무근(日柱無根)의 신약사주는 정록(正祿) 띠를 배우자로 삼으면 복이 오는 좋은 인연에 해당한다.

직업적으로는 공직 계통이 많으며, 교수, 문인(文人), 지휘자, 인솔자, 책임자, 팀장, 리더 격으로 시민운동이나 정치를 하고, 일반인은 국영기업체에 근무하는 경우가 많다.

임관(任官)하는 것이 출셋길의 으뜸이므로, 벼슬을 했다는 것은 많은 사람을 거느리고 법질서를 집행하며 일꾼들을 감독하는 것과 같다.

그러므로 사업가나 공직에 오를 수 있음을 뜻하고, 벼슬을 하려면 과거급제 시험에 합격해야 하는데, 지지의 비견(比肩)이나 겁재(劫財)가 있다는 것은 이미 주체정신이 확립되어 〈인수(印綬)를 내 것으로 만들 수 있다, 천하의 수재들과 경쟁할 수 있다〉는 이야기이므로, 신체가 건강하며 두뇌가 총명하다는 것을 뜻한다.

아무리 부모가 자식을 가르치려 해도, 지나치게 허약하거나 총명하지 않다면 공무원이 될 수 없다. 또한 시험을 볼 때까지 부모 조상의 도움과 지원이 있어야 가능한 일이다.

가난하다면 공부 또한 어렵다. 특히 요즘 시대는 돈으로 공부하는 세상인데, 오히려 내가 부모 형제를 도와야 하면 사회인이 될 수밖에 없으므로, 공부할 시간이 없을 것이다.

그러므로 월건록(月建祿)이 희신이면 두뇌가 총명하고 주변의 인덕도 양호할 것을 뜻한다. 반대로 인비과다(印比過多) 신강사주는 -종왕격이 되지 않은 한- 우둔하고 인덕이 없다는 것을 상징하므로, 기술인 직업이다.

양인격(羊刃格) 또한 총명하다. 그러나 희신(喜神)이 되었을 때 더욱 유리하다.

건록(建祿)은 이삭이 알차게 무르익은 벼처럼 신중하고 진중함과 동시에, 사리(事理)에 밝고 지식이 풍부하며 논리적이다. 만사에 치밀함이 있어서 경거망동(輕擧妄動) 부화뇌동(附和雷同)하지 않는다.

이미 산전수전의 경험을 바탕으로 써먹는 시기이므로, 좀 더 치밀하고 꼼꼼하다. 인자하고 위엄스러운 풍채가 있으며, 엄(嚴)할 때와 자비스러울 때, 나아가고 물러날 때를 아는 시기라고 할 수 있다.

가령, 증권으로 떼돈을 번다는 소문이 널리 퍼졌다면 관대(冠帶)는 번개처럼 뛰어들어 덮어놓고 투자를 서슴지 않은 데 비해서 건록(建祿)은 증권의 허실(虛實)을 철저히 분석(分析)함과 동시에, 승산이 있다는 확실한 확증이 있어야만 비로소 시험 삼아 조금씩 투자하는 노숙함이 나타나 실패 없는 투자를 하되, 주먹구구식의 투기는 하지 않는다.

신경이 날카로워서 추상적(抽象的)이고 즉흥적인 사안에는 비판하고 반대하기도 하며, 한 치의 오판(誤判)이나 실수를 용납하지 않는다.

수완과 요령이 성공하고 판을 치는 요즘 세상에 얍삽한 기질이 없는 건록(建祿)은, 유행에 민감하지 못하므로 우둔하게 보일 수 있다.

실지 건록격(建祿格) 자들은 체격이 믿음직스럽고 듬직한 편이다. 묘하게도 사주에 따라서 체질이 형성된다. 건록격(建祿格)들은 날씬하거나 마르거나 미모가 뛰어나거나, 하는 것과는 거리가 있음을 본다.

월지 건록격(建祿格)은 듬직한 체형으로, 이것도 타고난 천성이고 기질이다. 건록격(建祿格)은 확실해야만 움직이므로, 타인이 볼 적에는 답답하게 보이는 것일 뿐이다.

확신이 설 때 비로소 움직이고, 대체로 누구에게 기대거나 의지하지 않으며 스스로 모든 일을 만들어 나간다. 자수성가형이므로 타인에게 끊임없이 덕을 베풀고 부모 형제를 돕는 형이지만, 베푼 만큼 돌아오는 인덕이 적은 사람일 수 있다.

그러나 건록(建祿) 한 글자만 놓고 본다면 그럴 수 있겠지만 타간지의 오행(五行)이 있으므로, 아예 인덕이 없다고 판단하기는 어렵다.

하여간 월건록(月建祿)은 이미 태어날 때부터 너는 많은 사람을 돕고 살아가라는 명을 받고 장남, 장녀 역할을 하며 살 것이 정해지므로, 혼자 묵묵히 자기 갈 길을 가면서 인생길을 펼쳐 나간다.

월건록(月建祿)은 자수성가 자립해서 가문을 이끌고 살아가도록 명을 받고 태어나 중후한 인품으로 적군을 만들지 않고, 부모 조상을 받들어 모시고 사는 것이 당연하며, 그것이 가문의 영광이라고 생각한다.

본인 사주에 건록(建祿)을 타고나서 기신이 되었다면, 육친의 덕이 박하고 인덕이 적다. 마찬가지로 자식 사주에 월건록(月建祿)이 있다면 부모덕이 박함을 암시한다. 부모의 운세가 꺾이고 쇠퇴(衰退)함을 의미하기 때문이다.

일지는 배우자궁이다. 여명일지가 건록(建祿)에 있고 신왕관쇠(身旺官衰)하다면 직업전선에서 일하여 부모와 남편, 자식을 부양하게 되며, 독수공방살(獨守空房殺)이 가중되는 것이 건록격(建祿格) 여성이다.

그러나 옛날처럼 남편에게 전적으로 의존하는 봉건사회에서는 남편덕 없이 살아가는 것이 기구하고 불행한 운명이었지만, 여성이 직업을 갖는 것이 보편화된 요즘 시대에서는 전혀 문제 될 것이 없다.

여성도 대통령이 되고 국회의원이 되며 장관이 되고 사회활동을 능사로 하는 요즘 시대에서는, 오히려 다행스럽고 자랑스러운 일이다. 직업여성으로서는 천부적이고 안성맞춤이다. 다만 신강사주는 될지언정 신왕(身旺)은 되지 말아야 한다.

건록(建祿)을 타고난 여성이 가정주부 노릇만 하면 야생마를 고삐에 묶어 놓은 격으로, 신경계 질환 우울증에 노출되고 부부이별 작용을 한다. 인신사해(寅申巳亥) 일지들은 더욱 그러하다.

야생마는 자유로워야 자신의 진가를 드러내고, 천리마는 자유를 찾고 경쟁을 해야만 천부적인 능력을 발휘하고 승리와 영광을 누릴 수 있다. 그걸 모르고 아내를 집안에 묶어 두려 하면 부부간 더욱 냉랭(冷冷)해질 수밖에는 없을 것이다.

신강사주 건록격 여성 중에 외부활동을 안 하고 집에서 살림만 하겠다는 경우도 볼 수 있는데, 이 경우 남편이 오히려 무능하게 변하고 재물이 모이지 않으며 몸도 허약해져 간다.

일건록(日建祿)은 갑인(甲寅), 을묘(乙卯), 경신(庚申), 신유(辛酉) 등의 간여지동(干與支同) 간지이고, 임자(壬子), 병오(丙午)는 양인동주(羊刃同柱) 양착살(陽錯殺), 정사(丁巳), 계해(癸亥)는 음착살(陰錯殺)이며 겁재동주(劫財同柱)로, 신왕(身旺)하다면 아버지 선망하고, 재난풍파가 많아서 부부 해로하기 어렵다.

건록(建祿)은 시건록(時建祿)으로 희신작용을 할 때 제일 길하다. 중년 이후에 행복해질 것을 암시한다. 또한 귀숙지(歸宿地) 건록(建祿)은 나의 무덤이 평안하고 명당터가 될 가능성이 있다. 또한, 자식들이 자수성가해서 부모를 모시고 살 것을 상징하므로, 시건록(時建祿)이 좋은 것이다.

건록(建祿)은 독립적이므로 누구에게 의지하려 하지 않는다. 정신적으로나 육체적으로 완전무결하게 타고났으므로, 스스로 자립을 해야 하는 것이 마땅하다. 그러나 일간일지(一干一支)로 형성되고 신약하다면, 누구에게 도움을 받으려 한다.

건록지가 있는 남명의 성교는 강한 편이지만, 자기만 즐거우면 그만이라는 독선적인 타입이라 여성에게 불만을 주기 쉽다. 성(性)이란 상대를 배려하고 조화를 이룰 때 아름다운 것이다. 비록 남성이 독선적인 기질이지만, 한 여자만 상대하는 특징도 있다.

여명은 조금 담백(淡白)하고 무미건조한 편이라 남성의 리드가 필요한데, 때로는 남성마저 의욕을 잃고 서로 성(性)을 외면하고 살기도 한다.

* 년건록(年建祿)은 선대조상이 발달했고 본인도 초년에 발달한다. 자수성가한 아버지를 두었고 초년 시절은 유복(有福)하게 보내지만, 아버지는 완고(完固)하고 엄(嚴)하다.
* 월건록(月建祿)이 있다면 부모 형제 또한 발달함을 상징하며 자수성가한 형제가 있고, 그 형제 또한 완고(完固)하고 엄(嚴)할 것을 상징하는데, 여성의 경우에는 맞벌이하든지 자신이 직업전선에서 일한다.
* 일건록(日建祿)은 사상(思想)이 건전하고 치밀하며 항상 공명정대하다. 그리고 자립심이 강하고 성취하고자 하는 의지가 한결같아서, 역경을 극복하고 성공하여 타인의 존경을 받는다. 형제 중에서 막내로 태어났다 해도 장남, 장녀 역할을 하며 부모를 모시고 사는 경우가 많다.

신망(信望)이 두텁고 사회적으로 명리(名利)를 이룬다. 기업체에 종사하거나 예능 방면에 종사하면 길하다. 그러나 인덕(人德)이 부족하여 자수성가 해야하고, 자신 스스로 완고(完固)하고 엄(嚴)하며 부부 애정은 좋지 않다.

여성은 남편의 작첩(作妾)으로 고독하게 되고 과부가 되거나 독수공방하기 쉬우므로 직업전선에서 자립성가를 해야 한다. 남녀 신강사주의 일건록(日建祿) 간여지동(干與支同)은 독수공방살(獨守空房殺)로 부부 해로가 어렵다. 그러나 갑인(甲寅) 경신일주(庚申日柱)는 고독하지만 당당하다.

　*시건록(時建祿) 희신은 나이 들어 노익장을 과시하며 자녀가 발달하고 효도한다.

제왕(帝旺)

　제왕(帝旺)은 간지양인(干支羊刃)을 말함이고, 병오(丙午), 무오(戊午), 임자(壬子)는 양인동주(羊刃同柱), 정사(丁巳), 기사(己巳), 계해(癸亥)는 겁재동주(劫財同柱)이다.
　그러나 무오(戊午)와 기사(己巳)가 양인동주(羊刃同柱)라 말하지만, 무토(戊土)의 오화(午火)는 정인(正印)이고, 기토(己土)의 사화(巳火) 또한 정인(正印)으로 인수(印綬)일 뿐이다.

【제왕(帝旺)은 십이신살의 장성살(將星殺)이다】

일간	甲	乙	丙	丁	戊	己	庚	辛	壬	癸
제왕	卯	寅	午	巳	午	巳	酉	申	子	亥
십신	양인	겁재	양인	겁재	정인	정인	양인	겁재	양인	겁재

　제왕(帝旺)이란, 말 그대로 장성(長成)함이 극(極)에 이르러 최고로 강한 운성이다. 인간 나이 40세에서 50세의 중간 정도로, 산전수전 다 겪은 능수능란한 상태를 말한다. 포태법(胞胎法)에서는 제왕지(帝旺地)라 하고, 십이신살(十二神殺)에서는 장성살(將星殺)이라고 한다.
　제왕지(帝旺地)가 명식에 있다면 인간관계가 능숙하고 치밀하며, 권력에 대한 욕망도 크다. 신왕사주(身旺四柱)로 기신작용을 하면 탈재(奪財), 탈관(奪官), 탈인(奪印)을 하므로 흉하다.

그러나 신강사주로 희신작용을 하면 강인(强忍)한 정신과 불굴의 투지(鬪志)를 지녔다. 그리고 주변 사람에 대해서 몸과 마음을 바치는 헌신(獻身)과 의협심(義俠心)이 있고, 솔선수범(率先垂範)하는 정신이 좋다.

그러나 너무 강하다 보니 타인의 조언을 잘 받아들이지 않는 아집(我執)에 빠지기 쉬워서, 불화(不和)와 독선(獨善)을 자초한다.

양인격(羊刃格)은 자수성가(自手成家) 독립을 상징하므로 운명의 기복이 심한 편이지만, 무관성(武官星) 기질로 직업군인이나 법조인이 많으며, 권력을 집행하는 사법부나 감사 기관원이 되었다면 출세가 빠르다.

건록(建祿)과 양인(羊刃)은 산전수전(山戰水戰)을 다 겪고 모든 경험과 지식을 재물과 명예로 바꾸는 시기가 되므로 감투를 쓰고 타인에게 대접받는 것과 지시하기를 좋아한다.

특히 큰일 처리는 능히 감당하고 잘하지만, 인생사 '티끌 모아 태산'이고 '천리 길도 한 걸음부터'라는 것이 괜한 말이 아님을 명심해야 한다.

소소한 잔정에 인색하고 작은 일은 무시하고 남에게 떠넘기기 쉬워서, 삽으로 막을 것을 중장비로 막아야 하는 일들이 발생하므로 유의해야 한다. 그리고 내가 직접 하는 것과 남이 일 처리하는 것은 다르다는 것 역시 기억해야 한다.

또한 목욕(沐浴)이나 관대(冠帶)가 세상 물정도 모르면서 건방진 반항심으로 조언을 거부하는 것과는 다르게, 건록(建祿)과 양인(羊刃)은 내 손으로 일궈 내 밥 먹고 살아가는데 왜 참견이냐는 생각이 지배적이다.

어지간해서는 누구의 조언이나 충고를 받아들이지 않는다. 그러므로 조언을 듣기 어려운 상태를 스스로 만드는 격으로 개척(開拓)하여 자수성가를 이루어야 하므로 고독을 느끼며 살아간다.

그러나 건록(建祿)과 양인(羊刃)은 한마디로 요약하면 경험과 처세의 수준이 다르다고 할 수 있다.

건록(建祿)이 임관(任官)을 만나 벼슬길에 오르면 자신의 벼슬과 권능을 과시하고 아부할 줄 모르며, 정직한 법(法)과 원칙 위주로만 행동하므로, 배려와 인간미가 부족하여 스스로 적군을 만드는 경향이 있다.

그에 비해서 양인(羊刃)은 이익이 된다면 속마음이야 어떻든 내색하지 않고 머리 숙일 줄 알며, 형편과 때에 따라 아량과 관용을 베풀어 만인을 감동하게 하여 자발적으로 따르게 한다.

비유하자면 건록(建祿)은 돈을 빌려주고 그 돈을 받으면서 고맙다는 말 듣기 힘든 반면, 양인(羊刃)은 이자를 포함해서 받아 내면서도 고맙다는 소리가 나오도록 한다고 할 수 있다.

즉, 양인(羊刃)은 능수능란(能手能爛)한 처세로 적군도 아군으로 귀화(歸化)시키는 능력을 부여받은 격인데, 뱃속에 능구렁이가 들어 있다고 표현하면 쉬울 것이다.

그러나 보니 사기성의 편법도 태연하게 실행할 수 있는데, 이것이 지나치면 스스로 파멸을 만들게 되므로 이것이 양인격(羊刃格) 비겁과다(比劫過多)의 특징이다.

그리고 건록격(建祿格)은 타인의 아픔을 나의 아픔으로 받아들이는 너그러운 마음이 있지만, 양인격(羊刃格)은 타인의 아픔은 나의 행복이라고 믿는 자가 많다.

내 앞길이나 성공의 장애라고 판단하면 무엇이든 가차 없이 쳐내는, 냉정하고 독한 기운이 상존(常存)한다. 또한 애착(愛着)과 탐심(貪心)이 강하여, 우선 내 것으로 만들어 놓고 보자는 욕심이 대단하다.

　이 욕심은 재물, 여자, 명예, 등 모든 부분에서 강하게 나타난다. 이 것은 왕즉쇠(旺則衰)가 되어 가므로 노년(老年)을 걱정하여 자기 몸의 건강 지키기에 온 힘을 쓰고, 있는 대로 재물을 축적하려는 심리가 발생하기 때문이다.

　월양인(月羊刃)이 희신이면, 능력이 비범하여 대업을 능히 이룰 수 있다. 남자로서는 가장 바람직하다. 넘치는 힘으로 왕성한 활동을 할 수 있으므로 성공 수가 따른다. 그러나 후퇴를 모르는 상이라 패재 패배를 자초할 수 있다.

　천간겁재(天干劫財)가 나타나면 재물겁탈, 아내겁탈을 당하고, 여성이면 부군작첩(夫君作妾) 쟁관(爭官)을 당하므로 눈물겨운 삶이 될 수도 있다.

　신강신약을 떠나서 양인격(羊刃格)이 되었다면 누이동생이나 형제 중 한 명은 힘든 삶을 살기 쉽고, 아버지 선망에 남편 선망(先望), 이별, 사별을 초래하게 되므로 세상만사 빛과 그림자가 있는 것이다.

　여명의 양인격(羊刃格)을 가정에 묶어 놓으면, 천리마를 고삐에 묶어 놓은 것과 같아서 시름시름 앓게 되거나 이별, 사별수가 있지만, 자유와 권리를 보장하면 천부적인 비범한 능력을 마음껏 발휘하는 여장부가 될 수 있다.

　현대 여성으로는 단연 으뜸이라 할 수 있는데, 많은 사람을 거느리고 베풀며 먹여 살려야 하는 책임이 따르므로 고독하고 쓸쓸함을 동반하며, 어깨가 무거운 삶을 사는 것은 어찌할 수 없다.

　특히, 여명의 양인격(羊刃格) 신왕사주는 거의 남편이 무력하여, 남편과 맞서거나 억누르려 하고 무시하며 살게 되므로 부부불화하며, 남편이 아니면 본인의 신체가 허약하다.

일평생 친정문제에 골치 아픈 경우가 많으며, 나이 먹어서는 친모를 봉양하기 쉬우니 눈물도 한(恨)도 많다. 양인합살(羊刃合殺)의 유력한 관살(官殺)이 있다면 그렇지 않으나, 어쨌든 거의 반드시 가정적인 시름과 고난이 있게 된다.

양인격(羊刃格)에 유력한 편관(偏官)이 없으면 호색다음(好色多淫) 음란하기 쉬우며, 고개를 숙이지 못하는 뻣뻣함으로 인생사를 망칠 수가 있다.

여명의 병오(丙午), 무오(戊午), 임자일주(壬子日柱)는 부부의 인연이 쉽게 변하기도 한다. 신약하다면 의외의 도움을 받기도 하지만, 겁재천간(劫財天干)이 투출한 신왕 명식은 나의 재물을 파극(破剋) 하는 겁탈자(劫奪者)가 있는 격이므로, 재난풍파(災難風波) 이후에 부부인연이 바뀌는 작용으로 나타난다.

기사(己巳) 정사(丁巳) 계해일주(癸亥日柱) 신강사주는 부부간의 감정이 나빠져서 이혼하거나, 아예 결혼을 못 하기도 한다. 독립심이 강하지만 상속운(相續運)이 적으며, 금전을 낭비하는 단점이 있다

시양인(時羊刃)이 희신작용을 하면 제일 길하다. 말년을 상징하는 귀숙지(歸宿地)가 양인(羊刃)이므로, 중년 이후에 평안하여 행복하게 될 것을 암시(暗示)한다. 그리고 노후와 나의 무덤이 화평하여 명당터가 될 가능성을 가지고 태어난다.

또한, 자식들이 자수성가해서 부모를 모시고 살며, 마침내 나의 임종(臨終)까지 지켜보게 되므로 노후가 처량하지 않은 것이다.

그러나 신왕사주로 태어나 기신작용이면 본인이 출생 후 가족이 파가(破家)할 것을 상징하므로 불효자가 태어나는 것과 같다. 그러므로 일찍 객지로 떠나 살아야 부모 형제가 무난하다.

신왕 명식의 배성궁에 겁재양인(劫財羊刃)으로 와서 탈재(奪財), 탈관(奪官), 탈인(奪印)을 하면, 전생 원수가 배우자로 정해진 것과 같다.

그러므로 육친(肉親)을 위해서 아무리 베풀고 적선을 해도 도로무공(徒勞無功)이므로, 남편, 부모, 형제, 친구, 동료의 덕은 기대하지 않는 것이 좋다. 오로지 두 주먹 불끈 쥐고 자립성가해야 한다.

하늘은 부족하고 허약한 자는 보살펴 주고 의지처를 마련해 주지만, 유능하고 완벽한 강자(强者)에게는 스스로 자수성가(自手成家)하고 독립할 것을 숙명으로 삼게 하였다.

아무리 힘든 고통을 당해도 좌절하거나 체념하지 않고, 많이 베풀고 사는 인생이면 거두어들일 수확도 클 것이며, 마침내 성공한다.

양인격(羊刃格) 남명의 성교는 정력이 강하여 오히려 문제가 되기도 한다. 왕성한 정력을 감당하기 어려워서 탐재탐관(貪財貪官)의 기질이 무척이나 강하여, 음천(淫賤)한 사람이 될 수도 있다.

왕성한 정력(精力)으로 여자 없이는 하루도 못 살겠다는 타입으로 서로가 적극적으로 리드하고 즐기지만, 성장기에 자위(自慰)를 지나치게 하다가 조루증이나 성 불능자가 되는 사람도 있다. 지나침은 부족함만 못하다는 말은 영원한 진리이다.

여명은 호색(好色)하지만, 의지력과 절제력이 강해서 남녀합방이 쉽지 않다. 그러나 서로 화합이 된즉 대단한 폭발력이 발생한다.

*년양인(年羊刃)은 완고(完固)한 명문가 출생으로, 가문의 조상이 국가사회에 많은 공헌(貢獻)을 했다고 본다. 비록 자비심과 인품이 있을지라도, 자존심과 자신감이 너무 강하여 허풍이 대단하므로, 남에게 미움받거나 구설수에 오르기 쉽다.

*월양인(月羊刃)은 남에게 굽히는 것, 예속되는 것을 싫어한다. 그러면서도 자신은 고집이 세고 남을 무시하는 경향이 강하므로 충돌이 많다. 특히 여명은 남편에게 구속당하는 것을 매우 싫어하므로 가정에 복잡한 일이 많다.

명식에 편관(偏官)이 있다면 길하지만 누이나 형제 중 한 명이 불행한 인생이 되는 경우가 많으며, 자신의 이익이 아니라면 타인을 무시하는 때도 많다.

또한, 언제나 일을 크게 벌이는 것을 좋아하므로 낭비가 과다하기 쉽고, 부모 재산마저 탕진(蕩盡)하는 수가 있다.

명식에 양인합살(羊刃合殺)이나 설기(洩氣)하는 글자가 유력하지 않으면 막내로 태어나도 장남, 장녀 역할을 하게 되는데, 인덕이 부족하므로 도움을 주는 귀인을 만나기 어렵다.

자식의 사주에 월양인(月羊刃)이 있다면 부모의 운세가 꺾이고 쇠퇴(衰退)함을 의미한다.

*일양인(日羊刃)은 자신감 포부가 크고 진취적인 기상(氣像)이 있지만, 유산을 상속받기 힘들다. 일지가 겁재(劫財)가 된다는 것은 자존심과 고집만 내세워서 타인으로부터 미움받기 쉬우니 조심해야 하고, 금전낭비를 줄여야 한다.

명식에 관살(官殺)이 있다면 신중하고, 무관살(無官殺)이면 성급하며 고집이 세서 파멸(破滅)을 초래(招來)한다. 남녀가 같으며 부부인연이 박덕하다.

*시양인(時羊刃)이 희신이면 성공하는 자식으로 가문의 영광이다. 여명의 경우에는 고집이 세서 타인과 융화가 안 되지만, 명식에 편관(偏官)이 유력하다면 학문연구로 성공할 수 있다.

쇠지(衰地)

쇠지(衰地)는 십이신살(十二神殺)의 반안살(攀鞍殺)로 진술축미(辰戌丑未)의 묘고(墓庫)에 해당하는데, 60간지 중에 갑진(甲辰), 을축(乙丑), 경술(庚戌), 신미(辛未) 등 4개의 간지이다.

【쇠지(衰地)는 십이신살의 반안살(攀鞍殺)이다】

일간	甲	乙	丙	丁	戊	己	庚	辛	壬	癸
쇠지	辰	丑	未	辰	未	辰	戌	未	丑	戌
십신	편재	편재	상관	상관	겁재	겁재	편인	편인	정관	정관

쇠지(衰地)는 진술축미(辰戌丑未)에 있으며, 10천간의 특징에서 매우 복잡한 성격으로 나타난다. 진술축미(辰戌丑未)는 괴강(魁罡), 백호(白虎), 귀문(鬼門), 묘고(墓庫)가 되다 보니, 형충(刑沖) 등에 의해서 그 뜻에 많은 차이가 있게 된다.

월령(月令)의 기(氣)는 쇠지(衰地)를 형성하지만, 그렇다고 뚜렷한 성격이 되기는 어렵다. 육친으로도 목기(木氣)에서는 재성(財星), 화기(火氣)에서는 식상(食傷), 토기(土氣)에서는 통근처가 되며, 금기(金氣)에서는 인수(印綬)가 되어 생조(生助)의 도움을 받을 수 있는가 하면, 수기(水氣)에서는 관살(官殺)이 되어 도움을 받을 수가 없으므로, 당주의 성격적 특징이 전혀 다를 수 있다.

그러므로 쇠지(衰地)가 괴강(魁罡)인지, 백호(白虎)인지, 귀문(鬼門)인지, 묘고(墓庫)인지, 또는 재성(財星)인지, 관살(官殺)인지, 십이신살(十二神殺)에서 무엇에 해당하는지를 우선 알고 통변하는 것이 올바름이다.

가령, 을목일간(乙木日干)의 쇠지(衰地)는 축토(丑土)가 되는데, 만약 미토(未土)가 근접(近接)하여 축미충(丑未冲)이 되었다면 쇠지(衰地)와 양지(養地), 반안살(攀鞍殺)과 천살(天殺)의 충돌이다. 이럴 때는 축중신금(丑中辛金)이 개고(開庫)되어 을목(乙木)을 칠살(七殺)하게 된다.

그러므로 을목(乙木) 입장에서는 칠살(七殺)과 대항하는 성격이 되어 구설수가 많으며, 직업 변동이 잦을 수가 있다.

특히, 각 일간의 입장에서 쇠지(衰地)인 반안살(攀鞍殺)이 희신 작용인지 기신 작용인지에 중점을 둬야 하는데, 화기(火氣)가 왕성한 사주라면 진축습토(辰丑濕土), 수기(水氣)가 왕성하다면 술미조토(戌未燥土)가 길하다. 이때 반드시 진술축미(辰戌丑未)의 한 글자 외의 다른 토기(土氣)는 없는 것이 좋다.

달이 차면 기우는 것처럼, 만물은 왕성한 기운이 지나면 점차 쇠약(衰弱)해져 간다. 쇠지(衰地)를 절기(節氣)로 본다면 미월(未月)이 되겠고, 사람으로 치면 건록(建祿)과 제왕지(帝旺地)를 지나 노년에 들어가는, 모든 기능이 점차 쇠약(衰弱)해져 가는 갱년기(更年期), 또는 사회에서 정년퇴직하는 시기로 표현하는 것이 가장 적절하겠다.

늙으면 아무리 천하장사라도 육신이 노쇠(老衰)해진다. 육신이 쇠퇴하면 용솟음치던 의욕과 능동적인 적극성이 사라지고, 만사에 보수적(保守的)이고 피동적(被動的)이며 소극적으로 변한다.

그러므로 의지박약(意志薄弱)하며 인내력이 부족하여 용두사미(龍頭蛇尾)가 되기 쉽고, 매사 생각이 많지만 실행하기 어렵다.

그러므로 갈고 닦은 경험과 지혜를 바탕으로, 육체의 힘보다는 머리를 쓰며 일하게 된다. 무엇을 하든지 앞장서지 않고 한발 물러선다. 제왕(帝旺)의 늠름하고 당당한 기백과는 달리, 차분하고 침착하며 온순하고 겸손하다.

육체는 비록 노쇠(老衰)하여 독창적이고 능동적인 활동은 할 수 없으나, 정신은 건전하고 노련하여 남이 시키는 일은 무엇이든지 한몫을 능히 감당할 수 있다.

인생의 산전수전 풍파를 몸소 경험한 상태이므로 이해심과 참을성이 대단해서, 남을 비판하거나 다투려 하지 않는 특징이 있다. 내면의 주체성(主體性)과 자존심(自尊心)은 강하지만, 뼈 없는 인간이라 비아냥거려도 그저 웃어넘기는 호인이 된다.

싸운다는 것은 승패를 떠나서 서로에게 이익되지 않는다는 것을 알기에 대립 반목하는 것을 싫어하며, 원만하게 화합하는 데 앞장서는 역할을 한다.

그러면서도 인생의 마지막 불꽃을 태워 보고픈 심리가 발생하여 지난날의 회상 속에 빠지거나, 화려하면서도 안락한 삶을 꿈꾸고, 비밀스러운 불륜을 만들어 보고 싶어 하는 성향도 있다.

하지만 월일지에 쇠지(衰地)가 있는 사람은 어려서부터 적극성(積極性)과 용기(勇氣) 또는 과단성(果斷性)이 없으므로, 어지간해서는 모험은 하지 않고 안전 위주로 살려고 한다.

그래서 쇠지(衰地)를 타고난 사람은 어려서부터 생각이나 행동하는 것이 꼭 노인 티가 난다. 애늙은이라는 말이 가장 잘 어울리는 운성(運星)이 쇠(衰), 병(病), 사(死), 묘(墓)일 것이다.

그리고 타인을 의심하는 경향이 있는데, 이것은 지키고 보전(保全)하고자 하는 마음이 욕심으로 나타나기 때문이다. 또한 너무 편협(偏狹)해질 수 있다.

남명이 월일지에 쇠지(衰地)가 있다면 어려서부터 여성적이고 피동적(被動的)이며 소극적(消極的)이다. 진취성이나 경쟁심이 없어서 항상 타인에게 뒤처지지만, 조금도 부러워하거나 부끄러워하지 않는다.

자리만 지킬 수 있다면 흡족하고, 밀려나지 않으면 다행이라고 생각한다. 수단과 요령을 부리지 않고 정직하며, 정성을 다해 살아가는 것이 장기적으로 볼 때 성공 인생이라는 것을 알기에, 매사 성실하게 맡은 일을 해 나간다.

윗사람에게 아첨하고 아부하며 비위를 맞출 줄을 모르니, 출세에는 시간이 걸린다. 약삭빠르고 경쟁이 치열한 현대사회에서는 적응하기가 어려운 인생으로, 전원생활을 꿈꾸거나 세속을 피해서 은거하고 싶어 하는 심리가 발생한다.

여명이 쇠지(衰地)를 타고나면 천부적인 현모양처 모범 주부이다. 남편이 무슨 짓을 해도 화내지 않고 이해해 주며, 가정적이고 욕망이 적어서 생활이 궁색(窮塞)해도 별다른 불평불만을 하지 않고, 이 시간이 지나면 좋아지리라는 생각으로 인내하며 마음속 아픔과 고통을 참아 낸다.

그렇다고 오장육부(五臟六腑)가 없는 바보천치가 아니다. 선천적으로 온순하고 참을성이 많으며, 종교적인 성품이 강하기 때문이다.

그렇게 내조에 정성을 다하는데도, 한 번씩 대책 없이 나타나는 풍파에 우울하고 번뇌하는 경우가 많다. 그리고 쇠지(衰地)는 역마지살(驛馬地殺) 도화(桃花)와는 거리가 멀고 근면 절약이 몸에 배어 있어서, 자신을 위해서 멋 내거나 치장하는 일이 적다.

스스로 가꾸고 꾸미는 성격과 진취적인 기상이 약하므로 이것이 부부 문제로 작용할 수 있으므로, 자신의 가치를 높이는 지혜가 필요하다.

대체로 쇠지(衰地)의 여명은 부부 해로하기 어려운데, 남모르는 고생을 참고 살아간다면 후생의 복록이 크다.

관대지(冠帶地)는 안하무인에 유아독존이며, 모나고 성급하며 몰인정한 데 반해서, 쇠지(衰地)는 호인처럼 원만하며 다정하고 헌신적이다.

만일 관대지(冠帶地)와 관대지(冠帶地)가 만나 결혼하면 부부 둘 다 유아독존(唯我獨尊)으로 으르렁거리고 싸움을 능사(能事)로 할 것이므로, 부부화합하고 해로하기 어렵다.

그러나 관대지(冠帶地)와 쇠지(衰地)가 만났다면 관대(冠帶)는 쇠지(衰地)의 아량과 관용, 순종과 참을성에 감탄해서 스스로 교화되고, 쇠지(衰地)는 관대지(冠帶地)의 용기와 투지 그리고 적극성과 진취성에 감화되므로 강유(剛柔)가 중화되어 부부 화목하여 해로할 것이다.

관대지(冠帶地)는 성을 내고 용서를 못 하는 데 비해서, 쇠지(衰地)는 모든 것을 너그럽게 이해하고 용서할 줄 아는 아량과 관용(寬容)이 뛰어나다. 그래서 쇠지(衰地)가 진심으로 화를 내고 돌아서면, -용서받을 수는 있어도- 인연이 다시 이어지기가 매우 힘들다.

궁합(宮合)은 성격이 기본이자 으뜸인데, 특히 성궁합은 무척 중요하다. 만약 여자는 부부합정을 좋아하는데 남자는 그렇지 않다면 이미 부부 해로하기 어렵기에, 서로 맞추어야 길하다.

만물은 음양(陰陽)이므로 공망(空亡)과 인연법, 성궁합(性宮合)으로 성적대상과 성 능력을 남녀사주에서 확인하는 것이 진정한 궁합(宮合)이 될 것이다. 그러나 이처럼 모두 맞춘다면 금상첨화(錦上添花)이지만, 어찌 다 맞출 수가 있으랴.

다만 양(陽)은 적극적이고 음(陰)은 소극적(消極的)이다. 양(陽)과 양(陽)이 만나면 못살고, 음(陰)과 음(陰)이 만나도 못사는 법이다. 그러므로 한쪽이 양일간(陽日干)이면 한쪽은 음일간(陰日干)이 좋다는 점이 기본적인 궁합이라 생각해도 될 것이다.

쇠지(衰地)의 직업으로는 역사, 철학, 사상연구, 두뇌를 활용하는 번역, 통역, 종교, 역술, 상담직이 좋고, 손기술이 좋으므로 편집, 필사, 조각, 세공, 미용, 서화제작, 영화제작, 건축기술 등을 익히면 성공한다.

쇠지(衰地)를 가진 남명의 성교는 매우 신사적이다. 상대의 뜻과 취향을 존중하면서 여성 상위를 즐기는 변태적 성향의 탐미(耽美)주의자로 여성 편력이 많으며, 한 여성과 오랜 인연을 하면 그 여성에게 신액(身厄)이나 재앙이 생긴다. 아니면 그 여인의 척을 산다.

여명은 체면을 중요시하여, 많은 여성이 남편에게 길든 성감으로 불만족을 체념하며 살아간다. 그러나 잠재적인 성 능력은 강렬하며 자발적인 기술까지 보유한 여성으로, 소리까지 명창(名唱)인 경우가 많다.

*쇠지(衰地)는 타인의 부탁을 거절(拒絶)하지 못해서 이용의 대상이 될 수 있고, 보증을 선다면 파산의 우려가 남아 있으므로 주의해야 한다.

*년쇠지(年衰地)는 온유한 성격이지만 미약함을 상징한다. 선대 조상이 가난했거나 쇠퇴(衰退)한 가정출생으로, 초년 운이 나쁘며 가족의 흉사(凶事)를 경험했기 쉽다.

진술축미(辰戌丑未)는 묘고(墓庫)이고 백호(白虎), 괴강(魁罡), 화개(華蓋), 고갈(枯渴), 반안(攀鞍), 천살(天殺)이 되어 조상궁에 백호살(白虎殺)의 흉액(凶厄)을 당한 사람이 있기 쉽다. 그러므로 조상 덕이 부족하고 사회적으로 두각(頭角)을 드러내기 힘들다.

*월쇠지(月衰地)는 부모 형제의 운세가 약하고 중년 이전에는 순탄(順坦)하다가, 중년 이후 쇠퇴(衰退)한다. 여자는 생각이 깊어서 실수 없는 내조를 잘하지만, 시부모와는 불화할 것이다.

*일쇠지(日衰地)는 성격이 온순하여 대제로 가성이 원만하다.

사교적이지는 못하지만 학문과 예술적 소질이 많으므로, 학자, 예술가, 의사가 되었다면 재능을 발휘할 수 있다. 타인을 위해서 너무 신경을 쓰면 본인에게 해로운 것이므로 조심해야 한다.

일지쇠지(日支衰地) 여명은 시부모를 공양할 줄 모르고, 일지편인(日支偏印)으로 쇠지(衰地)가 되는 경술(庚戌), 신미일주(辛未日柱)는 사주격이 좋지 않은 한 양호한 배우자 만나기가 어렵다.

갑진백호(甲辰白虎) 일주는 아내와 아버지 신상이변수가 염려되고, 을축일주(乙丑日柱)는 부성입묘(夫星入墓)이고 축토빙산(丑土氷山)의 풀 한 포기 형상으로 한스럽게 살아갈 수 있다.

일지 진술축미(辰戌丑未)는 묘고(墓庫)이므로 학문을 좋아하고 사치는 멀리한다. 그래서 진실한 사람으로 통하지만, 적극적 진취성(進就性)이 부족하여 경제적인 고통을 당하는 수가 많다.

특히 호박씨 까서 한입에 털어 넣는 것처럼, 어렵게 돈을 모아 한 번에 파가(破家)하는 수가 있다.

*시쇠지(時衰地)는 한 가지 재능으로 출세할 수는 있지만, 자식 때문에 고생하고 말년이 고독하게 된다. 여명은 심성이 온화하여 남편이나 시가(媤家)의 수모(受侮)를 잘 참고 견디며 현모양처의 길을 걷다가도, 자아(自我)에 눈을 뜨면 자신의 잠재능력(潛在能力)을 개발하여 사회적인 성공을 도모한다.

병지(病地)

60간지 중에 병지(病地)는 병신(丙申), 정묘(丁卯), 무신(戊申), 기묘(己卯), 임인(壬寅), 계유(癸酉) 등 6개의 간지에 해당한다.

병지(病地)는 인간 나이 60~70세 사이를 말하며 십이신살(十二神殺)의 역마살(驛馬殺)에 해당한다.

사람이 병(病)에 걸린 것과 같은 상태로, 육체는 노쇠(老衰)하여 힘든 일은 못 하지만, 지혜는 가득하고 정신은 왕성하기에 싸움을 싫어하며, 정신을 사용하는 창작활동에 소질이 있다.

【병지(病地)는 십이신살의 역마살(驛馬殺)이다】

일간	甲	乙	丙	丁	戊	己	庚	辛	壬	癸
병지	巳	子	申	卯	申	卯	亥	午	寅	酉
십신	식신	편인	편재	편인	식신	편관	식신	편관	식신	편인

외부 활동보다는 사색(思索)이나 공상(空想) 등 정적(靜的)인 일에 치우치거나 안락한 직장을 찾게 되고, 남이 하는 일에 잔소리가 많지만 정작 본인은 실행하지 못하여 허장성세(虛張聲勢) 외화내빈(外華內貧)이 되는 경우가 많다.

난관(難關)에 부딪히거나 어려운 일이 생기면 부딪쳐 해결하기 보다는 피하려 하거나, 좌절낙심(挫折落心)하는 경향이 있다. 그러나 촛불은 꺼지기 전에 가장 밝다는 말처럼, 마지막 투혼(鬪魂)을 불살라 결실을 보려는 경향이 있으므로 참고할 필요가 있다.

늙고 병들면 육체적으로 불편하며 격리되는 상황이 발생하고, 누워 있는 환자가 가장 두려워하는 것은 고독(孤獨)이다. 고독(孤獨)을 면하려면 누군가 있어야 하므로, 문병 오는 손님이 그렇게 반갑고 기쁘며 고마울 수가 없다.

인간사회에서 잘난 척, 똑똑한 척, 강한 척하는 척 병에 걸린 사람 옆에는 사람이 안 모이므로 외롭고 고독하게 된다.

자신이 그렇게 하면 주변 사람들이 떠나갈 것을 알기에, 자신의 말을 하는 것보다는 타인의 말을 들어주므로, 주위에 사람이 모여들게 되어 친구가 많다.

마음마저 약해져 친구와 가족, 인정과 우정의 그리움을 알게 되고, 세상사 모든 것에 감사함을 느끼게 된다. 그러므로 유아독존(唯我獨尊)이고 안하무인(眼下無人)이며 기고만장하던 기개(氣槪)가 눈 녹듯 사라지고, 어린이처럼 순하고 착하며 다정다감(多情多感)해지고, 의지하려 한다.

음식을 먹어도 같이 먹고 여행을 해도 같이 하려고 한다. 모임, 회식, 애경사 등의 참석을 좋아하고 회합(會合)을 즐기며, 남을 도와주고 인정을 베푸는 것을 아끼지 않는다. 그러나 마음이 여리고 착하기에 타인의 부탁을 거절하기 힘든 구조로, 이용의 대상이 될 수 있으므로 주의해야 한다.

특히 여성은 다정(多情)이 병(病)이 되어 문제를 불러오기 쉽다. 확실한 직업과 주체성이 강한 사람은 꼬임에 쉽게 빠지지 않는다. 또한, 꼬임에 빠질 한가한 시간도 없다.

그리고 사람이 병(病)들면 집안일 세상사가 궁금하고 불안하다. 장사는 잘되는지, 아이들은 잘 노는지 이래저래 걱정이다. 이처럼 쓸데없는 걱정의 한세월을 보낸다.

뭔가 긍정적인 열린 마음으로 그러려니, 어찌어찌 되겠지, 내가 죽는다고 세상이 알아주겠는가? 수십억의 인류 중에 나 한 사람 죽는다고 표시가 날까? 바닷물 한 바가지 퍼냈다고 바닷물이 줄겠는가? 하는 마음이 되지 못하고, 근심 걱정이 유난히 많다.

즉, 가치 있는 건강한 생각보다는 쓸데없는 생각으로 머리 아파한다. 이것이 병지(病地)의 특징으로, 감상적이고 슬프고 우울하다. 슬픈 음악을 들으며 시끄럽고 떠들썩한 것은 질색이다.

하찮은 일에도 신경을 곤두세우고 화를 내는가 하면, 서러워하고 신경질적이다. 인생무상(人生無常)을 느끼고 좌절하기 쉬우며, 의지할 곳을 찾고 싶어 하는 마음이 발생한다.

또한 그 와중에 많은 사람을 만나고 문란한 성생활을 즐기는 사람도 있다. 이미 꺼져 가는 인생 등불이므로 즐기면서 삶의 의미를 찾고자 하기 때문이다.

병지(病地)는 사후세계로 가는 죽음이 다가옴을 상징하므로, 가지고 있던 모든 재물을 자기 목숨을 위해서 쓰고 죽겠다고 생각하는 사람도 있다.

혹자는 후생(後生)을 위해서 종교에 몰두하여 모든 재산을 헌납하거나, 일사무성(日事無成)이 되는 사람도 상당히 많다. 그리고 혹자는 인색한 구두쇠 성향이 강하게 나타나기도 한다.

　노쇠(老衰)하면 몸이 허약해지고 건강에 이상이 생긴다. 그러므로 광적으로 운동에 매달리는 사람이 있는가 하면, 운동을 못 하고 건강식품에 매달리는 사람도 있다.

　하여간 먹는 음식물에 많은 신경을 쓰고 인스턴트 음식을 싫어하며, 토종음식을 좋아하는 특징이 있다. 혹은 육식을 전혀 안 하고 채식만 하는 사람도 많이 발견된다.

　대체로 질병과는 떠날 수 없는 관계로, 의사, 간호사, 의료인, 보건복지, 종교, 상담, 건강 관련 일을 하는 경우가 많다.

　의업을 활인업이라 하는데, 진정한 의미에서는 병지(病地), 사지(死地), 절지(絶地)에 사람의 생사(生死)를 논하는, 삶과 죽음의 경계선이 들어 있다.

　일반적으로 의사와 간호사 중에 병지(病地)의 운성을 타고난 사람이 많을 수밖에 없는 이유이다.

　특히 병지(病地)를 가진 의사나 간호사는 선천적으로 환자에 대한 인정과 애정이 많다. 자신도 아파 본 경험이 있는 것과 같아서 환자의 심리구조를 잘 알고 있다.

　환자로서는 그러한 의사나 간호사를 만난 것이 운이 좋고 다행한 일이다. 병지(病地)는 의료, 종교, 연구, 철학, 운동 등에 진출하면, 덕을 쌓으면서 자신의 건강도 잘 관리할 수 있게 되므로 일거양득(一擧兩得)이다.

　만일 간호사가 월지에 관대지(冠帶地)에 있다면, 환자를 대하는 것이 사납고 불친절할 것이다. 특히 임술백호(壬戌白虎) 계축백호(癸丑白虎)

중에도 간호사, 의사가 많은데, 친절함이 부족하고 퉁명스러워서 환자 손님의 입장에서는 좋은 인연이라고 볼 수 없을 것이다.

명리는 운의 희기(喜忌)와 상대의 심리구조를 알고자 하는 공부이다. 자기 자신을 알게 되었다면 성공이 보일 것이다. 별로 좋지도 못한 사주 들고 다니며 이곳저곳 물어보러 다니는 것보다는, 스스로 공부해 보는 것이 제일 좋다.

물론 궁극적(窮極的)인 목표는 나를 알자는 것에 있지만, 나를 아는 것도 먹고 살면서 하는 것이 당연하지 않겠는가? 그중에서도 결혼은 인륜지대사(人倫之大事)라 했으니, 이 문제만큼은 확실히 알고 가야 하지 않겠는가? 명리를 안다는 것은 나와 자식늘이 배우자를 선택하는데 중요한 지표가 된다.

그러므로 상대의 심리구조를 알고 좋은 배연(配緣)을 만나고자 하는 사람은 명리를 배워라. 그런데 남녀 연애 시절에는 눈에 콩깍지가 씌어 상대의 단점을 찾기가 쉽지 않고, 또는 전혀 안 보인다.

그러다 헤어진 후에야 단점(短點)이 확연히 드러나는 것이므로, 사랑의 마술은 대단한 것이다.

자고로 남명은 신강사주로 재관(財官)이 희신인 사람이 좋다. 신강(身强)하다는 것은 정력이 좋다는 것을 말한다. 그러므로 넘치는 의욕, 전진성, 일을 풀어내는 힘을 지녔다는 것을 의미한다.

한마디로 정력이 허약한 남자는 생각은 많아도 추진력이 부족하여, 용두사미(龍頭蛇尾) 외화내빈(外華內貧)이 되기 쉽다. 그러므로 남녀 관계에서도 여성으로부터 능멸당하기 쉽다.

여자를 억지로 이기려다 보니 싸움이 되고, 이별수를 자초한다. 또한, 재물이 모이지 않고 힘든 인생을 살아가는 경우가 많다.

남명 월일지가 재관(財官)으로 신약(身弱)하다면 거의 정력 부족이기 쉽고, 특히 재다신약(財多身弱)은 더욱 심하여 밤이 무서운 남자가 되는 경우가 많다.

그러나 다행히 대세 운에서 인비운(印比運)으로 부족함을 채워 준다면 능력을 발휘할 수 있다. 그러나 운기가 거역하고 재관운(財官運)으로 간다면, 요즘시대 신용불량자이거나 파산자이다. 그러므로 비참한 인생을 살기 쉽고, 남모르는 서러움이 뼛속 깊이 간직되어 있다.

여명은 신약한 듯하여 인수비겁(印綬比劫)이 희신인 여성이 좋다. 일지가 재관(財官)이고 합형충(合刑沖)이 없으면 배우자 감으로 최고이다.

지조가 있는 현모양처로 가정을 지키며, 인내력이 강하고 현명한 외유내강(外柔內剛)의 여성이 된다. 대체로 인성(印星)을 희신으로 쓰는 여명은 호색다음(好色多淫)하지 않으며 생각이 올바르기 때문이다.

병지(病地)에 있는 남명은 여자를 좋아하지만 순간적인 기분으로 성교하는 경우가 많으며, 더러는 성소수자도 있다. 신약사주는 생각만 많을 뿐, 막상 성교에 임하면 뜻대로 안 되는 경우가 많다.

여명은 상대와 동조(同調)하여 상대의 능력에 따른다. 강하다면 강렬(强烈)하게, 약하다면 약한 대로 대응(大鷹)한다. 행위(行爲)보다는 정신적인 사랑을 나누려 한다.

*년병지(年病地)는 윗사람 때문에 고생이 많다. 사업을 하면 내부불화로 지체(遲滯)됨이 많다. 선대조상이 곤궁(困窮)하고 부모의 운기

가 나쁠 때 태어난 사람으로, 어릴 적 병약하였거나 나이보다 늙어 보이고, 말년에는 걱정거리가 많으며 병약해진다.

*월병지(月病地)라면 온순(溫純), 허약(虛弱), 피로(疲勞), 쇠퇴(衰退)의 경향이 나타난다. 집안이 어려울 때 태어났을 가능성이 많다. 부모 형제 중에 병고(病苦)가 있기 쉽고 부모와 이별할 염려가 있다.

중년 운이 쇠퇴(衰退)하고 질병을 앓고 가정 내에 우환(憂患)이 많고 신경질적이며 실행력이 부족하여 매사 일관성이 없다. 그러나 신강사주라면 재물복이 좋고 취미가 다양하다.

*일병지(日病地)는 매사 걱정이 많으며 우유부단하여 성공의 기회를 잘 놓친다. 두뇌가 명석(明晳)하지만 신경질적이며 인내력이 부족하고, 부부 해로에 문제가 있어서 인연이 바뀔 수 있다.

과로(過勞)하면 병이 생기므로 주의해야 하며, 성병의 염려도 있다. 배우자가 아니면 본인이 병약하다.

*시병지(時病地)는 재혼의 염려가 있고, 말년이 점점 어려워진다는 암시가 발생한다. 여러 이유로 자식에 대한 근심 걱정이 많으며, 본인도 노후에 지병으로 고생하기 쉽다. 무신(戊申), 계유일주(癸酉日柱)는 특히 그렇다.

사지(死地)

 60간지(干支) 중에서 사지(死地)는 갑오(甲午), 을해(乙亥), 경자(庚子), 신사(辛巳) 등 4개의 간지이다.
 대체로 일지가 재관(財官)에 있는 것을 좋다고 말하고, 일지상관(日支傷官)에 있는 것을 흉(凶)하게 보는 경우가 많으나 절대 그렇지 않다.

【사지(死地)는 십이신살의 육해살(六害殺)이다】

일간	甲	乙	丙	丁	戊	己	庚	辛	壬	癸
사지	午	亥	酉	寅	酉	寅	子	巳	卯	申
십신	상관	정인	정재	정인	상관	정관	식신	정관	상관	정인

 포태법(胞胎法)의 사지(死地)는 인간 나이 70~80세 사이, 십이신살(十二神殺)의 육해살(六害殺)에 해당한다. 사람이 수명(壽命)을 다하면 죽듯이, 또는 과일이 다 익어 수확 후 잎이 떨어져 다시 땅으로 돌아가듯, 본체(本體)와 모체(母體)에서 분리작용을 하는 시기를 사지(死地)라고 한다.
 한마디로 삶과 죽음의 경계선이라 할 수 있다. 이러한 이별 분리작용으로 풍파와 고통이 따르기도 하지만, 생살지권(生殺之權)을 행사하는 법관, 법조인, 의사, 의업 관련, 종교계, 창작활동, 연구직, 발명 등에서 활발하게 자기의 특징을 발휘하며 연예인들도 많이 목격되고 있다.

사지(死地)는 대체로 영육(靈肉)이 허약하며 단명살(短命殺)을 타고난 일주이므로, 일평생 질병과 싸우는 상이 되어 흉(凶)하다. 그러므로 사주 명조의 음천간(陰天干)이든 양천간(陽天干)이든 일간의 록지(祿地)나 왕지(旺地)의 지지가 반드시 한 글자 있어야 건강하고 자신의 꿈을 펼치게 된다.

그러나 일간 외의 비견(比肩)이나 겁재천간(劫財天干)은 없는 것이 대체로 길하며, 사지(死地)는 매사 순리대로 처세하고 복종하며 사고(思考)가 깊어지는 특징도 있으며, 두뇌가 좋고 선견지명이 있다.

그러나 사지(死地)는 무기력하고, 흉액(凶厄)과 불운(不運), 생존불능(生存不能)을 상징하는 운성이다. 소극적인 성격으로 좋은 기회를 놓치는 일이 많은데, 질병, 고뇌, 겁쟁이 등의 성격이 형성된다.

그러므로 결단력이 없고 자기 주체성이 약하여 꼬임에 약하므로, 잘못된 꼬임에 돈과 마음을 주고 우는 여성 또한 많다. 즉, 믿는 도끼 발등 찍히는 일이 많은 것이다. 남성은 아내인연이 쉽게 변하는 특징이 있는데, 이것 또한 주체성이 미약하기 때문이다.

병(病)이 만성화(慢性化)되고 육신이 지나치게 노화되었다면 육체활동이 어려워진다. 그러나 정신은 형체가 없는 기(氣)로서 늙고 병(病)드는 것이 없으니, 육체는 부실해도 정신은 살아 있다.

그래서 사지(死地)는 육체보다는 두뇌 쓰는 일로 경쟁하는 여우의 꾀가 있다. 대체로 어떤 것에 대해서 좋고 나쁨 등을 구별하지 않으므로 무감각하게 보일 수도 있으나, 그 사람의 입장에서는 매사 귀찮은 일을 안 만들려는 것이다.

그러나 때로는 마치 잔소리 많은 노인네와 같이 남의 집 제사 감 놔라 대추 놔라 참견이 심하다. 그러나 정작 본인은 게으른 경우가 대부분이다. 죽음이 가까워짐을 스스로 알기에 매사 무기력한 대신, 말을 잘하여 말로 이기려는 기질이 강해서이다.

그러면서도 욕심부릴 때는 남의 눈치를 보지 않고 악착같이 모으고 움켜쥐려 하고 나눌 줄 모르는 사람도 많으니, 육친이나 동료 간에 무시당하거나 주는 것 없이 미운 사람 취급을 당하여 외롭고 고독하며, 마음속에 서글픔이 가득하다. 혹자는 아예 입을 닫고 말하지 않는 묵묵한 사람이 되는 경우도 있다.

그러다 보니 때로는 잘못되는 일이라는 것을 알면서도 아무 말도 못하고 시키는 대로 하다가, 결국 일이 잘못되면 혼자 덤터기 쓰는 경우로 작용하여 남모르는 피눈물도 흘려 본다.

사지(死地)는 사후세계를 생각해서 종교와 철학에 관심을 두는가 하면, 그동안 즐겼던 일들을 한 번 더 되풀이하고 싶은 마음이 간절하다. 부귀영화를 누리기보다는, 인생을 즐기고 싶은 것이다. 어차피 죽으면 재물 또한 헛된 것일 뿐이라는 생각으로 평생 번 돈을 사회단체에 기부(寄附)하거나, 극락 가기를 원해서 종교에 투신하거나, 있는 돈 다 써 보고 죽자는 마음에 향락을 즐기거나 낭비벽이 생기기도 하며, 울고 웃는 히스테릭한 성격을 보이기도 한다.

부러운 것은 부귀(富貴)가 아니고 젊음이란 것을 알기에 스스로 몸을 관리하고자 하는 마음이 발생하여 운동으로 시간을 보내기도 하며, 건강에 관련된 잡다(雜多)한 지식을 모으거나, 건강식품을 밥 먹듯이 할 수도 있다.

다시 한번 젊어질 수 있다면 얼마나 좋을까?라는 생각 속에 애정을 그리워하고, 애정행각을 벌이고픈 마음이 발생한다. 하지만 그것은 불가능하고 부질없는 생각이요 꿈이므로 어찌하겠는가?

젊어서 욕망으로 가득 차 있던 마음을 비운다는 것은 새빨간 거짓말로, 비울 수가 없다. 왜냐하면 불확실성 속에 살면서 내일이 두려우면서도 희망을 버릴 수가 없기 때문이다.

하지만, 늙고 죽음이 임박하면 저절로 비워진다. 아니 모든 것을 체념하고 포기한다는 것이 맞을 것이다. 그러나 말로는 어서 죽어야지 하면서도 막상 죽음이 두렵고 사후세계가 무섭다.

인간이 태어날 때는 누구나 어머니의 자궁이라는 칠흑같이 어두운 터널을 빠져나와 밝은 빛 속으로 나오는 화이트홀이 되고, 죽음은 그 터널에 다시 들어가 재생공부를 해야 하는 영계(靈界)이므로, 블랙홀에 다시 들어간다는 것이 한없이 큰 두려움이 된다.

장생지(長生地)의 태어남이나 사지(死地)의 죽음이나, 생사(生死)는 동전의 앞뒷면이 된다는 것을 알면 두려움이 없으리라.

사지(死地)는 욕망을 감당할 수 없으므로 상당히 인색(吝嗇)한 편으로, 타인에게 받기를 우선하고 주려는 마음은 허약하다. 그러면서 정신계에 많은 혼란과 갈등이 생긴다.

베풀어야 극락에 간다는 마음과 절약하려는 마음이 이중성으로 나타나, 성격과 기분(氣分)을 종잡기 어렵다.

마음을 비우면 욕망이나 야망이 없으니 마음이 편하고 안정되며, 인생과 세상을 비로소 올바로 발견하고 뉘우치며 깨닫게 되는데도, 두렵고 겁나는 마음으로 생(生)의 끝을 잡고 살아간다.

자식의 성공을 보고 죽어야지 하는 등의 욕심의 끝자락을 잡고 살아간다. 그러니 쉽게 죽지도 못하고 삶과 죽음을 반복하면서, 산사람 애먹이는 것과 같다.

그러나 사지(死地)는 무엇이 진리(眞理)이고 도(道)이며 인생인지를 가르치고 깨닫게 하는 스승이요, 부처님이며, 하느님이기도 하다.

사지(死地)는 마지막 가는 길의 예비처가 되어 사후세계에 대한 풍부한 배움과 지식을 바탕으로 선견지명(先見之明)이 발달하기 때문이다.

월지나 일지에 사지(日死地)가 있다면 어려서부터 생각이 깊고 침착하며, 정신적인 꿈이 많다. 천성이 담백하고 사색적이라서 학술, 의술, 예술, 점술 등에 소질이 있고 탁월하다.

내 아들이나 딸이 월일지에 사지(死地)를 타고났다면 미술, 예술, 음악 분야에 타고난 소질이 있으므로, 어려서부터 그런 분야로 인도하면 빛을 보게 될 것이다.

또한 학술을 비롯하여 예술과 의술 점술 등은 늙어서도 충분히 할 수 있는 일이므로 자연스럽게 그러한 직업성의 방향으로 흐른다.

적극성과 진취성이 부족하지만 연구심과 탐구력이 탁월하여, 독창적인 창작보다는 전통적인 지식을 연구 답습하는 데 알맞다.

인간이 생각하는 갈대와 같다는 말은, 아마 사지(死地)의 운성을 말한 것과 같을 것이다. 끊임없이 생각이 흐르고 흔들린다. 욕심과 야망을 성취(成就)하기 위해서가 아니라, 인생과 자신을 알고 발견하기 위해서 생각하고 탐구(探究)하는 것이다.

그러므로 사지(死地)를 타고난 사람은 철학분야나 종교에 대해서도 관심이 많고, 물 흐르는 것처럼 화술(話術)이 매끄럽기에 사람들을 설복시킨다.

산전수전 다 겪고 철든 인생관과 예민해진 감성으로, 자신의 지난날에 대한 회한을 풀어내고 독백하는 형상이다. 종교가나 철학자가 되는 것도 아무나 되는 것이 아니며 타고나야 한다.

이런 관련 분야에 진출하면 크게 성공하고 빛을 볼 수 있다. 그 대신 육체적인 방면이나 물질적인 방면에는 어렵고, 독창적인 창작 역시 무리이다.

학문하는 사람은 욕심이 적고 야심이 없어야 한다. 그러니 사지(死地)를 타고난 사람이 학자, 철학자, 종교가, 예술가가 되었다면, 천부적인 적성을 만난 것과 같다.

신약하면서 사지(死地)를 타고난 사람이 야심과 욕심이 있는 장사나 정치(政治)를 하면 안 된다. 베풀 줄 모르는 욕심으로 작용하여, 많은 사람 피 빨아 먹는 거머리 같은 인생이 될 수 있기 때문이다.

매사 신(神)을 두려워하고 미래생의 선인연(善因緣)을 만들기 위해서 겸허한 인생관을 가지고 살아가는 사람도 많다.

사지(死地)에 해당하는 남명의 성교는 지속력이 좋아서 여성에게 환영받는다. 신강사주는 늙을 줄 모르는 심벌을 소유하여 평생 성(性)을 즐기는데, 약간은 변태적인 양상을 가질 수 있다.

여명은 타고난 그릇은 좋은데 자기만 만족하면 그만이라는 이기적인 타입으로, 남자에 대한 서비스 정신이 부족하다. 그러므로 섬세한 아름다움을 음미하고 감상하며, 차원 높은 사랑의 기쁨을 나누려는 남성이면 실망하게 될 것이다. 또는 상대에 따라서 불나방이 되기 쉽고, 남편 잡아먹는 여인이 될 수도 있다.

마음이 여리고 결단성과 통솔력이 미약하지만 정신집중은 탁월하므로 기획, 아이디어 창출, 기계조립, 방송기자, 용접, 차 운전, 기술직, 기상관측, 사진, 촬영, 양궁, 골프, 사격, 예체능, 의업, 종교 상담직도 길하다.

*년사지(年死地)가 기신이면 부모 형제의 인연이 박덕하고 고독하며, 선대조상이 가난했고 일찍이 부모가 이별하고 타향객지 하여 본다.
*월사지(月死地)가 기신이면 형제자매간에 분쟁이 발생하고, 형제의 도움을 받지 못한다.
*일사지(日死地)가 기신이면 활기(活氣)가 부족하나 무골호인(無骨好人)으로, 배성 또한 병약하다.

어려서부터 병약하며 생기(生氣)가 부족하고 부모 선망하기 쉬우며 유산상속이 힘들다. 박학다식(博學多識)하지만 재물과는 인연이 박덕하며, 중년 이후에 운세가 호전(好轉)된다고 하지만 남명은 처인연이 바뀌기 쉽고, 여명은 고독함이 많아서 부성(夫星)을 극부(剋夫)하고 독신생활을 하는 사람이 많다.

예술과 학술에 종사하면 좋지만, 고집을 버리고 인격수양에 힘써야 그나마 행복한 삶이 되는데, 특히 을해(乙亥) 경자일주(庚子日柱) 여명은 노처녀가 되는 수가 많으며, 남편과 자식의 덕이 부족하여 부부이별, 사별하고 자식과 사는 사람도 많다.

갑오(甲午), 을해(乙亥), 경자일주(庚子日柱) 여명은 두뇌가 명석하고 심성은 맑고 착해도 부부간은 지겹고 짜증스럽다. 때로는 부부이별한 것보다 더 힘든 삶을 살기도 한다. 신사일주(辛巳日柱)는 남편으로부터 배신을 당하거나 기만(欺滿)당하기 쉽다.

갑오(甲午), 경자일주(庚子日柱), 상관동주사(傷官同柱死)는 고향을 떠나서 살거나 형제가 있어도 도움이 안 되며, 중년 이후 고생하기 쉽고 여성의 경우 부부인연이 변하기 쉽다.

특히 경자일주(庚子日柱)는 인간미가 부족하고, 일생 자기 잘난 척을 하다가 단명하는 일이 많다. 특히 타인을 배려할 줄 모르며, 오로지 자기 자신 이외에는 알지 못한다.

갑오일주(甲午日柱) 일지상관(日支傷官)은 상관(傷官)의 특징은 작은 편에 해당하지만, 재물집착이 심하고 인색한 성향으로 나타난다. 잘못 발현되면 상관홍염살(傷官紅艶殺)로 호색 음란하다.

*시사지(時死地)가 기신이면 자녀인연이 박덕하여 자녀의 봉양을 받지 못하며, 자식 신상이변수와 대가 끊어질 위험도 있다. 그러므로 양자(養子)를 둘 가능성도 있다. 또한, 부부간이 원만하지 못하다.

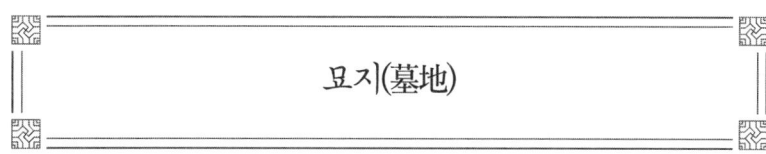

묘지(墓地)

포태법(胞胎法)의 묘지(墓地)는 십이신살(十二神殺)의 화개살(華蓋殺)과 같으며, 60간지 중에 병술(丙戌), 정축(丁丑), 무술(戊戌), 기축(己丑), 임진(壬辰), 계미(癸未) 등 6개의 간지가 묘고동주(墓庫同柱)이다.

묘고(墓庫)는 80~90대의 죽음(육체는 이미 죽었으며 혼(魂)만 남아있는 지극히 정적인 상태)을 상징한다.

화개살(華蓋殺)은 선조의 얼과, 역사학, 자연학, 고전학, 종교학, 고고학 등 고전 학문을 나타낸다.

【묘지(墓地)는 십이신살의 화개살(華蓋殺)이다】

일간	甲	乙	丙	丁	戊	己	庚	辛	壬	癸
묘고	未	戌	戌	丑	戌	丑	丑	辰	辰	未
십신	정재	정재	식신	식신	비견	비견	정인	정인	편관	편관

묘고동주(墓庫同柱) 일주는 대체로 신약하기 쉬워서, 월지나 시지에서 생지(生地)나 록왕지(祿旺地)가 되어 주어야 행복한 인생이 된다. 그러나 신약(身弱)한데 묘신발동(墓神發動)이면 단명하게 된다.

묘고(墓庫)인 진술축미(辰戌丑未)는 화개살(華蓋殺)과 반안살(攀鞍殺), 무속인과 인연이 깊다는 고갈살(枯渴殺), 하늘 보고 탄식한다는 천살

(天殺), 피를 보고 죽는다는 혈광사(血光死)를 상징하는 백호살(白虎殺), 홀아비, 과부가 된다는 괴강살(魁罡殺)이다.

또한, 귀문살(鬼門殺)과 묘신작용(墓神作用)을 하므로, 체(體)는 정적인 데 비해서 나타나는 현상은 동적(動的)으로, 인생사에 수많은 희로애락과 이산의 비애가 발생한다.

입묘살(入墓殺)은 부성입묘(夫星入墓), 처성입묘(妻星入墓), 자성입묘(子星入墓), 부모입묘(父母入墓), 백호살(白虎殺) 등이 되는데, 멀쩡하게 잘살고 있다가 어느 날 갑자기 해당 육친이 흉사(凶死) 하는 일도 있다. 그러므로 묘고(墓庫) 한 글자만 있고 다른 토기(土氣)는 없는 것이 좋다.

그런데 진술축미(辰戌丑未)가 묘고(墓庫)라 해도, 진토(辰土)는 무기토(戊己土), 술토(戌土)는 경금(庚金)의 홍염살(紅艷殺)이다. 홍염(紅艷)은 밝고 화려한 살성인데 묘고동주(墓庫同柱)라, 이것은 무엇을 의미하는가?

하여간 이렇게 여러가지 기운을 가진 글자들이 합충(合沖)을 하여 홍염(紅艷), 괴강(魁罡), 백호(白虎), 원진귀문(怨嗔鬼門) 등을 가중하며 그 뜻에 많은 변화가 있게 되고, 여러가지 희로애락이 나타난다.

그리고 이런 모든 성향이 안 나타날 수도 있고, 적을 수도 있다. 그 이유는 공망(空亡), 합충(合沖) 등으로 인함이다.

사주 8글자는 유기적인 관계로, 대세 운을 만나면서 또다시 수많은 성분 변화 작용이 있으므로, 같은 묘지(墓地)라고 그 의미가 100% 작용하는 것은 아니다. 한마디로 묘지(墓地)만으로 당신은 이러하다고 단정 지을 수는 없다는 이야기이다.

여명 일지에 진술축미(辰戌丑未)가 있으면서 다른 지지에 한 글자가 더 있다면, 팔자가 드세어 부부이별하거나 사별 부군작첩 등으로 과부(寡婦)가 되기 쉽다고 말한다. 그러므로 예전에는 흔히, 이러한 여성과는 결혼 불가하다는 말을 했었다.

물론 개인적으로 부귀를 누리며 잘살 가능성은 있지만, 부부 해로가 그만큼 어렵다는 것을 뜻한다. 이 때문에 지금까지 다 된 혼사가 깨지는 경우가 비일비재하다. 남편 잡아먹는 과부 팔자의 며느리라는 데 어느 누가 선뜻 호응하겠는가.

그러나 부부인연이나 배우자 복은 적더라도, 다른 곳에서 복을 준다.

금수기(金水氣)는 수렴결집(收斂結集)을 상징하지만, 진술축미(辰戌丑未)는 만물을 보관하는 창고이다. 그러므로 일지나 월지의 진술축미(辰戌丑未)는 수렴, 보관, 인색, 모으는 취미, 잡학, 종교성에 해당하는, 팔방미인살(八方美人殺)이다.

그런데 모으기만 하고 정돈을 안 하므로 잡학사전이 중구난방으로 헝클어져 있는 것과 같아서, 정적이면서도 어수선한 느낌이다. 그러므로 여러 방면에 능통할 수 있기도 하지만 잡다하게 아는 것만 많을 뿐, 한 가지 분야에서 명철(明哲)한 두각을 나타내지 못하는 경우가 많다.

어쨌든 하루의 묘지(墓地)는 술시(戌時)에 해당한다. 일과를 마치고 가정으로 돌아가 포근한 잠자리에 드는 것처럼 가장 안정되고 정적인 상태이며 침착한 것이 특징이다.

만물이 창고에 저장되거나 사람이 죽어 묘지에 들어가는 상태와 같이 저장(貯藏)과 예치(預置), 작용력 상실, 고정, 보관, 정지, 묶여 있는 것을 의미한다.

즉, 진술축미(辰戌丑未)는 동서남북의 창고에 해당하는데, 그 안의 재물은 반드시 지켜야 한다는 의미가 있다. 그러므로 괴강살(魁罡殺)과 혈광사(血光死) 한다는 백호살(白虎殺)이 발동하여, 피 흘리고 맞아 죽으면서까지 창고를 지킨다.

그러므로 이산(離散)의 비애(悲哀), 이동(移動)과 변동(變動)이 많음을 암시하며 고집이 대단하고, 자기와 가까운 사람이나 친족하고만 살려는 특징이 있다.

만약 비겁과다(比劫過多) 신강이면, 상대를 위해서 희생하고 베푸는 마음이 아름답다. 그러나 대체로 있는 것을 지키는 데는 탁월하지만, 인색하고 욕심이 과다하여 타인의 눈살을 찌푸리게 할 수 있다.

신약사주의 묘고(墓庫)는 형충(刑沖)이 되었다면 극비운이 되는데, 반안살(攀鞍殺) 화개살(華蓋殺)이면 길하지만, 고갈살(枯渴殺) 천살(天殺)이면 부부인연이 쉽게 변하고, 일지에 있다면 더 흉하다.

또한 극신약으로 묘고(墓庫)에 뿌리를 둔 해당 육친의 천간을 관심 있게 살펴야 한다.

인간이 늙으면 병(病)들고 죽으며, 무덤에 들어가야 한다. 사실 엄밀히 보자면 사주에서 말하는 묘지(墓地)는 죽어서 묻히는 게 아니라, 무덤 속에 갇혀 살아 있는 인생이라 할 수 있다. 그 무덤 안에 마련된 음식이 떨어지면 꼼짝없이 굶게 되므로, 인색(吝嗇)하게 될 수밖에 없다.

무덤 속에 있는 인간은 사색(思索), 집착(執着), 애착(愛着)이 발생하고, 사치와 낭비가 필요 없다. 누구와 적대적 관계로 대립하거나, 비교의식이 필요치 않다. 그러므로 변화를 주고 멋 부리며 뽐내는, 도화살(桃花殺)과는 거리가 멀다.

한마디로 수더분하며, 그 밥이 그 밥이다. 밥알 하나를 애지중지하면서 아끼고 절약한다. 한 숟가락의 밥은 수백 그릇의 밥보다도 소중하다는 것을 알고 있기 때문이다.

그러므로 사치, 향락, 식도락, 음주 가무와는 거리가 멀어서 무던한 사람 소리를 듣는다. 살아 있는 현재에 만족하는 대신 많이 외롭고 고독한 성향이다.

그러다 보니 변화 변동을 모르는 삶이 되고, 인생의 자극제라 할 것이 그다지 없으므로 부부인연이 변하는 경우로 작용한다.

월지나 일지의 묘고(墓庫)는 선천적으로 검소하고 절약하며, 아끼고 모으는 것은 기쁘고 즐겁지만, 쓰고 소비하는 것을 싫어한다. 박물관처럼 우표, 골동품 등등 모든 것을 수집하고 진열하며, 무엇이든지 목숨 걸고 지키는 심리가 형성되어, 쓸모없는 물건일 지라도 버리는 것이 없다.

그러므로 쓸데없는 욕심이 많다. 심지어는 자식도 많이 낳으려고 한다. 그러므로 옛사람이면 10여 명씩 자식을 낳았을 것이고, 남명 또한 잘못하면 광적인 호색(好色)으로 변질하기도 한다.

어려서부터 부모나 어른들께 용돈을 받으면, 한창 멋 부릴 나이인데도 사치나 허영, 낭비를 하지 않고 저축을 한다.

그러므로 나중에는 재물을 모으고 잘살게 될 것이 정해져 있다. 이러한 특징은 주로 신약(身弱)한 사주에서 나타나는 현상이지만, 병술일주(丙戌日柱)라 해도 화국(火局)이 될 수 있으며, 임진일주(壬辰日柱)라 해도 신자진(申子辰)으로 태신강(太身強)이 될 수 있다는 점을 참고해야 한다.

더욱 엄밀히 말하자면 묘고(墓庫)는 사람의 무덤이라기보다는, 돈 뭉치를 지켜야 하는 창고이다. 무엇이든 꽉 움켜쥐고, 죽자 살자 알뜰하게 지키는 형국이다. 한마디로 돈이 인생의 전부이다.

사랑보다는 돈을, 명예보다는 현실적인 재물을 탐한다. 그러므로 이루어지지 않는 일에 대해서 집착하고 불평이 많을 수밖에 없는데, 모두가 마음고생일 뿐이다.

인생사 백년탐물(百年貪物)이 일조진(日朝盡)이다. 안 먹고 절약해서 모은 재물도, 바람 따라 한순간에 날아간다. 재난풍파를 당해 보고 부부이별, 사별을 해 보고 난 후에야 하늘 보고 탄식하며 피눈물을 흘려 본다.

남녀 결혼은 애정이 으뜸일 것인데, 상대방이 돈만 아는 사람이면, 결혼생활이 어찌 즐겁겠는가? 묘고(墓庫)의 여성은 애정보다는 돈과 경제가 제일이므로, 무엇이든지 돈과 연결시킨다. 심지어는 신혼여행도 아주 검소하게, 자전거 타고 가서 여관에서 잠자면서도 행복해할 정도이다.

하여간 돈에 치우치다 보니 애정이 부족한 것은 어찌할 수 없다. 하지만 그것은 나만 잘살자는 것이 아니고, 부부가 함께 부유(富有)하게 잘살자는 것이므로 양보해야 한다.

여성이 애정보다 돈을 더 좋아한다고 해서 허물이 될 수는 없는 것이지만, 적절한 융통성을 발휘하면 더욱 사랑받게 될 것이다.

현대사회는 남녀가 평등하게 일하는 시대이므로, 직업여성으로는 모두에게 귀염을 받는다. 책임감이 강하여 철저하게 자기 목표를 채우는 마음으로 일하기 때문이다.

그리고 사람은 돈을 좀 쓸 줄 알아야 친구 간에 원만한데, 구두쇠이므로 친구 관계에 문제가 있어서 외롭게 될 수 있다. 경제적으로 이득이 된다면 죽자 살자 매달리지만, 한 푼이라도 손해가 난다면 일찌감치 고개를 돌린다. 이익이 없는 일이나 비경제적인 일은 거들떠보지도 않는다.

일반 생활철학이나 인생관도 하나에서 열 가지가 매사 경제적이다. 월지나 일지 묘고(墓庫)를 가진 사람은 조금 더 대우를 해 준다면 정성을 다하고 몇십 배로 일하지만, 대우가 부실하다면 좋은 데로 옮겨 간다. 자녀들의 공부에서도 이만큼 공부를 하면 원하는 것을 해 준다고 하면 날을 새고 공부할 것이다.

재고묘지(財庫墓地)는 돈을 갈무리하는 창고라고 했다. 돈과 금고를 다루는 직업에는 안성맞춤으로, 은행원이나 경리담당 또는 금융업에는 천부적인 적성이다.

경제에 탁월한 성분이므로 묘지(墓地)를 가진 사람한테 재물을 맡기면 한 푼의 부정이 없다. 돈을 신주(神主)처럼 모시고 지키며, 한 푼도 천금(千金)처럼 아끼고 철저히 검소하고 절약하며 모으고 갈무리하는 묘지(墓地)는, 직업여성의 전형적인 별이라 해도 틀린 말은 아닐 것이다. 재고(財庫)이거나 관고(官庫)일 경우에 특히 그러하다.

일지묘고(日支墓庫)는 무덤 속에 갇힌 형상이므로 집안에 묶어 두려는 것은 큰 질병을 불러오므로 활동하도록 해야 한다.

본인 또한 집 안에 있기를 죽기보다 싫어하고, 남편이 아무리 많이 벌어다 줘도 만족을 모른다. 자신 역시 활동하여 돈 벌기를 원하므로 그러하다. 집안에서 살림만 하는 여성을 원할 때는 절대로 어울리지 않는다.

193

그러나 근검절약하여 집안을 부흥시키고 살아갈 대상자를 요구할 때는 묘지(墓地)가 적격이다. 그러므로 남녀궁합이 중요한 것이다.

물론 독립성 사업가 자립성가의 별은 건록(建祿)과 제왕(帝旺)을 타고 난 사람이 적성이지만, 가장 경제적으로 독립하려는 것은 묘고(墓庫)일 것이다. 그러므로 신강사주는 개고(開庫) 인연을 정배하는 것이다.

여러 번 하는 말이지만, 일지 진술축미(辰戌丑未)에 좌한 남녀는 적선하고 베풀며 살아야 남편, 자식, 가족이 화목하고 복(福)이 들어온다.

묘고(墓庫)가 있는 남명의 성교는 지속력이 좋은데다가 기술까지 좋은 편으로 여성을 황홀하게 이끌지만, 조금은 보수적이어서 한 가지 정형만 고집하는 남성도 있다.

여명은 남성을 기쁘게 할 수 있는 타입으로 적극적이다. 바라는 횟수가 많으며 타고난 그릇은 명기이지만, 분위기에 따라서 반응 차이가 심하다.

직업으로는 시인, 창작, 문예활동, 금융업, 의사, 간호사, 의업, 은행, 금융 감독원, 재정부, 창고업, 종교업, 묘지관리, 장례 관련업 등에 근무자가 많다.

*년묘고(年墓庫)는 안전하게 보관된 조상의 유업을 계승함을 뜻한다. 수기(水氣)가 왕성할 때 제방제수(堤防制水)하거나, 화기(火氣)가 왕성(旺盛)할 때 화설생금(火洩生金)의 희신이면 가문이 번창하고, 차남이나 막내로 출생했어도 유산을 상속받기 쉽다.

고향과 가정을 사랑하고 지키며 지역발전을 위해서 노력하거나, 선산을 지키면서 살아가는 경우가 많다.

이것은 조상으로부터 타고난 소질을 지키고 그 일을 한다는 말에도 해당한다. 조상의 직업, 직종을 현재의 본인 역시 계승할 사람이란 뜻이다.

*월묘고(月墓庫)는 부모의 환경이 묘고(墓庫)이므로 무척이나 허약하고 인색할 것을 상징한다. 한 가정과 당주의 어릴 적 환경은 아버지의 흥망성쇠(興亡盛衰)에 달려 있으므로, 아버지의 환경이 불미(不美)하다면 당주 역시도 환경이 양호하지 못할 것을 상징한다.

그러나 묘고화개(墓庫華蓋)는 종교업, 예능, 문필가, 학문, 두뇌를 활용하는 직업에 해당하므로, 아버지가 그런 쪽 관련 직업이라고 유추할 수 있다.

변화 변동을 모르는 옹고집의 소유자로 조상의 도움이 미약한 환경이 되고, 묘지(墓地)에서는 생(生)하는 것이 있을 수 없으므로, 사람은 무던하지만 큰 발전이 없다.

그래서 월묘고(月墓庫)는 부모 형제 덕이 부족하여 일찍 생가를 떠나기 쉽고, 근검절약하는 정신이 투철한 구두쇠로서 자수성가하는 경향이 많다.

*일묘고(日墓庫)는 마음이 늘 외롭고 수심이 많으며, 주거가 불안하고 중년 이후로 쇠퇴한다. 가난한 가정출생은 중년 이후 발전하지만, 부부인연이 바뀔 염려가 많다. 대체로 일지묘고(日支墓庫) 여명은 시가(媤家)가 고독하고 남편으로 인해서 근심 걱정이 많은데, 특히 정축(丁丑) 임진일주(壬辰日柱)는 심한 편에 해당한다.

*시묘고(時墓庫)는 무척이나 불미(不美)하다. 년지는 죽은 사람이고, 월지는 죽어야 할 사람이지만, 시묘고(時墓庫)는 아직 오지 않은 미

래의 희망이 죽은 것과 같으므로 흉신이 되면 참담한 것이다.

그러므로 자식 신상이변수를 상징하고, 혈광사 단명 또는 자식이 질병체질의 암시가 강하여 흉하다. 또한, 당주가 가야 할 귀숙지(歸宿地)가 묘고(墓庫)이므로 고달픈 인생이 될 것을 암시한다.

특히 시주공망(時柱空亡)이면 자식 덕도 부족하지만, 당주가 가야 할 인생 노선도 불명확한 것이므로 현실에서 써먹는 자격증을 만들지 못하고, 귀신의 학문인 종교성으로 나아가게 된다. 많이 적선하고 베풀며 살아야 할 팔자이다.

목국(木局)의 조건

목국(木局)은 생지(生地)가 왕지(旺地)를 생하고 왕지(旺地)는 묘지(墓地)를 극(剋)하고, 묘지(墓地)는 생지(生地)를 극(剋)하는 기본 구조로 이루어져 있다.

목국(木局)의 조건은 월지(月支)가 인월(寅月)이나 묘월(卯月)이고, -사주구조에 따라 해월(亥月)에도 목국(木局)을 이룰 수 있지만- 해묘미(亥卯未) 3글자가 근접하여 합력(合力)이 강력하게 작용해야 한다.

이때 삼합(三合)을 반대하는 금기(金氣)가 없어야 하는데, 만약 있더라도 수기(水氣)의 설기로 순화(馴化)시키거나 화기(火氣)로 극(剋)하여 제압하고, 갑목(甲木)이나 을목(乙木)이 반드시 투출해야 한다.

갑을목(甲乙木) 두 글자가 혼잡으로 있어도 무방하지만, 한 글자만 있는 순일함에는 따라가지 못한다. 목국(木局)의 주체가 되는 왕지(旺地)가 실령(失令)했거나, 삼합(三合)을 대표하는 투출천간이 없거나, 반대세력이 있다면 진삼합(眞三合)을 논할 수 없으며, 단지 유정합(有情合)일 뿐이다.

진삼합(眞三合)은 전실상황(塡實狀況)이 아니라면 금국(金局)을 도충(倒冲)한다.

목국(木局)의 물상은 목재, 건축자재, 섬유질, 영농, 종묘, 방직, 가구, 펄프, 목장, 농산물, 약초, 묘목 등을 상징한다.

해묘합(亥卯合)이 있고 미토운(未土運)

명식에 해수(亥水)와 묘목(卯木)이 근접(近接)해 있다면, 해수(亥水)는 수생목(水生木)을 하여 목기(木氣)가 왕성해진다. 그렇다고 해서 해수(亥水)가 목기(木氣)로 변하는 것은 아닌데, 예외상황이 있다.

묘월(卯月)에 갑목(甲木)이나 을목(乙木)이 한 글자 있고 금기(金氣)가 없다면, 목기천간(木氣天干)의 유인력으로 미토(未土)를 불러 목국(木局)을 이루기도 한다.

그러나 해묘합(亥卯合)을 반대하는 금기(金氣)가 왕성하거나, 목왕절(木旺節)이 아니고 화토금(火土金)의 계절이거나, 목기(木氣)를 대표하는 천간이 없다면, 해묘합(亥卯合)은 유정(有情)한 합(合)일 뿐이다.

가령, 을묘월(乙卯月)에 을해(乙亥)이고 합(合)을 방해하는 금기(金氣)가 없거나, 무력하거나, 방해할 글자가 있어도, 수기(水氣)의 설기가 있거나, 화기(火氣)가 금기(金氣)를 극(剋)하여 무력화시키면 반합(半合)이 되고, 미토(未土)를 공협(拱挾)하여 목국(木局)을 이루기도 한다.

해수(亥水)는 생지(生地), 묘목(卯木)은 왕지(旺地)이다. 이것은 일을 벌이고 확장하는 것에는 능숙하지만, 미토(未土)의 고지(庫地)가 없으므로 일을 정리하고 마무리하는 작용이 부족함을 뜻한다.

이때 미토운(未土運)이면 목기입묘(木氣入墓)로 작용하는지, 목기(木氣) 통근처로 작용하는지에 따라서 행운의 희기는 달라진다. 그러므로 명식에서 삼합(三合)의 조건이 성립되었는가를 먼저 확인해야 한다.

또한 미토(未土)가 누구의 통근처 작용을 하는지를 살펴야 한다. 가령 정미(丁未)나 을미(乙未) 계미(癸未)로 온다면 삼합(三合)의 가능성이 있지만, 기미(己未)로 온다면 기토(己土)의 통근처일 뿐이다.

　미토운(未土運)은 묘월(卯月)이 아니라 미월(未月)과 같아서, 진목국(眞木局)을 이루기는 쉽지 않다.

　만약, 미토운(未土運)이 사묘고충(四墓庫沖)이 되었다면 육친(肉親)의 혈광사(血光死)가 나타나게 된다. 희기(喜忌)를 떠나 묘고형충(墓庫刑沖)에서는 투출천간이 상(傷)하게 되면서, 괴강(魁罡), 백호(白虎), 귀문(鬼門), 묘고(墓庫) 등이 발동하기 때문이다.

　그리고 미토(未土)는 화기(火氣)의 통근처가 되는 조토(燥土)이다. 토생금(土生金)하지 못하고 토극수(土剋水) 작용이 될 수 있으므로, 미토(未土)의 희기(喜忌)를 판단해야 한다.

　수기(水氣)가 희신이면 미토운(未土運)은 피해가 크다.
　금기(金氣)가 희신이면 조토(燥土) 생금불가(生金不可)로, 이루어질 듯하면서도 장애가 발생한다.
　목기(木氣)가 희신이고 통근처 작용을 하면 일의 진행 과정들이 잘 정리되고 결과를 도출해 내는 운이지만, 목기입묘(木氣入墓) 작용을 하면 오히려 목기(木氣)의 작용력이 상실되는 운이라고 할 수 있다. 기미운(己未運)으로 들어오고 명식과 묘고형충(墓庫刑沖)이 되었다면 입묘작용으로 나타난다.

　만약 계미(癸未), 을미(乙未), 정미(丁未) 등으로 와서, 해묘미합(亥卯未合)이 이루어지고 묘고형충(墓庫刑沖)이 없다면 이것은 목기(木氣)의 통근처이므로, 일의 마무리 작업이 되어 하던 일의 장애가 풀리는 작용으로 나타난다. 또한 음실양허(陰實陽虛)한 명식이면 한냉습기(寒冷濕氣)를 제거하는 운으로 미토(未土)의 도움이 크다.

묘미합(卯未合)이 있고 해수운(亥水運)

명식에 묘미합(卯未合)이 있다는 것은 목기(木氣) 작용이 안정적인 모습이다, 또는 목기(木氣) 작용이 미토(未土)에 묶여 있는 상황으로 판단될 수도 있다.

묘중갑목(卯中甲木)이 미중기토(未中己土)에 암합(暗合)을 하지만, 묘중을목(卯中乙木)이 미중기토(未中己土)를 극(剋)하여 암합(暗合)은 이루어지지 않는다. 그러므로 일이 될 듯한 상황에서 안 되는 일이 반복되고, 장애가 발생한다.

만약, 미월(未月)이면 극합(剋合)도 소용없으며 합(合)이라 할 수도 없다. 명식에 묘미합(卯未合)이 있다는 것은 왕지(旺地)와 고지(庫地)만 갖추고 있는 것이므로, 현실에 안주하고 큰 변화가 없는 권태로운 모습으로 나타난다.

이러한 명식에 해수운(亥水運)은 새로운 계획이나 아이디어 소스 등이 들어오는 것이 된다. 결론은 묘미합(卯未合)은 극합(剋合)으로 불안전하지만, 해수운(亥水運)이 온다면 해중갑목(亥中甲木)이 미중기토(未中己土)와 암합(暗合)을 이루고, 미토(未土)의 조토(燥土) 성분이 윤토(潤土)로 변하게 된다.

이것은 새로운 일의 시작, 옛것을 변화하여 새롭게 시작한다는 의미가 된다. 이 새로움을 명식에서 어떻게 받아들이는가에 따라서 희기(喜忌)가 달라진다.

수기(水氣)가 부족하여 생지(生地)를 반기는 명식이면 답보상태의 현재 상황을 업그레이드하는 운이 될 것이지만, 목기왕성(木氣旺盛)으로 금기(金氣)가 희신이면 오히려 새로운 일을 시작하고 재난풍파로 이어지며, 안정된 상황을 무너트리는 것으로 나타나게 된다. 즉 무리한 투자로 본전도 못 건지는 일이 될 수도 있다.

해미합(亥未合)이 있고 묘목운(卯木運)

해미합(亥未合)은 왕지(旺地)가 빠진 불안전한 합(合)으로, 해중갑목(亥中甲木)과 미중기토(未中己土)의 암합(暗合)은 있으나 합(合)은 이루어지지 않는다. 그러나 천간의 유인력에 따라서 수많은 변수가 발생한다.

목왕절(木旺節)에 갑목(甲木)이나 을목(乙木)이 투출해야 협공(挾拱)할 수 있지만, 만약 인월(寅月)에 해수(亥水)와 인목(寅木)이 근접(近接)하고 있다면 묘목(卯木)을 협공(挾拱)하는 작용이 상실된다.

그러나 묘목운(卯木運)이 온다면 진삼합(眞三合)의 가능성이 커진다. 월지(月支)에서 대운이 형성되므로 묘월(卯月)과 같기 때문이다.

이때 갑목(甲木)이나 을목(乙木)이 투출하고, 삼합(三合)을 반대하는 금기(金氣)가 무력하거나, 수기(水氣)가 설기하거나, 화기(火氣)가 금기(金氣)를 제압하면, 진삼합(眞三合)은 이루어진다. 이때의 희기경중(喜忌輕重)이 크게 나타나게 된다.

만약, 금일간(金日干)의 토기(土氣)가 희신이면, 미토(未土)와 해수(亥水)의 변질에 육친의 흉액(凶厄)과 재난풍파(災難風波), 믿는 도끼 발등 찍히는 일들이 발생한다. 그러나 신강한 금일간(金日干)이면 만족할 만한 득재로 이어진다.

이때 희기를 떠나서 해수(亥水)와 미토(未土)의 변질을 놓고 육친성분을 점검해야 하는데, 만약 토일간(土日干)의 해중임수(亥中壬水)가 배성이면 목국삼합(木局三合)을 이루면서 부부이별하는 상황이 된다.

해중임수(亥中壬水)가 해묘미합(亥卯未合)이 된다는 것은 처의 생식기에 타인이 합(合)되어 모여드는 형상이므로, 처가 다른 남자를 만나 외정하고 이별 선언을 하는 것이다.

사주에서 배성이 일간 외의 타간지(他干支)와 암합(暗合)이 되어 있으며, 일간을 바라보지 않으니 이별의 잠재적 성분으로 작용하는데, 삼합(三合)으로 잠재적 성분이 발동하면 변질하는 현상이 나타난다.

해수(亥水) 입장에서 관찰할 때 왕지(旺地)가 빠진 상태로 생지(生地)와 고지(庫地)가 같이 있으므로, 매사가 잘 진행될 것 같으면서도 장애가 발생한다. 한마디로 발전단계가 없는 것이므로, 항상 결과가 만족스럽지 못하다.

이럴 때 묘목운(卯木運)이 온다면 갑작스러운 변화를 예고하는 것으로, 목기(木氣)를 반기는 명식이면 급진적인 상승하는 행운이 된다.

하지만, 목기(木氣)를 꺼리는 명식이면 목기(木氣)는 토기(土氣)를 쟁재(爭財)하거나 목다화식(木多火熄), 또는 해수(亥水)나 미토(未土)의 변화에 따른 문제가 발생한다.

그러므로 운명을 한순간에 무너뜨리는 결정적인 역할을 하므로 희기(喜忌)를 잘 살펴 추론해야 한다.

묘목(卯木)이 있고 미토운(未土運)

명식에 묘목(卯木)이 있고 미토운(未土運)을 만나면 반합(半合)이라 하지만, 해묘합(亥卯合)과는 전혀 다른 성분이다. 만약 습묘목(濕卯木)으로 화기(火氣)를 원하는 경우라면 길작용이 되겠지만, 화기(火氣)가 왕성하여 금수(金水) 기운을 쓴다면 흉작용으로 나타난다.

미토(未土)는 화기(火氣)를 설기하는 작용이 아니다. 오히려 화기(火氣) 불꽃이 비산(飛散)하지 않도록 하며, 화기(火氣)의 통근처 작용이다.

명식과 함께 묘고형충(墓庫刑沖)을 만들기도 하고, 토생금(土生金)의 방해 작용이 될 수 있으며, 수기(水氣)를 극(剋) 하여 물 흐름을 막으므로 세밀한 감명이 필요하다.

물론 묘미합(卯未合)이 될 수도 있으나 단지 유정할 뿐이다. 월지에서 변한 미토운(未土運)은 목기(木氣)와 계수(癸水)의 입묘고(入墓庫)이므로, 계수(癸水)와 목기(木氣)에 해당하는 육친의 흉액(凶厄), 흉사가 있을 수 있다. 미토운(未土運)이 희신일지라도 육친에 관련된 문제는 발생하게 된다.

대체로 묘목(卯木)과 미토(未土)가 만나면 목기(木氣) 작용이 안정을 추구하게 된다.

명식에 오화(午火)가 있다면 오미합(午未合)이 부부합이므로 묘미합(卯未合)보다 먼저이다. 만약 자오충(子午沖)이 된 명식에 미대운(未大運)이면 자오충(子午沖)은 해소되고 합동(合動)하는 현상이 되며, 묘미합(卯未合)은 동(動)하는 형태가 된다.

묘미합(卯未合)을 이룬다면 해수(亥水)를 추구하게 되며, 화왕(火旺)

한 명식의 미토운(未土運)은 묘미합(卯未合)이 된다고 할지라도 화염조토(火炎燥土) 작용으로, 수기(水氣)가 고갈되는 피해로 나타난다. 미토(未土)가 목기(木氣)로 변하는 것이 아니기 때문이다. 또한, 조토(燥土) 생금불가(生金不可) 상황도 점검해야 한다.

그러나 수왕(水旺)한 명식의 미토운(未土運)은 습목(濕木)인 묘목(卯木)을 안정시키고 습기를 제거하는 운이다. 목생화(木生火) 작용이 발생하므로 화기(火氣) 또한 안정을 찾게 된다.

묘목(卯木)이 있고 해수운(亥水運)

습목(濕木)이 해수(亥水)를 만나니 더한 습목(濕木)으로 변질하여 목생화(木生火)를 못 하고, 자칫 화식(火熄)으로 나타날 수 있다. 만약 정화(丁火)를 써야 하는 화기쇠약(火氣衰弱)의 명식이면, 묘목(卯木)은 정화(丁火)를 생(生)하지 못하여 습목매연(濕木煤煙)이 되기 쉽고, 목기운(木氣運)이 발현되기 어렵다.

이처럼 오히려 화기(火氣)를 해치는 작용이 될 수 있으므로, 조토(燥土)의 도움이 필요하다. 해수운(亥水運)이므로 조토(燥土)가 수기(水氣)를 조절할 수 있다면 해수(亥水)는 묘목(卯木)의 좋은 지원자 역할을 하게 된다.

신자진(申子辰), 인오술(寅午戌), 해묘미(亥卯未), 사유축(巳酉丑)에서, 자오묘유(子午卯酉) 왕지(旺支)가 있어야 삼합(三合)이 되지만 월지에 따라 달라지며, 천간이 거역하면 진삼합(眞三合)이 안 되는 경우가 많다.

각기 왕지(旺支)가 빠진 신진합(申辰合), 인술합(寅戌合), 해미합(亥未

合)은 완전한 반합(半合)으로 보지 않는데, 천간(天干)의 유인력과 암합이 중요하므로, 단순히 반합(半合)이 안 된다고 섣불리 결정 내리는 것도 문제가 있다.

묘목(卯木)이 해수(亥水)를 만난다 해서 해수(亥水)가 묘목(卯木)으로 변화되는 것이 아니며, 단지 묘목(卯木)이 강해질 뿐이다. 그러나 묘목(卯木)은 더한 습목(濕木)이 되므로, 화기(火氣)를 생조하기 어렵다.

만약 정화(丁火)를 쓰는 명식이면 목다화식(木多火熄)을 염려해야 하지만, 사오(巳午)가 한 글자 있다면 전화위복이다.

화왕(火旺)한 명식의 해수운(亥水運)은 큰 쓰임이 된다. 즉 묘목(卯木)이 불타지 않고, 묘목(卯木)은 해수(亥水)로 인해서 성장하기 때문이다.

묘목(卯木)의 현재 상황이 해수(亥水)라는 새로운 수기운(水氣運)에 의해서 변화 변동을 하므로 업그레이드가 이루어질 수도 있고, 안정된 상황을 만들게 된다.

변화의 희기는 명식에서 묘목(卯木)이 어떤 작용이냐에 따라 달라질 것인데, 묘목(卯木)이 왕성하게 되어 미토(未土)를 공협(拱挾)하므로, 하는 일을 완성하려는 마음에 사세확장이나 영역을 넓히는 작용이 되기 쉽다.

해수(亥水)가 있고 묘목운(卯木運)

해묘(亥卯)의 반합(半合)이 이루어지지만, 합(合)의 조건이 충족해야 한다. 만약 해월(亥月)이면 합력(合力)이 완전하지 못하며, 오히려 묘목(卯木)이 상(傷)하기 쉽다.

묘목운(卯木運)은 묘월(卯月)과 같아서 해월(亥月)과 묘월(卯月)의 차이가 매우 크게 나타나긴 하지만, 묘월(卯月)이나 해월(亥月)이나 아직은 한습(寒濕)하므로, 미토(未土)를 원하는 간절함이 동시에 있다.

해수(亥水)는 냉수(冷水)이고 묘목(卯木)은 습목(濕木)이므로, 정작 필요한 화기(火氣)는 목다화식(木多火熄)의 염려가 있기에, 병화(丙火)의 난조(暖照)가 적극적으로 필요하다.

묘목(卯木)은 습목(濕木)으로 해수(亥水)를 적극적으로 끌어들이지 못하므로, 미토(未土)의 작용이 없다면 해수(亥水)에 의해 묘목(卯木)은 한습피해(寒濕被害)를 입게 되고, 화기(火氣)는 더욱 허약해진다.

물과 습한 나무가 합(合)되어 한습기(寒濕氣)가 가중되므로, 특히 화기(火氣)를 희신으로 쓰는 명식이면 묘목운(卯木運)은 기대 이하이다. 해묘합(亥卯合)에 의한 습목(濕木)이 화기(火氣)를 생조하기 어렵기 때문이다.

그러나 화왕(火旺)한 명식으로 한습(寒濕)함을 해소할 수 있다면, 묘목운(卯木運)은 무해무덕(無害無德)하다.

해수(亥水)는 목기(木氣)의 생지(生地)로써 목기(木氣)에 이르고자 하는 의욕, 계획, 시작하려는 욕구 등이 되는데, 해수(亥水)는 묘목(卯木)이 없다면 분주하기만 할 뿐 목적에 이르지 못한다.

그런데 묘목운(卯木運)을 만난다는 것은 해수(亥水)가 추구하고자 하는 욕구 또는 기존의 일들이 확장되거나 발전하는 행운이 된다. 대부분 이러한 행운에 발전하고 확장하게 되지만, 또한 지나친 과욕에 의해 피해를 보는 행운이 되기도 한다.

묘목(卯木)이 명식에 미치는 희기경중(喜忌輕重)에 따라서 다르므로 해수(亥水) 입장에서의 목기(木氣)로 향하는 심리변화와 습목(濕木)에 의한 변화의 경중을 가려야 한다.

해수(亥水)가 있고 미토운(未土運)

미토운(未土運)에 의해서 해수(亥水)의 모습이 안정된 상태로 나타난다. 목기(木氣)가 강해지는 것은 아니지만, 목기(木氣)가 활동하기 좋은 공간이라 할 수 있다. 목기천간(木氣天干)이 있고 묘목(卯木)을 협공(挾拱)하여 삼합(三合)을 이루고 길운(吉運)이면, 뜻을 펼치기에 충분하다.

그러나 월주가 변하여 대운이 된 것이므로 미월(未月)과 같으며, 계수(癸水)와 갑목(甲木)의 묘고(墓庫)이므로, 묘고형충(墓庫刑沖)이 되었다면 육친 간의 혈광사가 나타날 수 있다.

또한 해수(亥水)가 해인합(亥寅合)이나 해사충(亥巳沖)을 하고 있다면, 미토운(未土運)은 해인합(亥寅合)이나 해사충(亥巳沖)을 풀지는 못하지만, 토극수(土剋水)하므로 해사충(亥巳沖)은 약하게 된다.

해미합(亥未合)을 인정하지 않는다고 하지만, 목국(木局)을 이루려는 기운이 강하게 나타난다. 만약 명식에 갑을목(甲乙木)이 있고 을미운(乙未運)이면 묘목(卯木)을 공협(拱挾)할 수 있으나, 금왕(金旺)하다면 공협(拱挾)하지 못한다.

  또한 미토(未土)가 합충(合沖)을 당하면 묘목(卯木)을 공협하지 못하며, 사주 전체가 동(動)하는 현상이 될 수 있다.

  한냉기(寒冷氣)가 많은 음실양허(陰實陽虛) 사주의 미토운(未土運)은 축미충(丑未沖)이 되더라도, 한습기(寒濕氣)를 해소하므로 길하다.

  그러나 화왕(火旺) 사주의 미토운(未土運)은 해수(亥水)가 허약해지므로 흉하다. 명식에 목기천간(木氣天干)이 있어야 미토운(未土運)을 제대로 활용할 수 있게 된다.

  해수(亥水)는 목기(木氣)에 이르기 위한 욕구와 같은데, 미토운(未土運)을 만나는 것은 시작과 끝이 한 공간에 있는 것으로, 일을 벌이며 결과에 대한 불안감 등이 표현되는 것이기도 하며, 왕지(旺地)가 없으므로 하는 일들이 적극적으로 진행되지 않아 짜증나는 상황이 되기도 한다.

  음실양허(陰實陽虛) 사주에서 제방제수(堤防制水)하는 미토운(未土運)은, 무분별하게 확장하려는 마음과 욕심 등이 미토(未土)에 의해서 한 번 더 깊이 있게 생각하는 마음이 되므로 행운이 된다.

  이때 해중임갑(亥中壬甲)과 미중정기(未中丁己)가 암합을 한다. 갑목(甲木)과 임수(壬水)에 해당하는 육친의 변화에 관심을 가져야 한다.

  가령, 정화일간(丁火日干) 여명이면 식관(食官)이 합(合)이 되는 운기에서 결혼하는 행운이 있다. 마찬가지로 유부녀라면 바람날 가능성이 잠재(潛在)되어 있다.

미토(未土)가 있고 묘목운(卯木運)

　묘미합(卯未合)은 해묘합(亥卯合)이나 해미합(亥未合)보다 더 합(合)을 이루기 어렵다. 해수(亥水)의 도움이 있다면 삼합(三合)을 이루기는 하지만, 화왕절(火旺節)이면 진합(眞合)을 이루지 못한다.

　삼합(三合)은 가족과의 합(合)으로 묘지(墓地)는 조부, 왕지(旺地)는 아버지, 생지(生地)는 자식이 되는데, 조부가 비록 한 가정의 어른일지라도 단지 아버지의 뜻에 동조할 뿐으로, 적극적인 일의 주권을 행사하지는 못한다.

　모든 일의 행사를 맡은 아버지가 진정한 주인이다. 그러므로 미월(未月)의 묘미합(卯未合)은 단지 유정한 합(合)일 뿐이다.

　명식에 해수(亥水)가 있다면 미토(未土)의 조열(燥熱) 성분이 습기운(濕氣運)을 머금을 수 있게 되어, 토생금(土生金)을 할 수 있는 토기(土氣)가 된다.

　미토(未土)는 조토(燥土) 작용이 강하여 수기(水氣)가 절대적으로 필요하다. 수기(水氣)가 있어서 묘목(卯木) 작용이 적극적이면 묘미합(卯未合)은 더 강하게 나타난다.

　정화일간(丁火日干)의 무재성(無財星) 명식에서 갑목(甲木)이 있다면 친모이고, 미중기토(未中己土)는 아버지가 되는데, 을묘대운(乙卯大運)으로 왔다면 아버지의 바람기를 예상할 수 있다.

　즉 갑목(甲木) 어머니는 집을 나가고, 정화(丁火)가 을목(乙木) 편모(偏母)의 손에서 양육(養育) 받을 수 있다고 통변할 수 있다.

　화왕절(火旺節) 미토(未土)라면 입묘작용(入墓作用)이 더 강하게 나타나 해수(亥水)를 강력하게 원하게 된다. 그러나 화왕절(火旺節)에는 해수(亥水)의 작용 또한 무력하여 묘목(卯木)의 묘미합(卯未合)이 상실되기 쉬우므로 금수(金水)의 작용에 따라 묘목(卯木)의 작용이 달라진다.

명식에 화기(火氣)가 왕성하고 금수(金水) 작용이 없다면, 묘목(卯木)은 입묘(入墓)되는 것과 같아서 희기가 달라지므로 세심히 살펴야 한다.

미토(未土)가 있고 해수운(亥水運)

미토(未土)를 목기(木氣) 측면에서 본다면 모든 일이 정리되는 것과 같다. 해수(亥水)가 명식에서 어떤 작용을 하는지에 따라서 희기(喜忌) 작용이 달라진다.

부정적으로 본다면 생각지 못한 과거의 일들이나 지나간 일들이 현실에 새롭게 나타나 문제가 발생하는 것과 같다. 그러나 긍정적으로 발현되었다면 새로운 의욕이 생기는 것으로, 과거의 경험이나 재주를 현실에 활용하는 것이 될 수 있으므로, 미토(未土)가 희신인지 기신인지에 따라서 해수운(亥水運)의 쓰임이 달라진다.

왕지(旺地)가 빠진 삼합(三合)은 인정하지 않으니, 화왕절(火旺節)의 해미합(亥未合)은 목기천간(木氣天干)의 유인력이 있다 해도 목국(木局)을 이루지 못한다. 단, 목왕절(木旺節)에 왕지(旺地)가 빠져도 을해(乙亥) 을미(乙未)라면 천간(天干)의 유인력으로 삼합(三合)을 이룬다.

그러나 인월(寅月)이면 해인합(亥寅合)으로, 목국(木局)을 이루지 못한다. 또한 천간(天干)의 유인력이 있다 해도, 해수(亥水)나 미토(未土)의 합충(合沖)이 있다면 목국(木局)은 이루어지지 않는다.

해미합(亥未合)에서는 해중임갑(亥中壬甲)이 미중정기(未中丁己)와 암합(暗合)을 하므로, 미중(未中) 정화(丁火)와 기토(己土)의 육친작용에 관심을 가져야 한다.

가령, 정화일간(丁火日干) 여명이면, 해중임수(亥中壬水)와 합(合)이 되고 갑기합(甲己合)의 암합(暗合)이 되므로 처녀는 시집가고 유부녀는 바람나는 형상이다.

미토(未土)가 해수(亥水)를 만나 암합(暗合)으로 묶이므로, 해수(亥水)를 토극수(土剋水)하기보다는 유정(有情)한 관계가 된다.

미토(未土) 옆에 해수(亥水)가 근접하므로 생금(生金)하는 미토(未土)로 변하여 토생금(土生金)을 이루게 된다.

명식에 수기(水氣)가 왕성하다면 미토(未土)의 형(形)을 유지하기 어렵게 되므로, 화기(火氣)가 미토(未土)를 보호해야 금기(金氣)와 목기(木氣)의 작용을 받아들일 수 있게 된다.

미토(未土)를 중요히 쓰는 사주라면 미토(未土)의 변질을 살펴야 한다. 명식의 목화(木火) 기운이 강하다면 해수(亥水)의 피해는 염려되지 않으며, 오히려 길작용을 한다.

화국(火局)의 조건

　화국삼합(火局三合)은 생지(生地)가 왕지(旺地)를, 왕지(旺地)는 묘지(墓地)를 생조하는 구조이므로, 타 삼합보다 결속력이 더 강하다.
　오화(午火)가 월지(月支)여야 길하다. 사월(巳月)에도 화국(火局)을 이룰 수는 있으나, 인오술(寅午戌) 삼자가 나란히 있어야 한다.
　미월(未月)에도 진화국(眞火局)이 가능하지만, 오미(午未)는 격하고 있어서 오미합(午未合)을 이루지 않아야 하며, 인오술(寅午戌) 삼자가 근접(近接)하고 있어야 진화국(眞火局)이 가능하다.
　또한, 삼합(三合)을 반대하는 수기(水氣)의 세력이 없어야 하며, 만약 있더라도 목기(木氣)가 설기로 순화(馴化)시키거나 토기(土氣)로 극(剋)하여 제압하고, 화기천간(火氣天干)이 투출해야 진삼합(眞三合)의 조건을 갖춘다.
　왕지(旺地)가 실령(失令)하였거나, 삼합(三合)을 대표하는 천간투출이 없거나, 삼합을 반대하는 글자가 있다면 진삼합(眞三合)을 논할 수 없으며, 단지 유정(有情)한 합(合)일 뿐이다. 이러한 유정(有情)한 합(合)이 대세 운에 진삼합(眞三合)을 이루고 기신이 되었다면, 자칫 생명수를 논하는 운기가 될 수도 있다.
　진삼합(眞三合)이 전실(塡實)이 아니라면 신자진(申子辰)을 도충(倒冲) 한다.
　화국(火局)의 물상은 정신문화, 화학공업, 연료, 예술 계통, 언론기관, 미술, 화기, 폭발물 등을 상징한다.

인오합(寅午合)이 있고 술토운(戌土運)

명식에서 인목(寅木)과 오화(午火)가 근접(近接)하고 있다면, 인목(寅木)은 목생화(木生火)하여 화기(火氣)가 왕성해지고 인오합(寅午合)을 이룬다. 그렇다고 해서 인오합화(寅午合火)라고 말할 수는 없다.

가령 경인(庚寅) 임오(壬午)로 와 있다면 단지 목생화(木生火)하여 유정(有情)할 뿐으로, 인오합화(寅午合火)로 논하지 않는다. 경금(庚金)은 인목(寅木)을, 임수(壬水)는 오화(午火)를 극(剋)하기 때문이다.

그러나 인오(寅午)의 상좌천간(上坐天干)이 갑병무(甲丙戊)로 온다면, 즉 갑인(甲寅) 병오(丙午) 등으로 와서 합(合)이 되었다면, 인오합(寅午合)으로 논하게 된다.

모든 합(合)에서 지지 암장간까지 합(合)이 되었다면 그 결속력은 더욱 강하게 되는데, 특히 인중갑목(寅中甲木)과 오중기토(午中己土)가 암합(暗合)되어 그 결속력이 강하고, 또한 육친통변에서 갑기합(甲己合)의 암합은 해당 육친에 적용하게 된다.

인목(寅木)은 생지(生地)이고 오화(午火)는 왕지(旺地)가 되는데, 이것은 술토고지(戌土庫地)가 없으므로 일을 벌이고 확장하는 것은 능숙하지만, 정리하고 마무리하는 작용은 부족할 것을 뜻한다.

들어온 술토운(戌土運)이 통근처로 작용하면 일의 진행과정이 잘 정리되고 결과를 도출해 내는 운이 되지만, 입묘작용을 하면 오히려 화기(火氣) 작용이 상실되는 것으로 나타날 수 있다.

술토(戌土)가 묘신(墓神)으로 작용하는 것은 무술(戊戌), 경술(庚戌), 임술(壬戌)로 들어오고, 명식과 묘고형충(墓庫刑沖)이 되었을 때이다.

그리고 술토운(戌土運)은 술월(戌月)과 같아서, 오화(午火)는 실령(失令)한 것과 같다.

그러나 갑술(甲戌), 병술(丙戌) 등으로 와서 화국(火局)이 이루어지고 묘고형충(墓庫刑沖)이 없다면, 이것은 화기(火氣)의 통근처로 작용하고 온화봉로(溫火逢爐)가 되므로 하던 일의 마무리가 되고, 장애가 풀린다.

그러나 명식의 화기(火氣)가 기신이면 흉하므로, 금수(金水)의 피해와 목분화열(木焚火熱) 현상을 함께 살펴야 한다.

만약 화국(火局)이 기신이고, 세운에서 사오미(巳午未) 화방(火方)을 형성시킨다면 생명수를 논하게 된다. 즉, 술대운(戌大運)에 사오미(巳午未) 세년을 만난 것과 같은 경우이다.

오술합(午戌合)이 있고 인목운(寅木運)

오술합(午戌合)이 명식에 있다는 것은, 화기(火氣)가 안정적인 모습을 하고 있다는 의미이다. 오화(午火)는 화기(火氣)이고 술토(戌土)는 화기(火氣)를 담는 그릇, 화로(火爐)의 역할이다. 그러므로 왕성한 불이라고 볼 수는 없으나, 화기(火氣)의 생명력은 끈질긴 기운을 유지한다.

그러나 육친에서는 오중병화(午中丙火)가 술중신금(戌中辛金)에 암합(暗合) 하려고 하지만, 오술(午戌) 중의 정화(丁火)가 신금(辛金)을 극(剋)하여 병신합(丙辛合)을 방해한다. 육친으로 대입하면 병오일주(丙午日柱)나 병술일주(丙戌日柱)는 술중신금(戌中辛金)이 배성이 되는데 형제, 동료가 방해하는 현상으로 나타나고, 술중신금(戌中辛金)의 입장에서는 시가 식구들, 또는 배성의 친구, 형제들이 결혼을 방해하는 격이 된다.

그러므로 병화(丙火) 입장에서는 일평생 마음고생이 있게 됨을 상징하므로, 이성 관계에서 만나고 헤어짐이 수시로 발생하여 고통스럽다. 또한, 재물을 득(得)하려는 상황에 정화(丁火)라는 겁재(劫財)가 방해하므로, 형제, 동료 덕이 없게 된다.

또한 오술합(午戌合)은 사주구성에 따라서 달라지겠지만, 왕지(旺地)와 고지(庫地)만 갖추고 있으므로 현실에 안주하는 모습, 큰 변화가 없는 권태로운 모습으로 나타난다.

이러한 명식의 행운에서 인목운(寅木運)이 온다는 것은, 새로운 계획이나 아이디어 등이 들어오는 것이 된다. 이 새로움을 명식에서 어떻게 받아들이는가에 따라 희기(喜忌) 작용이 달라진다.

화기(火氣)가 부족하여 생지(生地)를 반기는 명식이면 답보상태의 현재 상황을 업그레이드하는 운이 될 것이지만, 화기(火氣)가 왕성한 기신이면 새로운 변화를 추구하는 것이 오히려 안정된 삶을 무너트리는 작용을 한다.

그러므로 투자나 부동산 거래, 증권 등, 하는 일들이 결국은 손재로 나타난다. 시간의 경과성에 따라 작은 빗물이 모여 강물이 되어, 제방을 붕괴시키는 작용과 흡사하다.

또는 성냥개비 한 개로 온 산을 불태우는 것과 같다. 그래서 시작은 미약할지라도 크게 창성(昌盛)하거나, 패망하는 작용으로 나타난다.

오술합(午戌合)이 있고 인목운(寅木運)이 오는 것은 기신작용이면 군겁쟁재(群劫爭財)의 염려가 있고, 금수(金水) 기운은 메말라 수기고갈(水氣枯渴)이 되기 쉽다.

특히 이때 화국(火局)의 조열성분을 금수기(金水氣)가 감당하지 못하면 치명적인 현상으로 나타나기 쉽다. 또한 목분화열(木焚火熱) 현상으로, 인중갑목(寅中甲木)에 해당하는 육친의 정신분열도 논할 수 있다. 만약 진화국(眞火局)을 이룬다면 인중갑목(寅中甲木)의 사망으로 나타나기도 한다.

인술합(寅戌合)이 있고 오화운(午火運)

인술합(寅戌合)은 왕지(旺地)가 빠진 불안전한 합(合)으로 합작용이 미약하며, 인목(寅木)의 목적을 달성하기에 많은 장애가 있을 것을 상징한다. 왕지(旺地)가 빠진 생지(生地)와 고지(庫地)가 같이 있으므로 매사가 잘될 것 같으면서도 미흡하다.

한마디로 발전단계가 없어 결과를 얻는다고 해도 만족스럽지 못하다는 것이다. 그러나 화국(火局)을 대표하는 병화(丙火)나 정화(丁火)가 있다면 예외상황으로 통변한다.

이때 오화운(午火運)은 갑작스러운 변화를 예고하는 것으로, 희신작용이면 급진적인 상승작용이 이루어지는 행운이 된다. 그러나 화기(火氣)를 꺼리거나 감당할 수 없다면 쟁재(爭財)나 수기고갈(水氣枯渴)이 되므로, 금기(金氣)와 수기(水氣)에 해당하는 육친은 매우 무력해지고, 치명적인 결과가 될 수 있다.

화기천간(火氣天干)의 투출 여부에 따라서 진화국(眞火局)이 될 수도 있지만, 유정합(有情合)이 될 수 있으므로 세심한 감명이 필요하다.

사주가 화왕(火旺)하다면 목분화열(木焚火熱)이 되는데, 이것은 오화

(午火)로 인해서 인목(寅木)이 변질한 것이므로, 인목(寅木)에 해당하는 육친통변이 매우 중요하다.

또는, 신금일간(辛金日干)이 인중병화(寅中丙火)를 남편으로 삼았다면, 화국(火局)이 되면서 남편이 신금(辛金)을 극(剋)하는 형태가 되므로, 신금(辛金)의 형질변경이 염려된다.

이처럼 진삼합(眞三合)이 이루고 기신이 되었다면 생명을 위협하는 재앙이 되기도 하는데, 화일간(火日干)의 재다신약(財多身弱)이면 득비리재(得比理財)로 재물을 얻는 운이 되기도 한다.

사주에서 자오묘유(子午卯酉) 왕지(旺支)의 운은 희기작용의 경중(輕重)이 크게 나타나므로, 정밀한 감명이 우선되어야 한다. 이처럼 명식에서는 삼합(三合)이 아니었으나 운에서 진삼합(眞三合)이 이루어지면, 틀림없이 인중갑목(寅中甲木)에 해당하는 육친에 커다란 변화가 나타난다.

또는 화국(火局)에 의한 화극금(火剋金)이 되므로 강도, 강간, 강탈, 관재구설, 재물 손재가 나타나게 되며, 수기(水氣)가 고갈(枯渴)되는 것에 따른 신병신액 목분화열(木焚火熱) 현상이 나타나게 된다.

이러한 화국(火局)에 따른 변화 작용은 명식을 한순간에 무너뜨리는 결정적인 역할을 하므로, 희기(喜忌)를 잘 살펴 추론해야 한다.

오화(午火)가 있고 술토운(戌土運)

　인목(寅木)이 오화운(午火運)을 만나면 화기(火氣)가 치열해지지만, 오화(午火)가 술토운(戌土運)을 만나 오술합(午戌合)이 되는 것은 화기(火氣)가 안정적인 상태를 유지하는 것이다.
　특히 수왕사주(水旺四柱)라면 귀인을 만나 회생하는 것과 같다. 다만 조토(燥土)가 왕성해지므로, 명식에서 금수(金水)에 의한 화기(火氣)를 조절하는 성분이 쇠약하다면, 금수(金水)의 해당 육친 또한 쇠약해짐을 상징한다.
　술토운(戌土運)은 명식의 술월(戌月)과 같아서 화기입묘(火氣入墓)이므로, 화기(火氣)가 잠복하여 작용이 정지되는 현상이 나타나고 수기(水氣)는 고갈되는데, 특히 무토(戊土)가 투출된 경우 발복으로 이어지거나, 반대로 치명적인 대흉한 일이 발생한다.
　조토(燥土) 생금불능(生金不能)이므로, 지지(地支)에 수기(水氣)의 근원이 있어서 윤토생금(潤土生金)해야 좋으며, 갑목(甲木)으로 소토(疎土)하는 것이 길하다.
　그러나 조토과다(燥土過多)라면 토다목결(土多木缺)이 되어, 갑목(甲木)에 해당하는 육친에게 심각한 장애가 생기거나 병원에 입원하게 되는 등, 재난풍파(災難風波)가 발생한다.

　명식의 오술합(午戌合)은 인목(寅木)과 수기(水氣)를 동시에 추구하게 된다. 수기(水氣)는 유흥이며 일탈(逸脫)이므로 자기 자신으로부터 도피하는 은둔자 성향이 나타날 수도 있고, 또는 호색하고 대범해져 바람을 피우고 가정은 나 몰라라 하여 가정이 파괴되는 경우도 많다.

명식의 금수(金水)가 왕성하다면 호운(好運)으로 길하지만, 금수(金水)가 허약하다면 그에 해당하는 육친의 신상이변수를 살펴야 한다.

술토(戌土)는 화기(火氣)를 생(生)하는 작용과 화로의 역할을 하며, 목기(木氣)의 뿌리작용으로 부목(浮木)과 수다금침(水多金沈)을 막는 성분이 되는데, 화토(火土)가 필요한 명식이면 술토(戌土)는 화기(火氣)를 안정시키며, 지지부진했던 일들과 모든 장애가 해결되는 호운(好運)이 된다.

그러나 화기(火氣)가 기신으로 수기(水氣)를 고갈(枯渴)시키는 작용이면, 부부이별, 사별 또는 육친의 생사이별이나 재난풍파가 발생한다.

오화(午火)가 있고 인목운(寅木運)

인목(寅木)이 오화(午火)를 만나면 인오합(寅午合), 오화(午火)가 인목(寅木)을 만나면 오인합(午寅合)이다. 인오합(寅午合)과 오인합(午寅合)이 같아 보이지만 다르다. 인목(寅木)이 오화(午火)를 찾아와 합(合)이 되었기 때문이다. ※십이운성 장생(長生) 지살(地殺)에서 설명한 능동(能動), 수동(受動) 참고※

그리고 인목(寅木)을 만난 오화(午火)는 자신의 상관(傷官)인 술토(戌土)를 만나고 싶어 한다. 술토(戌土)는 오화(午火)의 인생무대이며, 인목(寅木)의 장생(長生)부터 시작된 화기(火氣)의 완성이므로, 자신이 계획한 모든 일을 이루려는 마음으로 나타난다.

이때 각기 일간에 따라서 통변내용이 다르므로, 이것을 접목해서 통변하게 된다.

오인합(午寅合)은 화기운(火氣運)이 성장하는 것으로, 인목(寅木)이라는 새로운 목기운(木氣運)에 의해서 변화 변동을 하게 된다. 즉 업그레이드가 이루어질 수도 있고, 안정된 상황을 무너트릴 수도 있다.

변화의 희기(喜忌)는 명식에서 화기(火氣)의 희기(喜忌) 경중(輕重)이 어떤 작용을 하는가에 따라서 달라진다.

병화(丙火)나 정화(丁火)가 투출한 명식이면, 화기(火氣)는 더욱 왕성해지면서 술토(戌土)를 추구하여 하는 일을 완성하려 하고, 사세·확장과 영역을 넓히는 작용이 되기 쉽다.

만약 오화(午火)가 관성(官星)으로 희신이면, 재생관(財生官)으로 승진하는 운기가 된다. 그러나 기신이면 목분화열(木焚火熱)과 수기고갈(水氣枯渴)의 위험이 발생한다.

인목(寅木)이 재물이면, 재물이 관성(官星)으로 이동하는 것이므로 직업을 위해서 나의 재물을 쓴다거나, 또는 대출을 받아 남자를 밀어주는 형태가 된다.

오인합(午寅合)은 화기(火氣)가 왕성해지기는 하지만, 인목(寅木)이 화기(火氣)로 변하지 않는다. 인목운(寅木運)은 인월(寅月)과 같아서 인오합화(寅午合火)가 되지는 않고, 오화(午火)와 합심해서 술토(戌土)를 부르려 할 뿐이다.

그러므로 술토(戌土)와 화기(火氣)가 명식에 미치는 희기의 경중을 따져야 한다. 만약 화왕(火旺) 사주에 진토(辰土)가 희신으로 있을 때, 공협(拱挾)된 술토(戌土)와 진술충(辰戌沖)이 발생하면, 예측불허의 재앙으로 나타날 수 있다.

또는 명식의 해수(亥水)가 희신으로 있는 중에 인목운(寅木運)이 들어와 해인합(亥寅合)을 이룬다면, 해수(亥水)의 변질에 의한 피해가 발생하는 것이므로, 해중임수(亥中壬水) 육친의 변화를 살펴야 한다.

각 글자의 합충(合沖) 관계에서 화기(火氣)가 왕성해지고 명식의 습토(濕土)와 수기(水氣)의 도움이 없다면, 금기(金氣)는 상(傷)하고 목기(木氣)는 불타게 되므로 피해가 크다. 또한 수기(水氣)가 고갈되어 발생하는 피해 또한 신중히 관찰할 필요가 있다.

인목(寅木)이 있고 오화운(午火運)

오화운(午火運)은 오월(午月)을 상징하므로, 합의 주체(主體)는 오화(午火)가 된다. 그러므로 오인합(午寅合)과 인오합(寅午合)의 화기(火氣)는 다르다. 여기에 병화(丙火)나 정화(丁火)가 한 글자 있다면, 술토(戌土)를 공협(拱挾)하는 힘이 더욱 강해진다.

명식의 인목(寅木)은 화기(火氣)의 생지(生地)로, 완성에 이르고자 하는 의욕, 계획, 시작하려는 욕구 등이 되는데, 오화(午火)가 없다면 분주하기만 할 뿐 목적에 이르지 못하는 것과 같다.

그러므로 오화운(午火運)은 인목(寅木)이 추구하는 욕구 또는 기존의 일들이 확장, 발전하는 운이 된다. 대부분 이러한 운에 발전하고 확장하지만, 지나쳐서 피해를 보는 운이 되기도 한다.

화기(火氣)가 명식에 미치는 희기경중에 따라서 다르게 나타난다. 이때 인목(寅木)의 입장에서 화기(火氣)로 향하는 심리변화를 관찰해야 한다.

인중갑목(寅中甲木)이 오중기토(午中己土)라는 재물과 합(合)이 되는데, 인중갑목(寅中甲木)에 해당하는 육친의 지나친 탐재(貪財) 성향이 될 수 있다. 인중갑목(寅中甲木)은 각기 일간에 따라서 처, 또는 남편, 자식이 될 수 있다.

오화(午火)는 갑목(甲木)의 사지(死地)이며 육해홍염(六害紅艶)으로, 홍염발동(紅艶發動)이 된다면 일탈(逸脫) 방종으로 이어질 수 있으며, 해당 육친의 배신, 배반, 변동 등이 나타나게 된다.

만약 인중갑목(寅中甲木)이 아내인데, 인오합(寅午合)이 되고 병화(丙火)나 정화(丁火)가 투출했다면 자식이 생기거나, 돈 번다고 집을 나가게 되고, 남편이면 바람날 수도 있다.

유흥업이나 화기(火氣) 관련 직업으로 변하거나 질병으로 고통받을 수도 있으므로, 형충회합(刑沖會合) 관계를 세밀히 살펴야 한다. 그러나 다른 한편으로는 갑목(甲木)의 무대가 만들어진 것이므로, 왕성한 활동이 될 수도 있다.

만약 인중갑목(寅中甲木)에 통근하는 갑목(甲木)이 희신이면, 인목(寅木)의 변질로 목기(木氣)가 무력해지는 피해 또한 통변해야 한다.

내가 가지고 있었던 인목(寅木)이 외부 상황에 의해서 변질한 것으로, 희신이면 피해 작용은 반드시 발생한다.

이때 모든 합(合)은 진합(眞合)과 가합(假合)이 있으며, 진합(眞合)은 합(合)의 조건이 충족되지 않으면 가합(假合)이 되고, 단지 유정(有情)한 관계일 뿐이다.

반합(半合)에서 인목(寅木)이 화기(火氣)로 변하는 것은 아니다. 인목(寅木)의 오화운(午火運)은 목생화(木生火)가 적극적으로 이루어지는 것으로, 환경의 변화 변동이 이루어지고, 오화(午火)가 희신이면 급진적으로 업그레이드가 이루어지는 행운이 된다.

그러나 병정(丙丁)이 한 글자 없다면 기대치만큼의 행운이 되지는 않는다.

인목(寅木)이 있고 술토운(戌土運)

명식의 인목(寅木)은 생지(生地)이므로 시작 출발, 술토(戌土)는 묘신(墓神)이므로 일의 완성 내지는 종결을 의미한다. 그러므로 인목(寅木)이 술토(戌土)를 만나면 시작부터 완성까지를 상징한다.

그러나 오화(午火)가 없으므로 시작은 잘하지만 추진력에 문제가 있게 되는데, 명식에 사화(巳火)가 있으면서 병화(丙火)나 정화(丁火)가 있고 술토(戌土)가 희신운이면, 양호한 결과물을 창출하는 운이 된다.

술토(戌土)는 화기묘고(火氣墓庫)로 종결, 인색, 진리, 공부, 종교 등에 해당하며, 수기(水氣)와 한냉기(寒冷氣)를 제압하는 역할을 하고, 인목(寅木)은 아직 해동되지 못하고 잔여 추위가 남은 계절로써 어린나무의 상징이므로, 경험이 부족한 형태이다.

그런데 술토(戌土)를 만나면 인월(寅月)의 한습(寒濕)함을 제거하므로, 경험 많은 할아버지나 윗사람들의 조언, 조력이 받쳐 주는 격이 되어 자신감이 생긴다.

화기(火氣)가 활동하기 좋은 공간이라 할 수 있는데, 명식에 화기천간(火氣天干)이 있어야 뜻을 펼치고 술토운(戌土運)을 제대로 활용할 수 있으며, 화국(火局)을 이루고자 하는 심리가 강하게 나타난다.

또한 무분별하게 확장하려는 마음과 욕심 등이 술토(戌土)에 의해서 간섭받는 것으로, 하고자 하는 일의 경중을 한 번 더 깊이 있게 생각하여 안정을 추구하는 운이 된다.

만약 병인(丙寅) 병술(丙戌)이 만났다면, 오화(午火)를 협공(挾拱)하여 화국(火局)을 이루려는 결집력이 더욱 강하여 능수능란하게 된다.

화기(火氣)를 거역하는 수기(水氣)가 유력하다면 인술합(寅戌合)의 공협(拱挾)은 이루어지지 않으나, 수왕(水旺) 명식이면 술토(戌土)의 도움은 받게 되고, 인목(寅木)의 모습이 안정된다.

그러나 화왕(火旺)한 명식에서 술토(戌土)가 기신이면, 만사불성(萬事不成) 인인패사(人人敗事)하는 운이다. 왕성한 화기(火氣)에 기름 붓는 작용을 하는 술토(戌土)가 되므로, 조토(燥土) 생금불가(生金不可)에 해당하여 금기(金氣) 관련 성분에 문제가 발생하고, 수기(水氣)에 관련 성분 또한 장애 부침으로 나타난다.

토기(土氣)의 붕충삼형(朋沖三刑)으로 지세지형(持勢之刑)이 발생하여 배신, 배반, 법정구설이 될 수 있으며, 또는 화국(火局)을 이루고 탈재(奪財), 탈관(奪官), 탈인(奪印) 작용이 될 수 있으므로, 세심한 감명이 필요하다.

술토(戌土)가 있고 오화운(午火運)

　명식에 술토(戌土)가 있고 오화운(午火運)을 만나면 술오반합(戌午半合)이지만, 술토(戌土)가 화기(火氣)로 변하는 것이 아니며, 오화(午火)가 더 치열해지는 것도 아니다. 다만 더 이상의 화기팽창(火氣膨脹)은 이루어지지 않는 안정적인 화기(火氣)가 된다.

　술토(戌土)는 화기묘신(火氣墓神)이므로, 화기(火氣)의 비산(飛散)을 막아주고 화기(火氣)를 입묘(入墓)시키는 작용이다. 오화운(午火運)은 오월(午月)과 같으므로 화기(火氣)가 왕성하지만, 술토(戌土)로 인해서 넘치거나 부족하지 않은 화기(火氣)가 된다.

　어떠한 경우라도 목기(木氣)가 없는 화기(火氣)는 더는 왕성해지지 않는데, 갑오운(甲午運)이면 갑목(甲木)이 수설생화(水洩生火)하므로 오화(午火)가 왕성해진다.

　지지(地支)는 천간의 원자재 창고이므로, 병화(丙火)나 정화(丁火)가 투출했다면 술토(戌土)가 오화(午火)를 중심으로 변화를 일으킨다.

　가령 금기천간(金氣天干)의 통근처 작용을 하던 술토(戌土)가 병오운(丙午運)이 되면 술오합(戌午合)을 하면서, 병화(丙火)의 통근처로 변하게 된다.

　그러나 무오운(戊午運)이면, 오술합(午戌合)을 하지만 화생토(火生土)를 하고 무토(戊土)의 통근처 작용을 하므로, 금수기(金水氣)의 적극적인 활동이 필요하고, 금수허약(金水虛弱)하다면 대흉하다.

　술월(戌月)의 오화운(午火運)이므로 화염조토(火炎燥土)가 이루어져, 수기(水氣)가 고갈(枯渴)되어 산불의 원인이 된다. 즉, 목기(木氣)에 해당하는 육친이 극히 어렵게 된다. 그러므로 수기(水氣)에 해당하는 육친을 탐하게 되며, 신변이상수로 나타난다.

오화운(午火運)은 오월(午月)과 같아서 화기천간(火氣天干)의 유인력으로 인목(寅木)을 공협(拱挾)할 수 있으나, 병정(丙丁)이 없다면 공협(拱挾)은 이루어지지 않는다.

오화(午火)의 합충(合沖) 관계와 술토(戌土)의 합충(合沖) 관계를 살펴야 하는데, 만약 합충(合沖)이 되어 있는 술토(戌土)를 오화운(午火運)이 풀게 하면, 그에 따른 희기(喜忌)의 경중을 따져야 한다.

술토(戌土)가 있고 인목운(寅木運)

인목운(寅木運)이 명식에서 어떤 작용을 하는가에 따라서 희기가 달라지는데, 부정적인 측면으로는 결혼해서 잘 살아가고 있는 부부에게 혼전의 애인이 나타난다는 등의 생각지 못한 과거의 지나간 일들이 현실에 새롭게 드러나 문제가 발생하는 것과 같다.

긍정적인 면으로는 새로운 의욕이 생기는 것으로, 과거의 경험이나 재주를 현실에 활용하는 것이 될 수 있으며, 헤어졌던 연인을 다시 만나 재결합하는 형태가 될 수도 있다.

인목운(寅木運)은 인월(寅月)과 같아서 아직 경험이 부족한 어린나무와 같은데, 한냉습기(寒冷濕氣)를 제거해 주는 술토(戌土)의 도움을 받는 인목운(寅木運)은, 안정되긴 하지만 화기(火氣)의 왕지가 아니므로, 화기천간(火氣天干)이 있다 해도 화국(火局)을 이루지 못한다.

인중병화(寅中丙火)와 술중신금(戌中辛金)의 암합으로, 인중갑목(寅中甲木)의 전진성, 활동력이 약해진다. 그러나 명식에 정화(丁火)가 있거나 임인대운(壬寅大運)이면, 임수(壬水)가 병신합(丙辛合)을 풀게 하므로 암합이 이루어지지 않으므로, 길작용이 될 가능성이 더 크다.

가령, 경술일주(庚戌日柱) 남명의 병인대운(丙寅大運)이면, 병화(丙火)는 술중신금(戌中辛金)과 명암합(明暗合)한다. 인중갑목(寅中甲木)은 처, 병화(丙火)는 자식 또는 처의 생식기에 해당하는데, 신금겁재(辛金劫財)와 합(合)하므로 처의 일탈(逸脫)이 발생하거나, 자식에게 애인이 생길 가능성이 있게 되는데, 세운에서 신금(辛金)이 들어올 때이다.

그러므로 신해년(辛亥年)을 만났다면 반드시 처의 신상이변수가 발생한다. 이처럼 해당 천간의 육친이 누구인가를 찾아 대입하게 된다.

인목운(寅木運) 상좌천간(上坐天干)은 갑병무경임(甲丙戊庚壬)이고, 각기 천간마다 희기가 다르다. 그러므로 세심한 감명이 우선되어야 한다.

명식의 술토(戌土)와 대운의 인목(寅木)이 만나는 것은, 갑목(甲木)이 있다면 소토(疎土) 작용이 되지만, 사주가 건조해져 발생하는 피해도 점검해야 한다. 명식이 한습(寒濕)하다면 매우 큰 도움으로, 장애가 물러나고 새로운 일을 시작하는 운기가 된다.

그러나 건조한 사주라면 쇠약한 수기(水氣)는 흔적도 없이 사라질 것이므로, 수기(水氣)가 재물이면 재난풍파(災難風波)가 발생하고, 관성(官星)이면 법정구설, 직업 변동, 질병이 되는데, 어떤 형태로든 수기에 해당하는 육친의 신상이변수가 발생하게 된다.

술토(戌土)가 있는 명식의 인대운(寅大運)은, 투출한 화기천간(火氣天干)이 오히려 도움이 되거나 흉하게 될 수도 있는데, 이것은 명식 원국의 구조에 따라서 희기가 달라지기 때문이다.

금국(金局)의 조건

　삼합의 기본구조는 생지(生地)가 왕지(旺地)를 생(生)하는 것인데, 금국(金局)은 생지(生地)가 왕지(旺地)를 극(剋)하는 구조로 이루어져 있다. 이것은 오행작용 내면에 금화교역(金火交易)이 내포되어 있으며, 진정한 합력(合力)으로 작용하기 때문이다.
　신월(申月)에도 금국(金局)을 이룰 수는 있으나, 유월(酉月)의 합력 기운이 더 강하다. 반드시 경금(庚金)이나 신금(辛金)이 투출해야 하며, 삼합(三合)을 반대하는 화기(火氣)가 없어야 한다.
　만약 있더라도 토기(土氣)가 설기로 순화(馴化)시키거나, 수기(水氣)로 극(剋)하여 제어해야만 진삼합(眞三合)의 조건을 갖추게 된다.
　왕지(旺地)가 실령(失令)했거나, 삼합(三合)을 대표하는 투출천간이 없거나, 삼합을 반대하는 글자가 월령을 득했다면 진삼합(眞三合)을 논할 수 없으며, 단지 유정합(有情合)일 뿐이다.
　금국(金局)의 물상은 고체, 금속자원, 기계장비, 무기, 화폐, 전기, 전자제품, 화약고 등을 상징한다.

사유합(巳酉合)이 있고 축토운(丑土運)

신자합(申子合), 해묘합(亥卯合), 인오합(寅午合)은 상생(相生)의 합(合)이지만, 사유합(巳酉合)은 극합(剋合)이다. 그러면서도 사중병화(巳中丙火)와 유중신금(酉中辛金)의 암합(暗合)으로 많은 변화가 발생한다.

정사(丁巳)로 왔다면 사유합(巳酉合)을 반대하는 정화(丁火)가 강력하므로 문제가 있다. 그러나 기유(己酉), 신유(辛酉), 계유(癸酉)로 유금(酉金)이 왔거나, 정화(丁火)를 극(剋)하는 수기천간(水氣天干)이 있거나, 기사(己巳), 신사(辛巳), 계사(癸巳)로 왔다면 사유합(巳酉合)이 이루어진다.

사화(巳火)가 사유합(巳酉合)이 되면, 병화(丙火)나 정화(丁火)보다는 금기천간(金氣天干)의 통근처 작용으로 나타나, 병정화(丙丁火)는 극히 허약해진다. 또한, 병신합(丙辛合) 암합(暗合)의 결속력이 강하여, 금기천간(金氣天干)이 왕성해진다.

그러나 정사(丁巳), 정유(丁酉)로 왔거나 화극금(火剋金)의 화기(火氣)가 왕성하다면, 사유합(巳酉合)은 단지 유정(有情)할 뿐이다.

사화(巳火)는 생지(生地), 유금(酉金)은 왕지(旺地)가 되는데, 이것은 일을 벌이고 확장하는 일에는 능숙하지만, 축토(丑土)의 고지(庫地)가 없으므로 뒤끝이 흐려 자칫 용두사미(龍頭蛇尾)가 될 수 있다는 의미가 된다.

이때 축토운(丑土運)이 왔다면 금기묘고(金氣墓庫)로 작용하는지, 금기(金氣) 통근처로 작용하는지에 따라서 행운의 희기가 달라진다.

금국(金局)에서 축토(丑土)는 토생금(土生金)을 하므로 큰 문제점이 나타나지는 않지만, 금기묘신(金氣墓神)이 발동하는지를 확인해야 한다.

즉, 진술축미(辰戌丑未) 토기(土氣)는 괴강(魁罡)과 백호(白虎) 귀문(鬼門)이 포함되어, 묘고형충(墓庫刑沖)이 발생했을 때 해당 육친의 문제가 나타나게 되는데, 정화(丁火), 기토(己土), 경금(庚金)의 육친을 살펴야 한다.

만약 기축(己丑), 신축(辛丑), 계축(癸丑)으로 와서 금국(金局)이 되고, 화기(火氣) 왕성한 명식의 희신(喜神)이면 발복을 예상할 수 있지만, 기신이면 재난풍파 관재구설로 흉하게 작용한다.

유축합(酉丑合)이 있고 사화운(巳火運)

금국(金局)을 반대하는 세력이 있어도 축토(丑土)가 화설생금(火洩生金)을 하게 되는데, 수기(水氣)가 화기(火氣)를 제어하면 금국(金局)을 이룰 수 있다.

이 형태를 비록 진합(眞合)으로 보기는 어렵지만, 사중병화(巳中丙火)와 유중신금(酉中辛金), 축중계수(丑中癸水)와 사중무토(巳中戊土)가 암합을 하므로 금국(金局)을 이루기가 쉬운 것이다.

이것은 명식에 치명적인 해(害)가 되거나 행운이 될 수도 있는데, 화기(火氣)를 반기는 명식이면 믿는 도끼에 발등 찍히는 작용이다. 금기(金氣)가 재성(財星)이면 재난풍파(災難風波)가 되어, 사업실패나 패재를 당하기도 한다.

이때 화기(火氣)에 해당하는 육친뿐만 아니라 목기(木氣)의 상황도 점검해야 하는데, 목기(木氣)에 해당하는 육친이 가출하거나 장기출장 또는 이민 갈 수도 있으며, 부부이별이 이루어지기도 한다.

이 구조는 타 삼합(三合)보다 금국삼합(金局三合)의 결속력이 매우 강한데, 금기천간(金氣天干)이 없다면 단지 유정할 뿐이다. 그러나 비록 진삼합(眞三合)이 아니라 할지라도 사중병화(巳中丙火)의 암합으로, 오로지 금국(金局)으로 마음이 간다.

유축합(酉丑合)이 명식에 있다는 것은 금기(金氣)가 안정적인 모습을 하는 것이며, 다른 면으로 본다면 금기(金氣)가 축토(丑土)에 묶여 있는 것으로 판단할 수도 있다.

사주구성에 따라 달라지겠지만, 유축합(酉丑合)이 있다는 것은 왕지(旺地)와 고지(庫地)만 갖추고 있어서 현실에 안주하는, 큰 변화가 없는 권태로운 모습으로 나타난다.

이러한 명식에 사화운(巳火運)이 온다는 것은 새로운 계획이나 아이디어 소스 등이 들어오는 것이 되는데, 이 새로움을 명식에서 어떻게 받아들이는가에 따라서 희기작용이 달라진다.

금기(金氣)를 반기는 명식이면 답보상태의 현재 상황을 업그레이드하는 운이 될 것이지만, 금기(金氣)가 왕성하여 생지(生地)를 받아들이는 것을 꺼리는 명식이면, 새로운 변화를 추구하는 것이 오히려 안정된 상황을 무너트리는 것으로 나타난다.

이때 유중신금(酉中辛金)이 아내나 남편이면 사중병화(巳中丙火)를 만나 암합(暗合)하는 것이므로 부부 애정의 문제가 나타나거나, 일탈(逸脫)이 발생하거나, 심하면 부부이별이나 별거가 발생하기도 한다.

암합(暗合)은 남모르게 비밀리에 하는 사랑이므로 타인이 알게 됨을 싫어한다. 그러므로 비밀스러운 애정행각이 될 수도 있다. 물론 혼전이면 문제 될 바 없으며, 결혼으로 이어지기도 한다.

그리고 이성 관계에서만 국한되는 것은 아니며, 유중신금(酉中辛金)이 사중병화(巳中丙火)라는 직업이나 기술을 득하는 상황이 될 수도 있다.

유축합(酉丑合)이 있고 사화행운(巳火行運)이 오는 것은, 새로운 일의 추진 사세확장이 될 수도 있지만 목화(木火) 기운은 허약하게 되므로, 피해가 발생하기 쉽다.

만약 금국(金局)의 한랭(寒冷) 성분을 목화기(木火氣)가 감당하지 못하면, 목화(木火)에 해당하는 육친이 병원행이 되거나 사망할 수도 있다.

사축합(巳丑合)이 있고 유금운(酉金運)

사축합(巳丑合)은 왕지가 빠진 합(合)이지만, 신진(申辰), 해미(亥未), 인술(寅戌)처럼 불완전한 합(合)처럼 보면 안 된다.

사중병화(巳中丙火)와 축중신금(丑中辛金), 사중무토(巳中戊土)와 축중계수(丑中癸水)가 암합하고 있으므로 모양은 사화(巳火)이지만, 나타나는 형상은 금기(金氣)를 강화하는 성분으로 작용한다. 더구나 축토(丑土)가 화설생금(火洩生金)의 작용이므로, 화기(火氣)는 매우 허약해진다.

사축합(巳丑合)은 금기(金氣)를 대표하는 천간이 없어도 유금(酉金)을 불러오는 작용을 하는데, 사중병화(巳中丙火)가 축중신금(丑中辛金)이나 유중신금(酉中辛金)과 암합을 하므로, 결속력이 강하기 때문이다.

실제로 병화(丙火)는 신금(辛金)을 탐하는 성분이 매우 강하다. 유난히 화려함, 보석류, 액세서리 장식을 매우 좋아하는 이유가 여기에 있다.

신금(辛金)은 보석을 상징하는 재물이고, 병신합수(丙辛合水)하여 병화(丙火)의 재물탐욕과 승부욕심이 발동한다. 신금(辛金) 역시 병화(丙火)라는 명예를 탐하고, 병신합수(丙辛合水)하여 도세주옥(淘洗珠玉)을 이루고자 하는 심리가 형성된다.

그러므로 신금(辛金)이 병화(丙火)를 만나면 자신을 드러내기 위해서 광분하다가 망신살을 자초하는 경우가 많다.

명식 원국에 사축합(巳丑合)이 있고 유금운(酉金運)을 만나면, 사화(巳火)의 변질을 먼저 의심해야 한다. 병화(丙火)가 투출했다면 명암합 작용에 의한 병화(丙火)의 변질 또한 의심해야 하는데, 병화(丙火)가 없고 정화(丁火)가 있다면 금다화식(金多火熄)을 염려해야 한다.

이때 사유축삼합(巳酉丑三合)이 이루어지면 금기(金氣)로서는 금기(金氣)를 대표하는 천간이 있느냐 없느냐의 따라서 금백수청(金白水淸)이 이루어질 수도 있고, 오히려 탁하게 변질할 수도 있다.

병화(丙火)가 투출했을 때 유금대운(酉金大運)은 사신발동(死神發動)이 이루어져 병화(丙火)에 해당 육친의 신상이변수가 발생하고, 혹은 정화(丁火)가 투출했어도 마찬가지이며, 목기(木氣)는 극무력해진다.

가령, 목기(木氣)가 재물이라 했을 때는 손재수로 작용하고, 직업이라 했을 때는 직업 변동이나 옷 벗는 운에도 해당한다.

그러나 금기(金氣)가 희신이면 길경사가 발생하고, 금국(金局)을 감당할 수 없다면 사중병화(巳中丙火)에 해당 육친의 신상이변 수가 발생하게 되는데, 자칫 사망할 수 있다.

만약 사중병화(巳中丙火)가 남편이면 남편의 변질이나, 돈 벌어서 가족을 부양해야 하는 문제가 발생한다.

유금(酉金)이 있고 축토운(丑土運)

명식 원국의 유금(酉金)이 축토(丑土)를 만나면 유축반합(酉丑半合)이 성립한다. 유금(酉金)이라는 한조금(寒燥金)이 축토(丑土)라는 냉기(冷氣)와 합(合)하여 한냉습기(寒冷濕氣)가 만들어진다.

유금(酉金) 입장에서 반합(半合)이 이루어지고 토생금(土生金)을 하므로 합력(合力) 기운이 강하게 작용하는데, 유중신금(酉中辛金)과 축중신금(丑中辛金) 쌍신(雙辛)이 병화(丙火)를 간절히 원하는 기운으로 형성되어, 사화(巳火)를 불러오고자 한다. 신금(辛金)에 해당하는 육친성분과 움직임에 변동수가 발생한다.

가령, 신금(辛金)이 남편이면 직업 변동, 움직임, 승진, 또는 좌진, 낙향, 질병, 집착 등 여러 경우의 일들이 발생하는데, 금기오행(金氣五行)이 희신이냐 기신이냐에 따라서 통변 내용이 달라진다.

또한 축토(丑土)의 냉습기(冷濕氣) 때문에 유금(酉金)이 일방적으로 치우치는 현상을 살펴야 하는데, 명식의 글자들에 따라서 여러가지 일들이 발생한다.

가령, 명식에 오화(午火)가 있고 화기(火氣)가 쇠약하다면 한냉습기(寒冷濕氣) 가중으로 축오귀문(丑午鬼門)이 발동한다. 알코올, 마약, 약물중독, 음독자살, 해독능력 저하 등 수많은 경우의 일들이 발생한다.

축토(丑土)는 금기묘신(金氣墓神)으로 한냉토(燥熱土)라, 화기(火氣) 왕성한 것을 염려하지 않아도 되지만, 자칫 폭발사고로 이어지기도 한다.

사화(巳火)와 유금(酉金)이 만나 사유합(巳酉合)이 되었다면 화기(火氣)와 한조금(寒燥金)이 만나 온화한 기운이 되지만, 유축합(酉丑合)은 한냉기(寒冷氣) 가중으로 문제가 되는 것이다.

유축합(酉丑合)에 암장(暗藏)된 쌍신(雙辛)이 합(合)으로 안정을 추구하는 것 같고, 금기(金氣)가 입묘(入墓)된 것처럼 보이지만, 주변 상황에 따라서 작용이 다르게 나타나므로 세심한 관찰이 필요하다. 그리고 유축합(酉丑合)은 단단하게 결속된 상태로 쉽게 풀리지 않으므로 화기(火氣)가 있어도 시간이 걸리게 된다.

사유합(巳酉合)에서는 사중병화(巳中丙火)와 유중신금(酉中辛金)의 암합으로 서로가 묶이는 현상이 되지만, 유축합(酉丑合)은 금기(金氣)의 안정보다는 화설생금(火洩生金)의 작용이라서 화기(火氣)가 허약해지는 현상으로 나타나고, 금기(金氣)는 왕성한 격이 된다.

반드시 화기(火氣)의 조절이 있어야 하고, 금기운(金氣運)이 잠복하여 폭발할 수 있으므로, 금기(金氣)의 천간투출이 있어야 금기(金氣)가 하나의 통일성을 갖고 순일한 작용을 하게 된다.

축토(丑土)는 금기(金氣)를 안정시키는 작용을 하므로, 화기(火氣)가 왕성하여 금기(金氣)를 필요로 하는 명식이면 길운이 된다. 그러나 금기(金氣)가 기신일 때 축토(丑土)가 명식을 한냉(寒冷)하게 하면, 그로 인한 피해는 치명적이고 심각하게 나타난다.

화기운(火氣運)이 갑자기 상실되는 것으로부터 피해를 관찰해야 한다. 유금(酉金)은 대체로 화기(火氣)를 좋아하는데, 축토(丑土)에 의해서 화기(火氣) 작용이 문제가 되었다면 유금(酉金) 또한 변질하기 쉽다. 특히 금기(金氣)의 천간투출이 없었을 때 더 탁해진다.

유금(酉金)이 있고 사화운(巳火運)

명식의 유금(酉金)이 사화운(巳火運)을 만나면 금기운(金氣運)이 성장하는 것으로, 왕성한 금기(金氣) 작용을 느낄 수 있는 운이다. 그러나 화기(火氣)가 왕성하고 금기천간(金氣天干)이 없다면, 그렇게 느끼기는 쉽지 않다.

사유합(巳酉合)은 결속력이 매우 강한 편이지만, 금기(金氣)를 대표하는 천간이 없다면 화기(火氣)의 통근처로 작용함을 뜻하기에 그러하다.

화기천간(火氣天干)이 없고 금기천간(金氣天干)이 있을 때는 천간(天干)의 유인력에 힘입어, 사유합(巳酉合)에 의한 금기(金氣)가 왕성해짐을 느낄 수 있게 된다.

즉, 신사(辛巳), 계사(癸巳), 기사(己巳)로 온다면 사유합(巳酉合)의 기운이 발생하지만, 정사(丁巳)로 오고 또 다른 화기천간(火氣天干)이 명식에 있다면, 사유합(巳酉合)은 오히려 암장간(暗藏干), 병신합(丙辛合) 기반(羈絆)으로, 좋아짐을 실감하기 어렵다.

만약, 사유합(巳酉合)이 되었다면 유금(酉金)의 상황이 변화 변동을 하게 되는데, 희기에 따라서 업그레이드가 이루어질 수도, 안정된 상황을 무너트리게 될 수도 있다. 변화의 희기(喜忌)는 명식에서 화기(火氣)가 어떤 역할을 하는가에 따라서 달라진다.

이때 유중신금(酉中辛金)이 사중병화(巳中丙火)를 만나고 변질하는 상황이 통변의 핵심이 된다. 만약 사유합(巳酉合) 진합(眞合)이 되었다면 축토(丑土)를 공협(拱挾)하여 사세확장으로 이어지며, 영역을 넓혀서 하던 일을 완성하려는 작용이 되기 쉽다.

유금(酉金)이 관성(官星)으로 희신이면 사유합(巳酉合)은 식관합(食官合)되어 아랫사람의 추천으로 승진하거나, 감투 쓰는 운이 되거나, 자식이 바람나거나, 직업을 얻게 되는 운이 된다.

미혼여성이면 식관합(食官合)으로 남자를 만나고 결혼이 성립되거나, 직업 변동이 되는 운으로 연결되고, 유부녀라면 외정, 일탈 등이 발생할 수 있다.

만약 부부불화 중이었다면 화해하는 운이 되기도 하며, 임신하는 운이 되기도 하는데 대부분 딸이 된다. 그리고 이때, 바람피워 외정 남자의 자식을 잉태하고, 본남편의 자식처럼 키우는 여자도 있다.

사화(巳火)가 있고 유금운(酉金運)

사유합(巳酉合)이나 사축합(巳丑合)은 사중병화(巳中丙火)가 축유(丑酉) 중의 신금(辛金)에 암합을 하므로, 타지지의 반합보다 매우 결속력이 강하다. 그래서 사화(巳火)의 합작용이 기신이냐 희신이냐에 따라서 운명의 희로애락이 강하게 나타나는데, 이때 합(合)을 반대하는 유력한 화기(火氣)가 있다면 단지 유정한 합(合)이 된다.

사유합(巳酉合)에서 유금(酉金) 입장의 사화(巳火)는 적극적으로 활용하는 대상이 되는데, 한조금(寒燥金)의 영향으로 화기(火氣)는 쇠약해지고 목기(木氣)는 허약하게 되므로, 사화(巳火)의 변질을 관찰해야 한다.

즉, 병화(丙火)나 무토(戊土)가 투출했다면 사화(巳火)의 성분 변화로, 통근력에 문제가 발생한다는 의미다.

만약 명식 원국에 임수(壬水)나 계수(癸水)가 없을 때 신유운(辛酉運)이면, 병화(丙火)에 해당하는 육친의 신상이변수가 발생한다.

또는 계유운(癸酉運)에 무토(戊土)가 투출했다면 무토(戊土)에 해당하는 육친에도 문제가 발생하게 되는데, 무토(戊土)의 온화봉로(溫火逢爐)를 의지하는 정화(丁火)가 있다면, 정화(丁火)에 해당하는 육친 또한 신상이변수로 나타난다.

이때 유금(酉金)이 기신이면 흉액이 가중하고, 사화(巳火)가 기신(忌神)이면 길한 것이 된다.

육친통변에서 사중병화(巳中丙火)가 남편이나 처(妻)가 되었다면, 그 육친의 변질 여부에 관심을 가져야 한다.

만약, 유금(酉金)이 길신(吉神)이면 유금(酉金)이 적극적인 활동력으로 변하여 길경사가 발생하게 된다. 또한 축토(丑土)의 공협 문제, 수기(水氣)의 문제, 금기(金氣)가 왕성해시는 문제 등을 실펴야 한다.

사화(巳火)의 금기(金氣)에 이르고자 하는 의욕, 계획, 시작하려는 욕구 등이 유금운(酉金運)을 만나므로, 추구하고자 하는 욕구 또는 기존의 일들이 확장되거나 발전하게 되는 행운이 된다.

대부분 이러한 행운에 발전하고 길경사가 이루어지지만, 지나치는 것으로 인해서 피해를 보기도 한다. 화기(火氣) 작용이 명식에 미치는 희기경중(喜忌輕重)에 따라서 다르게 나타난다.

사화(巳火) 입장에서는 사중병화(巳中丙火)가 유중신금(酉中辛金)을 만나 병신합(丙辛合)으로 기반(羈絆)되는 상황이므로, 금기(金氣)로 향하는 변화를 관찰해야 한다.

또한, 명식에 신금(辛金)이 있다면, 신금(辛金)에 해당하는 육친의 신상이변수도 관찰해야 한다. 자칫 큰 사고가 발생하거나 사망할 수도 있다. 만약 이때 사중병화(巳中丙火)가 아내라면 돈 벌러 간다고 집 나

가거나, 남편이면 바람나는 것과 같다.

만약 사화(巳火)에 통근하는 화기(火氣)가 희신이면, 사화(巳火)의 변질로 화기(火氣)가 무력하게 되어 발생하는 피해 또한 관찰해야 한다.

내가 가지고 있었던 화기(火氣)가 변질하므로, 희신이면 피해 작용은 반드시 발생한다.

유금운(酉金運)은 환경 변화가 이루어지므로, 희신으로 받아들일 수 있다면 길경사가 발생하는 행운이 된다.

사화(巳火)가 있고 축토운(丑土運)

명식에 사화(巳火)가 있고 축토대운(丑土大運)을 만나면 화생토(火生土)의 관계이기도 하고, 여기에 사중무토(巳中戊土)와 축중계수(丑中癸水), 사중병화(巳中丙火)와 축중신금(丑中辛金)이 암합하게 되므로, 타 지지의 반합보다 결속력 강한 합이 이루어진다.

그러나 명식 내에 미토(未土)나 술토(戌土)가 있어서 붕충삼형(朋沖三刑)이 되었거나 축미충(丑未沖)이 발생하면, 사축합(巳丑合)은 이루어지지 않는다. 또한 유금(酉金)을 협공할 수 있는 기운도 사라진다.

그러나 사축합(巳丑合)의 조건을 성립시키고, 명식에 경금(庚金)이나 신금(辛金)이 있거나 또는 신축대운(辛丑大運)이면, 유금(酉金)을 불러오는 기운으로 작용하여 금국(金局)을 이루고자 하는 심리가 강화된다.

이때 축토(丑土)에 의해서 사화(巳火)의 화기(火氣) 작용이 상실되어 상당한 피해를 볼 수 있는데, 사중병무(巳中丙戊)가 암합으로 묶여 사화(巳火)의 암장성분인 병무경(丙戊庚)이 자기 본분을 망각하고, 작용력 상실로 나타나는 것이다.

그러므로 사화(巳火)가 축토(丑土)에 의해서 변질하는 상황과, 해당 육친의 신상이변수 또한 관찰의 대상이 된다. 암합작용에 의한 육친의 변화를 살펴야 한다.

축토(丑土)는 한냉토(寒冷土)로서 금기(金氣)의 입묘고(入墓庫)로 작용할 수 있으며, 화기(火氣)를 회광(晦光)시켜 망신으로 나타날 수도 있다.

그러나 화왕(火旺)하여 토금천간(土金天干)의 통근처로 희신이면 뜻을 펼치기 충분하다. 또한 축토(丑土)는 화기(火氣)의 재물창고이므로 득재(得財)하고 승진하며, 결혼성사로 이어지기 쉽다.

축토(丑土)는 화기(火氣) 설기에 탁월하므로 화기(火氣)가 기신일 때, 또는 화왕절(火旺節)일 때는 길하지만, 수왕절(水旺節)이면 피해 작용 또한 간과할 수 없다.

축토(丑土)가 있고 유금운(酉金運)

명식에 축토(丑土)가 있고 유금운(酉金運)을 만나면 축유(丑酉) 반합이 이루어진다. 이는 토생금(土生金) 관계로 타지지의 반합보다 결속력이 더 강하여, 사화(巳火)를 협공하는 기운이 강하게 작용한다.

금기묘고(金氣墓庫)인 축토(丑土) 입장에서는 새로운 기운이 들어오는 것으로 볼 수도 있으며, 창고에서 물건을 꺼내 사용할 수 있는 경우가 되기도 한다. 또한 축토(丑土)가 공망(空亡)이면 유금(酉金)으로 자리이동을 하므로, 공망(空亡)이 풀리게 된다.

그러나 유축합(酉丑合)이 기신이면, 축토(丑土)에 해당하는 육친으로 인한 피해가 발생한다. 가령 축토(丑土)가 재물이면, 유금(酉金)은 외부에서 들어온 관성(官星), 직업으로 인해서 돈 주고 몸 주고 뺨 맞는 결과로 나타난다.

그러므로 유금(酉金)이라는 남자를 만나고 사기당하는, 믿은 도끼에 발등 찍히는 결과가 되기도 한다.

축유합금(丑酉合金)에서 화기(火氣)가 먼저 작용하여, 생동하는 기운이 이루어져야 쓸모 있는 명식이 된다. 유금(酉金) 기준으로는 금기운(金氣運)이 왕성해지는 것으로 볼 수 있다.

화기(火氣)가 유력하지 않다면 토기(土氣)가 금기(金氣)로 변함에 따른 한랭피해가 발생하게 된다. 따라서 급격한 산성체질 또는 암 치질이 되며, 담석증이 발생할 수 있다.

화왕(火旺) 사주로 축유합(丑酉合)이 희신이면 해당 육친의 길경사가 이루어진다. 유금(酉金)은 외부에서 들어온 것이므로, 축토(丑土)로 인해서 외부환경의 길경사로 나타난다.

가령, 화일간(火日干)의 남명이면 축토(丑土)는 장모 또는 인생무대, 또는 재물창고가 되는데, 축토(丑土) 장모가 자신의 딸인 유금(酉金) 여자를 소개하여 결혼을 성립시키는 격의 길경사가 될 수 있다. 그러므로 축토(丑土)가 금기(金氣)로 이동하는 것에 따른 희기를 관찰해야 한다.

축유합(丑酉合)은 축토(丑土) 작용이 유금(酉金)을 중심으로 변화를 일으키게 된다. 가령, 목일간(木日干)이면 축토(丑土) 재성(財星)이 금기(金氣)로 이동하므로, 가지고 있는 재물로 직업을 만들거나, 사업 확장 또는 남명은 재물이 자식에게 이동한다.

　이때 유산상속을 하거나, 자식이 사업한다고 아버지의 돈을 가져간다거나, 여명이면 남편이 사업한다고 재물을 가져가는 형태가 되고, 만약 바람난 유부녀라면 편부(偏夫)를 위해서 많은 돈을 쓰고 외정할 수 있음을 상징한다.

　그런데 이때, 목일간(木日干)의 축토(丑土)는 관고(官庫)에 해당하는데, 축유합(丑酉合)이 된다면 관고(官庫)를 끌어당기는 상황으로 본다. 그러므로 경금(庚金)에 해당하는 육친이 있다면 무력해지거나, 질병이 되거나, 사망할 수도 있음을 간과해서는 안 된다.

축토(丑土)가 있고 사화운(巳火運)

　축토(丑土)는 정기경(丁己庚)의 입묘신(入墓神)으로, 금국(金局)의 처지에서 본다면 모든 일의 정리 상황이 된다. 그런데 사화운(巳火運)을 만나므로 시작과 끝이 같이 있는 것과 같다.

　반합에서 생지(生地)와 묘지(墓地)와의 합(合)은 어렵지만, 축사합(丑巳合)은 외부에서 들어온 사중병무(巳中丙戊)가 축중신계(丑中辛癸)와 암합을 이루므로, 타지지의 반합보다 강한 결속력으로 나타난다.

　그러므로 사중병무(巳中丙戊)는 그 힘을 상실하여 화기몰광(火氣沒光)과 같으며, 축토(丑土)는 온난지토(溫暖之土)로 변하면서 강한 힘으로 유금(酉金)을 협공(挾拱)하려고 한다.

　이때 금기천간(金氣天干)의 투출 여부와, 금국(金局)을 반대하는 세력에 따라서 유금(酉金)을 협공(挾拱)하기도 하고 그렇지 못하기도 하며,

희기(喜忌)의 경중이 달라진다.

사화(巳火)가 명식에서 어떤 작용을 하는지에 따라서 희기작용이 달라지는데, 부정적인 측면으로 본다면 생각지 못한 과거의 지나간 일들이 현실에서 문제를 만들 수 있다(학교 폭력 가해자가 유명인이 되었을 때, 피해자가 그 과거를 폭로하는 것과 같은 경우).

희신작용을 하면 새로운 의욕이 생겨 과거의 경험이나 재주를 현실에 활용하는 것이 될 수 있다. 특히 겨울 생이면 축사합(丑巳合)은 매우 길한데, 단지 화기(火氣)가 축토(丑土)를 만나 조후가 이루어지는 상황만 다를 뿐이다.

합(合)이 되었다 해서 화기(火氣)의 고유성분이 냉기(冷氣)로 변화하는 것은 아니며, 단지 화기(火氣)가 무력해진다고 보면 확실할 것이다.

축토(丑土)의 한냉토(寒冷土) 성분은 오화(午火)보다는 사화(巳火) 만나기를 매우 좋아한다. 이러한 현상은 이성 간의 인연에서도 마찬가지로, 일지축토(日支丑土)라면 오화(午火)보다는 일지사화(日支巳火)를 가진 이성을 더 반기는 현상으로 나타나고, 자녀인연에서도 뱀띠나 일지사화(日支巳火)를 만나기 쉽게 한다.

축토(丑土)는 사화(巳火)를 만나야 한랭기운이 풀리고 자기 역량을 발휘할 수 있으므로, 어찌 보면 축토(丑土)에 의해서 사화(巳火) 성분을 강탈당하는 것과 같다.

그러므로 사축합(巳丑合)이 길작용을 하면 축토(丑土)의 암장간(暗藏干)은 사화(巳火)를 만나면서 길운(吉運)이 형성되는 것과 같으나, 기신이면 외부환경에 의해서 사중병무(巳中丙戊)와 축중신계(丑中辛癸)를 잃게 되는 일이 발생한다.

사화(巳火) 입장에서는 축토(丑土)로 인해서 화기(火氣)가 쇠약해지지만, 축토(丑土) 입장에서는 사화(巳火)라는 새로운 기운이 들어와 변화를 꿈꾸게 된다. 즉 금국(金局)으로 합(合)할 수 있다는 기대와 목적을 갖게 된다.

한마디로 한냉기(寒冷氣)가 강한 명식이면 사화(巳火)는 좋은 결과를 만드는 운이 되겠지만, 목기(木氣)의 유무에 따라서 전개 속도와 지속력이 달라진다고 정리할 수 있다.

이 경우 금기천간(金氣天干)이 있다면 사축(巳丑)이 협공(挾攻)하여 유금(酉金)을 부르지만, 반대하는 오화(午火)나 정화(丁火)가 있다면 협공(挾拱)하려는 마음만 있을 뿐 유금(酉金)을 불러오지 못한다.

만약 유금(酉金)을 불러온다면 육친통변의 재료가 된다. 유금(酉金)이 부성이나 아내 또는 재물이면, 득재운(得財運)과 같다.

그러나 사축합(巳丑合)은 금기(金氣)의 통일성에 문제가 되므로, 대표 성분인 천간이 투출하는 것이 좋다. 무투간이면 혼탁한 집착심으로 나타난다.

수국(水局)의 조건

　삼합(三合)의 기본구조는 생지(生地)가 왕지(旺地)를 생(生)하는 구조이고, 화국(火局)은 목화토(木火土)가 상생(相生)하여 술토(戌土)에 저장하는 구조이다.

　수국(水局)은 토금수(土金水)가 상생(相生)하여 자수(子水)에 모든 기운이 모이는 형태이다. 수국(水局)이 되는 조건은 자수(子水)가 월지를 장악하고, 신자진(申子辰)의 합력(合力) 기운이 강력하게 작용해야 한다.

　이때 삼합(三合)을 반대하는 조토(燥土)가 없어야 한다. 만약 있더라도 금기(金氣)가 토설생수(土洩生水)로 순화(馴化)시키거나, 목기(木氣)로 극(剋)하여 토기(土氣)를 제압하고, 수기천간(水氣天干)이 투출해야 진삼합(眞三合)의 조건을 갖추게 된다.

　수국(水局)의 왕지(旺地)인 자수(子水)가 실령(失令)하였거나, 삼합(三合)을 대표하는 천간투출이 없거나, 삼합을 반대하는 세력이 있다면 진삼합(眞三合)을 논할 수 없으며, 단지 유정합(有情合)이 된다.

　진삼합(眞三合)은 전실상황(塡實狀況)이 아니라면 인오술(寅午戌)을 도충(倒沖)한다.

　수국(水局)의 물상은 액체, 수자원, 해안, 강하(江河), 상하수도, 댐, 저수지, 정보산업 등을 상징한다.

　수기(水氣)는 서로 간에 응집력(凝集力)이 강하여 세상을 이롭게도 하지만, 태풍이나 해일로 변하면 세상을 파괴하는 힘으로 작용한다.

신자합(申子合)이 있고 진토운(辰土運)

명식에 신자합(申子合)이 있다면 금생수(金生水)하므로 수기(水氣)가 왕성해진다. 그렇다고 해서 신자합수(申子合水)라고 말할 수는 없다.

가령, 병신(丙申)과 무자(戊子)로 와 있다면 단지 금생수(金生水)하여 유정(有情)할 뿐으로 신자합수(申子合水)로 논하지 않는다. 병화(丙火)는 신금(申金)을, 무토(戊土)는 자수(子水)를 극(剋)하기 때문이다.

그러나 임신(壬申)이나 갑자(甲子), 갑신(甲申)이나 갑자(甲子) 등과 같이 경금(庚金), 임수(壬水), 갑목(甲木)이 신금(申金)이나 자수(子水)에 좌(坐)하고 합력(合力)이 되었다면, 신자합수(申子合水)로 논하게 된다.

신금(申金)은 생지(生地)이고 자수(子水)는 왕지(旺地)에 해당한다. 이것은 진토고지(辰土庫地)가 없으므로, 일을 벌이고 확장하는 것에는 능숙하지만, 정리하고 마무리하는 힘이 부족한 것을 의미한다.

이때 진토운(辰土運)이 들어왔다면 수기입묘(水氣入墓) 작용인지, 수기(水氣) 통근처로 작용하는지에 따라서 행운의 희기가 달라진다.

진토(辰土)가 통근처 작용이 되었다면 일의 진행과정이 잘 정리되고 결과를 도출해 내는 운이 되지만, 입묘(入墓) 작용을 하면 결과를 얻기는커녕 수기(水氣)의 작용력이 상실되는 것으로 나타날 수 있다.

진토(辰土)가 병진(丙辰)이나 무진(戊辰)으로 들어오고, 명식과 묘고형충(墓庫刑沖)이 되었다면 입묘지(入墓地) 작용으로 나타난다.

만약 갑진(甲辰), 임진(壬辰), 경진(庚辰) 등으로 와서 신자진(申子辰)이 이루어지고, 묘고형충(墓庫刑沖)이 없다면 이것은 수기(水氣)의 통근처로 작용하여, 일의 마무리 작업, 하던 일의 장애들이 풀리는 결과가 된다. 그러나 기신작용으로 수기(水氣)를 꺼린다면 대흉하다.

자진합(子辰合)이 있고 신금운(申金運)

명식에 자진합(子辰合)이 있다는 것은 수기(水氣) 작용이 안정적인 모습을 하는 것이며, 다른 면으로 본다면 수기(水氣)가 진토(辰土)에 묶여 있는 상황으로도 판단할 수 있다.

그러나 이 또한 매번 하는 이야기이지만, 자월(子月)이냐? 진월(辰月)이냐? 아니며 월지는 무엇이냐? 간지(干支)의 구성은 어찌 되었느냐가 사주를 풀어내는 관건이다.

원국 구성에 따라서 달라지겠지만, 자진합(子辰合)이 있다는 것은 왕지(旺地)와 고지(庫地)만 갖추고 있는 것으로, 현실에 안주하여 큰 변화가 없는, 권태로운 모습으로 비추어지게 된다.

왜냐하면 자진합(子辰合)은 진중무토(辰中戊土)가 자중계수(子中癸水)에 암합(暗合)으로 합력(合力)이 강한 편에 해당한다. 그러므로 탐합망생(貪合忘生), 탐합망극(貪合忘剋), 탐합기반(貪合羈絆)이 될 수도 있다.

이러한 작용은 상좌천간(上坐天干)에 의해서 구분되고, 혹은 명식의 구조에 따라서 여러 가지 형태로 나타난다.

만약 병화(丙火)와 무토(戊土) 천간이 상좌(上坐)라면 아주 많은 변화가 되는데, 자수(子水)가 입묘하는 상황도 생각해 볼 수 있다.

여름 생이면 자진합(子辰合)의 합력(合力)은 기대할 수 없다. 또한 자수(子水)는 진토(辰土)에 입묘현상으로 나타난다.

그러므로 가을이나 겨울 생으로 상좌천간(上坐天干)이 경금(庚金)이나 임수(壬水) 또는 갑목(甲木)이 투출해야만 자진합수(子辰合水)가 이루어진다.

수기(水氣)가 희신인 사주의 행운에서 신금(申金)이 온다는 것은 새로운 계획이나 아이디어 소스 등이 들어오는 것이 된다. 이 새로움을 명식에서 어떻게 받아들이는가에 따라서 희기(喜忌)가 달라진다.

수기(水氣)가 부족하여 생지(生地)를 반기는 명식이면 답보상태의 현재 상황을 업그레이드하는 운이 되겠지만, 수기(水氣)가 기신이면 명식에서 새로운 변화를 추구하는 것이 오히려 안정된 상황을 무너트리는 것으로 나타난다.

신진합(申辰合)이 있고 자수운(子水運)

신진합(申辰合)은 왕지(旺地)가 빠져 있는 가합(假合)의 상태로 합작용이 미약하여, 신금(申金)의 목적을 달성하기 어려운 상태를 뜻한다.

신금(申金) 입장에서 관찰할 때 왕지(旺地)가 빠진 상태로 생지(生地)와 고지(庫地)가 같이 있으므로, 매사에 잘될 것 같으면서도 뜻을 이루지 못하는 상황이 전개되는 것이다.

발전단계가 없어서 결과를 얻는다고 해도 만족스럽지 못하다는 의미이다. 그러나 신중경금(申中庚金)과 진중을목(辰中乙木)의 암합을 잘 살펴야 한다.

봄이나 여름 생으로 상좌천간(上坐天干)이 갑병무(甲丙戊)라면 신진합(申辰合)은 불가(不可)하다. 이럴 경우에는 자수운(子水運)이 온다 해도 삼합(三合)은 유정할 뿐이다.

그러나 가을이나 겨울 생으로 상좌천간(上坐天干)이 경금(庚金) 임수(壬水)이고, 자수운(子水運)이 온다면 삼합(三合)은 이루어진다. 이럴 때

빠른 변화가 나타나고, 특히 수기(水氣)를 반기는 명식이면 급진적인 상승을 기대할 수 있다.

이때 중요하게 볼 것은 왕지(旺支)가 빠진 신진합(申辰合)에 화토(火土)가 왕성하다면, 천간(天干)의 유인력이 있다 해도 수국(水局)을 이루기 어렵다는 점이다.

그러나 금수기운(金水氣運)이 강하고 진토(辰土)가 수기(水氣)의 통근처로 작용하며, 수기천간(水氣天干)이 투출되었고 자수운(子水運)이면 진삼합(眞三合)을 이룰 수 있다.

만약 수기(水氣)를 반기는 명식이면 사세확장, 지지부진한 일들이 해결됨을 상징한다. 하지만, 수기(水氣)를 꺼리는 명식이면 자수(子水)의 작용은 명식을 한순간에 무너뜨리는 결정적인 역할을 하므로, 희기를 잘 살펴 추론해야 한다.

자수(子水)가 있고 진토운(辰土運)

자수(子水)가 진토운(辰土運)을 만나면 자진합(子辰合)이지만, 진토(辰土)의 작용을 먼저 판단해야 한다. 목기(木氣)나 수기(水氣)의 통근처인가? 화기(火氣)를 설기하는 작용인가? 명식 내에 토기(土氣)가 왕성한가? 수기입묘(水氣入墓)인가? 등의 파악이 우선되어야 한다.

만약 금수(金水)가 왕성한 계절의 상좌(上坐)에 경금(庚金)이나 임수(壬水)가 있다면, 자진합(子辰合)은 반합(半合)으로 수기왕성(水氣旺盛)한 것으로 본다.

그리고 천간(天干)의 유인력으로 수국(水局)을 이루어 신금(申金)이 공협(拱挾)된 것으로 보게 되는데, 여기서 신금(申金)에 해당하는 육친이 무엇인가를 판단해야 한다.

자수(子水) 처지에서 보면 수기(水氣)가 보호받는 구조라 할 수 있으나, 작용 면으로는 혼탁해지는 것을 면하기 어렵다.

지지화기(地支火氣)가 왕성한 중에 진토운(辰土運)이 들어오면 일시적으로는 자수(子水)가 보호받는 듯하지만, 금기(金氣)가 명식에 없다면 토극수(土剋水) 작용으로 변질하고, 수기입묘(水氣入墓)가 된다.

자월(子月)에 진토(辰土)가 있는 것은 수기(水氣)가 보호받는 구조로 작용하지만, 진토운(辰土運)의 진토(辰土)는 진월(辰月)과 같아서 주변 여건에 따라 작용력이 달라진다.

특히 진토(辰土)가 입묘작용을 하면, 갑목(甲木)의 적극적인 소토(疎土)와 금기(金氣)의 토설생수(土洩生水)가 필요하다.

그러나 수기왕성(水氣旺盛)하고 무토(戊土)가 없다면, 진토(辰土)는 수기세력에 가담하는 작용으로 나타난다. 이때는 갑목(甲木)으로 설기하고, 병화(丙火)로 한냉기(寒冷氣)를 제거해야 만물에 이로움이 된다.

명식의 화기(火氣)가 많아서 자수(子水)가 이롭게 작용하는 경우, 진토운(辰土運)은 화기(火氣)를 설기하여 자수(子水)를 보호하는 듯하지만, 일정한 시간이 지나면 오히려 자수(子水) 작용을 차단하고 방해하므로, 세심한 관찰이 필요하다.

대운과 세운 작용이 다르게 나타나고, 상좌천간(上坐天干)이 모든 합(合)의 열쇠를 쥐고 있다.

자수(子水)가 있고 신금운(申金運)

　신금(申金)은 금생수(金生水)하므로 유력한 수기(水氣) 성분으로 작용한다. 이때 신금(申金)의 상좌천간(上坐天干)이 무토(戊土)나 병화(丙火)라면, 신자합수(申子合水)의 입장에는 껄끄러운 복병이 있는 상태이다.
　그러나 임수(壬水)가 있어서 병화(丙火)를 제압해 주거나 갑목(甲木)이 있어서 무토(戊土)를 제압해 준다면 합수(合水)를 이룬다. 특히 상좌천간(上坐天干)이 임수(壬水)라면 수기(水氣) 작용은 더 왕성해지고, 진토(辰土)를 공협(拱挾)할 수 있다.
　그러므로 진토(辰土)가 어떤 육친이 되는지를 판단해야 한다. 만약 화일간(火日干) 여명의 신금운(申金運)에 진토(辰土)가 공협(拱挾)되었다면, 신중경금(申中庚金) 아버지와 자중계수(子中癸水) 남편, 공협(拱挾)된 진중무토(辰中戊土)가 관살국(官殺局)에 합(合)을 이루므로, 식관합(食官合)이 된다.
　그러므로 처녀라면 결혼 운기가 되고 유부녀라면 일탈(逸脫)이 생기기도 하며, 문서 잡고 결혼소식, 직장 변동, 새로운 일에 대한 계획, 자격증에 대한 도전, 명예를 탐(貪)하는 운이 된다.
　그러므로 대운에서 어떤 천간(天干)이 신금(申金)을 데리고 왔는지가 중요하고, 대세 운의 유기적인 관계를 점검해야 한다.

　가령, 임신대운(壬申大運)에 갑진(甲辰)이나 임진(壬辰), 경진(庚辰) 세운이면 수국(水局)이 이루어진다. 이러한 삼합(三合)이 이루어지는 시기에는 운의 희기와 승패의 나타남이 뚜렷하게 되는데, 수기(水氣)가 희신이면 명예와 감투를 쓰겠지만, 기신이면 흉액(凶厄)이 발생한다.

그리고 명식에 술토(戌土)가 있어서 공협(拱挾)된 진토(辰土)와 충(沖)이 되었다면 삼합(三合)은 이루어지지 않는다.

신금상좌(申金上坐)의 천간이 병화(丙火)나 무토(戊土)라면, 수기(水氣) 작용은 왕성해지지 않는다. 또한 목기(木氣)가 왕성해서 경금(庚金)을 용신으로 쓰는 사주에 신자합(申子合)의 운이면 경금(庚金)의 활동력이 강화되지 않는다.

더구나 임신(壬申), 갑신(甲申), 병신(丙申)으로 왔다면 더욱 기대 이하이다.

이때 화기(火氣)를 용신으로 쓴다면, 신금(申金)이 병지(病地)에 해당하여 더 쇠약해지게 되므로 신금운(申金運)은 이롭지 못하다. 수기(水氣)를 조절하는 복기(木氣)나 토기(土氣) 작용이 부실하다면, 화기(火氣)가 다치는 것을 막기 어렵다.

그러나 화토왕성(火土旺盛)하여 신자합(申子合)이 명식에 이롭게 작용하면 업그레이드가 이루어지는 운으로, 새로운 일을 시작하게 된다. 일의 성패는 수기(水氣)의 희기경중(喜忌輕重)에 따라 달라진다.

신금(申金)이 있고 자수운(子水運)

수기(水氣)의 생지(生地)인 신금(申金)은 수기(水氣)에 이르고자 하는 의욕, 계획, 시작하려는 욕구 등이 된다. 자수(子水)가 없다면 분주하기만 할 뿐 목적에 이르지 못하는 상이다.

이때 자수운(子水運)을 만나는 것은 신자합수(申子合水) 진합(眞合)이 되는 것은 아니지만, 신금(申金)이 추구하는 욕구 또는 기존의 일들이 확장, 발전하는 운이 된다. 또한 욕심이 지나쳐 피해를 보는 운이 되기도 하는데, 수기(水氣)가 기신이면 목화(木火) 작용이 적극적으로 이루어져야 한다.

또한 신금(申金)의 작용이 자수(子水)에 기울어져 있으므로 신금(申金)의 변질에 대해 세밀한 관찰이 필요하며, 자수운(子水運)의 희기경중(喜忌輕重)을 판단해야 한다.

즉, 신금(申金)에 통근한 경신금(庚辛金)은 통근력이 무력해지고, 수다금침(水多金沈) 될 수 있다. 수기(水氣)가 왕성해져 한습(寒濕)해지는 것도 염려해야 하고, 목기(木氣)는 부목(浮木) 되기 쉬우므로 제방(堤防)이 있어야 한다.

그러나 화기왕성(火氣旺盛) 하여 화극금(火剋金)을 당하는 신금(申金)이었다면, 자수운(子水運)은 신금(申金)에 대한 구원이 된다.

이때 자수(子水)가 경자(庚子)나 임자(壬子)로 온다면 더욱 길운(吉運)이다. 만약 오화(午火)가 있어서 충(沖)이 되었다면 길운이면서도 번거로움이 따른다.

신금(申金)을 극(剋)하는 오화(午火)를 제어하는 것이므로 신금(申金)이 살아나게 되므로 해당 육친이 양호하게 된다.

가령, 명식에 신오인(申午寅)으로 신인충(申寅沖)을 격(隔)하고 있는 경우라면, 자오충(子午沖)이 발생하므로 신인충(申寅沖)도 발생하지만, 자연계의 속성은 합(合)이 먼저이고 충(沖)이 나중이다.

신금(申金)이 있고 진토운(辰土運)

　신금(申金)은 수기(水氣)에 이르고자 하는 욕구와 같다. 행운에서 진토(辰土)를 만나면 시작과 끝이 한 공간에 있는 것으로, 일을 벌이면서 결과에 대한 불안감 등이 표현되는 것이기도 하며, 왕지(旺地)가 없으니 하는 일들이 적극적으로 진행되지 않아서 짜증나는 상황이기도 하다.
　신금(申金)의 한기(寒氣)와 진토(辰土)의 습기(濕氣)가 만나 한습(寒濕)해지므로 우울하게 된다. 화기왕성(火氣旺盛)하다면 오히려 균형을 이루기에 길하지만, 한냉(寒冷)하다면 피해가 발생한다.
　신중경금(申中庚金)이 진중을목(辰中乙木)을 암합(暗合)하고, 진중계수(辰中癸水)와 신중임수(申中壬水)가 생수(生水)하므로 자칫 수기범람(水氣氾濫)할 수도 있으나, 수기쇠약(水氣衰弱)하다면 문제가 되지 않는다.
　신중경금(申中庚金)의 육친파악이 중요하다. 진중을목(辰中乙木)을 만나 암합(暗合)을 이루므로, 이것으로 인한 상황의 희기를 먼저 가려야 한다. 만약 신중경금(申中庚金)이 정관(正官)이면 암합(暗合)은 직업의 정체현상으로 나타난다.
　또는 경금(庚金)이 인수(印綬)로 학문성이면 을경암합(乙庚暗合)으로 인한 학문, 학업의 문제가 나타나게 된다.
　또한 신진(申辰)이 협공(挾攻)하여 자수(子水)를 불러올 수도 있는데, 해당 육친통변이 이루어져야 한다.

　신진(申辰)은 수기(水氣)의 왕지가 빠진 상태의 가합(假合)이고, 신중경금(申中庚金)과 진중을목(辰中乙木)의 암합(暗合)으로, 오히려 신금(申金)의 작용력이 무력해지기 쉽다.

목화(木火) 기운이 난조(暖燥)하다면 한습(寒濕)의 피해는 염려하지 않아도 되는데, 천간(天干)의 유인력과 세운이 만나 왕성한 수기(水氣)가 되면 목화(木火) 기운이 무력해질 수도 있다.

이때 협공(挾拱)으로 불러온 자수(子水)가 희신으로 작용하면, 마음속에 추구하는 일이 형상화되어 나타나는데, 기신작용이면 기신의 경중(輕重)을 살펴야 한다.

진토(辰土)가 있고 자수운(子水運)

우선 자수(子水)의 쓰임이 화기(火氣)를 제어(制御)하는 희신이 되었다면 길하다. 자진합(子辰合)에 의해서 자중계수(子中癸水)를 득(得)하는 상황이 되지만, 화기(火氣)가 허약한데 자수(子水)가 냉기(冷氣)를 가중하면 흉하다.

진토(辰土)가 수기입묘(水氣入墓)인지, 목기세력(木氣勢力)인지, 수기세력(水氣勢力)으로 작용하는지를 살펴야 한다. 또한 진중무토(辰中戊土)가 자중계수(子中癸水)를 만나면서 발생한 암합(暗合)의 목적을 파악해야 한다.

새롭게 들어오는 자수운(子水運)은 자월(子月)과 같은 환경인데, 자수상좌(子水上坐)의 천간에 의해서 합성분이 모두 다르다. 만약 경자운(庚子運)이면 신금(申金)을 협공하여 급격히 한냉(寒冷)해질 수도 있다.

진자합(辰子合)이 이롭게 작용하면, 수기창고(水氣倉庫)의 기술성이 자수(子水)의 추진력으로 새롭게 일을 추진해 나가는 것이 된다. 그러나 무자운(戊子運)이면 자수(子水)는 진토(辰土)에 묶이므로, 일들이 지지부진하여 될 듯 말 듯하게 된다.

이때 진토(辰土)가 식상(食傷)으로 식상생재(食傷生財)를 반기는 명식이면, 기대치만큼의 큰 재물 유입은 기대할 수 없다는 의미이다. 암장간의 무계합(戊癸合)에 의한 식관합(食官合)이 되었다면 이성문제로 나타나기 쉽다.

금기(金氣)에 따라서 자수(子水) 작용이 달라지는데, 금수(金水)가 희신일 때 경자(庚子) 임자운(壬子運)이면 길하지만, 병자(丙子) 무자운(戊子運)이면 기대치에 미치지 못한다.

음실양허(陰實陽虛) 명식이면 한냉(寒冷)함에 대한 관찰이 필요하다. 갑목(甲木)으로 수설생화(水洩生火)하고 병화(丙火)의 난조(暖照)가 있다면 수기(水氣)의 사용처가 명확해지고, 화기(火氣)가 왕성하다면 자수운(子水運)이 온도조절을 하므로 양호하다.

진토(辰土)가 있고 신금운(申金運)

진토(辰土)를 수기(水氣) 처지에서 본다면 모든 일의 정리 상황이다. 신금(申金)이 명식에서 어떤 작용인가에 따라서 희기작용이 달라지는데, 부정적인 면으로 본다면 생각지 못한 과거, 지나간 일들이 현실에서 새롭게 드러나 문제가 일어나는 것과 같다.

희신이면 새로운 의욕이 생기는 것으로, 과거의 경험이나 재주를 현실에 활용하는 것이 될 수 있다. 명식의 진토(辰土), 신금좌(申金坐)의 천간, 신금(申金)의 작용을 모두 살펴야 한다.

신진(申辰)이 합(合) 되어 수기(水氣)가 왕성해지는 것은 아니지만, 임신운(壬申運)이면 천간(天干)의 유인력과 세운이 있으므로 신자진(申子辰)이 이루어질 수도 있다. 수국(水局)을 반대하는 오행(五行)이 유력하다면 수국(水局)은 이루어지지 않는다.

그러나 화기(火氣)가 왕성한 사주에 진토(辰土)가 화설생금(火洩生金)을 하면 진토(辰土)의 목적이 신금(申金)을 통해서 드러나게 된다. 그리고 만약 목기(木氣)가 기신이면 신금운(申金運)은 양호한 운이지만, 희신이면 불미한 운이다.

신금운(申金運)은 목기(木氣)의 절지(絶地)이며 겁살(劫殺)이 되어 금극목(金剋木)을 하므로, 금기(金氣)에 의한 겁탈작용으로 나타나 치명적으로 불리하게 된다.

그러나 이때 신진합(申辰合)의 유인력에 의해서 수기(水氣)로 향하는 구조가 된다. 즉 수기(水氣)가 남편이나 직업 또는 처(妻)나 재물이면 수기(水氣)를 탐(貪)하는 심리가 나타난다.

또한 신중경금(申中庚金)이 진중을목(辰中乙木)과 암합을 하므로, 을목(乙木)에 해당하는 육친의 변화에 대한 통변을 해야 한다.

신진합(申辰合)은 수기(水氣)가 왕성해질 조건을 갖춘 것이므로 명식의 수기(水氣)가 어떤 형태인지, 진합(眞合)이 될 것인지 가합(假合)이 될 것인지를 살펴야 한다.

충살(沖殺)의 특징

사주 명식에서 충살(沖殺)은 어떤 살성(殺星)보다 길흉이 크고 강력하다. 기신을 충(沖)하는 것은 적군을 섬멸하는 것과 같아서 길하지만, 이때 쇠신왕충(衰神旺沖) 왕신대노(旺神大怒) 현상이 일어난다면 적군과 싸움에서 이기지도 못하고 처참하게 패배하거나, 오히려 대 분란이 발생하여 망하고 사망하기까지 한다.

대운(大運)이 기신과 합(合)이 되어 다시 기신작용을 하면 대흉하므로 깨 주어야 하지만, 기신과 합(合)하여 희신이 되거나, 희신과 합(合)이 되어 희신이 되었다면 길합(吉合)이므로 깨어지는 것은 불가(不可)하다.

이러한 현상은 천간충(天干沖)에만 있는 것은 아니며 천간(天干)의 합(合)에서도 마찬가지인데, 누가 끌려오고 끌려가는지를 살펴야 한다.

천간충(天干沖)은 그 영향력이 가벼워서 명식에 큰 타격을 주지는 않지만, 속도가 빠르게 나타나 정신계의 문제로 작용한다. 그런데 지지의 형충(刑沖)으로 충동(沖動)하게 되었다면 정신계 문제가 발생하며, 하는 일 그리고 육친작용에 발현되어 생명수를 논할 수 있다.

지지충(地支沖)은 뿌리가 흔들리는 격이며, 살성(殺星)을 동(動)하게 하여 영향력이 크다. 가령, 색정살(色情殺)이나 업인살(業因殺), 귀인살(貴人殺) 등이 충동하게 된다. 또한, 모든 충살(沖殺)은 역마살(驛馬殺)

로 작용한다.

　대운(大運)과 세운(歲運)에서 명식을 충동(沖動)시켜 작용하는데, 개고(開庫)된 암장간(暗藏干)이 명식의 천간(天干)을 합거(合去)해 가는지도 살펴야 한다.

　천극지충(天剋支沖)을 하면 그 영향력은 어느 때보다도 강하게 나타난다. 천합지충(天合地沖)은 내가 좋아서 한 일이 잘못될 가능성이 크며, 천합지원진(天合地怨嗔)이나 귀문살(鬼門殺) 또는 천합지형(天合支刑) 또는 천극지형(天剋支刑)이나 천극지합(天剋支合) 등은 수많은 변화가 나타나는데, 이것은 모두 정신계에 밀접한 관련이 있다.

*인신사해(寅申巳亥) 생지충(生地沖)은 양대양(陽對陽)의 충(沖)으로, 급격한 변화가 생긴다.
*자오묘유(子午卯酉) 왕지충(旺地沖)은 음대음(陰對陰)의 충(沖)으로 그 영향력의 크고 변수가 심하며, 지지부진하고 끈질기다.
*진술축미(辰戌丑未)의 묘고충(墓庫沖)은 붕충(朋沖)으로 동료들의 충(沖)이라고 하지만, 누가 누구를 데려와서 누가 합거(合去)되었는지를 살펴야 한다.
백호(白虎), 귀문(鬼門), 괴강(魁罡)의 충살(沖殺)이라 묘고(墓庫)에 뿌리를 둔 천간(天干)과 가족 중에 예상치 못한 흉사(凶事)가 발생하기 쉽다.
*명식에서 행운을 충(沖) 하는 것은 내충(內沖)이라 하여 내부에서 사건이 발생함을 뜻하고, 길흉작용이 신속히 나타난다.
*행운이 명식을 충(沖)하면 외충(外沖)이라 하고 길흉작용이 더디게 나타나며, 사회적 환경, 외부에서 사건이 발생하게 된다. 그런데 명식에 해사충(亥巳沖)이 있는데 정화(丁火)와 신금(辛金)이 있다면 칠

살 관계로 흉하지만, 해중임수(亥中壬水)에 정임합(丁壬合)과 사중병화(巳中丙火)에 병신합(丙辛合)이 되므로, 암합(暗合) 작용이 발생한다. 신금(辛金) 입장에서 정화(丁火)가 기신(忌神)일 때는 길하지만, 희신(喜神)일 때는 피해가 있다. 정임합(丁壬合)으로 기반되기 때문이다.

*사유합(巳酉合)이나 사신합(巳申合)이 있는 명식은 해수운(亥水運)이 해사충(亥巳沖)으로 합(合)을 풀어 주므로 오히려 긴장감이 생기고 분발지기(奮發之氣)로 작용한다. 이런 식으로 명식에서의 구조배합에 따라 많은 변화가 있게 된다.

*사묘고(四墓庫)의 형충(刑沖)은 잡기(雜氣)로 형성된 묘고(墓庫)이므로, 왕지충(旺地沖)과 생지충(生地沖)과는 다른 변화가 있어서 일간의 인연법 활용의 묘미가 있다.

그러므로 진중계수(辰中癸水)와 을목(乙木)이 처(妻) 또는 남편이 되거나, 사주에서 필요로 하는 용희신(用喜神)이 될 경우, 개고(開庫)시키는 인연법이 성립된다.

축토(丑土) 역시 마찬가지로, 축중계수(丑中癸水)나 신금(辛金)이 배우자이거나 용희신(用喜神)에 해당하면 미년생(未年生) 양띠가 배성에 해당한다. 술토(戌土)와 미토(未土) 또한 뒤집어서 해석하면 된다.

그러나 진술축미(辰戌丑未)가 천간(天干)의 뿌리가 될 경우에 충(沖)이 되었다면, 오히려 뿌리가 상(傷)하므로 잘 살펴야 한다. 용희신을 떠나서 투출천간이 진술축미(辰戌丑未)에 통근하고 있다면, 천충지충(天沖支沖)이 되어 통근처가 잘리면 해당 육친이 흉사 당하는 경우가 많다.

*2개의 술토(戌土)가 1개의 진토(辰土)를 충(沖)함은 무방하다 할 수 있으나, 3개의 술토(戌土)가 1개의 진토(辰土)를 충(沖)하면 파고(破庫)가 되어 그 속의 지장간(支藏干)은 무용지물로 변하게 된다.

*축술미(丑戌未)의 다른 고지(庫地)의 충(沖)도 마찬가지로 대입하여 보고, 사주의 어떤 글자라도 3개의 글자가 1개를 충(沖)할 때는 용희신을 떠나서 심각한 일이 발생한다.

*강왕(强旺)한 기신(忌神)이 허약한 용희신을 충(沖) 하면 손재, 부상, 파산, 충돌사고, 낙상, 좌천, 교통사고, 관재, 질병 등이 일어나는데, 여기에 상관(傷官), 칠살(七殺), 편인(偏印), 양인(羊刃)이나 형충파해(刑沖破害) 등이 가세하여 충(沖)이 되었다면 중대한 재난이나 사고가 일어난다. 그러므로 사업파산, 관재송사, 중병수술, 사별, 살상 등이 발생하기 쉽다.

자오충(子午沖)

　명식에 자오충(子午沖)이 있는 사람은 마음이 곧고 직선적인 성격으로 완고하고 굽힘이 없으면서도, 자주 흔들리거나 불안해하는 경우가 많다. 극단적인 투쟁이나 배신으로 원한이 쌓이게 되고, 주거가 불안하거나 신병신액(神病神厄)이 따르기도 한다.

　명식의 수화상조(水火相照)는 매우 중요한 성분이지만 자오충(子午沖)으로 싸운다면, 특히 일시지의 자오충(子午沖)이면 더욱 흉하다. 이때 오화(午火)가 일지라면 득자 이후 흉하게 될 것이며, 일지자수(日支子水)에 시지오화(時支午火)라면 자식이 충(沖)을 당하려고 들어왔으니 하극상(下剋上)이 아니어서 다행이지만, 직업과 마음의 변화가 많다.

　자오충(子午沖)은 여름 생이면 무난하지만, 겨울 생이면 자신의 발등을 찍어 대는 것이므로 하는 일에 장애, 구설, 풍파가 많다. 이런 사람은 대체로 얼굴이 붉다.

　자오충(子午沖)은 정신계에 관여하고, 일간에 따라 육친과 십신에 대입하여 변화와 변동을 보는데, 자오묘유(子午卯酉) 왕지(旺支)는 하는 일의 중간 즈음에서 재수정이 되거나 장애가 발생한다.

　가령, 무기토(戊己土) 일간의 오화(午火)가 희신(喜神)이면 자수(子水)는 기신(忌神)이 되는데, 자오충(子午沖)이 되면 주거와 재물에 변화가 심하게 나타난다.

인수(印綬)는 생명 유지에 필요한 음식이며 의식주가 되는데, 자오충(子午沖)으로 음식, 공부, 계획이 모두 부실하게 되므로 건강 또한 불미하고, 수시로 목표가 흔들리므로 계획한 일의 완성에 장애가 많다.

어쨌든 명식의 자오충(子午沖)은 불미하여 없는 것이 낫다. 해당 육친 또한 불안하게 되어 안정 찾기가 쉽지 않기 때문인데, 혹 충중봉합(沖中逢合)이 되었다면 길하다.

행운에서 명식을 충(沖)하는 것인지, 명식에서 행운을 충(沖)하는 것인지, 또한 누가 적군(敵軍)이고 아군(我軍)인지를 살펴야 한다. 오화(午火)가 자수(子水)를 충(沖)하는지, 자수(子水)가 오화(午火)를 충(沖)하는지, 쇠신왕충(衰神旺沖)인지에 따라서, 희기(喜忌)가 모두 다르다.

오중정화(午中丁火)가 자중임수(子中壬水)와 암합(暗合)하려는 뜻이 있지만 자중계수(子中癸水)가 강력하게 반대하고, 자중임계수(子中壬癸水)가 오중병정화(午中丙丁火)를 극(剋)하여 수화상전(水火相戰)이 된다.

오중(午中) 병정화(丙丁火)가 수기(水氣)에게 일방적으로 당하게 되므로, 오중기토(午中己土)가 자중임계수(子中壬癸水)를 극(剋)하려 하지만, 기토(己土)는 임계수(壬癸水)를 제어하지 못하고 깨어진다.

그러나 여름의 자오충(子午沖)에 토기세력(土氣勢力)이 있다면 화기(火氣)의 승리가 되며, 여름이라도 토기(土氣)가 없고 금수세력(金水勢力)이 왕성하다면 수기(水氣)의 승리가 된다.

오중정화(午中丁火)는 정임합목(丁壬合木)으로 실익을 만들려고 하지만, 주변환경의 벽에 부딪혀 다 이루어질 것 같았던 일에서 좌절하는 격이다. 그렇다 할지라도 오중정화(午中丁火)가 난관을 극복하고 승자

(勝者)가 될 수 있는 환경이 되었다면 실익이 된다.

모든 충살(沖殺)은 이처럼 대입하며, 아군과 적군의 싸움에서 승자(勝者)와 패자(敗子), 운의 희기(喜忌)를 가려야 한다.

특히 명식에서 일시지(日時支) 자오충(子午沖)이면 부부 해로할 수 없는 환경이 되기 쉽다. 오화(午火)가 희신(喜神)이면 술토(戌土)를 인연하여 인오합(寅午合)으로 자오충(子午沖)을 풀 수 있으며, 또는 인목(寅木)을 인연하여 인오합(寅午合)으로 자오충(子午沖)을 풀 수도 있다.

또는 오미합(午未合)을 쓸 수도 있고, 축토(丑土)를 인연하여 자축합(子丑合)으로 풀게 할 수도 있으며, 신금(申金)을 인연하여 신자합(申子合)으로 자오충(子午沖)을 풀 수도 있고, 진신(進神)과 퇴신(退神)의 활용법 또한 있다.

화기(火氣)가 왕성하여 수기(水氣)를 써야 하는 명식이면 자수(子水)의 퇴신(退神)인 해수(亥水)를 인연하여 해중임수(亥中壬水)와 오중정화(午中丁火)를 암합(暗合)시키고, 해중갑목(亥中甲木)과 오중기토(午中己土)를 암합(暗合)시켜 탐합망충(貪合忘沖)을 만들어서 자오충(子午沖)을 잊게 만드는 퇴신(退神)을 인연법으로 활용한다.

만약 배성궁에서 인연법을 적용하지 못하거나, 자식의 생년 띠에서도 적용하지 못하면 불미한 인생이 될 것이 당연하다. 이미 명식의 월일지나 일시지에서 충(沖)이 발생하면 그 명식에 해당하는 인연법을 쓰라고 정해진 것이 되는데, 만약 무지하여 쓰지 못하면 그에 해당하는 행운을 놓치는 것과 같다.

궁합에서 나와 잘 맞는 A와 맞지 않는 B를 놓고 저울질할 때, 본인의 사주나 대운이 선탁후청(先濁後淸)하다면 A라는 길선인연을 선택하지만, 선청후탁(先淸後濁)의 명식이면 상담사가 아무리 A를 권해도 B를 선택하여, 스스로 탁한 인연의 굴레 속으로 들어간다. 그러므로 인생 상담사의 조언은 필수이다.

몇 푼의 돈이 아까워 발발 떠는 사람이면 애초에 행운을 누릴 자격이 없는 것이다. 즉 몸에 해로운 것을 더 좋아하는 성격으로 나타나게 되는데, 그 또한 운명이 그런 쪽으로 끌고 가기 때문이다.

연월지에 자오충(子午沖)이 있다면 본인이나 형제자매 중에서 외국에 기거하는 경우가 많으며, 행운에서 자오충(子午沖)이 이루어지면 자신이 외국에 나가거나 여행 또는 자녀 중에서 해외 출타하는 경우가 많다.

일단 충살(沖殺)이 발동하면 역마지살(驛馬地殺) 작용으로, 변화 움직임 등으로 판단한 후, 움직임 변화 변동 뭔가 시작하려는 마음, 일의 지체, 중단을 살펴야 한다.

그리고 육친 관계와 십신의 관계, 원형이정(元亨利貞)의 관계와 질병들을 판단하게 된다. 가령 수화상전(水火相戰)의 통관신인 갑목(甲木)이나 을목(乙木)이 명식에 있을 때, 외충(外沖)에 의한 자오충(子午沖)이 발생하면 목기(木氣) 육친의 신상이변수 재물 변동으로 나타나고, 남자는 조루증이 되며 여자는 유산 낙태, 산부인과 질환이 발생하게 된다.

원국의 내충이면 계절적인 조후작용을 살펴야 하는데, 질병으로는 심장이나 신장 계통이 약해서 고생하거나 치질이나 정신신경 계통의 질병이 있게 되며, 질병이 잘 치유되지 않는 특징이 있다.

명식에 자오충(子午沖)이 있는 사람은 무관성(武官星)의 기질이 만들어지고, 혹은 무속인이 되는 일도 있다.

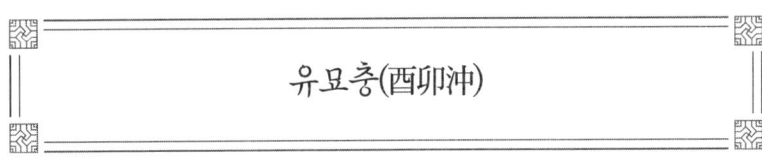

유묘충(酉卯沖)이 명식에 있거나 행운에서 형성될 때는 행운이 명식을 충(沖)하는 것인지, 명식에서 행운을 충(沖)하는 것인지, 누가 적군(敵軍)이고 아군(我軍)인지를 먼저 살펴야 한다.

또한, 원국에 충(沖)이 있는 사주에서 재충(再沖)을 발생시키는 운인지도 살펴야 한다. 분명히 한 글자는 대세 운을 만나면서 재충(再沖)이나 재재충(再再沖)이 될 수 있는데, 세 글자가 한 글자를 충극(沖剋)하면 매우 흉하여 급변급사(急變急死), 흉사(凶事)가 발생하는 경우가 많다.

그리고 묘목(卯木)이 유금(酉金)을 충(沖)하는 것인지, 유금(酉金)이 묘목(卯木)을 충(沖)하는 것인지, 쇠신왕충(衰神旺沖)인지에 따라서 희기작용이 다르다.

명식에서 행운을 충(沖)하는 것은 내충(內沖)으로 내부의 일로 인해서 사건이 발생함을 뜻하고, 길흉(吉凶) 작용이 신속하게 발생한다.

행운이 명식을 충(沖)하면 외충(外沖)이라 하여 길흉(吉凶) 작용이 더디게 나타나는 특징이 있으며, 외부의 사회 환경에서 사건이 발생하게 된다. 금수(金水)는 충(沖)을 하는 처지이고, 목화(木火)는 충(沖)을 당하는 처지이다.

원국 내의 모든 충살(沖殺)은 윗사람이 아랫사람을 충(沖)하는 것은 무방하지만, 아랫사람이 윗사람을 거역하는 충(沖)은 불미하다. 어찌 자손궁에서 부모 조상궁을 충(沖)한다는 말인가?

그렇다 할지라도 아군(我軍)이 기신(忌神)을 충(沖)하는 것은 아름다운 것이지만, 아군(我軍)이 기신(忌神)에 충(沖)당하는 것은 흉하다.

연월지는 부모 조상이고 사주의 환경이므로, 충(沖)이 되었다면 환경에 문제가 발생한다. 그리고 비록 충살(沖殺)은 하나일지라도, 타지지(他地支)에서 연쇄적인 충돌 현상이 발생할 수 있다.

또한, 외벽이 무너지므로 건강상 치명적인 질병이 될 수 있으며, 인간관계에서도 불안 장애나 정신계의 문제로 발현된다.

만약 을목일간(乙木日干)의 유묘충(酉卯沖)의 금목상전(金木相戰)이면, 이때 일간(日干)에 따라서 모든 인연법은 다르게 된다. 만약 화기(火氣)가 유력하다면 어려운 상황을 변화시키는 것과 같아, 역동적인 명운이 된다.

외충(外沖)으로 목기(木氣)가 일방적으로 당하면, 명식의 화기(火氣)가 유력하거나 병화(丙火)가 있어서 유중신금(酉中辛金)과 명암합을 이루고 묘목(卯木)을 구원해야 한다. 즉, 자식이 어머니를 구하는 아능구모(兒能救母)의 인연법이 된다.

그러나 허약(虛弱)한 수기(水氣)가 금목상전(金木相戰)의 통관신을 하고 있다면, 아능구모(兒能救母)의 인연법을 쓰기보다는 묘목(卯木)의 퇴신(退神)인 인목(寅木)을 인연하여 인중갑목(寅中甲木)에 등라계갑(藤蘿繫甲)하고, 인중병화(寅中丙火)로 신금(辛金)을 합거(合去)시키는 인연법을 적용한다.

또는 허약(虛弱)한 인수(印綬)의 통근처를 만들고, 금목상전(金木相戰)의 통관신이 되는 해수(亥水)를 인연하여 해묘합(亥卯合)의 통관신이 되게 하고, 해중갑목(亥中甲木)에 등라계갑(藤蘿繫甲)하는 인연법을 성립시켜야 한다.

이처럼 해수(亥水)를 인연하는 것이 순리이며, 인목(寅木)을 인연하는 것은 탐합망충(貪合忘沖)을 만드는 것이다. 식상(食傷)을 이용하여 제살(制殺) 하는 것은 강제적인 대립 관계로, 타인을 시켜 나의 일을 하도록 하는 권위주의가 강한 반골기질이 된다.

명식에 수기왕성(水氣旺盛)하다면, 충살(沖殺) 작용이 흉(凶)한 쪽으로 작용하게 된다.

묘월(卯月)은 아직 성장하지 못한 어린 싹이 되는데, 이것을 제거하는 충살(沖殺)이 되었다면 흉하다.

충살(沖殺) 중에서도 유묘충(酉卯沖)은 원수충(怨讐沖)이라 하여 가장 꺼리게 되는데, 유묘충(酉卯沖)에 개고(開庫)된 유중경금(酉中庚金)은 묘중을목(卯中乙木)을 합(合)하려 하지만, 신금(辛金)이 반대하므로 합(合)을 이룰 수 없다. 즉, 무자비한 충(沖)에 해당하므로 원수충(怨讐沖)이라 한다.

자칫 일지가 기신(忌神)이고 천간이 투출했다면 반드시 인연법에 따른 배성을 만나야 하지만, 전생의 원수인연(怨讐因緣)이 되는 경우도 많다.

유묘충(酉卯沖)에서 월지가 유금(酉金)이거나, 묘목(卯木)이 월지가 되거나, 둘 다 좋지 않다. 월지가 묘목(卯木)이라 해도 다치게 되고, 유금(酉金)이 월지라면 묘목(卯木)은 더 큰 상처로 나타난다. 강제적으로 유금(酉金)이 묘목(卯木)을 제압하는 충(沖)에 해당하기 때문이다.

다만 화기(火氣)가 유금(酉金)을 제압해 주는 것이 좋고, 화왕절(火旺

節)이면 수기(水氣)가 통관(通關)하는 것이 좋다.

명식에서 충살(沖殺)을 완화하는 성분이 없으면 묘목(卯木)이 재생불능이 되는 경우로 작용하는데, 이때 금기(金氣)가 기신이면 유축합(酉丑合)의 축토(丑土), 유진합(酉辰合)의 진토(辰土), 유금(酉金)의 진신(進神)이 되는 신금(申金)은 인연법에서 제외하는 것이 길하다.

왜냐하면 합(合)으로 충(沖)을 푼다고 하지만 결과적으로 기신을 강화(强化)하는 것이 되어, 지지고 볶고 서로 싸우며 부부 정이 부족하게 만드는, 흉한 악인연으로 발현되기 때문이다.

그러므로 부부 살다가 헤어질 인연, 스쳐 가는 인연으로 그런 배성을 만나는 인연이 성립하게 되는데, 이 또한 정해진 것이므로 운명의 회오리는 피하기 어렵다.

묘목(卯木)은 간, 담, 신경선이 되는데, 유금(酉金)이 신경선을 자르므로 질병으로 나타난다. 그러므로 명식에 화기(火氣)가 있어서 유금(酉金)을 제어해야 한다.

병화(丙火)나 사화(巳火)가 있다면 사유합(巳酉合)으로 금목상전(金木相戰)을 완화하게 되는데, 정화(丁火)나 오화(午火)가 있다면 삼파전(三巴戰)이 되어 유금(酉金)이 형질변경이 되는 경우로 작용할 수도 있다.

혹, 명식에 자수(子水)가 있다면 묘목(卯木)의 완패로 이어지고, 해수(亥水)가 있다면 수화상전(水火相戰)을 완화(緩和)하지만, 습목(濕木)이 물속에 빠진 경우가 되어 화기(火氣)의 피해 작용이 염려된다.

유묘충(酉卯沖)은 자기의 실리와 관계될 때는 타인이야 어찌 되었든 배반(背反)이나 배은(背恩)하는 배신자가 되는 경우가 많다.

대인관계에서 충돌이 많이 발생하거나, 내가 친절과 호의를 베풀고도 좋은 결과를 얻지 못하고 오히려 욕을 듣게 되어 종종 후회하거나, 원한을 가지거나, 받게 되는 사회적 현상이 발생하고, 부부불화는 물론 친인척 사이에 상쟁(相爭)이 발생하기 쉽다.

이때 연월일시의 어느 궁에서 어느 궁을 파괴하는지, 완화작용의 유무를 살펴야 한다. 어느 충살(沖殺)이나 육친궁을 적용해서 살피며, 모든 충살(沖殺)은 변동수로 작용한다.

일시지나 월일지에 유묘충(酉卯沖)이 있다면 부부 자손궁이 불미하고 주거 변동도 남달리 많으며, 말년에 무주택자가 되는 경우가 많다.

또한 묘목(卯木)과 유금(酉金)의 십이지신살(十二支神殺)을 적용하여, 을묘일주(乙卯日柱)라면 유금(酉金)은 겁살(劫殺)이 되므로 형벌(刑罰)이 가중된다.

질병으로는 간, 폐 질환, 신경통, 중풍, 신경이 예민하고, 수족(手足)을 다칠 염려가 있다.

묘유술(卯酉戌) 중 한 글자가 일지에 있고, 두 자 이상일 때 철쇄개금(鐵鎖開金)이라 한다. 철쇄는 자물통이고 개금(開金)은 열쇠로서, 재난을 구제하고 역경을 타개하며 고통을 해소하고 질병을 치유한다는 길성(吉星)이다. 이 경우 활인업에 종사하는 것이 좋은데, 보건복지부 소속이 많다.

이때 사주격이 길하다면 정형외과, 피부과, 성형외과, 비뇨기과 의사가 되며, 대체로 간호사, 목공소, 실내장식, 산업디자인, 건축, 지물포, 정신과, 화학공업, 화장품, 대체의학, 미생물, 방사선과 등의 직업군에 종사하는 경우가 많다.

　인신사해(寅申巳亥) 생지충(生地沖)은 역마충(驛馬沖)이라 하는데, 활동력은 좋으나 너무 서두르는 경향이 있다. 시작은 좋지만 끝이 흐린 용두사미(龍頭蛇尾)가 되는 일이 많고, 오라는 데는 없어도 동분서주(東奔西走)하며 매사 시키지 않은 일에도 적극적으로 앞장서므로, 사서 고생하는 격이다.

　신인형충(申寅刑沖)에서는 행운이 명식을 충(沖)하는 것인지, 명식에서 행운을 충(沖)하는 것인지를 살펴야 하고, 누가 적군인지 아군인지를 주의 깊게 살펴야 한다.

　즉, 인목(寅木)이 신금(申金)을 충(沖)하는지, 신금(申金)이 인목(寅木)을 충(沖)하는지, 쇠신왕충(衰神旺沖) 인지에 따라서 희기작용이 모두 다르다.

　일지는 나의 육체이고 아내이며 남편이므로, 일지가 깨어지는 일은 매우 흉하다. 그리고 그 일지가 식상(食傷), 재성(財星), 관성(官星), 인수(印綬), 비겁(比劫) 등 어느 십신(十神)의 위치에 있는가를 살펴야 하며, 투출된 천간의 개고(開庫) 상황을 자세히 분석해야 한다.

　희신이 금기(金氣)인가, 목기(木氣)인가에 따라서 희기작용이 달라진다. 만약 신금(申金)이 희신인데 인대운(寅大運)이면 적군인 인목(寅木)을 아군인 신금(申金)이 방어(防禦)하게 되는데, 신금(申金)은 인대운(寅

大運)에서 절지(絶地)가 되므로 무력하다.

이때 토일간(土日干)의 여명이면 신금(申金)은 자식이며 자궁에 해당하고, 재물의 원신이므로 그 피해가 반드시 있게 된다. 일단 신인충(申寅沖)의 싸움이 일어나면 깨어지는 것이 신금(申金)인지 인목(寅木)인지의 판단이 무엇보다 중요하게 되는데, 대운과 밀접한 관계가 있으므로 대운 지지의 상황이 매우 중요하다.

월지가 변한 것이 대운이고, 우리는 대운의 환경 속에서 살아가고 있다. 신금(申金)이 아군이고 인목(寅木)이 적군이라 했을 때, 인대운(寅大運)이면 신금(申金)이 깨어져 나간다.

그러나 신금(申金)을 생(生)하는 토기(土氣)의 유력무력에서 많은 차이가 나타나게 되는데, 내가 타인의 차(車)를 들이받아 내 차는 망가져 폐차(廢車)시키고, 상대방 차 값까지 물어 주는 형태이다.

신금(申金) 아군이 비록 인목(寅木) 적군을 제압한다고 하지만, 신금(申金)은 인목(寅木)의 절지(絶地)이므로 깨져 나가는 것이다.

행운이 명식을 충(沖)하면 외충(外沖)이라 하며 길흉(吉凶)이 더디게 나타나는 특징이 있으며, 외부적인 환경에서 사건이 발생하게 된다.

가령, 명식에 인목(寅木)이 있고 목화(木火)가 왕성한 기신이면, 신대운(申大運)은 인목(寅木)의 절지(絶地)이므로 적군인 인목(寅木)이 힘을 쓰지 못한다.

그러므로 이때의 신인충(申寅沖)은 더는 화기팽창(火氣膨脹)을 못 하도록 하는 것이다. 이것은 내 차는 들이받혀 폐차(廢車)를 시키지만, 새 차를 배상받는 것과 같다.

원국의 모든 충살(沖殺)은 윗사람이 아랫사람을 충(沖)하는 것은 무방하지만, 아랫사람이 윗사람을 거역하는 충(沖)은 아니 될 말이다. 어찌 자손궁에서 부모 조상궁을 충(沖)한다는 말인가?

그렇다 할지라도 아군이 기신(忌神)을 충(沖)하는 것은 아름다운 일이지만, 아군이 기신에 충(沖)을 당하는 것은 불미하다. 월지는 부모 조상이고 사주의 환경이므로, 충(沖)이 되었다면 환경에서 문제가 발생한다.

신인충(申寅沖)에서는 새롭게 계획하고, 시작하려는 일에서 장애가 발생하여 재수정(再修整)을 하는 것이다. 자오묘유(子午卯酉) 충(沖)에서는 어느 정도 집이 완성된 후에 재수정(再修整)하는 것이라 피해가 크고, 생지충(生地沖)은 시작 단계에서 재수정하는 것이므로 피해가 적다.

그러나 이때 신자진(申子辰)을 쓰는지, 목국(木局)을 쓰는지, 인오술(寅午戌)을 쓰는지, 금국(金局)을 쓰는지에 따라서 일의 진행 상황은 모두 다르고, 희기신에 따라서도 달라진다.

만약 수일간(水日干) 신약이 신자진(申子辰)을 쓰는 명식이면, 신금(申金)은 인수(印綬)에 해당한다. 인허가를 내서 새롭게 하려는 일이 있다면 허가문제에 장애가 있지만, 아군이 적군을 충(沖)하는 것이므로 반드시 승리의 기쁨을 얻게 된다.

그러나 인대운(寅大運)이 왕신(旺神)이고 신금(申金)이 쇠신(衰神)이면 희신인 신금(申金)이 깨어지는 것이므로, 항상 정해진 법칙 외의 왕신대노(旺神大怒) 쇠신왕충(衰神旺沖) 현상을 판단해야 한다.

신약명이면 반드시 흉하게 되어 불의의 재액이 발생한다. 또는 학문을 중도포기하고 일찍부터 직업을 갖는 경향이 많으며, 장남이라 해도 자수성가하는 경우가 많다.

인신사해(寅申巳亥)는 목화토금수(木火土金水)의 생지(生地)이고, 양대양(陽對陽)의 만남이 형충(刑冲)이 되므로, 명식의 수기(水氣)와 화기(火氣)의 모습에 따라서 희기가 달라진다.

신중경금(申中庚金)이 인중갑목(寅中甲木)을 극(剋)하므로 인중병화(寅中丙火)는 신중경금(申中庚金)을 극(剋)하고, 신중임수(申中壬水)는 인중병화(寅中丙火)를 극(剋)하고, 인중무토(寅中戊土)는 신중임수(申中壬水)를 극(剋)하는 상이다.

금목상전(金木相戰)은 목적을 이루기 위한 과정의 싸움이다. 신금(申金)의 수기(水氣)로 변화하고자 하는 전진성과, 인목(寅木)이 화기(火氣)로 나가고자 하는 전진성의 문제가 싸움이 되는 것이다. 진행과정의 장애발생으로, 결과에 이르기 선에 변질하는 성향이 있게 되는데, 이때 해자(亥子)나 사오(巳午) 등의 범퍼 존이 완화작용을 해주면 좋다.

신인충(申寅冲)을 화기(火氣)가 제어하면 성급하고, 수기(水氣)로 설기하면 잘 풀리지 않는 것이 신경질적인 면으로 드러난다. 운기에서 충살(冲殺)이 이루어지면 거구영신(去舊迎新)이라 하여 옛것을 버리고 새것을 탐(貪)하게 되며, 직업 변동, 좌천, 승진, 전업, 주거 변동, 남녀 간에 이별, 교통사고를 당하거나 원거리로 출타(出他)할 일이 있게 된다.

신인충(申寅冲)은 수기(水氣)나 화기(火氣)에 의해서 조절이 되지만, 명식의 목적에 따라서 희기(喜忌)가 달라진다. 화기(火氣)를 목적으로 하는 명식이면 인신충(寅申冲)은 오히려 화기(火氣)를 분발시키는 역할을 하는 경우가 있으므로, 세심한 관찰이 필요하다.

신인충(申寅冲)은 환경의 변화 변동이 예고되고, 인목(寅木)에게는 치명적으로 드러나기 쉽다. 화기(火氣)의 적극적인 도움이 있어야 하며,

수기(水氣) 작용으로 통관되는 것은 인목(寅木) 입장에서는 좋은 쪽으로 발현되지 않는다.

  수기(水氣) 작용이 형충(刑沖)을 완화하지만, 목기(木氣)가 습목(濕木)으로 변질하기 때문이다. 인목(寅木)이나 신금(申金)의 손상 정도를 먼저 가늠해야 하는데, 화기(火氣)가 있다면 피해를 최소화할 수 있다.
  이 경우 인목(寅木)을 용신으로 쓰는 자는 불길하고 신금(申金)은 길하게 되는데, 정화(丁火)와 임수(壬水)를 반긴다.
  건강은 간, 대장, 신경통 등의 질병이 발생하기도 하는데, 명식에 있는 신인충(申寅沖)과 대세 운에 들어오는 신인충(申寅沖)을 반드시 구별해야 한다.
  자수(子水)가 명식에 있다면 오히려 신자합(申子合)으로 신금(申金)을 설기하여 인목(寅木)을 생(生)하는 통관신이 되므로, 처음은 불리한 듯하지만 나중은 좋아진다. 그러나 이때 화기(火氣)가 상(傷)하는지를 살펴야 한다.

  일시지에 신인충(申寅沖)이 되어 있는 명식에서, 인중(寅中)의 갑목(甲木)이나 병화(丙火) 또는, 신중(申中)의 경금(庚金)이나 임수(壬水)가 배성에 해당할 수 있다.
  이때 희기신(喜忌神)을 정한다. 만약 인중병화(寅中丙火)가 배성에 해당하고 투출된 희신이면 사화(巳火) 년생을 인연할 수 있는데, 이는 인사신삼형(寅巳申三刑)에 해당한다.
  비록 병화(丙火)가 록근(祿根) 인연일지라도 썩 좋은 결과가 되지 않으며, 배신, 배반, 삼형살(三刑殺)의 시비구설 법정출두로 나타난다.

그러므로 오화(午火) 년생을 인연하여 인오합(寅午合)으로 신인충(申寅沖)을 풀고, 병화(丙火)의 왕지(旺地) 인연을 선택하는 것이 길하다.

인중갑목(寅中甲木)이 배성에 해당하는데 무투간하고, 을목(乙木)이 투출하여 희신이면, 인목(寅木)의 진신(進神)에 해당하는 묘목(卯木) 년생을 인연하여 을목(乙木)의 록근(祿根)이 되면서, 신중경금(申中庚金)을 을경합(乙庚合)의 암합(暗合)으로 묶어 암합망충(暗合忘沖)이 되게 하는 인연법을 쓴다.

그러나 이때 갑목(甲木)이 투출되어 희신이면 조후 상황을 살핀 후, 한냉(寒冷)하다면 갑목(甲木)을 성장시키는 오화(午火) 년생을 인연하고, 조후가 필요하지 않다면 해수(亥水) 년생을 인연하여 해인합(亥寅合)으로 신인충(申寅沖)을 풀게 하고, 해수(亥水)로 조후시키는 인연을 쓴다.

그러나 화기(火氣)가 왕성하고 수기(水氣)를 필요로 하면 신금(申金)의 진신(進神)인 유금(酉金) 년생을 인연하여 인중병화(寅中丙火)와 유중신금(酉中辛金)을 암합(暗合)시켜 암합망충(暗合忘沖)이 되게 하며, 유금(酉金)으로 조후하는 인연을 선택한다.

그러나 신중임수(申中壬水)가 투출된 희신으로 배성에 해당하면, 해수(亥水)를 인연하여 임수(壬水)의 록근(祿根)을 만들고, 해인합(亥寅合)으로 신인충(申寅沖)을 풀게 한다.

이때 계수(癸水)가 투출되어 배성이면서 희신이면 자수(子水) 년생을 인연하여 계수(癸水)의 록근(祿根)을 만들어 주고, 신자합(申子合)으로 신인충(申寅沖)을 풀게 하는 인연이 되게 한다.

이러한 인연법 모두는 정해진 법칙이 있으나 사주구조의 배합 상의 문제와 협공(挾拱), 도충(倒沖), 록근(祿根), 공망(空亡), 투출된 천간의 희기, 지지의 합형충(合刑沖) 신강신약에 따라서 수많은 변화가 나타나게 되므로 전문가의 조언을 얻어야 하고 비방법을 찾아야 한다.

어쩔 수 없이 사용해야 하는 인연법이 있고, 꼭 사용해야 하는 인연법이 있다. 또한 대운에서 달라지는 오묘함이 있으므로, 이것을 극복할 수 있는 별도의 인연법에 해당하는 부적이나 비방법이 따로 있고, 이것을 겸용해야 길하다.

어쩔 수 없이 사용해야 하는 인연법에는 개고(開庫) 인연법과 보호해야 하는 인연법이 있다.

진술축미(辰戌丑未)의 토기(土氣)는 입묘(入墓)와 백호(白虎), 괴강(魁罡), 귀문(鬼門)이 포함되어 있으므로, 각기 사주에 맞는 인연법이 있다.

가령 명식에 술토(戌土)가 있다면 술토(戌土)는 화기입묘(火氣入墓)이므로, 화기(火氣)나 토기(土氣)에 해당하는 육친(肉親)이 단명할 것을 상징한다.

이때 개고(開庫) 시킬 것인지, 보호할 것인지, 합(合)으로 변화시켜야 할 것인지 등은 각기 사주마다 다르므로 국가의 법에도 일반법이 있고 특별법이 있는 것처럼 인연법 또한 특별한 법칙을 적용한다.

그리고 인연법이 자연법이라는 사실을 깨닫는 것이 매우 중요하다.

해사충(亥巳沖)

해사충(亥巳沖)은 생지(生地)의 수화상전(水火相戰)이다. 그런데 생지충(生地沖)인 신인충(申寅沖)과 왕지충(旺地沖)인 자오충(子午沖), 유묘충(酉卯沖)과는 다름이 있다.

명식에 해사충(亥巳沖)이 있고 격이 좋으면 부귀한 자와 사회 유명인사들도 많은데, 사화(巳火)는 사유합(巳酉合)과 사신합(巳申合)을 통하여 수기(水氣)를 생(生)히는 작용으로 나타난다.

해수(亥水) 또한 언제든지 충(沖)을 풀고 해인합(亥寅合)과 해묘합(亥卯合)으로 화기(火氣)를 생(生)하는 작용이 될 수 있다. 즉, 언제든지 충(沖)을 풀고 수기(水氣)를 생(生)하거나 동(動)하는 작용이 될 수 있다는 의미이다.

해사충(亥巳沖)은 긁어 부스럼 만든다는 뜻이 있는데, 참견하지 않아도 될 일을 참견하여 구정물을 뒤집어쓰는 경우가 많다.

특히 식상(食傷)은 잘난 척하며 참견하는 성분에 해당하는데, 천간상관(天干傷官)은 더욱 강하다. 그러므로 명식에 해사충(亥巳沖)이 있고 왕성한 상관(傷官)이 있다면, 공연히 타인의 일에 참견하고 구설을 불러오는 경우가 더 많다.

그러므로 될수록 강 건너 불구경하는 마음으로 자신을 견성(見性)하는 것이 좋다. 마음의 폭을 넓히라는 이야기이다.

해사충(亥巳沖)은 여러 충(沖) 중에서 제일 약한 편에 해당하고, 대세행운에서 해사충(亥巳沖)을 풀게 하는 희신작용일 때 발복이 크다.

해사충(亥巳沖)은 역마지살(驛馬地殺)이 충(沖)하고 동(動)하여, 움직임, 변화 변동을 일으키게 하는 힘으로 작용한다.

사화(巳火)는 경금(庚金)의 장생지(長生地)이므로 자신의 목표 활동 꿈은 금국(金局)에 있으며, 해수(亥水)는 목국(木局)에 목표를 두기 때문에 갑목(甲木)에 이르는 것이 꿈이며 목표이다. 세력과 세력이 싸우는 자오충(子午沖)이나 유묘충(酉卯沖)과는 다른 성분을 지니게 된다. 어찌 보면 새로운 활동성을 부여하는 충(沖)이라 하겠다.

그러므로 무언가 완성되는 시점의 다툼으로, 새로운 공간에 대한 수정, 변화 변동을 일으키게 된다. 특히 생지충(生地沖)에서는 겁살(劫殺)과 망신(亡身), 지살(地殺)과 역마(驛馬)가 충돌하는 격이므로, 움직임의 변화작용 또는 정지작용이 나타난다.

새로운 공간에 대해 낯섦이나 정(情)들지 않은 상태에서의 변화이므로 충(沖)의 전개가 빠르게 나타난다.

해중임수(亥中壬水)가 사중병화(巳中丙火)를 극(剋)하고, 사중무토(巳中戊土)는 해중임수(亥中壬水)를 극(剋)한다. 해중갑목(亥中甲木)은 사중무토(巳中戊土)를 극(剋)하고, 사중경금(巳中庚金)은 해중갑목(亥中甲木)을 극(剋)하는 형태이다.

다시 강조하지만, 긁어 부스럼을 만든다는 해사충(亥巳沖)이 명식에 있는 사람은, 간섭하지 않아도 될 일에 쓸데없는 잔소리로 엉겨 붙지 말아야 한다.

타인에게 조언하고 도움 주려 했던 의도가 오히려 안 좋은 결과가 되어, 시비구설을 불러오는 작용으로 나타난다. 이때 주의 깊게 볼 것은, 명식에 충(沖)이 있는 것인지, 연월지의 충(沖)인지, 일시지의 충(沖)인지를 살펴야 한다.

　연월지의 충(沖)은 조상과 부모의 충(沖)인데 외부의 성벽, 집 울타리나 대문이 무너진 것으로, 가지와 열매 모두 허약하게 될 수 있으며, 외부 적군의 공격에 속수무책으로 당할 수 있다.

　마찬가지로 일시지의 충(沖)이면 일간이 살아가는 공간, 집의 기둥, 실내장식 공간이 무너진 것과 같은데, 일지가 사화(巳火)인데 해시(亥時)에 태어났다면 자식이 사화(巳火)를 무너트린 것이며, 일지가 해수(亥水)인데 시지가 사화(巳火)라면 내가 자식의 환경을 파괴하는 것과 같으나, 희기신에 따라서 덕의 유무가 달라진다.

　월지는 부모 조상이고 사주의 환경이다. 즉 인체에서 연주는 살갗 피부, 월주는 피부 속, 일시주는 내부 장기에 해당한다고 할 수 있다.

　그러므로 연월지의 충(沖)은 외부 세균에 대한 면역력이 약화(弱化)되고, 일시지의 충(沖)은 내부 장기나 내부의 면역력 약화에 해당한다. 즉 암(癌)이라거나 장기파손(臟器破損)에 의한 질병은 일시지의 충(沖)에 해당하는 것으로 본다.

　사주의 구조가 불미하다면 내 신세 내가 잘못되게 만드는 것과 같다. 힘들게 노력하고 뛰지만 노력한 만큼의 성과(成果)에 도달하기 어렵고, 부부 해로에도 문제가 있게 된다.

　명식에 해사충(亥巳沖)이 있는 사람은 대체로 마음이 크지만 안정되지 못하여 붕 떠 있는 느낌이 되고, 다정다감한 것이 병(病)이 되어 타인의 일에 쓸데없이 간섭하여 화(禍)를 자초한다.

매사에 처음은 있지만 끝이 없다는 유시무종(有始無終)으로 마무리나 결과가 시원치 않고, 직업 변동이나 이사 등 지역 변동이 많다.

그러므로 사건이 발생하면 도망가기 바쁘고, 원하는 공부에서도 몇 번 시험에 탈락하면 스스로 포기하는 경우가 많은데, 이것이 모여서 불행한 인생을 만드는 작용을 한다.

또한, 타인의 일을 도와준다고 간섭한 것이 구설이나 논쟁으로 발전되거나 휘말리게 되어 결국은 후회하는 일이 발생하므로, 책임지지 못할 일은 처음부터 하지 않는 것이 길하다. 항상 대인관계에 신중해야 장애를 자초(自招)하지 않을 것이다.

명식의 상황에 따라서 해사충(亥巳沖)의 쓰임이 달라지지만, 대체로 목기(木氣)에 의한 충(沖)의 조절이 길하다. 사화(巳火) 입장에서는 목기(木氣)와 긴밀한 관계를 유지해야 하는데, 목기(木氣)가 없다면 문제가 발생하고, 목화기(木火氣)가 왕성하다면 금기(金氣) 작용이 우선된다.

행운에서 해사충(亥巳沖)이 이루어지면 폭발이나 화재(火災) 또는 교통사고를 주의해야 하며 정신적인 문제를 일으키기 쉬운데, 이것은 이상이나 꿈, 가치관 등의 확립이나 실현 등의 장애에서 오는 문제로 볼 수 있다.

생지충(生地沖)은 양대양의 충(沖)으로, 성급함이 일의 진행에 장애가 되는데, 대체로 현재의 위치나 자리를 지키기 위해서 투쟁하는 모습이 된다. 지위나 자리의 변동, 직업변동은 쉽지 않은 것을 뜻한다.

질병은 비뇨기 질환이나 심장, 혈압, 당뇨 등이 많이 발생한다.

명식의 일시지에 해사충(亥巳沖)이 있는 명식은 해중(亥中) 임수(壬

水)나 갑목(甲木) 또는, 사중(巳中) 병화(丙火)나 무토(戊土) 또는 경금(庚金)이 배성에 해당할 수 있다.

충(沖)이 된 지지에서는 배성으로 쓸 수 없다고 하지만, 이론과 현실은 다르다. 인간의 삶에는 꼭 필요한 것이 망가지거나 없어서 못 쓰는 경우가 더 많다.

비록 충(沖)이 되어 파극(破剋)되었다고 해도 명식에 없는 것 보다는 유리한데, 악연(惡緣)이라도 없는 것보다 있는 것이 업인연(業因緣)을 빨리 해탈할 수 있기 때문이다.

충(沖)은 깨어짐을 상징하지만, 수리하여 더욱 강하게 쓸 수 있다. 부러진 뼈를 접골(接骨)하면, 즉 용접하고 보강하면 더욱 강해진다.

다만 병(病)이 있고 치료(治療)하는 약(藥)이 없다면 문제이기는 하지만, 얼마든지 고쳐서 쓰는 것이 없는 것보다 더욱 좋다.

하여간 명식에 충살(沖殺)의 병(病)이 있고 약(藥)을 만난 사주는 건설, 화학, 의료, 관련업을 하는 경우가 많은데, 이것은 부서지고 깨진 것을 새롭게 고쳐 보고자 하는 심리작용이다.

병(病)이 있는 사주에 약(藥)을 만드는 것이 인연법이다. 각기 배성에서 병(病)을 치료(治療)하는 약(藥)을 만나는 것이 배성인연이고, 자식인연이며, 성명학에서 약(藥)을 만드는 이름으로 개명하고 작명하는 것이다.

이것은 꼭 해야 하는 과정이다. 그래야만 당주가 건강하게 되어 진취적인 성격이 되며, 편고(偏固)하지 않게 되어 성공이 쉬워지고 행복한 인생을 만들어 가게 된다.

만약 해중갑목(亥中甲木)이 배성에 해당하고 갑목(甲木)이 투출된 희신일 때, 인년생(寅年生)을 인연하면 갑목(甲木)의 록근(祿根)이 되고,

해인합(亥寅合)으로 해사충(亥巳沖)을 풀어 주는 길인연이 된다.

또는, 갑목(甲木)이 없고 을목(乙木)이 투출되어 해사충(亥巳沖)의 통관신이면, 묘년생(卯年生)을 인연하여 을목(乙木)의 록근(祿根)이 되어 주고 통관신을 보강하며, 해묘합(亥卯合)을 이루고 해사충(亥巳沖)을 풀게 해야 해수(亥水)와 사화(巳火)가 모두 건강을 되찾게 된다.

만약, 화기왕성(火氣旺盛)으로 해중임수(亥中壬水)가 배성에 해당하는 희신이면, 해수(亥水)의 진신(進神)인 자수(子水)를 인연하여 사중무토(巳中戊土)와 자중계수(子中癸水)를 암합(暗合)시켜, 암합망충(暗合忘沖)이 되도록 하는 인연법을 쓴다.

또는 사중경금(巳中庚金)이 투출되어 희신으로 화기왕성(火氣旺盛)으로 금수기(金水氣)를 필요로 하면, 신년생(申年生)을 인연하여 경금(庚金)의 록근(祿根)이 되게 하고, 사신합(巳申合)으로 해사충(亥巳沖)을 풀게 하며, 금수기(金水氣)를 보강하는 인연법을 성립시킨다.

그러나 이때 금기(金氣)가 배성으로 축토(丑土)가 명식에 있고 허약한 기토(己土)가 수기(水氣)를 억제(抑制)하는 구조라면 미토(未土)를 인연하여 한습기(寒濕氣)를 제거하고 기토(己土)의 뿌리 근이 되어 주며, 해중갑목(亥中甲木)과 임수(壬水)를 미중기토(未中己土)와 정화(丁火)로 암합(暗合)시켜 해사충(亥巳沖)을 풀게 하며, 금기(金氣)의 묘고(墓庫)를 개고(開庫)시키는 인연법을 성립시킨다.

이러한 인연법 모두는 정해진 법칙이 있으나 사주구조 배합의 문제와 협공(挾拱), 도충(倒沖), 록근(祿根), 공망(空亡), 투출된 천간의 희기, 지지의 합형충(合刑沖) 신강신약에 따라서 수많은 변화가 나타나므로, 전문가의 조언을 얻어야 하고 비방법을 찾아야 한다.

진술충(辰戌沖)

　진토(辰土)와 술토(戌土)는 귀인(貴人)이 응하지 않는 땅으로 천라지망(天羅地網) 천문성(天門星)이라 하는데, 천강(天罡) 진토(辰土)와 하괴(下魁) 술토(戌土)를 의미한다.
　명식의 진토(辰土)가 술토(戌土)를 충(沖)하는지, 술토(戌土)가 진토(辰土)를 충(沖)하는지, 또는 월지가 진토(辰土)인지 술토(戌土)인지 살펴봐야 한다.
　이때의 진토(辰土)가 술토(戌土)를 충(沖)하면 진술충(辰戌沖)이고, 술토(戌土)가 진토(辰土)를 충(沖)하면 술진충(戌辰沖)이라 하는 것이 올바르겠다.
　진토(辰土)에는 계을무(癸乙戊), 술토(戌土)에는 정무신(丁戊辛)이 암장되어 있는데, 여기에 해당하는 천간 중 무토(戊土)만 통근처를 지니게 된다는 점을 주의 깊게 살펴야 한다.

　진월(辰月)에 진술충(辰戌沖)이 있으면 술토(戌土)가 깨어져 술중정화(戌中丁火)와 신금(辛金)은 사용할 수 없다. 술월(戌月)에 진토(辰土)가 깨어진다면 진중계수(辰中癸水)와 을목(乙木)은 사용할 수 없다. 이 부분이 아무것도 아닌 듯하지만, 육친 관계에서는 매우 큰 의미가 발생한다.
　명식에 진술충(辰戌沖)이 있다면 강직함과 과단성을 주장하는데, 때로는 세력을 믿고 은혜를 배반하거나 신의가 없는 때도 있다. 대체로 남녀 과묵한 편으로 남에게 신의를 잘 베풀지만, 자기 일에 곤란한 입장이 생길 때는 속수무책이 되는 경우가 많다.

때로는 힘에 겨운 일을 무리하게 도모하여 곤경(困境)에 빠지는 경우가 발생하고, 전택(田宅)이나 토지(土地)에 관련된 관재, 구설, 송사, 투쟁, 사건, 사고 등이 발생하게 됨을 암시(暗示)한다.

또한, 이성문제에 불화 대립할 염려가 많으며, 남녀 모두 혼사(婚事)가 쉽게 성사되지 않는다.

명식의 일지에 진술충(辰戌沖)이 있고 투출한 무토(戊土)가 희신(喜神)이면, 사람을 제압하는 기질이 강하다. 남녀 모두 똑똑하고 군인, 교수, 예술가, 경찰 총수, 법관, 기업체 사장들에게 많은데, 귀인(貴人)이 응하지 않는 땅이라고 해도 입신출세하는 작용을 한다. 그러나 흉명이 되어 장애가 발생하면, 그 어디에도 문제를 풀어 줄 귀인을 못 만나고 흉하게 된다.

진술충(辰戌沖)이 기신(忌神)이고 무토(戊土)가 투출했다면 곤궁하게 살며, 각종 재앙이 많아서 해당 육친의 혈광사가 있게 됨을 상징하고, 부부 해로에는 넘어야 할 산이 첩첩산중과 같은데, 명식에 진술충(辰戌沖)만 있어도 사묘고충(四墓庫沖)과 같아서 육친의 흉사(凶事)가 발생한다.

토기(土氣)가 재성(財星)이면 재난풍파(災難風波)하고, 관성(官星)이면 관재재앙(官災災殃)이 발생하며, 인수(印綬)라면 공부에 장애가 되고, 여명의 식상(食傷)이나 남명의 관성(官星)이 토기(土氣)라면 자식 신상 이변수로 작용하는 흉성(凶星)의 작용을 한다.

그러므로 일시지충(日時支沖)이나 월일지충(月日支沖)에 진술충(辰戌

沖)이 악살(惡殺)이면 한(恨) 많은 삶을 살기 쉬우므로 종교심으로 극복해야 한다.

진술토(辰戌土)는 귀인의 도움받기 힘들어서 일명 고독충(孤獨沖)이라 하며, 부부 공방살(空房殺)을 만든다. 그러므로 여명 일시지의 진술충(辰戌沖)은 부부 해로하기가 쉽지 않은데, 특히 일시지가 과숙살(寡宿殺)이면 대책이 없다.

백호살(白虎殺)과 괴강살(魁罡殺)은 진술축미(辰戌丑未)에 있다. 특히 괴강(魁罡)은 일지 진토(辰土)와 술토(戌土)에 있으며, 대세 행운에서 수시로 묘고충(墓庫沖)이 발생하므로 꼭 괴강(魁罡)이 아닐지라도 백호살(白虎殺), 축오귀문(丑午鬼門), 인미귀문(寅未鬼門), 진해귀문(辰亥鬼門), 사술귀문(巳戌鬼門)과 연결이 되므로, 귀문살(鬼門殺)과 백호살(白虎殺) 괴강살(魁罡殺)은 동시에 정신계 문제와 혈광사(血光死)가 발생한다.

진술충(辰戌沖)은 극단으로 흐르기 쉬워서, 예전에는 진술충(辰戌沖)이 월일지(月日支)나 일시지(日時支)에 있는 여명은 결혼궁합에서 제외했을 정도였다.

무기토(戊己土) 일간이면 붕충(朋沖)으로 큰 문제가 없으나, 타 천간이면 개고(開庫) 상황에 주의를 기울여야 한다. 특히 행운이 불길하다면 졸지에 몰락하거나 명예를 잃어버리지만, 행운을 잘 만나면 고귀한 위치에 오를 수 있다.

묘고형충(墓庫刑沖)의 붕충(朋沖)은 자세히 살펴야 하는데, 진토(辰土)는 수기(水氣)의 창고이자 입묘고(入墓庫)이고, 술토(戌土)는 화기(火氣)의 입묘고(入墓庫)가 된다. 이들의 충(沖)은 해당 육친의 혈광사(血光死)

또는 배성의 흉사(凶事)가 있을 가능성을 내포하고 있다.

진술충(辰戌沖)은 태산이 무너지는 형상이다. 탁수(濁水)가 흘러내리면 혈액 관련 질병, 당뇨병, 신장병, 유방이나 생식기 질병이 되며, 위장병 심장병의 원인이 될 수 있다.

그러나 고장지(庫藏支)를 충(沖)함으로써 길경사가 발생하는 때도 있는데, 술중신금(戌中辛金)은 진중을목(辰中乙木)을, 진중계수(辰中癸水)는 술중정화(戌中丁火)를 극(剋)하는 상태로, 술중무토(戌中戊土)가 진중계수(辰中癸水)를 탐(貪)하는 데서 오는 득실을 살펴야 한다.

일단 진중을목(辰中乙木)이 술중무토(戌中戊土)를 극(剋)하므로 합(合)은 이루어지지 않는다. 그리고 이미 진중계수(辰中癸水)가 진중무토(辰中戊土)와 합(合)이 되어 있는 상태에 술중무토(戌中戊土)가 끼어들어 진중계수(辰中癸水)를 탐(貪)하지만, 주변환경에 의해서 합(合)할 수 없다.

술중무토(戌中戊土)와 진중무토(辰中戊土)가 힘겨루기를 하는 격이 된다. 이 경우 원국 내에 병화(丙火)나 경금(庚金)이 있다면 일방적인 승패가 결정될 수 있다.

진술충(辰戌沖)은 방위(方位)의 충(沖)으로 토기 본질은 상(傷)하지 않지만, 토기(土氣) 지장 간에 뿌리를 두고 투출된 천간이 있다면 세심한 관찰이 필요하다. 토기(土氣)의 충(沖)은 겉모습보다는 내부에서 이루어지는 것에 세심한 관찰이 필요함을 뜻한다.

진토(辰土)는 습토(濕土)로 일을 벌이는 진취성(進就性)을 뜻하고 술토(戌土)는 현재 상황을 유지하고 지키려는 보수성(保守性)을 뜻한다.

꿈과 이상실현에 목표를 두고 가는 진토(辰土)와, 현재 상황을 지키고 유지하려는 술토(戌土)의 충(沖)은, 전진성(前進性)과 보수성(保守性)의 갈등의 구조가 된다.

일시지 진술충(辰戌沖)은 자식으로 인해서 진술충(辰戌沖)이 발생하는 것과 같은데, 일간이 어느 오행인지에 따라서 부부인연법이 달라진다.

갑목일간(甲木日干) 남명이면 토기(土氣)는 재성(財星)이며 처궁이 되는데, 진술충(辰戌沖)에 처의 입묘살(入墓殺)이 동하므로 아내의 혈광사 및 단명 횡사 등 신상이변(身上異變)을 내포하고 있다. 그러므로 꼭 진술충(辰戌沖)을 풀어 주는 인연, 개고(開庫) 시키는 인연, 해당 천간을 인연하는 법 등을 만나야 한다.

만약 갑술일주(甲戌日柱) 남명이면 신강신약에 따라시 용띠 또는 무토(戊土) 띠를 인연할 수 있다. 이 외에도 수많은 인연법이 성립하므로, 단순히 개고(開庫)시키는 인연만 있다고 말할 수는 없다.

모든 일간 오행과 신강신약에 따라서 달라지는데, 가령 신약명 병술일주(丙戌日柱)라면 개고(開庫) 인연은 대흉하다. 그러나 신강하다면 개고(開庫) 인연이 성립한다.

이때 배성입묘(配星入墓) 상황을 꼭 참조해야 한다. 이러한 인연법은 전문가와 상담이 필요하다.

인연법에는 약 30여 가지의 정해진 법칙이 있는데 이곳에서 쓰는 글들은 인연법 해설 장이 아니므로, 단순히 충살(沖殺)에 의한 이런저런 인연법이 있다는 점만 참조하면 되리라고 본다. 30여 가지의 인연법을 분류해 본다면

*일주무근(日柱無根) 건록지(建祿地) 인연정배(因緣正配).

*배연허약(配緣虛弱) 배성녹근(配星祿根) 인연정배(因緣正配).

*일지배성(日支配星) 희신(喜神)이면 투출인연(透出因緣) 정배(正配).

*일지 식상(食傷) 희신(喜神)이면 투출인연(透出因緣) 정배(正配).

*원국사화(原局巳火) 희신(喜神)이면 병화투출(丙火透出) 인연정배(因緣正配).

*일지암장(日支暗藏) 재관희신(財官喜神)이면 투출인연(透出因緣) 정배(正配).

*조후 사용 시 지장간(支藏干)이 길신(吉神)이면 투출인연(透出因緣) 정배(正配).

*일주입묘(日柱入墓) 개고인연(開庫因緣) 정배(正配).

*배성입묘(配星入墓) 개고인연(開庫因緣) 정배(正配).

*입묘착근(入墓着根) 배성허약(配星虛弱) 입묘인연(入墓因緣) 정배(正配).

*칠살득세(七殺得勢) 합거인연(合去因緣) 정배(正配).

*칠살득세(七殺得勢) 통관인연(通關因緣) 정배(正配).

*칠살득세(七殺得勢) 제살인연(制殺因緣) 정배(正配).

*양인득세(羊刃得勢) 퇴신인연(退神因緣) 정배(正配).

*양인득세(羊刃得勢) 합거인연(合去因緣) 정배(正配).

*양인득세(羊刃得勢) 합살인연(合殺因緣) 정배(正配).

*벽갑인화(劈甲引火) 필요로 할 때 갑목인연(甲木因緣) 정배(正配).

*등라계갑(藤蘿繫甲) 필요로 할 때 갑목인연(甲木因緣) 정배(正配).

*일주(日主) 희신(喜神) 원진인연(怨嗔因緣) 정배(正配).

*일주(日主) 천귀희신(天貴喜神) 천귀인연(天貴因緣) 정배(正配).

*일주희신(日主喜神)이면 도세주옥(淘洗珠玉) 인연정배(因緣正配).

*일주신약(日主身弱)이면 신경흔접(辛庚欣接) 인연정배(因緣正配).

*무기토일간(戊己土日干) 갑을목희신(甲乙木喜神) 인연정배(因緣正配).

*화련진금(火煉眞金) 살화위권(殺化爲權) 희신(喜神) 인연정배(因緣正配).

*명식에 같은 천간이 둘 이상이면서 희신(喜神) 인연정배(因緣正配).

*같은 천간(天干)이 둘 이상이면 합(合)하여 오는 천간(天干) 인연정배(因緣正配).

*명식에 삼합(三合) 방합(方合) 빠진 한 글자가 희신(喜神)이면 인연정배(因緣正配).

*명식과 합(合)해서 희신(喜神)이 되게 하는 인연정배(因緣正配).

*급신이지격(及身而止格)을 풀게 하는 희신(喜神) 인연정배(因緣正配).

*통관지신(通關之神)이 희신(喜神)이면 인연정배(因緣正配).

*연주(年柱)와 시주(時柱)가 같으면 시주(時柱)를 인연정배(因緣正配).

*상관견관(傷官見官) 관성(官星)을 합거(合去)하여 보호하는 인연정배(因緣正配).

*진신(進神) 퇴신(退神) 통관(通關)하는 재성(財星)을 인연정배(因緣正配)

*배성공망(配星空亡)이면 해당 천간 인연정배(因緣正配).

*배성공망(配星空亡)이며 희신(喜神)이면 공망인연(空亡因緣), 진신퇴신(進神退神) 인연정배(因緣正配).

전문가(專門家)와 상담이 이루어지지 않은 궁합법(宮合法)은 좋다 할 수 없으며, 선무당이 사람 죽이는 일이 될 수 있다.

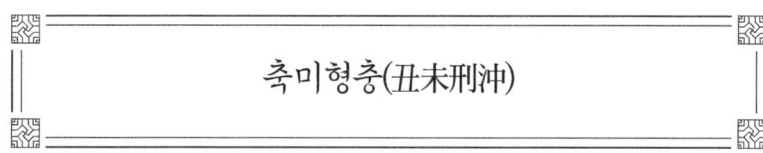

축토(丑土)는 금기묘고(金氣墓庫), 미토(未土)는 목기묘고(木氣墓庫)이다. 명식 내에 축미형충(丑未刑沖)이 근접(近接)하여 만나면 충(沖)이 발생하는데, 축월(丑月)이면 미토(未土), 미월(未月)이면 축토(丑土)가 깨어진다.

축미충(丑未沖)이 명식에 있어도 무기(戊己) 중 한 글자가 투출하는 것이 길하다. 진술축미(辰戌丑未)가 명식에 있어서 가색격(稼穡格)이 되거나, 병정(丙丁)이 종아격(從兒格)을 형성할지라도, 토기천간(土氣天干)의 투출이 없으면 쓸모없는 토기(土氣)이다.

격국의 혼탁함으로 고통 많은 인생을 살아갈 것을 상징한다. 진술축미(辰戌丑未)가 각기 다른 4가지 기운으로 발현하기 때문이다.

축월(丑月)의 축미형충(丑未刑沖)이면 미토(未土)의 암장간인 을정(乙丁)이 깨어지고 축중(丑中)의 신계(辛癸)는 무사하지만, 을정신계(乙丁辛癸)의 착근처(着根處) 작용은 하지 않는다. 다만 토기(土氣)의 본기인 기토(己土)는 상(傷)하지 않는다.

그러나 투출된 을정신계(乙丁辛癸)는 반드시 상(傷)하게 되는데, 특히 투출한 을정(乙丁)이 미중(未中)에 착근처(着根處)를 두고 있다면 상(傷)함이 크다. 그러나 목왕절(木旺節)이거나 화왕절(火旺節)이면, 을정(乙丁)은 크게 상(傷)하지는 않고 신계(辛癸)가 상(傷)하게 된다.

그러므로 월지 환경과 토기지지(土氣地支)에 뿌리를 두고 투출한 천간(天干)이 있다면, 세심한 관찰이 필요하다.

　　토기(土氣)의 충(沖)은 겉모습보다는 내부에서 이루어지는 것에 세심한 관심을 기울여야 하는데, 미중정화(未中丁火)를 축중계수(丑中癸水)가 극(剋)하고, 미중을목(未中乙木)을 축중신금(丑中辛金)이 극(剋)한다.
　　그러므로 목화기(木火氣)가 강하다면 승자(勝者)가 되지만, 금수기(金水氣)가 강하다면 목화기(木火氣)는 패자(敗者)가 된다. 여름 생이면 축토(丑土)의 한랭(寒冷) 성분이 미토(未土)를 만나 따스하게 변하는 과정이 발생한다.
　　겨울이면 축토(丑土)는 이양지지(二陽地支)로 온토(溫土)가 되고자 하는 성분이고, 미토(未土)는 이음지지(二陰地支)로 음기(陰氣)로 나기고자 하는 성분이 되는데, 서로 간에 필요함을 얻게 된다.
　　사묘고충(四墓庫沖)은 붕충(朋沖)으로 친구 간의 싸움이라지만, 육친의 혈광사(血光死)로 작용한다. 목기묘고(木氣墓庫)와 금기묘고(金氣墓庫)의 충(沖)으로, 사주 내의 갑목(甲木)과 경금(庚金)은 묘신작용(墓神作用)에 의해서 육친의 흉사(凶事)가 발생할 염려가 있다.

　　내가 가진 것이 있을 때는 주변에 사람이 많이 모이고 좋으나, 자신이 실패했을 때는 모든 인간관계가 물거품과 같이 냉정하게 변하는데, 특히 축미충(丑未沖)은 상친상소(相親相疏) 충(沖)이라 하여, 자칫하면 친구 형제 또는 친척들과 멀어지거나 소외당하기 쉽다.
　　명식에 축미충(丑未沖)이 있는 사람은 친족 간의 화목과 가정경제를 위해서 무엇보다도 배우자를 잘 선택해야 한다. 그래야 행운이 불길할 때도 배우자의 조력으로 기반을 닦는 계기를 마련할 수 있기 때문이다.

한편 형제 친척 관계에서 도움을 주거나 친절을 베풀어도 공덕이 작고, 재산 관계 때문에 원한을 사거나 의외의 손재수가 많으므로, 매사 속전속결(速戰速決)보다 천천히 생각하고 느긋하게 처신하는 것이 좋다.

축미충(丑未沖)은 음토(陰土)의 성분으로 그늘진 땅, 비장(脾臟), 냉기(冷氣)를 상징하는데, 탁수(濁水)가 흘러내리면 혈액 관련 질병이나 당뇨병, 신장병, 유방이나 생식기 질병이 되며 위장병과 심장병의 원인이 될 수 있다.

필자의 임상 결과 명식에 축미충(丑未沖)이 있으면 심장판막증이나 치매로 고통받는 경우가 많다. 명식 내 축월(丑月)에 미토(未土)가 충(沖)이 되었을 경우, 또는 축대운(丑大運)이 와서 축미충(丑未沖)이 발생하는 경우, 치명적인 위험이 되는 경우가 많다.

그러나 고장지(庫藏支)를 충(沖)하므로 무토(戊土)나 기토(己土)가 희신일 경우에는 길경사가 있으나, 육친 간의 흉사나 피해를 보는 오행이 있게 됨은 어찌할 수 없다.

만약 육친 간의 혈광사(血光死)나 비명횡사한 사람이 없다면, 지구는 사람으로 가득 찬 콩나물시루가 되어 서로가 자멸하여 아무도 살아남지 못할 것이다. 그래서 어느 철학자는 늙어감이 고마운 일이라고 말하지 않았는가!

하여간 명식의 일시지에 축미충(丑未沖)이 있다면 자식으로 인해서 발생하는 것과 같다. 축토(丑土)는 금기묘신(金氣墓神)이고 미토(未土)는 목기묘신(木氣墓神)으로, 금수왕절(金水旺節)의 수일간(水日干)이면 목기묘신(木氣墓神)이 발동되어 자식 신상이변수가 나타난다.

유산, 낙태 또는 한 자식 혈광사 단명으로 작용하며, 본인 역시 단명수가 되기 쉽다. 늙어서는 심장병이나 치매의 위험이 있다.

또한, 배성의 입묘 작용으로 불길하게 되므로 인연법을 적용해야 한다. 일간이 어느 오행인지에 따라 부부인연법이 달라지기는 하지만, 축미충(丑未沖)을 풀어 주는 인연, 개고(開庫) 인연, 해당 천간을 인연하는 법 등이 있는데, 이것은 모든 일간의 신강신약과 조후 희신과 기신에 따라서 달라진다. 신강(身强) 하다면 개고(開庫) 인연이 성립한다. 그런데 이때, 배성입묘(配星入墓) 상황을 꼭 참조해야 한다.

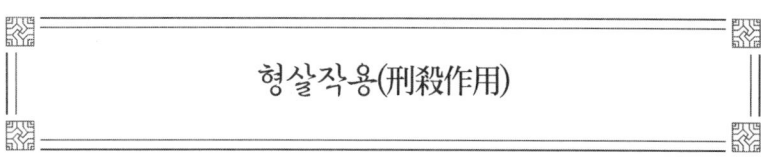

형살작용(刑殺作用)

형살(刑殺)이란, 형벌(刑罰)과 같은 뜻으로 사회질서를 유지하는데 필요한 각종 규범이나 제어장치라 할 수 있다. 즉 새로운 목적을 달성하기 위해서 어느 정도 희생을 감수하면서 잘못된 것을 도려내는 수술과 같다. 사주에서의 형살(刑殺)은 가정이나 조직사회 등의 단합을 해치는 것으로, 삼합(三合)을 손상한다.

삼형살(三刑殺)은 지지삼합(地支三合)과 각 계절을 주관하는 방국(方局)이 서로 교차하며 대립하는 과정에서 발생하는데, 만물이 가득 차면 넘치고, 왕성(旺盛)하다면 다시 쇠(衰)하는 이치와 같다.

*인오술화국(寅午戌火局)이 사오미화방(巳午未火方)을 만나면 왕성한 삼합국(三合局)이 극왕(極旺)해지므로 중화(中和)를 잃게 되고, 인사형(寅巳刑), 오오자형(午午自刑), 술미형(戌未刑)이 형성되어 사주 전체가 동(動)하게 된다. 이때 종격(從格)이 되지 못한 병정화(丙丁火) 일간이면 사망할 수도 있다.

*신자진수국(申子辰水局)이 인묘진목방(寅卯辰木方)을 만나면 서로 간에 형살(刑殺)이 형성되어 인신형충(寅申刑沖) 자묘형(子卯刑) 진진자형(辰辰自刑)이 형성되어 사주 전체가 동(動)하게 된다.

이때 종격이 되지 못한 수일간(水日干)은 인묘진목방(寅卯辰木方)이 설기하므로 피해가 적으며, 목일간(木日干) 또한 마찬가지다. 그러나 화토금(火土金) 일간은 종격(從格)이 아니라면 매우 흉하다.

*사유축금국(巳酉丑金局)이 신유술금방(申酉戌金方)을 만나면 왕성한 삼합국(三合局)이 극왕(極旺)해지고, 사신형파(巳申刑破), 유유자형(酉酉自刑), 축술형(丑戌刑)이 발동되어 사주 전체가 동(動)하게 된다. 이때 종격(從格)이 되지 못한 경신금(庚辛金) 일간은 사망을 논할 수 있다.

*해묘미목국(亥卯未木局)이 해자축수방(亥子丑水方)을 만나면 왕성한 삼합국(三合局)이 태왕(太旺)해져시, 해해자형(亥亥自刑), 자묘형(子卯刑), 축미충(丑未沖)이 발생하여 사주 전체가 동(動)하게 된다. 이때 종격(從格)이 되지 못한 갑을목(甲乙木) 일간은 사망을 논할 수 있다.

어느 한 오행이 일방적으로 극왕(極旺)하다면, 태왕오행(太旺五行)과 극(極)이 되는 오행은 극약(極弱)하게 될 것이므로 사망을 논하는 것이다.

명식에 형살(刑殺)이 있다면 해당 형살(刑殺)이 동(動)하게 된다. 즉 지지(地支)는 정(靜)해야 하지만, 동(動)하게 되었다면 해당 형살오행(刑殺五行)은 더욱 왕성하게 된다.

그러므로 형살오행(刑殺五行)이 희신이면 명예와 권력을 잡고 위엄(威嚴)으로 만인을 다스릴 수 있지만, 기신이 되었거나 편고(偏固)하다면 형벌(刑罰)에 시달리거나 연속적인 재난이 발생하고, 밑 빠진 독에 물 붓기 인생이 된다.

성격적인 면에서는 명식이 생왕(生旺)하고 유기(有氣)하다면 의지와 소신이 있다. 행동이 강하고 과묵하며 자존심이 강하면서도, 한편으로는 의리와 인정이 많으며 희생정신이 있어서 활인성(活人星)으로 발동한다.

그러나 명식이 사절(死絶)되었거나 편고하다면 무정하거나 냉정하고, 비정하거나 잔인하며, 배신 배반하기 쉽고, 파괴적이거나 공격적이며, 얼굴에 화기(和氣)가 부족하고 거칠며 위협적인 사람이 되기 쉽다.

가정적으로는 대체로 형제나 친인척 사이에 무정(無情)하고 부부불화가 잦거나, 부부이별수가 많은 특징이 있다.

사회적으로는 배신이나 모략, 범법으로 인해서 구속 등의 관재구설이 따르고, 신체적으로는 찢고 째는 수술이나 불구의 염려가 있으며, 의사, 건설업, 실내장식, 디자인, 등을 한다. 여명은 산액이나 산후통에 고생이 심하며, 고질병에 시달리기도 한다.

직업적으로는 사주 그릇에 해당하는 격국 용신의 짜임새에 따라서 다른데, 미용실, 미장원, 이발소, 의류 계통, 포목 관련업, 석공(石工), 보일러공, 카센터(정비), 주유소, 정육점, 도축업 등에 종사하는 일이 많다.

재운(財運)이 좋거나 관운(官運)이 튼튼하다면 수산업, 창고업, 목욕탕, 숙박업, 관광업, 오락사업, 약사, 의사 등의 직업이거나, 형벌권을 구사하는 경찰, 수사기관, 검사, 판사, 변호사, 법조계, 신문 방송 등의 언론이나 회사 내 감사 또는 군인 등, 별정직이나 권력기관에 인연이 있다.

형살지지(刑殺地支)의 지장간(支藏干)을 통근처로 사용할 경우, 충살(沖殺)보다 형살(刑殺)이 더 길하고 정확하다. 충살(沖殺)에서는 지장간(支藏干)이 상(傷)하지만, 형살(刑殺)은 동(動)하므로 깨어진 것이 아니다.

병정화(丙丁火) 일간 여명 사주의 식상(食傷)에서 축술미삼형(丑戌未三刑)이 되었다면 자연유산, 낙태, 자궁 외 임신, 임신중독, 제왕절개, 자궁암, 수술 등을 경험하게 되는데, 아들을 잉태하면 유산 낙태수가 강하다. 딸을 잉태(孕胎)하면 무사하기는 하지만, 자식이 성장 도중 사망할 수도 있다.

남명 또한 수기일간(水氣日干)은 축술미삼형(丑戌未三刑)의 관살(官殺)이 기신(忌神)이면 아들 낳기가 쉽지 않다. 또한 잦은 시비구설 관재재앙이 발생하고 좋은 직업이 형성되지 않으며 직업 변동이 심하고, 위장병이나 혈액 관련 질병, 신장병, 심장병 등의 원인으로 작용한다.

일지가 형충(刑沖)이 된 사람은 대체로 지기를 싫어하고 오만과 과시욕이 강하여 칭찬받기를 좋아하지만, 의외로 인정과 눈물이 많다. 측은지심(惻隱之心)이 강해서 희생적이기도 하지만, 대체로 자존심 독선적 기질이 강하여 분노, 잔인, 냉혹성, 염세, 자학도 발생한다.

일지에 형충(刑沖)이 있는 사람은 신체적으로 잘 부딪치고 잘 다친다. 그러므로 찢고 째는 수술이나, 사고당하는 일이 많아서 몸에 흉터가 여러 곳에 있을 것을 상징한다.

다친 곳을 치료하려는 성향으로 의사, 약사, 실내장식, 디자인, 건축업, 도살업, 정육점 등 무관성분이 나타난다. 한번 서로 의(義)가 상(傷)하면 다시는 쳐다보지 않는 냉정함도 강하다.

*무인일주(戊寅日柱)가 인사신삼형(寅巳申三刑)을 다 갖추면 수족(手足)을 절단하는 불행을 겪는 경우가 많다.
*일지신금(日支申金)이 형충(刑沖)이 된 자는 폐, 기관지, 대장, 기능이 허약하므로 호흡수련을 하는 것이 좋다.
*일지에 축술미삼형(丑戌未三刑)이 있는 자는 가슴앓이 위경련 속병을 반드시 앓게 된다.
*병인일주(丙寅日柱)나 정사일주(丁巳日柱)에 인사형살(寅巳刑殺)이 있다면 화재 사고를 특히 주의해야 한다.
*갑인일주(甲寅日柱)나 을사일주(乙巳日柱)에 인사형살(寅巳刑殺)이 들면 수족(手足)을 절단하는 불행을 겪는 경우가 많으며, 반드시 척추디스크나 목디스크에 신음하게 된다.
*인사신(寅巳申) 일지에 삼형(三刑)이 있고 다시 형(刑)을 만나면 반드시 교통사고를 당하고 척추디스크나 목디스크에 신음하게 된다.
*일지가 자수(子水)나 묘목(卯木)이고 자묘형살(子卯刑殺)이 있는 사람은 바람둥이 의사가 많은데, 성병으로 고생하거나 색탐 망신을 겪는다.

형살(刑殺)이 있는 사주는 그릇이 크고 스스로 자수성가할 수 있는 능력이 있으나, 중화(中和)를 잃으면 재난(災難)과 고통이 따르므로, 형살(刑殺)과 관련된 직업을 가지는 것이 좋다.

인사신삼형(寅巳申三刑)

인사신삼형살(寅巳申三刑殺)을 무은지형(無恩之刑)이라 한다. 인사형(寅巳刑), 사신형파(巳申刑破), 신인형충(申寅刑沖)과 같이 두 글자가 형성되어도 형살작용(刑殺作用)을 한다.

인사신삼형(寅巳申三刑)은 은혜(恩惠)를 원수(怨讐)로 갚거나, 혹은 신세를 지고도 자의든 타의든 배은망덕(背恩忘德)하기 쉬운데, 대체로 지기 싫어하는 오만과 과시욕이 강하며 칭찬받기를 좋아한다.

그리고 특히, 서로 의(義)가 상(傷)하면 다시는 쳐다보지 않는 냉정(冷情)함이 강하다. 그래서 인사신삼형(寅巳申三刑)은 베풀어 준 은혜(恩惠)가 없는 무은지형(無恩之刑)이라 하는데, 역마지살(驛馬地殺)에 해당하므로 노상 횡액, 교통사고가 발생하는 경우가 많다.

인신사해(寅申巳亥) 생지(生地)에서 해수(亥水)가 빠지지만, 인신사해(寅申巳亥) 사생지(四生地) 충(沖)이 형성되어 있는 것과 같다.

인신사해(寅申巳亥)는 역마지살(驛馬地殺) 겁살망신(劫殺亡身)에 해당하여 음기(陰氣)가 없는 순수한 양 대 양의 만남으로, 뒤돌아보고 멈추어 생각하는 정체성과 후퇴성이 없는 상이다. 앞만 보고 달리는 양기(陽氣)에 해당하므로 무정(無情)한 극(剋)이 된다.

즉, 생화(生化)의 정(情)이 없는 격이다. 상대적으로 이용하기 위한 중상모략 성분이 내재하여 있어서 지고는 못 사는, 꼭 이기고 말겠다는 성질로 작용한다.

양기(陽氣)의 앞으로만 나아가려는 기질인 전진성이 삼형살(三刑殺)에 제동 걸린 형상으로, 지체, 정지, 중단, 새로운 계획 등으로 나타난다.

인목(寅木)이 사화(巳火)를 만나 인중병화(寅中丙火)로 사화(巳火)를 생(生)하지만, 사화(巳火)는 은혜(恩惠)를 모르고 신금(申金)을 만나 사중경금(巳中庚金) 신중경금(申中庚金)으로 인중갑목(寅中甲木)을 극(剋)하고, 신중임수(申中壬水)로 사중병화(巳中丙火)를 극(剋)하는 형태로, 도움을 준 것이 오히려 해악(害惡)으로 돌아오는 것을 뜻한다.

그래서 은혜(恩惠)가 원수(怨讐)되어 되돌아오는, 베풀어 준 공덕(功德)을 모르는 작용으로 나타난다.

사중경금(巳中庚金)과 신중경금(申中庚金)에 연달아 파극(破剋) 당하므로, 인중갑목(寅中甲木)이 돈 주고 마음 주고도 얻어먹는 것 없이 두들겨 맞는 형상이 인사신삼형살(寅巳申三刑殺)이다.

이러한 인사신삼형살(寅巳申三刑殺)의 모든 흉사(凶事)는 신금(申金)으로 인함이다. 인목(寅木)과는 형살(刑殺)과 충살(沖殺)이 동시에 발생하므로, 특히 일지신금(日支申金) 삼형살(三刑殺)이 되었다면 사신합수(巳申合水) 형파살(刑破殺)을 신금(申金)이 만들고 배신하는 격이다.

그러므로 인목(寅木)과 사중병화(巳中丙火)에 해당하는 육친이 신금(申金)에 배신 배반당할 것을 상징한다. 다만, 일지신금(日支申金)이 희신이면 이렇게 통변하지 않는다.

일지사화(日支巳火)라면 인목(寅木)을 배신하고 신금(申金)을 만나 사신형합(巳申刑合)을 하게 되므로 인목(寅木)의 상생(相生)의 정(情)을 배신한 보복을 신금(申金)에 당하는 격이다.

그리고 사건의 모든 피해는 인목(寅木)이 당하는 것이므로, 정신계에 치명적인 문제가 발생하여 정신을 놓는 경우도 많다.

명식에 인사신삼형(寅巳申三刑)이 있더라도 구조상의 배합이 다르므로, 세심히 살펴야 한다. 인사신(寅巳申), 인신사(寅申巳), 사인신(巳寅申), 사신인(巳申寅), 신인사(申寅巳), 신사인(申巳寅) 등은 모두 삼형살(三刑殺)이지만, 인사신(寅巳申)의 글자 배합에 따라 각기 통변이 모두 달라지는데, 신금(申金)과 인목(寅木)은 떨어져 있는 것이 길하다.

삼형살(三刑殺)에서 나타나는 현상은 약물 쇼크, 가스 중독, 인생 비관, 염세 비관, 자살, 총탄 부상, 파편 부상 등을 당하여 본다. 특히 인목(寅木)은 탕화살(湯火殺)과 연결되어 사주구조가 흉하면 정신적인 문제가 심각하게 나타나는데, 일지인목(日支寅木)이 가장 흉하다.

그러나 사주의 구조가 조화되었다면 권세가 따르므로, 보스나 리더로서 세도를 누리며 살 수 있다. 부조화되었다면 언행이 불일치하고 표리부동하며 불의를 합리화(合理化)하고, 은혜(恩惠)를 모른다.

인사형살(寅巳刑殺)

　인목(寅木)에는 갑병무(甲丙戊), 사화(巳火)에는 병무경(丙戊庚)이 암장되어 있다. 인목(寅木)은 목생화(木生火)로 사화(巳火)를 생(生)하는 구조가 되는데, 마지막 생(生)의 힘을 얻은 경금(庚金)이 갑목(甲木)을 극(剋)하는 구조가 인사형살(寅巳刑殺)이다.
　즉, 갑목일간(甲木日干)이나 인중갑목(寅中甲木)에 해당 육친이면, 사중경금(巳中庚金) 편관(偏官) 자식으로부터 극(剋)을 받는 처지다.
　이때 만약 경금(庚金) 투출이 없다면 실질적인 극(剋)을 받는 것이 아니지만, 대세 행운에서 수시로 경금(庚金)이라는 글자가 들어와 갑목(甲木) 뇌신경을 자극한다.

　경금(庚金)이 투출했는데 병화(丙火)나 정화(丁火)가 없다면, 인중갑목(寅中甲木)은 생(生)의 도움을 주지만 결과적으로 어느 날 경금(庚金)에 해당하는 자식에게 배신당하거나, 심지어는 맞아 죽는 일도 있다. 이런 경금(庚金)을 제압함에는 경금(庚金)과 관계가 좋은 정화(丁火)가 우선이다.
　만약 경인일주(庚寅日柱)라면 자신의 발등을 찍게 되는데, 인중갑목(寅中甲木)의 뇌신경을 스스로 파극(破剋)하는 것과 같다. 특히 신대운(申大運)이나 신년(申年)을 만나면 뇌졸중이나 뇌에 관련된 질병, 또는 교통사고 재난풍파(災難風波)로 나타난다.

그리고 이때 아버지의 사고나 흉사(凶事), 또는 아내의 자궁병이나 대장질환, 생식기 질환이 되기도 하고, 혼파살(婚破殺)이나 재난(災難)이 발생하는데, 용희신의 운과는 상관없이 발생한다. 이러한 신살(神殺) 작용은 오히려 용희신 운에 패망하거나 사망하는 일도 많다.

【2016년 병신년(丙申年) 어버이날, 전도사인 딸과 법학 공부를 했던 아들이 재산을 탐내어 아버지를 살상한 흉악무도한 사건이 바로 이런 사례에 해당한다.】

명식에 경금(庚金)이나 병화(丙火)가 투출했다면, 진정한 인사형살(寅巳刑殺)이 형성된다. 만약 경금(庚金)이 희신이면 길하지만, 기신이면 자식이나 직장 등으로부터 배신당할 염려가 항상 있다. 이때 각기 천간마다 경금(庚金)에 해당하는 육친을 통변하게 된다.

인목(寅木)은 아낌없이 사화(巳火)를 생조(生助)하지만 사중경금(巳中庚金)이 인중갑목(寅中甲木)을 파극(破剋)하는 상인데, 투출된 경금(庚金)이 없거나 경금운(庚金運)이 아니라면 무방하다. 또한, 투출된 경금(庚金)이 있어도 병화(丙火)나 정화(丁火)가 있다면 무방하다.

그러나 경금(庚金)과 무토(戊土)가 투출했다면, 갑목(甲木)에 해당하는 육친은 교통사고 부상 등으로 다치거나 배신당한다.

진토(辰土)나 축토(丑土)가 있거나 겨울 생이면, 형살(刑殺) 작용은 염려되지 않는다. 명식에 화기운(火氣運)이 순일하지 못하다면 형살(刑殺) 작용이 일어나는 것으로, 화기(火氣)와 금기(金氣)에 의해서 인목(寅木)이 입는 피해를 관찰해야 한다.

경금(庚金)이 투출했다면 인사신삼형살(寅巳申三刑殺)이 수시로 발생하는데, 특히 교통사고나, 심하면 다리 절단을 주의해야 한다.

명식에 인사형(寅巳刑)만 있어도 끊임없이 신금(申金)이 들어오게 되므로 삼형살(三刑殺)의 성격이 내재한다. 그러나 가을이나 겨울에 태어나 길신작용을 하면 예술적으로 뛰어나거나, 약사, 의사, 화가 등이 되는 경우도 많이 목격되고 있다.

인사형살(寅巳刑殺)은 미(美)를 창조하는 특출한 능력이 있게 되는데, 동(動)하고 극대화되어 화기(火氣)의 예술적 능력이 발생하기 때문이다. 이때 목생화(木生火)가 되는지, 형살(刑殺) 작용이 되는지를 살펴야 한다.

사신형살(巳申刑殺)

사신합수(巳申合水) 형파살(刑破殺)은 선합후파(先合後破) 작용이 이루어진다. 사신합(巳申合)은 암장간(暗藏干)에서 그 어떤 합력(合力) 기운도 발생하지 않지만 사화(巳火)의 극합(剋合)이 이루어지고, 그 피해는 사화(巳火) 혼자서 당하게 된다.

사신합수(巳申合水)로 수기(水氣)를 만들어 내고 그 수기(水氣)에 의한 피해를 보는 사화(巳火)가 되는데, 신중임수(申中壬水)가 사중병화(巳中丙火)를 칠살(七殺)하므로 형파살(刑破殺)이 발생한다.

이 경우 신중임수(申中壬水)가 사중병화(巳中丙火)를 배신하는 격이므로, 임수(壬水)에 해당하는 육친과 십신성분(十神成分)을 먼저 파악해야 한다.

가령, 무신일주(戊申日柱) 여명이면 신중임수(申中壬水)는 재물 또는 시어머니나 아버지가 될 것인데, 임수(壬水)가 병화(丙火)를 배신하는 물상통변이 이루어진다.

그러므로 사중병화(巳中丙火) 어머니는 임수(壬水) 아버지와 처음에는 사이가 좋아도 결국 임수(壬水) 아버지가 병화(丙火) 어머니를 배신한다. 또한 임수(壬水) 시어머니가 어머니를 무시하는 형태로 나타난다.

그리고 인대운(寅大運)이 왔다면 인사신삼형살(寅巳申三刑殺)이 형성되고, 인목(寅木)과 사화(巳火)는 신금(申金)으로부터 배신을 당한다.

그러므로 인중갑목(寅中甲木)과 사중병화(巳中丙火)의 육친통변이 될 것인데, 신금(申金)이 기신인지 희신인지를 먼저 파악해야 한다. 이 경우 내가 성심을 다해 노력한 일이 배반을 당하고, 도로무공(徒勞無功)이 되는 경우가 많다.

신금(申金)의 금생수(金生水) 작용은, 신금(申金)의 한기(寒氣)가 사화(巳火)의 따스한 기운을 만나면서 적극적으로 이루어진다. 이것은 여름철에 냉장고 속의 차가운 물건을 꺼내 놓으면 수기(水氣)가 만들어지는 원리와 같다.

냉기(冷氣)는 온기(溫氣)를, 온기(溫氣)는 냉기(冷氣)를 반겨 온냉기(溫冷氣)의 중화(中和)를 이루는 현상으로, 신금(申金)의 한기(寒氣)가 사화(巳火)의 온기(溫氣)를 반겨 금생수(金生水)로 수기(水氣)를 만들어 낸다.

그러므로 사신합수(巳申合水)는 서로를 반기는 관계이지만 피해는 사화(巳火)가 당하는데, 명식에 금기(金氣)의 회합(會合)이 있다면 사화(巳火) 작용이 흐트러져 형살작용(刑殺作用)이 발생하게 된다.

또한 사화(巳火)를 믿고 의지하는 사주라면 대풍파와 배신당하는 일이 발생한다. 사신형합(巳申刑合) 선합후파(先合後破)는 육합(六合)이지만 불완전한 합(合)으로, 깨어질 것을 상징한다.

그러므로 일시지나 월일지의 사신형합(巳申刑合)에서는 오래가지 못하므로, 속전속결(速戰速決)이 필요하다. 다시 말해서 장기전은 금물이고 단기전의 승부를 봐야 함을 뜻한다.

일지신금(日支申金)이나 일지사화(日支巳火)가 똑같은 현상이 된다. 신금(申金)이 사화(巳火)를 배신하게 되는데 일지사화(日支巳火)라 하더라도 마찬가지다.

반드시 사중병화(巳中丙火)에 해당하는 육친(肉親)이 다치게 되므로, 특히 화기(火氣)가 필요한 명식이면 큰 손해를 입는다. 처음에는 합력(合力) 기운으로 대단히 유정(有情)하다가, 무정(無情)하게 돌아서서 미워하는 것이 형파살(刑破殺)로, 원진(怨嗔)보다 더 큰 피해로 나타난다.

화기(火氣)가 왕성한 구조라면 피해는 최소화되지만, 특히 임수(壬水)가 투출했다면 백전백패(百戰百敗)의 배신을 당한다. 이때 임수(壬水)가 투출했어도 무토(戊土)의 제수(制水)가 있거나, 갑목(甲木)의 수설생화(水洩生火)가 있다면 피해가 적다.

갑무(甲戊)가 투출했다면 격(隔)하고 있는 것이 더욱 길한데, 화기(火氣)가 왕성한 사주라면 갑목(甲木)은 무투간 하는 것이 길하다. 갑목(甲木)은 임수(壬水)를 도기(盜氣)하는 것이고 무토(戊土)는 임수(壬水)를 제수(制水)하므로, 임수(壬水)의 능력이 나타나지 않는다.

배신 배반당하는 형합파살(刑合破殺)일지라도 희기신을 구별하는 것이 원칙이지만, 신살(神殺)은 희기신을 떠나서 발생하는 것이므로, 이왕 배신을 당해도 좋은 운기일 때 당하는 것이 피해가 적을 것이다.

신금(申金)은 사화(巳火)에 의해서 더욱 적극적인 활동을 하므로, 신금(申金)을 희신으로 쓰는 명식이면 길하다.

명식에 신인충(申寅沖)이 있다면 사화운(巳火運)에 갑작스러운 변화를 맞이하게 된다. 신금(申金)은 여간해서는 화기(火氣)의 공격에 피해를 보지 않으나, 화기(火氣)가 왕성한 구조라면 신금(申金)이 받는 스트레스를 염려해야 한다.

사중병화(巳中丙火)가 본인이라 했을 때 임수(壬水)는 편관(偏官) 자식이 되는데, 그 자식에 해당하는 임수(壬水)로부터 극(剋)을 받기 때문에 도와주고 뺨 맞는 형상이 된다.

만약 병신일주(丙申日柱) 남명이면 경금편재(庚金偏財) 여성을 만나 사통득자(私通得子) 할 수도 있고, 관재구설(官災口舌) 송사(訟事)의 염려가 있다.

월일지나 일지지 사신합(巳申合)은 사신합수(巳申合水) 형파살(刑破殺)이라 하고 선합후파(先合後破)로, 남녀의 애정문제에 깊이 관여한다. 처음에는 좋아서 죽고 못 사는 애정사(愛情事)가 발생하지만, 득자(得子) 이후 차츰 애정이 식어서 부부풍파가 발생하게 된다.

또한, 명식에 유금(酉金)이 있어서 사신합(巳申合)과 사유합(巳酉合)을 동시에 하고 있다면 병화(丙火)의 해당하는 육친은 심각한 정신적인 문제가 발생하며, 인생사가 순일하기 어렵다.

사신합형(巳申合刑)에서 동(動)하고 극대화함을 봐야 한다. 명식의 일지가 사화(巳火)나 신금(申金)이면 끊임없이 인목(寅木)이 들어오게 되므로, 인사신삼형(寅巳申三刑)의 성격이 내재하게 된다.

축술미삼형살(丑戌未三刑殺)

축술미삼형살(丑戌未三刑殺)을 지세지형(持勢之刑)이라 하는데, 진술축미(辰戌丑未)의 상충(相沖)을 의미한다.

지세지형(持勢之刑)이란, 토기(土氣)의 세력을 믿고 은혜를 원수로 갚거나 상대를 배신 배반하는 격에 해당한다. 명식에 축술미삼형살(丑戌未三刑殺)이 구성되지 않았어도 토기(土氣)가 혼잡과다(混雜過多)라면, 세상만사를 자기중심으로 생각하고 판단하는 경향이 있다.

진술축미(辰戌丑未)가 형충삼형(刑沖三刑)이 발생해도 토기(土氣)의 본기인 무기토(戊己土) 기운만은 변함없이 왕성하게 작용하는데, 축술형(丑戌刑), 술미형(戌未刑), 축미충(丑未沖)과 같이 두 글자만 있어도 형살(刑殺) 작용을 한다.

토기(土氣)가 편중된 기신이면 토기(土氣)의 세력을 믿고 세력에 아부(阿附)하며 세도(勢道)를 부리고, 언행이 다르며 표리(表裏)가 다르고 불의(不義)를 일삼으며 파렴치하다. 이것으로 인해서 믿는 도끼에 발등 찍히는 경우로 작용한다.

특히 지지토기(地支土氣)는 모든 해당 육친의 입묘고(入墓庫)로 무덤을 상징하므로, 부모, 아내, 자녀, 남편이나 아내, 본인, 등 육친 관계를 세밀히 살펴야 한다.

축토(丑土)는 금기묘고(金氣墓庫), 술토(戌土)는 화기묘고(火氣墓庫),

미토(未土)는 목기묘고(木氣墓庫), 진토(辰土)는 수기묘고(水氣墓庫)이다.

명식에 축술미삼형(丑戌未三刑)이 있다면 대세 행운과 함께 사묘고충(四墓庫沖)이 되는 것과 같다. 그러므로 목화금수(木火金水) 입묘고(入墓庫)가 발동되어 해당 육친의 흉사가 발생한다.

토기(土氣)는 괴강(魁罡), 백호(白虎), 귀문(鬼門)이 포함된 입묘지(入墓地)가 되므로, 기신이면 더 흉하여 객사(客死), 또는 배성의 흉사(凶事)가 있을 가능성을 내포하게 된다. 또한 토기(土氣)가 희신이라 할지라도 사묘고충(四墓庫沖)이 발생하면, 해당 육친의 흉사(凶事)는 어찌할 수 없이 작용한다.

붕충(朋沖)이 친구 충이라 할지라도 태산(泰山)이 무너지는 형상으로, 탁수(濁水)가 흘러내리면 혈액 관련 질병이나 당뇨병, 신장병의 원인이 되고 생식기 질병이 되며, 심장병, 피부병, 아토피, 질액, 난소, 자궁질병, 유방 관련 질병 등이 있어 본다.

특히, 일지축토(日支丑土)가 삼형살(三刑殺)에 해당하면 우울증에 시달려 보며 위경련 환자가 많고, 약물 쇼크, 가스 중독, 인생 비관, 총탄부상 등이 발생하기 쉽다. 피부병과 성병도 주의해야 하며, 인생을 비관하여 자살로 끝나는 경우도 많다.

진술축미(辰戌丑未)에는 토기(土氣)의 본기(本氣)인 무기토(戊己土)를 제외하고 타 천간은 통근하지 못한다. 혹 충(沖)이 아니라면 통근처 작용이 되겠지만, 항상 불안하다.

특히, 진술(辰戌)에는 무토(戊土)라는 양천간(陽天干)과 음천간(陰天干)인 을정신계(乙丁辛癸)가 암장(暗藏)되어 있는데, 묘고형충(墓庫刑沖)으로 서로 간에 싸우는 배신 배반으로 나타난다.

진술축미(辰戌丑未)는 진술(辰戌) 중의 무토(戊土)를 제외하고 모든 음천간(陰天干)이 암장(暗藏)되어 있다. 이것은 음지지(陰地支)의 다음 글자가 진술축미(辰戌丑未)이기 때문인데, 개고(開庫)된 음천간(陰天干)이 양천간(陽天干)을 합거(合去)하는 것에 세심한 관찰이 필요하다.

 가령, 겨울에 태어나 조후하는 병화(丙火)가 희신인데 개고(開庫)된 신금(辛金)이 병화(丙火)를 합거(合去)해 간다면, 태양이 사라진 것이므로 치명적인 결과로 나타난다.
 또한, 사묘고충(四墓庫沖)이 되었다면 모든 음천간(陰天干)이 개고(開庫)되어 서로가 싸우는 격으로, 을목(乙木)은 기토(己土), 정화(丁火)는 신금(辛金), 기토(己土)는 계수(癸水), 신금(辛金)은 을목(乙木), 계수(癸水)는 정화(丁火)를 칠살하는 형상이다. 그러므로 잡다하고 번거로운 일이 연속적으로 발생한다.
 그러나 축술미(丑戌未)가 유기(有氣)하며 무토(戊土)나 기토(己土)가 투출하고 희신(喜神)이면, 전문분야에 몰입하여 훌륭한 연구 성과나 개혁의 업적을 남기기도 하며, 무관(武官) 성분으로 작용하여 법조계, 군, 검, 경에서 부귀를 이루고, 의업에 종사하는 경우가 많다.
 또한, 만인을 능가하는 장수가 되거나 생사(生死)의 결정 권한을 휘두를 수 있는 권력을 쥘 수 있고, 공사를 엄정하게 분별할 줄 아는 위인으로 명진사해(名振四海)할 수 있다.
 그러나 편고한 흉신이 되었다면 겨울철에 건축공사를 하는 것과 같이 매사가 지체되고, 쉽게 성사될 수 있는 일도 어렵게 꼬이면서 장애가 발생하고, 허망하게 일이 잘못될 것을 상징한다.

특히 여명은 부부불화나 해로하기 어렵고 배신 또는 이별 등으로 고독하며, 은혜를 원수로 갚는 배은망덕을 범하는 경우가 많다.

자신 또한 믿는 도끼에 발등이 찍히는 배신을 당하며 재난풍파, 관재재앙, 자식 신상이변수, 여난풍파, 남난풍파 등이 발생하고 부부 해로하기에는 첩첩산중으로 부부 공방살(空房殺) 작용을 한다.

대세 운에 축술미삼형살(丑戌未三刑殺)이 이루어지면 친한 사람이었는데도 사소한 일로 인해서 원수가 되는 경우가 있거나, 평소에 다정하게 지내다가도 사소한 이익 관계나 재물 관계 또는 권리 다툼으로 인해서 불신, 배신, 투쟁 등이 생겨 일생 말을 않고 지내는 경우도 많다.

 명식에 축술형(丑戌刑)이 동(動)하면 금기운(金氣運)이 동(動)하는 것이다. 특히 축토(丑土)는 정화(丁火)의 입묘고(入墓庫)가 되는데, 술중정화(戌中丁火)가 다치는 것을 피할 수 없다.

 명식의 수기(水氣)와 화기(火氣)의 관계에 따라 희기가 달라지므로, 조심스러운 관찰이 필요하다. 축술(丑戌) 토기(土氣)가 왕성해져서 생기는 문제가 되는데, 먼저 목기(木氣)의 작용을 관찰해야 한다.

 토기(土氣)에 의한 오행의 피해는 목기(木氣) 작용에 따라서 달라진다. 일지가 축토(丑土)나 술토(戌土)라면 미토(未土)는 끊임없이 행운에서 들어오게 되므로, 축술미삼형(丑戌未三刑)의 성격이 형성된다.

 그러므로 토기(土氣)의 세력을 믿고 세력에 아부하며, 세도를 부리려는 지세지형(持勢之刑)의 성격이 있게 되는데, 이때 토기(土氣)가 편고한 기신이 되었다면 언행과 표리(表裏)가 다르며 불의(不義)를 일삼고, 파렴치한 성격으로 나타난다.

 그러므로 스스로 파 놓은 함정에 빠져 믿은 도끼에 자신의 발등을 찍는 경우가 있으며, 소화기 계통, 위경련, 피부병, 아토피, 질액, 난소, 자궁질병, 유방질병이 있어 본다.

 특히 일지축토(日支丑土)가 술축형살(戌丑刑殺)이면 탕화발동(湯火發動)으로 우울증에 시달려 보며, 위경련 환자가 많다. 또한, 심장질환,

심장판막증 환자가 많은 특징이 있으며, 치매로 나타나기도 한다.

축중계수(丑中癸水)가 술중정화(戌中丁火)를 극(剋)하므로 약물 쇼크, 가스 중독, 인생 비관, 총탄 부상 등을 유의하고, 피부병, 성병도 주의해야 한다. 그리고 아기 못 낳는 불임여성을 많이 보고 있다.

축술(丑戌) 중의 신금(辛金)이 목기(木氣)를 극(剋)하면 뇌, 신경, 정신계통의 이상이나 심신장애가 따르고, 일생 치통이나 두통에 시달리기도 한다.

축중계수(丑中癸水)가 술중정화(戌中丁火)를 칠살(七殺)하고, 술중정화(戌中丁火)는 축중신금(丑中辛金)을 칠살(七殺)하며, 술중무토(戌中戊土)는 축중계수(丑中癸水)와 합(合)하고자 한다.

복잡한 상황으로, 원수의 집안끼리 싸우면서 정(情)드는 형국이다. 술중정화(戌中丁火)는 손에 익은 생활습관 같은 것으로, 이 정화(丁火)가 다치는 것은 일상의 익숙한 생활 리듬이 깨지는 것과 같다.

축술형살(丑戌刑殺) 작용은 전체적인 환경변화가 아니라, 기존의 환경 안에서 사용되고 움직이는 일에 대한 수정, 변동, 사고 등을 뜻한다.

가령 몸으로 형살(刑殺) 작용이 나타난다면 외과적(外科的) 문제가 아닌 내과 질병을 예견할 수 있다.

목화(木火)의 작용이 적극적이면 형살(刑殺) 작용을 논할 필요가 없으며, 축토(丑土)에 의해서 기존의 생활방식에 변화를 받아들여 새로움을 만드는 것이 된다.

술미형살(戌未刑殺)

　화기(火氣)의 창고인 술토(戌土)와 목기(木氣)의 창고인 미토(未土)가 만나면 너무나 건조해서 술미형살(戌未刑殺)이 이루어지는데, 특히 여름 생의 일지가 술미(戌未)라면 더 큰 흉작용으로 나타난다.
　토기(土氣)가 십신(十神)의 어느 오행이냐에 따라서 지세지형(持勢之刑)의 통변을 붙인다. 가령 을미일주(乙未日柱)에 기토(己土)가 투출했다면, 기토(己土)는 아버지나 시어머니가 지세지형(持勢之刑)의 이중성을 가진 사람으로, 이것으로 인해서 힘든 인생이 된다고 통변하게 된다.
　그러나 겨울 생으로 수기왕성(水氣旺盛)하다면 매우 길한 작용을 하는 것이 술미형살(戌未刑殺)이다.
　술미형살(戌未刑殺)이 편고한 기신이 되었다면 조토(燥土) 생금불가(生金不可)에 해당하여 무력한 금기(金氣)가 되고, 토극수(土剋水)로 제수(制水)하여 수기(水氣)를 고갈(枯渴)시키므로 무력한 수기(水氣)가 되며, 목기(木氣)는 조토(燥土)에 뿌리내리기 어려우므로 토다목결(土多木缺)로 상처 난 목기(木氣)가 된다.

　특히, 여름 생으로 무토(戊土)나 기토(己土)가 투출했다면 오행의 편고함으로 대흉하여, 인생사 수많은 장애가 있게 된다.
　명식의 화기(火氣)가 왕성하다면 대단히 큰 피해가 되는데, 이때 지지금기(地支金氣)가 수원(水源)이 되고 임계수(壬癸水) 천간이 투출했다면 천만다행으로, 귀인을 만나 역경을 극복하여 반드시 성공하게 된다.

이때 갑목(甲木)의 소토작용(疎土作用)이 있다면 오행이 중화되어 길명이 되는데, 화토(火土)만 강한 명식이면 처자가 없고 육친 덕이 무덕하여 파란풍파(波瀾風波) 속에 살아가게 될 것을 상징한다.

그러나 명식에 수목(水木) 기운이 유력(有力)하다면 술미형살(戌未刑殺)과 조토(燥土)에 의한 피해는 크게 염려하지 않아도 된다.

술미형살(戌未刑殺)은 조토(燥土)의 상형살(相刑殺) 작용으로 비장, 위장질환, 피부질환, 좌골신경통으로 많은 고생을 할 수 있음을 뜻한다.

너무나 건조하고 조열하여 흙먼지가 황사현상이 되므로, 시력이나 인후 관련, 혹은 건조함으로 오는 질병들도 발생한다.

일지가 술토(戌土)나 미토(未土)라면 행운에서 끊임없이 축토(丑土)가 들어오므로, 축술미삼형(丑戌未三刑)의 성격이 형성된다.

그러므로 토기세력(土氣勢力)을 믿고 세력에 아부하며 세도를 부리려 하고, 토기(土氣)가 편고하다면 언행이 다르고 표리(表裏)가 다르며, 불의를 일삼고 파렴치하다. 또한, 믿은 도끼에 발등 찍히는 경우가 많은데, 술미형(戌未刑)은 파살(破殺) 작용을 겸하므로 형파살(刑破殺) 작용이 더 크게 나타난다.

미중정화(未中丁火)가 술중신금(戌中辛金)을 극(剋)하고 술중신금(戌中辛金)은 미중을목(未中乙木)을 극(剋)하는 관계로 성립되어, 축술미삼형(丑戌未三刑)이나 진술축미(辰戌丑未) 행운에서 다시 형살(刑殺)이나 파살(破殺)을 만나면 그 작용력이 더욱 강렬해져, 예상치 못한 사건이 발생하기도 한다.

진술축미(辰戌丑未)는 붕충(朋沖)으로 친구들의 충(沖)이라 하여 작용이 적을 수도 있지만, 백호살(白虎殺)과 묘고(墓庫), 귀문(鬼門)과 괴강살(魁罡殺) 작용으로 자신의 정신계와 육친의 흉사(凶事)가 반드시 있다. 빠르고 늦고의 차이일 뿐, 대세 행운을 만나면서 흉액이 나타나게 된다.

또한, 명식에 진술축미(辰戌丑未)에 뿌리를 둔 천간은 뿌리가 뽑히는 것과 같으니, 원국천간이 어떻게 합거(合去)되었는지를 살펴야 한다.

조토(燥土)는 10리 밖에 있는 수기(水氣)도 겁탈하는 성분이므로, 토기(土氣) 성분에 해당하는 당주는 무척이나 수기(水氣)를 탐(貪)하게 되므로, 재물욕심이 많으며 호색하여 부부 해로하기가 쉽지 않으나, 인연법 적용을 잘하면 무난하다.

가령, 기미일주(己未日柱)나 무술일주(戊戌日柱) 남명이면 수기(水氣)가 재물이며 아내가 되기에, 재물과 이성을 탐(貪)하고 인색한 성격이 될 수 있다.

또는, 여명 정미일주(丁未日柱)나 병술일주(丙戌日柱)라면 수기(水氣) 관성(官星) 명예와 남자를 탐하는 성격이 되며, 수기(水氣)를 탐(貪)하므로 호색(好色)하고, 또는 화류계 팔자가 되기도 한다.

행운에서 술미형살(戌未刑殺)이 이루어진다면 거래처 관계나 주객 관계, 또는 주종 관계에서 의외의 시비구설, 질투, 모함 등이 따르고, 서류나 문서로 인한 착오 또는 실수로 인해서 사고가 발생한다. 그러나 수기왕성(水氣旺盛)한 겨울 생이면 길경사가 생긴다.

대인관계에서는 서로를 이용하려는 심리에서 생기는 배신이나 실망감으로 투쟁이 생기고, 인간적인 정(情)과 인격을 믿고 한 일이 적반하장(賊反荷杖)으로 배반을 당하거나, 억울한 누명을 뒤집어쓰기도 한다.

질병은 신경쇠약, 편두통, 조울증 등 정신 신경 계통 질환에 시달리거나, 좌골신경통, 요통으로 고생하거나 입원하는 일이 있게 된다.

조열한 부분이 해결되지 않는다면 가장 피해를 보는 오행은 금수(金水)가 되므로, 목기(木氣)와 수기(水氣)의 적극적인 작용이 있어야 평안한 삶을 살게 된다.

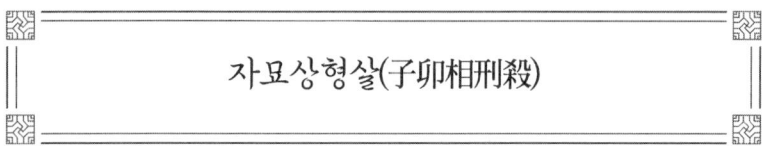

자수(子水)와 묘목(卯木)이 만나는 것을 수목응결(水木凝結)이라 하고, 무례지형(無禮之刑) 상형살(相刑殺)이 성립한다. 도화살(桃花殺)과 도화살(桃花殺), 또는 도화살(桃花殺)과 수옥살(囚獄殺)이 만난 형상이다.

목기(木氣)에서 보는 자수(子水)는 목욕살(沐浴殺)로, 패욕지(敗浴地)라고 한다. 화초(花草)에 해당하여 대체로 습하고 유약한 묘목(卯木)이 한냉수(寒冷水)인 자수(子水)를 만나면, 습목(濕木)은 한냉수(寒冷水)를 반기지 않으므로 오히려 수목(水木) 응결현상(凝結現象)으로 나타난다. 한랭자수(寒冷子水)를 감당치 못하고, 상생(相生)이 반극작용(反剋作用)으로 변하는 것이다.

가령, 임자월(壬子月)에 정묘일주(丁卯日柱)로 천합지형(天合支刑)이 되었다면 형벌(刑罰)로 나타난다.

자묘상형살(子卯相刑殺)이 명식에 있어도 화기(火氣)가 유력하다면 아무런 문제가 없고, 오히려 이럴 때는 산부인과, 비뇨기과 의사가 되는 경우가 많다.

그러나 화기(火氣)가 무력하고 금수기(金水氣)가 왕성하다면 남명은 발기부전, 여명은 불감증이 되거나 매우 호색하는 성품으로 나타난다.

화기(火氣) 무력하다면 대체로 예의가 없다는 무례지형(無禮之刑)이 되는데, 이것은 수목응결(水木凝結) 현상으로 목기(木氣)의 인(仁) 정신이 응결(凝結)되고, 수기(水氣) 현무(玄武) 기운이 유통되지 않아서 사람이 음침하고 호색하며, 무례해지기 때문이다.

대체로 금수(金水)는 왕성하고 화기(火氣)는 쇠약(衰弱)하다면 무례지형(無禮之刑)이라 통변하고, 불륜이나 패륜 등으로 수옥살(囚獄殺)이 발동하거나, 성병(性病)으로 심각한 문제가 되기도 한다.

자묘형살(子卯刑殺)에서 수생목(水生木) 작용에 문제가 나타난 경우, 어느 쪽이 형(刑)을 당하는지 파악해야 한다.

자수(子水) 입장에서 목기(木氣)가 왕성하다면 묘목(卯木)에 의해서 자수(子水)가 형(刑)을 당하게 되고, 묘목(卯木) 입장에서는 수기(水氣)가 왕성하다면 자수(子水) 때문에 묘목(卯木)이 형살(刑殺)을 당하게 된다.

대체로 묘목(卯木) 입장에서 유력한 화기(火氣)가 투출했다면 형살(刑殺) 작용은 일어나지 않는다. 그러므로 수생목(水生木)의 유통이 매끄럽게 잘 이루어지는지를 먼저 살펴야 한다.

화기운(火氣運)에 따라서 묘목(卯木)의 작용력이 달라지기 때문인데, 화기(火氣) 작용이 활발하다면 형살(刑殺) 작용을 논할 필요가 없으나 자묘(子卯) 간에 상형살(相刑殺)이 된즉 뜻밖의 불청객이 출현하여 주인행세를 하는 경우처럼, 염치나 수치를 모르는 비윤리성을 내포하게 된다.

행운에서 자묘(子卯) 상형살(相刑殺)이 형성될 때는 이성 관계에서 불륜, 무례, 간통, 변태성욕, 체하는 증상 또는 성병 등으로 인해서 구설, 시비, 형액(刑厄) 등을 주의해야 한다.

그밖에 대인관계에서 난폭하거나 패륜적인 행동이 나오기 쉽고, 남의 이목이나 체면은 안중에도 없이 행동하는 경우가 많다.

자묘상형살(子卯相刑殺)의 질병은 수옥살(囚獄殺)과 도화살(桃花殺)의 응결현상(凝結現象)이므로 성병이나 자궁, 비뇨기, 간질병, 식중독, 등의 질환, 약물중독이나 마약 또는 음독사, 인후 관련 질병이 되기도 하며, 몸에 칼 대는 수술수도 발생한다.

명식이 조화를 이루고 유력하다면, 산부인과, 비뇨기과, 약사, 간호사, 약업, 의업, 관계 등에 종사하거나 경영하고, 관광 관련업, 오락 관련업 등에서 두각을 나타내고 성공한다.

자형살(自刑殺)

12글자의 지지에서 자형살(自刑殺)에 해당하는 살성(殺星)은 진진자형(辰辰自刑), 오오자형(午午自刑), 유유자형(酉酉自刑), 해해자형(亥亥自刑), 4종류가 있다.

삼합(三合)	申子辰	寅午戌	巳酉丑	亥卯未
방국(方局)	寅卯辰	巳午未	申酉戌	亥子丑

진오유해(辰午酉亥)가 자형(自刑)이 되는 까닭은 위의 배열을 보면 쉽게 알 수 있다. 첫 번째 줄은 삼합(三合), 두 번째 줄은 방합(方合)을 배열했는데, 위의 배열을 살펴보면 다른 두 지지(地支)는 각기 형충(刑沖)이 되지만 진오유해(辰午酉亥)는 형충(刑沖)되지 않았다.

즉, 신자진(申子辰)과 인묘진(寅卯辰)이 만나 신인충(申寅沖), 자묘형(子卯刑)이 되었지만, 수국(水局)과 목방(木方)의 진토(辰土)는 무사하다.

비유하자면 두 나라가 전쟁을 하여 모두가 상처를 입고 손해가 막심한데, 진오유해(辰午酉亥)는 전투현장을 빠져나와 자신만의 안전을 도모하는 꼴이 되어 면목이 없는 처지가 되므로, 자학(自虐)하는 마음에서 스스로 자해(自害)하는 행위, 자화자초(自禍自招)하는 것이 자형살(自刑殺)이 되는 것이다.

명식이 자형살(自刑殺)로 전부 이루어져 있거나, 자형살(自刑殺)이 쌍(雙)으로 자리 잡고 있다면 사고나 자해(自害)로 인해서 신체장애가 생겨 불구가 되거나, 정신이 박약한 경향이 많다.

연월지, 월일지, 일시지에서 진오유해(辰午酉亥)의 두 글자가 병립(竝立)하고 있을 때, 가령, 진진(辰辰)이 근접(近接)하고 있을 때 자형살(自刑殺)이 성립되는데, 이것은 내충(內沖)이라 내부에서 일어나는 일에 해당하므로, 스스로 병을 만든 것이 된다.

자형살(自刑殺)은 서로가 형(刑)을 하며 동(動)하기 때문에, 그 기운이 매우 왕성하게 나타난다. 물론 두 글자이므로 왕성한 것은 사실이지만, 이때 두 글자가 서로 근접(近接)하고 있어야 자형살(自刑殺)이 성립하고, 서로 격(隔)하고 있다면 자형살(自刑殺)로 인정하지 않는다.

그런데 이때, 자형(自刑)이 되는 글자의 운이 들어온다면 3글자가 모여서 자형(自刑)을 하는 것과 같아서 그 피해가 대단히 크다. 물론 희신작용이 되었다면 예상치 못한 행운이 되는 것이지만 기신작용이면 더 큰 흉작용이 되는데, 이때 자형살(自刑殺)의 정기천간이 투출했다면 길흉작용이 더욱 크게 나타난다.

그리고 자형살(自刑殺)은 상대 오행을 도충(倒沖)하는데, 이 글자가 희신이지 기신인지의 판단이 우선되어야 한다. 이 자형살(自刑殺) 또한 형벌(刑罰) 형권(衡圈)을 상징하므로, 무관(武官) 성분으로 나타난다.

명식에 자형살(自刑殺)이 있는 경우 쌍둥이나 장애아를 출산하는 경향이 높고, 중년에 안질이나 그 밖의 사고로 실명(失明)하는 수가 있으며, 몸에 흉터 수술 흔적 등이 있을 수 있다.

운기가 불량하고 세운에서 자형살(自刑殺)의 운이 들어오면 몸에 칼

대는 일이 발생한다. 또한, 명식에 3개의 자형살(自刑殺)이 발생하면 급변급사(急變急死)할 수 있다.

또한 자형살(自刑殺)은 칠살(七殺)과 같은 작용으로 제복(制服)을 입고 근무하는 무관(武官) 직업이 되거나, 산부인과, 내과, 정형외과, 수산물, 횟집, 정육점 등을 하는 경우가 많다.

이때 육친 오행이 어느 곳에 자형살(自刑殺)이 성립되었는가를 잘 살펴야 한다.

진진자형살(辰辰自刑殺)

진토(辰土)가 5양지의 온습토(溫濕土)지만, 두 개의 진토(辰土)가 있다면 습기가중(濕氣加重)으로, 한랭피해를 보게 된다. 그러므로 진진자형(辰辰自刑)을 만난 어느 일간이든 갑목(甲木)의 소토(疎土)와 병화(丙火) 태양이 화창하다면, 대체로 평안함을 누린다. 그러나 갑목(甲木)이 쇠약하거나 아예 없다면, 진토(辰土)의 피해를 감당하기 어렵다.

진토(辰土)는 수기묘고(水氣墓庫)라 수기(水氣) 작용이 변질하고, 습토(濕土)에 의해서 화기(火氣)가 무력해진다. 또한 금기(金氣)가 토다매금(土多埋金)이 될 수 있는데, 무토(戊土)가 투출했다면 피해가 더욱 크다.

그러나 유력한 갑목(甲木)이 진토(辰土)에 뿌리를 박고, 수기(水氣)를 흡수하여 나뭇잎으로 보내어 산소 동화작용이 이루어지면 만물이 생동감을 얻게 되고, 따라서 길경사가 발생하게 된다.

왕성한 수기창고(水氣倉庫)로 인해서 칠살과 같은 작용이 되므로 제복(制服)을 입고 근무하는 무관성(武官星) 직업이 길하다.

연구소, 소방서, 대체의학, 미생물 공학 목욕탕, 사우나, 찜질방 세탁소, 등을 할 수 있으며, 산부인과, 내과, 정형외과, 수산물, 횟집, 정육점 등을 하는 경우가 많다. 진진자형(辰辰自刑)이 문제가 되었다면 위장질병, 생식기 질병, 유방질병, 피부질환, 간암, 위암, 여성의 산부인과 질환 등을 특히 주의해야 한다.

명식이 유기(有氣)하며 화왕절(火旺節)이면, 창고업, 보관업, 수산업이나 법조계 등에서 두각을 나타낼 수 있다.

남명 갑일간(甲日干)이 진진자형(辰辰自刑)이 일시지(日時支)나 월일지에 있다면, 처(妻) 외에 또 다른 여자로 인해서 고생하게 됨을 암시한다.

또한, 현처인연이 불가하여 악처가 되거나, 처의 신병이 있거나, 상애인 인연이 되는 일도 있다. 이때 직업을 잘 선택하여 대체의학 연구나 소방서 근무를 하면 매우 길하다.

여명 또한 임진일주(壬辰日柱)가 진진자형(辰辰自刑)이 일시지나 월일지에 있다면 과부살(寡婦殺)이 발동되므로 매우 흉하고, 남편 외에 또 다른 남자로 인해서 관재구설, 송사사건 등이 발생하게 됨을 상징한다.

그러므로 부부 해로하기 어렵고 쓸데없는 이상만 높아서 현실생활에 불평불만이 많으며, 인생사 장애가 많다. 밝고 건전한 생각을 못 하고 음습한 생각하므로, 호색 음란한 경우도 많다.

진진자형(辰辰自刑)이 육친의 어느 곳에 있는가를 참고하고, 과유불급(過猶不及) 상황도 함께 통변해야 한다. 특히 수기창고(水氣倉庫)이므로 수기(水氣) 관련 상황, 진토(辰土) 수기입묘(水氣入墓)를 함께 통변하고, 해당 육친의 질병과 신변이상수도 함께 봐야 한다.

오오자형살(午午自刑殺)

　오오자형(午午自刑)은 화국(火局)의 왕지(旺地)가 서로 세력을 견주는 상이라 자형살(自刑殺)이 동(動)하고, 화기(火氣)의 태왕(太旺)한 세력이 되는데, 두 개의 오화(午火)이므로 화기(火氣)가 한곳에 집중되지 않으니 명식을 탁(濁)하게 만든다.

　습토(濕土) 성분으로 화기(火氣)를 조절해야 하는데, 진토(辰土)가 반드시 있어야 탁명이 되지 않는다. 또한 병화(丙火)나 정화(丁火) 중에서 한 글자 있어서 화기(火氣)를 한곳으로 통일시키는 작용이 좋은데, 병정혼잡(丙丁混雜)은 흉하다.

　어느 사주나 똑같은 두 글자가 명식에 있다면, 합(合)이나 충(沖)의 방향(方向)이 일정하게 유지되지 않아서 혼란을 일으킨다. 특히 일지와 같은 두 글자가 있는 것은 더 탁하게 된다.

　그러므로 오오자형(午午自刑)은 목분화열(木焚火熱)이 되는 목기(木氣)의 피해와 고갈(枯渴)되는 수기(水氣)의 피해를 조심해서 관찰해야 한다.

　이때 오오자형(午午自刑)이 순일하여 자수(子水)를 불러 조후작용을 하면 흉중길(凶中吉)이 되므로 길하고, 진토(辰土)가 있다면 오오자형(午午自刑)의 피해는 크게 염려되지 않는다.

　그러나 축토(丑土)가 있다면 탕화살(湯火殺)과 원진귀문(怨嗔鬼門)의 영향으로 얌전하다가 폭발하며, 그 성질 이해하기 어려운 행동을 수시로 하게 된다.

　오오자형(午午自刑)은 왕성(旺盛)한 화기(火氣)의 폭발상태로 화기 사고나 폭발, 충돌, 총상 등의 염려가 있으며, 노이로제나 히스테리, 조울증 등 정신 신경 계통의 질병과 폐병, 대장질환 등의 질병 등으로 고생하는 경우가 많다.

직업으로는 보일러, 전기, 설비업, 가스, 주유소, 원자력, 화학공업, 예술인 등 사업을 경영하기도 한다. 또한 자수(子水)를 불러오는 명식에서 신기(神氣)의 발달로 무속 관련업을 하는 경우도 목격되고 있다.

일시지(日時支) 오오자형(午午自刑)이면 처(妻) 외에 또 다른 여자가 있는 형상이다. 처(妻)와 첩(妾)이 서로 미워하고 자해(自害)하는 상자해살(相自害殺)이 성립하므로, 이것으로 인해서 부부 해로가 어렵다.

여명 역시 문제가 되는데, 오화(午火)는 장미도화이므로 수시로 벌, 나비가 날아들어, 그로 인해서 외화내빈이 되고 부부 해로하기 쉽지 않다.

금수월(金水月) 생으로 화기(火氣)가 희신이면 길하지만, 명식에 과유불급(過猶不及) 상황도 함께 통변해야 한다.

명식이 자형살(自刑殺)로 전부 이루어져 있거나 쌍(雙)으로 자리 잡고 있다면, 사고나 자해행위로 인한 신체장애가 발생하고, 지적장애 혹은 불구가 되거나, 쌍둥이나 장애아를 출산하는 경향이 많다.

오오자형(午午自刑)은 중년에 안질이나 그 밖의 사고로 실명(失明)하는 수가 있으며, 몸에 흉터, 수술 흔적 등이 있을 수 있다. 운기가 불량하고 세운에서 자형살(自刑殺)의 운이 들어온다면 몸에 칼 대는 일이 발생한다.

자형살(自刑殺)은 칠살(七殺)과 같은 작용으로 제복(制服)을 입고 근무하는 무관직(武官職)에 어울리며, 안과, 내과, 정형외과, 수산물, 횟집, 정육점 등을 하는 경우가 많다.

유유자형살(酉酉自刑殺)

　유금(酉金)이 유금(酉金)을 만나면 보석과 보석, 광석(鑛石)이 광석(鑛石)을 만나 서로 간의 잘난 척이 극대화하므로 동(動)하는 성질이 되고, 이것이 자형살(自刑殺) 작용으로 나타난다.

　유금(酉金)은 차가우면서도 건조하여 한조금(寒燥金)이라 하는데, 피부질환 아토피를 일으키는 작용을 하며 담석증에 고통받는 사람이 많다.

　유금(酉金) 성분은 더는 단단해지기 어려운 물질로 깨어지기는 할지언정 부러지지 않는 성질로, 인체에서 뼈, 피부, 담석(膽石)이 되고, 자형(自刑)의 흉액(凶厄)이 반드시 나타나게 된다.

　유금(酉金)은 자신의 세력을 결집하는 작용으로, 금생수(金生水)의 상생(相生) 기운이 부족하고 금극목(金剋木)을 하므로, 중풍, 간 질환, 담석, 폐 질환, 대장질환, 암치질이 발생하기 쉽다.

　두 개의 유금(酉金)에 근접(近接)한 합충(合沖)과 목기(木氣) 성분이 없을 때 묘목(卯木)을 부르게 되는데, 일간에 따라서 묘목(卯木) 성분을 육친과 십신에 대입하여 통변하게 된다.

　유금(酉金)은 자형(自刑)의 충돌이 가장 강한 것으로, 전혀 화합이 이루어지지 않는다. 그러므로 화기(火氣) 작용이 적극적이어야 자형살(自刑殺)의 피해를 막을 수 있다.

　유금(酉金)이 강하다면 쇠약해지는 목기(木氣)의 피해를 염려해야 하는데, 화기(火氣)의 화극금(火剋金)이 적극적으로 이루어져야 유유자형살(酉酉自刑殺)의 피해를 막을 수 있게 된다.

　중년 이후 뇌졸중, 치매, 골다공증, 다리부상 등으로 불구가 된다는 암시가 있고 심각한 정신계 문제가 발생하기도 하며, 간암, 폐암, 대장암, 신장암이 되기도 하는데, 이것은 모두 화기(火氣)가 무력할 때 유금운(酉金運)을 만났을 때 발생한다.

만물을 숙살(肅殺) 하는 금기(金氣)가 강왕하므로 공구(工具), 기계 등으로 인한 상해, 수술 등을 경험하거나 수족절단 등의 염려가 있으며, 신경성 질병과 세균에 의한 감염, 여자는 생리통 등의 질병에 시달리기도 하는데, 명식이 유기(有氣)하면 정형외과나 신경정신과 의사가 될 수 있다.

유유자형(酉酉自刑)은 쇠와 쇠, 보석과 보석, 돌과 돌이 부딪쳐 충돌하는 형국이라 산성체질이 되어 담석증 관련 질환이 많으며, 유방질환 유방암이 되는 경우도 많다.

서로 부딪히고 부서지며 망가지는 형상이므로 공업성으로 작용하며, 술월생(戌月生)의 유금(酉金)이 천의성(天醫星)으로 작용하면 보건복지, 의업, 제조업, 건설업 등으로 나타난다.

유금(酉金)은 마이크, 화면, 음악, 도화(桃花)가 되므로 예술성이 되는 경우도 많은데, 육친을 꼭 확인해야 한다. 만약 유유자형(酉酉自刑)이 식상(食傷)이면, 생식기 유방질환과 자식의 문제점 등으로 나타난다.

명식이 자형(自刑)으로 전부 이루어져 있거나 자형(自刑)이 쌍(雙)으로 자리 잡고 있다면, 사고나 자해로 인해서 신체장애가 생겨 불구가 되거나 정신이 박약한 경향이 많으며, 일시지의 자형(自刑)으로 무기토(戊己土) 일간 여명이면 쌍둥이나 장애아를 출산하는 경향이 높다.

중년에 안질이나 그 밖의 사고로 실명(失明)하는 수가 있으며, 몸에 흉터 수술 흔적 등이 있을 수 있다. 운기가 불량하고 세운에서 자형살

(自刑殺)의 운이 들어오면 몸에 칼 대는 수술 수가 발생한다.

또한 자형살(自刑殺)은 무관(武官) 성분으로 제복(制服)을 입고 근무하는 무관직에 어울리며, 군인, 의사, 경찰, 경비원, 정육점, 정형외과, 치과의, 대체의학, 음식업, 세균 의학, 방사선과, 마취학과, 탄광, 보석 관련 업종, 세공 관련 업종, 폭발물 관련업, 건설업 등을 할 수 있다.

해해자형살(亥亥自刑殺)

해해자형(亥亥自刑)은 범람하는 물과 같아서 통제하기 어려운 상황이 되기 쉬우니, 무토(戊土)와 술미(戌未) 중 한 글자가 무토(戊土)의 근이 되어 주고, 갑목(甲木)이 있고 인묘(寅卯) 중 한 글자가 갑목(甲木)의 록근이 되어 주며, 수기(水氣)의 흐름을 만들어야 평안한 인생이 된다.

수기(水氣)는 유통이 이루어져야 썩지 않는 물이 된다. 그런데 겨울에 태어나 해해자형(亥亥自刑)이면 인묘(寅卯)는 습목(濕木)으로 변하므로 어떤 방법이 없으나, 병화(丙火)가 유력하다면 구사일생(九死一生)이다.

이때 사화(巳火)를 불러와 병화(丙火)의 임관처(任官處)가 되게 하면 매우 길하다. 두 개의 해수(亥水)는 근접(近接)한 합충(合沖)과 다른 화기(火氣) 성분이 없을 때 사화(巳火)를 부르게 되는데, 각기 일간에 따라서 사화(巳火) 성분을 육친과 십신에 대입하여 통변한다.

무토(戊土)가 수기(水氣)를 제방제수(堤防制水) 한다고 해도, 술미(戌未) 중 한 글자가 무토(戊土)의 근(根)이 되어 줘야 수다토류(水多土流)로 무토(戊土)가 유실되지 않는다.

그래야 무토(戊土)의 임무를 하는 것이고, 목기(木氣) 또한 토기(土氣)의 땅이 있어야 부목(浮木)되지 않는다. 그러므로 목극토(木剋土)의 관계는 일방적으로 극(剋)하는 금목상전(金木相戰)과는 다름이 있다.

목극토(木剋土)는 상생(相生) 관계와 같아서, 갑무(甲戊)는 병용(竝用)할 수 있는 것이다. 그러나 갑목(甲木)과 무토(戊土)는 극(剋)하는 관계이므로, 격(隔)하고 있는 것이 좋다.

해해자형(亥亥自刑)이 있다면 해일이 발생하고 파도치는 형상이다. 이때 수기천간(水氣天干)이 투출하고 수기(水氣)를 생(生)하는 금기(金氣)가 있다면 음실양허(陰實陽虛)하지만, 목화(木火) 기운이 유력(有力)하다면 해해자형(亥亥自刑)의 피해는 염려하지 않아도 된다.

해해자형(亥亥自刑)에 수기(水氣)를 방조하는 세력이 있다면 태왕한 수기(水氣)로 인해서 수재(水災), 폭설, 폭풍, 한파로 피해를 보거나, 혈액이나 비뇨기 관련 질병, 유산, 냉병, 고혈압이나 당뇨병, 신장 계통이 나빠진다. 직업으로는 목욕탕, 세탁업, 청소업, 주점, 횟집, 산부인과 의사, 무관 등을 하기도 한다.

해해자형(亥亥自刑)이 일시지에 있다면 남편이나 아내 외에 또 다른 배성이 있는 형상으로 처(妻)와 첩(妾)이 서로 미워하고 부(夫)와 부(夫)가 자해(自害)하며 상자해살(相自害殺)이 성립하므로, 이것으로 인해서 부부 해로가 어렵게 되며 부부 갈등 부부불화 공방살(空房殺)이 될 수 있고, 육친성의 통변에서 문제점이 나타나므로 세심한 감명이 필요하다.

화염조토(火炎燥土)하고 수기(水氣)가 용신이 되었다면 길하지만, 수기과다(水氣過多)에 흉신이 되었다면 과유불급(過猶不及)이 되므로, 육친에 관련하여 재난풍파(災難風波)와 관재구설(官災口舌)이 발생한다.

파살(破殺)의 특징

일지	子	辰	寅	申	午	戌
일지	酉	丑	亥	巳	卯	未

파살(破殺)은 6종류가 있다. 4번째의 양지지(陽地支) 또는 10번째의 음지지(陰地支)로 이루어진다. 즉, 양지지(陽地支)는 후진(後進)한 4번째의 지지, 음지(陰地)는 전진(前進)한 4번째의 지지가 파살(破殺)에 해당한다.

월일지나 일시지에 근접(近接)하면 가령, 일지자수(日支子水)에 유금(酉金)이 근접하거나, 일지유금(日支酉金)에 자수(子水)가 근접하면 파살(破殺)이 성립하는데, 또는 연월지에도 성립한다.

파살(破殺)이란 잘못된 부분을 정리, 분리, 파괴한다는 뜻으로, 형충파해(刑沖破害)의 최종 마무리 작업이라 할 수 있다. '파괴는 건설의 어머니'란 역설적인 말처럼, 새로운 발전과 건설을 위해서 잘못된 것을 정리하는 과정과 같다.

가령 주택 건축공사에서 성분 배합이 잘못된 불량 콘크리트를 썼다가 잘못을 바로잡기 위해서 다시 헐어 버리는 것, 또는 조각가가 본래 의도한 대로의 조각품이 안 되어 매끄럽지 않은 부분이나 튀어나온 부분을 정교하게 다듬어서 완벽한 조각품으로 완성하는 일과 같은 것이 파살(破殺) 작용이라 할 수 있다.

파살(破殺)은 초지일관(初志一貫)이라는 말과 정반대로, 중간에 계획을 수정하거나 진로를 변경하거나, 또는 의외의 사건이 발생함을 뜻한다.

파살(破殺)은 일상생활에서는 직업이나 계획하는 사업, 또는 추진하는 일 등의 변경이나 이동 및 분리작용을 하며, 질병이나 정신적인 면에서는 절단이나 수술, 치료, 완치 등의 작용을 하는데, 대인관계에서는 내가 잘못한 것이 없는데도 묘하게 상대로부터 미움 받는 경우로 작용한다.

옛말에 '사혹십악(四惑十惡)'이란 말처럼, 4살과 10살 차이는 서로 유혹하기 쉽고 또 유혹하여 파괴(破壞)하는 성질이 있다고 했는데, 파살(破殺)의 특징도 이와 비슷하다.

남녀일지가 서로 파살(破殺)에 해당하면 뭔지 모르는 다툼과 부부풍파가 발생하게 됨을 상징하며, 정(情)이 안 생긴다. 반드시 파살(破殺)을 당하는 지지의 일지에서 원망살(怨望殺)이 발생한다.

미워하고 원망하지 않으려 하면서도 상대를 원망하게 되는데, 이것은 남녀 궁합만이 아니라 사회생활의 대인 관계에서도 적용된다.

파살(破殺) 작용은 파살(破殺) 하나만 본다면 약하다 할 수 있지만, 형충해(刑沖害)가 가세하면 그 영향력은 커지고, 사건의 결과가 의외로 확대되는 수가 많다.

가령, 자오충(子午沖)이나 자묘상형(子卯相刑)에서 자유파살(子酉破殺)이 끼어들면, 본래의 형충(刑沖)보다 더 큰 영향력이 운명에 미친다고 할 수 있겠다.

파살(破殺) 작용은 변동, 정리, 파괴를 주장하는 작용이 강하므로, 개인사업이나 공무원, 회사원 등 장기적으로 직장생활을 하는 사람의 행운이 흉(凶)할 때는 파산, 전업, 좌천, 해임, 파면 등으로 좋지 못하다.

그러나 한편으로 잘못된 부분을 교정하여 알맞은 상태로 만드는 의미도 있으므로, 장기적인 질환이나 고질병으로 시달리던 사람이 파살운(破殺運)에 회복되거나 완치되는 수가 있다.

어떤 살성(殺星)일지라도 유념할 것은 기신을 파(破)하면 오히려 길하고, 길신(吉神)을 파(破)하면 흉(凶)하다는 것이다.

궁(宮)으로 보는 파살(破殺)

*년파살(年破殺)은 양친 부모를 일찍 이별하게 되거나 분묘이장(墳墓移葬), 조상궁의 변동, 이향이나 직업 변동을 의미하고, 주택담장이나 외관의 수리가 있는 것으로 본다.

*월파살(月波殺)은 주택이나 전답, 건물 등의 수리나 정리 또는 직업 변동, 사업장의 이전 및 수리하는 것으로 본다.

*일파살(日破殺)은 고립되고 처자운(妻子運)이 박하다. 즉 처(妻)나 남편 혹은 본인에게 사고가 나거나 수술 등의 변화가 생기거나, 부부간에 불화할 가능성이 크다고 판단한다.

재성(財星)이 파살(破殺)이면 아내에 관한 우환을, 관성(官星)이 파살(破殺)이면 직업 변동이나 남편에 관한 우환의 발생 여부를 판단한다.

처(妻)나 남편 또는 자기 신변에 수술이나 사고 등의 변화나 부부불화가 생기니, 일파살(日破殺)의 작용력이 제일 크다고 할 수 있다.

*시파살(時破殺)은 말년(末年)이 불행하게 된다. 점포 내부나 주택의

실내 등에 변화를 가져오거나, 아랫사람이나 거래처에 문제가 생길 것을 암시한다.

*관성(官星)이 파살(破殺)이면 말 그대로 좌천이나 파직, 파면, 해고 등을 암시한다.

*재성(財星)이 파살(破殺)이면 손재나 처에 관한 우환이 발생할 것을 암시한다.

*인성(印星)이 파살(破殺)이면 계약이나 문서의 수정, 해약 또는 인허가 사항의 취소나 해결을 의미한다.

*비겁(比劫)이 파살(破殺)이면 동업이 깨지거나, 믿는 도끼에 발등을 찍히는 식의 배신을 당하는 일이 생긴다.

*식상(食傷)이 파살(破殺)이면 주거나 주택에 사건이 생기고, 부하나 아랫사람(자식 포함)으로 인한 골치 아픈 일이 발생하거나 손해를 보게 되고, 직장 변동이 생기거나 신병신액에 해당한다.

자유파살(子酉破殺)

유금(酉金)은 한조금(寒燥金)으로 차가우면서도 건조한 기운이며, 자수(子水)는 극음(極陰)의 한냉수(寒冷水)이다. 유금(酉金)이 자수(子水)를 만나면 자유파살(子酉破殺)과 귀문관살(鬼門關殺)이 성립되고, 문서, 계약, 승진 등의 여러가지 일들에서 장애가 발생한다.

유금(酉金)은 서방금기(西方金氣)의 왕지(旺地)이며, 자수(子水)는 북방수기(北方水氣)의 왕지(旺地)로, 금생수(金生水)나 수생목(水生木)과는 거리가 멀다.

유금(酉金)은 금기(金氣)로 결집하는 기운이며, 금극목(金剋木)의 숙살지기(肅殺之氣)이자 한기(寒氣)이면서 건조한 성분으로, 목기(木氣)를 제압하는 성분이다.

 자수(子水)는 수기(水氣)를 결집하는 극음(極陰)의 성분으로, 수극화(水剋火)를 하여 화기(火氣)의 팽창성분이 발현하지 못하도록 하는 냉기(冷氣)이다.

 즉, 유금(酉金)이나 자수(子水) 모두 상생(相生)과는 거리가 멀고, 상극투쟁(相剋鬪爭)하는 서북방(西北方)의 한냉기(寒冷氣)가 되므로 동남방(東南方)의 피해가 발생하는데, 동남방(東南方)은 정신계를 상징하므로 피해가 크다.

 더구나 귀문관살(鬼門關殺)의 작용이므로 정신계에 치명적으로 작용하며, 무슨 일에서나 시원스레 해결되는 일이 적고 많은 장애를 발생시키므로 만사가 짜증스러울 수밖에 없다.

 한랭(寒冷) 기운은 한습(寒濕) 기운과 다르게 관찰해야 하는데, 일지 유금(日支酉金)에 자수(子水)가 근접(近接)해 있다면 차갑고 깨끗한, 결백성(潔白性)에 가까운 까다로운 모습으로 나타난다.

 금생수(金生水)가 이루어지지 않으며 자수(子水)에 의한 설기 또한 쉽지 않다. 겉모습은 금생수(金生水) 상생(相生)의 모습이지만 내부적으로는 서로 불편한 관계로, 파살(破殺)이나 귀문살(鬼門殺)이 이것에서 비롯된다.

 가령, 신유일주(辛酉日柱)라면 자수(子水)는 수복(壽福)을 상징하는 식신(食神)이지만, 말이 좋아 식신(食神)일 뿐 전혀 반갑지 않은 성분이다. 특히 자월(子月)이나 시지자수(時支子水)의 여명의 경우라면 자식덕이 양호하지 못하여, 불량아 또는 무자식이 될 수도 있다.

그러므로 득자이별이 형성되고, 직업이 좋지 못하며 부부 정이 없게 된다. 화기(火氣)의 활동이 적극적으로 이루어져야 명식의 파살(破殺)과 귀문(鬼門) 작용에 의한 장애가 해소된다.

유금(酉金)과 자수(子水)는 파살(破殺)과 귀문관살(鬼門關殺), 자수(子水)와 묘목(卯木)은 상형살(相刑殺), 묘목(卯木)과 오화(午火)는 파살(破殺) 관계가 되므로, 상생(相生)하지 못하는 성분의 자오묘유(子午卯酉)는 극단적인 일로 작용하기도 한다.

명식에 화기(火氣)가 부족하다면 한랭(寒冷)해서 생기는 문제를 먼저 관찰해야 한다. 이 부분은 분리와 단절이 지나쳐 생기는 것이므로, 자신 스스로 고립의 위기를 만들기 쉽다.

일상생활에서 믿었던 약속이 깨지거나 이행되지 않아 신의가 추락하거나 애태우는 경향이 발생하는데, 자수(子水)와 유금(酉金)은 도화살(桃花殺)과 수옥살(囚獄殺)에 해당한다.

자수(子水)의 왕성한 수기(水氣)를 목기(木氣)로 설기해야 하지만 유금(酉金)이 목기(木氣)를 파극하므로, 일시지(日時支)에 자유파(子酉破) 귀문(鬼門)이 형성될 경우 여명은 아들 낳기 어려우며 자궁질병 유방암이 발생하기 쉽고, 무자식이 되거나 하천한 인생이 되기 쉬우며, 호색 음란하여 스스로 창부(娼婦)가 되는 경우도 많다.

일반적인 자유파귀문(子酉破鬼門)에서 매매나 취직, 금전거래(金錢去來) 등에서 믿고 있던 결과가 상대방의 갑작스러운 사정으로 약속 위반이 되는 경우가 많은데, 가령 이삿날 1~2일 전에 계약이 깨져 낭패를 당하는 일이 생기는 것이 목격되고 있다.

또는, 각종 시험에서 1, 2차 시험에는 합격하고 면접에서 탈락하는 경우도 많이 목격되고 있는데, 유독 자유파귀문(子酉破鬼門)이나 사신합수(巳申合水) 형파살(刑破殺)에서 이런 일들이 많이 발생한다.

또한, 남녀결혼에서 연월지나 월일지 또는 일시지에 자유파(子酉破)가 있고 자년(子年)이나 유년(酉年)을 만나는 경우 혼파살(婚破殺)로 나타나, 결혼식 며칠 전에 파혼이 되는 경우도 많이 목격되고 있다.

이러한 현상들은 당주에게 심각한 정신계 문제를 만들어야 한다는 암시, 유도라고 할 수 있다. 즉 과부와 같은 삶을 살도록 하도록 만드는 것이 이미 짜여진 각본인 것이므로, 살성(殺星)은 참으로 무섭다 하겠다.

명식에 파살(破殺)이 있는데 행운에서 다시 파살(破殺)을 만나거나 화기(火氣)가 무력해지면, 이것으로 인해서 계획과 업무추진에 혼란을 가져오는 경우로 작용한다.

질병으로는 신장, 비뇨기 계통 질환, 생리불순, 요도염, 방광염, 전립선염, 자궁암, 신장염, 식중독, 성병, 유산 등이 발생하거나 수술수가 있으며, 신경통, 요통, 폐 질환이 염려되고, 주색잡기나 불륜으로 인한 사건이 발생하기도 한다.

축진파살(丑辰破殺)

한습축토(寒濕丑土)가 온습(溫濕)한 진토(辰土)를 만나는 것이지만, 습기(濕氣)는 더욱 강해져 허박(虛薄)한 토기(土氣)로 언제 무너질지 모르게 되는, 습냉(濕冷)함에 의한 장애를 피할 수 없다.

유력한 갑목(甲木)이 있어야 화기(火氣) 작용이 빛을 발하는데, 갑목(甲木)이 없다면 화기(火氣)가 있다 해도 작용력을 의심해 봐야 한다.

축진파살(丑辰破殺)의 제일 큰 피해는 냉해(冷害)가 되는데, 화기(火氣)와 수기(水氣) 모두에게 문제를 일으키게 된다. 육친작용에서 갑진일주(甲辰日柱)일 경우 큰 문제없이 무난하지만, 을축일주(乙丑日柱)일 경우 부부인연에 변함이 오게 된다.

또한 갑을목(甲乙木) 일간이 아닐지라도, 목기(木氣)에 해당하는 육친의 부부인연의 변함이 오게 된다.

축진파살(丑辰破殺)에서는 조습(燥濕)의 균형이 무너지는 것을 먼저 관찰해야 한다. 목기(木氣) 작용이 활발하다면 피해를 최소화할 수 있고 흉액 또한 무사하게 되는데, 목기(木氣)가 한랭해져 발생하는 문제와 화기(火氣)가 쇠약해지는 문제도 관찰해야 한다.

축진파살(丑辰破殺)은 진중을목(辰中乙木)이 축중계수(丑中癸水)에 수목응결(水木凝結)의 한랭피해를 보는 가운데, 축중신금(丑中辛金)이 진중을목(辰中乙木)을 극(剋)하는 데서 오는 을목(乙木)의 정신적인 문제를 검토해야 한다.

축진파살(丑辰破殺)은 매사 조급하게 진행하거나, 경험이 없는 일에도 자신의 능력을 과신하거나, 무리한 욕심을 내어 사업이나 어떤 일에 손을 대고 명예와 재산을 손상(損傷)하거나, 가정파탄을 불러오는 경우가 많다.

　진중무토(辰中戊土)가 축중계수(丑中癸水)를 합(合)하려는데 축중기토(丑中己土)가 방해하고, 축중신금(丑中辛金)은 진중을목(辰中乙木)을, 을목(乙木)은 기토(己土)를, 기토(己土)는 계수(癸水)를 극(剋)하는 형태다.

　대운에서 축진파살(丑辰破殺)이 이루어지면, 세년과 세월에서 진술축미(辰戌丑未) 파살(破殺) 작용이 가중되어 나타난다.
　연월지나 월일지 또는 일시지에 축진파살(丑辰破殺)이 있고 행운에서 다시 파살운(破殺運)을 만나면 남명은 인처파재(因妻破財)라 하여, 처(妻)가 분수에 넘치는 일을 저질러 재산손실을 보기 쉽다.
　여명은 남편의 사회적인 물의로 가정이 흔들리는 장애가 발생하는데, 사건으로는 주변과의 경계선 다툼이나 축대 붕괴 등의 사고, 택지정리, 가택 수리, 조경 등을 새로 하거나, 앞에 열거한 일들이 오랫동안 끌어오던 사건이면 의외로 쉽게 해결되거나 결말이 나기도 한다.
　질병으로는 위장, 비장, 맹장염이나 복막염, 피부습진이나 냉병 등의 관련 질병이 발생할 수 있으며, 수술수가 크다.

인해파살(寅亥破殺)

　해수(亥水)가 인목(寅木)에 육합(六合)을 이룬 후에 파살(破殺)이 성립하므로 선합후파살(先合後破殺)이라 한다. 해수(亥水)는 자수(子水)와 다른 미약온수(微弱溫水)라, 수생목(水生木)을 하면서 합목(合木)을 이룬다.

자수(子水)와 묘목(卯木)이 만난 수목응결(水木凝結) 현상과는 전혀 다른 성분으로, 화기(火氣)가 왕성한 사주의 인목(寅木)은 해수(亥水)를 무척이나 반긴다.

해수(亥水)는 미약온수(微弱溫水)이고, 인목(寅木)은 병화(丙火)가 암장(暗藏)되어 있으므로 온목(溫木)에 해당한다. 그러므로 해인합(亥寅合)은 유정(有情)한 합(合)이다.

그러나 주변환경에 의해서 사화(巳火)가 명식에 있거나, 신금(申金)이 명식에 있어서 합(合)을 방해하거나, 합목(合木)이 되었다 해도 사화운(巳火運)이거나 신금운(申金運)을 만나면 합목(合木)은 깨지고, 이때 파살(破殺)이 발생한다.

해인합목(亥寅合木)은 반가울 수도, 해로울 수도 있다. 가령, 신강사주의 화일간(火日干)은 관살(官殺)이 반가운데 해인합(亥寅合)으로 더 신강(身强)하게 하면 해로운 작용이 된다.

수왕(水旺)하지만 합목(合木)을 이루지 못하면 이 또한 반가운 것이 아니며, 여름의 해인합목(亥寅合木)은 반갑지만 겨울의 해인합목(亥寅合木)은 불미하다.

해인파살(亥寅破殺)은 주변 여건에 의한 파살(破殺)이 형성되므로 세심히 살펴야 하는데, 병화(丙火)가 있다면 목생화(木生火)가 순조로워 좋은 작용을 하게 된다.

그러나 정화(丁火)가 있다면 해수(亥水)에 의해서 목기(木氣)가 강화되기는 하지만, 습목(濕木)이 되므로 목생화(木生火)가 순조롭지 않다.

인목(寅木)은 질적 팽창이 이루어지지만, 화기(火氣)로 승화(昇華)되기는 어렵다. 그러므로 사주구조가 안 좋으면 시작은 좋은 듯하지만,

결과에 이르기 어려우므로 속전속결이 필요하다.

　대체로 해인파살(亥寅破殺)은 파살(破殺)작용이 제일 약한 것으로 판단하지만, 특히 행운에서 합중봉충(合中逢沖)의 운이 올 때 미묘한 작용력이 발생하기 쉽다. 해중갑목(亥中甲木)으로 목기(木氣)를 돕지만, 해중임수(亥中壬水)는 인중병화(寅中丙火)를 극(剋)하는 데서 오는 미묘한 관계라고 보면 될 것이다.

　행운에서 사화운(巳火運)이나 신금운(申金運)이 들어올 때 파살(破殺)작용이 나타난다. 일지해수(日支亥水)나 일지인목(日支寅木)으로 파살(破殺)이 이루어지면 남명은 처(妻)가, 여명은 본인이 자궁 수술, 유산, 임신중절, 단산수술(斷産手術)을 할 수 있고, 혹은 방광염이나 담석증이 발생하기도 한다.

　해인합(亥寅合)처럼 합(合)과 파살(破殺) 또는 합(合)과 형파살(刑破殺) 등이 동시에 성립될 때는 우선 합작용을 먼저 해석하고, 형파살(刑破殺) 등의 작용도 대기상태에 있다는 것을 염두에 두고 살펴야 한다.

　세년에 해인합목(亥寅合木)이 이루어진 경우에도 세월(歲月)에서 형충파살(刑沖破殺)이 만들어지게 됨을 유념해야 한다.

사신파살(巳申破殺)

　사신합수(巳申合水) 형파살(刑破殺)은 선합후파살(先合後破殺)이라 하며, 해인합목파살(亥寅合木破殺)과는 그 성질이 완연히 다르다.

　해인합목파살(亥寅合木破殺)은 상생(相生)의 흐름 속에서 발생하는 것이지만, 사신형파살(巳申刑破殺)은 극합(剋合)이라, 배신하고 배반당하며 모사를 꾸미는 성분에 해당한다.

사신합(巳申合)은 암장간(暗藏干)에서 그 어떤 합력(合力)도 발생하지 않으며, 사화(巳火) 스스로 극합(剋合)을 이루고 그 피해는 사화(巳火) 혼자서 당하는 격이다.

그러므로 일지사화(日支巳火)일 경우 정 그리워하면 반드시 형파살(刑破殺) 작용으로 배신 배반을 당하고, 심하면 형옥살(刑獄殺), 법정구설로 작용한다.

사화(巳火)는 사유합(巳酉合), 사신합(巳申合), 사축합(巳丑合)을 하며 금수기(金水氣)를 강화해서 목화기(木火氣)를 쇠약하게 하는 작용으로, 흉작용이 될 때는 피해가 크지만 길작용이 될 때는 복록이 넝쿨째 굴러오게 된다.

그러나 기본적인 배신 배반 모사를 꾸미는 행위는 어찌할 수 없다. 어찌 보면 간악하다고 할 수 있으며, 자신의 이익을 위해서는 타인의 아픔은 나의 쾌락이라 생각할 정도의 냉정함을 숨기고 있는 것이 사신형파살(巳申刑破殺)이다.

내면은 따스하여 측은지심(惻隱之心)이 있지만, 결과적으로는 몰염치한 사람으로 몰아가는 귀신의 조화가 숨겨져 있다. 사신합력(巳申合力)으로 수기(水氣)를 만들어내고, 그 수기(水氣) 때문에 피해를 보는 사화(巳火)가 된다.

신중임수(申中壬水)가 사중병화(巳中丙火)를 칠살(七殺)하므로 형파살(刑破殺)이 되는데, 이때 화기(火氣) 작용이 미약하다면 목화(木火) 기운과 해당 육친의 피해로 나타난다.

예를 들어 계사일주(癸巳日柱)가 사신합(巳申合)을 했을 경우, 나의 재물인 사화(巳火)가 신금(申金)으로 이동하여 문서가 되는 듯하지만, 신금(申金)의 물상은 여관, 주택, 호텔, 임대사업을 뜻하는 건축물이다.

사주격이 흉하다면 내 돈 주고 신금(申金) 여관방에 들어가 한바탕 정사를 벌인다는 뜻이 된다. 이때의 신금현침(申金懸針) 뚫을 곤(丨)의 물상은 남자의 성기를 상징하는데, 여성의 성기는 밭 전(田)이다. 밭은 생산의 의미를 두므로, 밭 전(田)의 물상은 여자의 자궁인 것이다.

그래서 신(申)이라는 글자는 여성의 성기에 남자의 성기가 합궁(合宮)하고 있는 물상이고, 신(申)에는 사(巳)가 들어 있다. 사(巳)는 전(田)이 되고, 뚫을 곤(丨)으로 사(巳) 뱀의 머리에 왕 대못을 박아 죽여 버린 형상이 신(申)이라는 글자이다.

이처럼 사주는 물상으로 보는 때가 많은데, 사실 물상학(物象學)을 모르고 십신론(十神論)으로 사주를 감명한다는 것이 맞기도 하고 틀리기도 하다. 하지만 될 수 있으면 물상학(物象學)을 접목해서 사주를 감명하는 것이 바람직하다.

하여간 신금(申金)의 한기(寒氣)가 사화(巳火)의 따스한 기운을 만나면 금생수(金生水) 작용이 적극적으로 이루어진다. 여름에 냉장고 속의 차가운 물건을 꺼내 놓으면 수기(水氣)가 만들어지는 원리와 같다.

냉기(冷氣)는 온기(溫氣)를, 반대로 온기(溫氣)는 냉기(冷氣)를 반겨, 온냉기(溫冷氣)의 중화(中和)를 이루는 것이다. 자연현상으로 신금(申金)의 한기(寒氣)가 사화(巳火)의 온기(溫氣)를 반겨 금생수(金生水)로 수기(水氣)를 만들어 낸다.

그러므로 결과적으로 사신합수(巳申合水)는 서로를 반기는 성질이 매우 강하다. 상생(相生)의 해인합(亥寅合)보다 극합(剋合)인 사신합(巳申合)이 몇 배는 더 강한 합력작용이 발생한다.

그리고 파살(破殺) 작용이 이루어져 합정(合情)의 대가를 치르게 되는데, 몸과 정, 돈까지 주고 운다는 것에 해당하는 것이 사신합수(巳申合水) 형파살(刑破殺)이다.

사신합(巳申合)은 육합(六合)이 이루어지지만 오래가지 않으므로 속전속결(速戰速決)이 필요하다. 항상 사화(巳火)의 피해 상황을 봐야 한다.

화기(火氣)가 있어야 하는 명식이면 큰 피해로 나타나는데, 처음에는 합력(合力) 기운으로 유정(有情)하다가, 무정(無情)하게 돌아서서 미워하는 것이 사신합수(巳申合水) 형파살(刑破殺)의 특징이다.

그러므로 배신 배반이 있을 것을 상징하고 원진(怨嗔) 작용보다 더 무섭게 해로운 작용으로 나타나지만, 명식에 화기(火氣)가 희신이거나 화기(火氣)가 왕성한 구조라면 피해 작용은 최소화된다.

그런데 신금(申金)은 여간해서 화기(火氣)의 공격에 피해를 당하지 않으나, 화기(火氣)가 왕성한 구조라면 신금(申金)이 받는 스트레스를 염려해야 한다.

금기(金氣)를 희신으로 쓰는 경우라면 사화(巳火)에 의해서 신금(申金)은 더욱 적극적인 활동을 하므로 길작용이 되는데, 명식에 신인충(申寅沖)이 있다면 사화운(巳火運)에 갑작스러운 변화를 맞이하게 된다.

남명 병화(丙火)가 본인이라 했을 때 사신합수(巳申合水) 합정(合情)을 하고 임수(壬水)라는 자식을 낳은 후, 자식에게 뺨 맞는 형상으로 보면 될 것이다. 그래서 득자 후 부부이별수로 작용한다.

또는 여명이 병화(丙火)라 했을 때 믿었던 남자로부터 배신을 당하고 직업 변동이 수시로 발생하며, 좋은 직업 갖기 어려운 경우로 작용한다.

또는 여명 경금(庚金)이 본인이라 했을 때, 임수(壬水) 자식을 낳은 후 사중병화(巳中丙火) 남편을 능멸하게 되므로 득자이별, 부부 무정(無情)이 되고, 자식과 사는 팔자로 귀결(歸結) 지어진다.

이 경우 거의 연애결혼 혹은 득자 후 결혼이 되지만, 바로 이별 수, 공방살(空房殺), 견우직녀성(牽牛織女星) 발동으로 발현된다. 사통득자(私通得子)하는 경우도 있어서 한 번의 외정에 자식을 임신, 낙태하거나, 사통 남자의 자식을 본남편의 자식인 양 키우는 일도 있으며, 또는 본남편 모르게 두 집 살림하는 파렴치한 여자도 있다.

어찌 되었건 사신합(巳申合)은 형파살(刑破殺) 작용으로 발현되고 관재송사(官災訟事) 구설이 될 수 있는 염려가 남아 있으며, 월일지나 일시지 사신합(巳申合)은 남녀의 애정문제에 깊이 관여한다.

남녀일지 사신합(巳申合)의 궁합은 처음에는 좋아서 죽고 못 사는 애정이 발생하지만, 득자 이후 차츰 애정이 식어서 부부풍파를 만든다.

합파살(合破殺) 작용은 동시에 합(合)도 되고 형살(刑殺)도 이루어진다. 그러므로 처음에는 합작용이 먼저 일어나 화합, 단합(團合), 합의(合意), 동업(同業) 등으로 일이 순조롭게 처리되는 듯하다가, 도중에 의견충돌, 불화, 배신, 투쟁이 발생하는 형파살(刑破殺) 작용으로 발현되어 장애, 손재, 파산, 분리, 이별 등으로 나타난다.

한마디로 복잡하고 미묘한 이중 작용이 있으므로 자세히 살피고, 행운의 변화도 눈여겨봐야겠다. 질병은 소장과 심장 계통의 관계 질병이 발생하거나 수술수를 염려할 수 있는데, 형파살(刑破殺) 작용에서 형옥(刑獄)되는 경우도 많다.

오묘파살(午卯破殺)

　오화(午火)가 묘목(卯木), 묘목(卯木)이 오화(午火)를 만나면 오묘파살(午卯破殺)이 성립하지만, 자유파살(子酉破殺)보다는 약하다. 이때 월지를 중요히 보게 되는데, 묘월(卯月)에 오화(午火)를 만나면 파살(破殺)이 성립하지만, 오월(午月)에 묘목(卯木)을 만나면 파살(破殺)이 미약하고 목생화(木生火) 관계이다.

　묘목(卯木) 자체가 습목(濕木)으로, 수기(水氣) 형태를 봐야 습목(濕木)의 경중을 알 수 있다. 묘목(卯木)과 오화(午火)는 목생화(木生火)의 상생(相生) 관계이지만, 서로에게 별로 도움이 되지 않아서 상생(相生)의 흐름이 좋다고 할 수 없다.

　한랭사주에서는 오화(午火)의 덕으로 묘목(卯木)이 성장할 수 있으나, 오화(午火) 입장에서는 묘목(卯木)으로 인해서 오히려 회광(晦光)되어 활동성이 약해진다. 그러므로 오화(午火)에 해당하는 육친이 묘목(卯木)을 마땅치 않게 생각하는 작용이 된다.

　만약 여름 생이면 목분화열(木焚火熱)이 되는데 불난 집에 부채질하는 형상으로, 이때 역시 모든 피해는 오화(午火)가 당하게 된다.

　묘목(卯木)은 오화(午火)를 생조(生助)할 의지가 없으며, 오화(午火)는 묘목(卯木)의 생조(生助)가 오히려 부담스럽다. 이러한 관계가 파살(破殺) 작용으로 나타나게 되는데, 묘오(卯午)가 근접(近接)하고 있는 것은 길작용이 어려운 구조가 된다.

　묘목(卯木)이 운에서 오화운(午火運)을 만나는 것은 강한 화기(火氣)에 목기(木氣)가 다치는 것을 염려해야 하는데, 명식이 한습(寒濕)하다면 도움이 된다.

오묘파살(午卯破殺)은 습묘목(濕卯木)이 목생화(木生火)를 못 하면서 묘중갑목(卯中甲木)이 오중기토(午中己土)를 합(合)하고자 하지만, 묘중 을목(卯中乙木)이 강력히 반대하면서 기토(己土)를 극(剋)하는 데서 오는 정신적인 문제로 나타난다.

만약 여름의 오묘파살(午卯破殺)이면 목생화(木生火)가 적극적으로 이루어지지는 않지만, 시간이 지나면서 맹렬(猛烈)해진다. 오히려 화기(火氣)에 의해서 묘목(卯木)이 목분(木焚)되기 쉬워서, 습묘목(濕卯木)은 화기(火氣)가 왕성해지는 것 또한 좋아하지 않는다.

수기(水氣)가 많은 명식이면 습목(濕木)에 의해 화기(火氣)가 다치는 피해를 염려해야 하는데, 행운에서 자오묘유(子午卯酉)가 형성될 때 강한 파살(破殺) 작용이 나타난다.

매사에 신중하지 못하고 속전속결로 처리하거나, 배후의 힘을 너무 믿고 안일하게 일 처리를 하다가 실패하거나 손해를 보는 경향이 있다.

명식에 오묘파살(午卯破殺)이 있는 사람은 매사에 시간적인 여유를 가지고 계획을 세우는 것이 중요하다. 자신의 능력과 입지적 조건을 냉철히 판단하고 침착하게 행동하여, 과욕(過慾)이 없도록 해야 한다.

또한 일지오화(日支午火)나 일지묘목(日支卯木)으로 오묘파살(午卯破殺)이 된 경우 묘하게도 고부간(姑婦間) 갈등이 있으며, 이것으로 말미암아 부부이별하는 사람도 있다.

행운에서 다시 파살(破殺)을 만나거나 자오묘유(子午卯酉)의 사왕지충(四旺地沖)이 이루어지면 건강도 조심해야 하지만, 특히 화재(火災)나 폭발사고 등도 조심해야 한다.

오묘(午卯)가 도화살(桃花殺)과 수옥살(囚獄殺)로 도박이나 유흥, 그리고 색정 관계에 해당하므로, 방탕해져 손해를 보는 것은 물론 명예를 실추할 수 있다.

또는 공금횡령이나 뇌물수수 사건에 말려드는 불상사가 일어날 수 있으므로 매사 신중하게 심사숙고해야 한다. 질병으로는 안질, 시력장애, 난시, 백내장, 간질병 등으로 고통받을 수 있다.

술미형파살(戌未刑破殺)

술미조토(戌未燥土)는 파살(破殺)과 형살(刑殺)이 동시에 성립하므로, 형파살(刑破殺) 작용으로 나타난다.

해인합(亥寅合)은 선합후파(先合後破)로 먼저 생합(生合)이 이루어진 후 헤어지면서 파살작용(破殺作用)으로 나타나고, 사신합(巳申合)은 극합(剋合)이 이루어진 후 형파살(刑破殺) 작용으로 나타난다.

그런데 술미(戌未)는 합력(合力)이 없는 동기간의 친구가 서로 힘을 과시하게 되므로, 무정(無情)한 지세지형(持勢之刑)의 형파살(刑破殺) 작용으로 나타난다.

그러므로 관재구설(官災口舌) 법정출두하게 되는데, 술미(戌未)가 일생 동(動)하고 있는 형상으로, 명식에 수목(水木) 기운이 약하다면 피해가 크고 치명적이다.

술토(戌土)와 미토(未土)는 조토(燥土)로서 집요하게 수기(水氣)를 탐하며 서로의 경쟁력이 강화되므로, 수기(水氣)를 제압하는 데서 오는 문제를 점검해야 한다.

목기(木氣) 창고인 미토(未土)와 화기(火氣)의 창고인 술토(戌土)가 만나 목화(木火)의 창고가 목생화(木生火) 화생토(火生土)된 것이므로, 결과적으로 조토(燥土)가 왕성하여 문제가 된다.

명식에 술미형파살(戌未刑破殺)이 있을 때의 승자는 술토(戌土), 패자는 미토(未土)가 된다. 술토(戌土)는 돌처럼 딱딱한 제방토(堤防土)지만, 미토(未土)는 사토(沙土)이므로 술토(戌土)에 견줄 바가 안 된다. 그러므로 이때 육친성분에 승패의 기운을 적용한다.

조토(燥土) 생금불가(生金不可)하고, 토극수(土剋水)로 수기(水氣)를 고갈시키며, 토다목결(土多木缺)로 상처 난 목기(木氣)가 되므로, 성한 구석이 없는 격이 된다.

술중신금(戌中辛金)이 미중을목(未中乙木) 신경선을 자르고, 미중정화(未中丁火)는 술중신금(戌中辛金)을 칠살(七殺)하는 격이지만, 신금(辛金)은 힘을 쓸 수가 없으니 무참히 깨어지는 보석이다.

다시 말해 신금(辛金)에 해당하는 육친이 을목(乙木) 재물을 얻기 위해 광분하고, 그로 인해서 정화(丁火)의 법정구설 또는 대 패재, 혹은 폭행을 당하고 쓰러짐을 상징한다.

여름 생의 술미조토(戌未燥土)의 형파살(刑破殺)이면 가난하고 처자식이 없는 외롭고 고독한 승려명과 같아서 자칫 한 많은 인생이 될 수 있는 염려가 있다.

특히 화기(火氣)가 왕성하다면 큰 피해가 발생하는 격이다. 그러나 겨울 생으로 술미형파살(戌未刑破殺)이 희신이 될 경우, 술미(戌未)로 인해서 전체 오행이 보호받는다.

목기(木氣)는 한랭피해를 벗어나 고사목(涸死木) 되지 않으며, 화기

(火氣)는 안정되므로 온화하고, 금기(金氣)는 토기(土氣)의 생조로 평안하게 되며, 수기(水氣) 또한 범람하지 않으니 전체 육친의 덕이 좋아서 발복 성공하고, 가화만사성(家和萬事成)을 이루게 된다.

그러나 겨울 생이 아니라면 신유(申酉) 중 한 글자가 있고, 임계(壬癸)중 한 글자가 통근처를 가지고 투출해야 평안함을 찾게 되는데, 이때 무엇보다 갑목(甲木)의 소토작용이 이루어져야 한다.

만약 이도 저도 아니고 화염조토(火炎燥土)가 된다면 처자 덕이 부족하고 가난하며 파란풍파를 겪는 인생사가 되지만, 수목(水木) 기운이 유력하다면 술미형파살(戌未刑破殺)과 조토(燥土)로 인한 피해는 크게 염려되지 않는다.

일지가 술토(戌土)나 미토(未土)라면 행운에서 끊임없이 축토(丑土)가 들어오므로 축술미삼형(丑戌未三刑)의 성격이 형성된다. 그러므로 토기세력(土氣勢力)을 믿고 세력에 아부하고 세도를 부리려 하며, 사주가 편고하다면 언행과 표리(表裏)가 다르며 불의를 일삼고 파렴치하다.

또한, 믿는 도끼에 발등 찍히는 경우가 많은데, 축술미삼형(丑戌未三刑)이나 진술축미(辰戌丑未)가 행운에서 형살(刑殺)이나 파살(破殺)을 형성하면 작용력이 더욱 강렬해져, 결정적인 사건이 발생하기도 한다.

묘고충(墓庫沖)은 붕충(朋沖)으로 작용이 적을 수도 있지만, 백호살(白虎殺)과 귀문관살(鬼門關殺), 그리고 입묘고(入墓庫)이므로, 가정 내 육친의 혈광사가 발생하게 된다.

명식의 묘고(墓庫)에 뿌리를 둔 천간은 매우 큰 타격을 받으므로, 천간이 어떻게 합거(合去)되는지를 보는 것이 순서이다.

조토(燥土)는 수기(水氣)를 겁탈하는 성분이므로, 수기(水氣) 성분에 해당하는 육친을 통변해야 한다. 당주는 수기(水氣)를 탐(貪)하는 삶을 살게 될 것을 상징하는데 호색 음란함으로 나타날 수 있으며, 유흥업에 종사하기도 한다.

행운에서 술미형살(戌未刑殺)이 이루어지면 거래처 관계나 주객 관계 또는 주종 관계에서 의외의 시비, 구설, 질투, 모함 등이 따르고, 서류나 문서로 인한 착오, 또는 실수로 인한 사고가 발생한다.

대인 관계에서는 서로 이용하는 심리에서 생기는 배신이나 실망감으로 투쟁이 생기고, 인간적인 정(情)과 인격을 믿고 한 일이 적반하장으로 배반을 당하거나, 억울한 누명을 뒤집어쓰기도 한다.

조토(燥土)의 상형살(相刑殺)이 되어 흙먼지의 황사(黃沙) 현상으로 인해서 발생하는 질병으로, 위장병과 비장질환, 피부질환, 좌골신경통의 염려가 있고, 신경쇠약, 편두통, 노이로제, 조울증 등 정신 신경 계통 질환에 시달린다.

또한, 요통으로 고생하거나, 시력, 인후 관련 질병 등이 생길 것을 상징하며, 건조함에서 오는 질병 등이 발생한다. 유력한 계수(癸水)와 갑목(甲木)이 사주에 있으면 일생 풍파가 없다.

해살(害殺)의 특징

일지	子	丑	寅	卯	酉	申
일지	未	午	巳	辰	戌	亥

해살(害殺)이란 육합(六合)의 상충(相冲)되는 지지로, 지지육합(地支六合)을 깨뜨리는 것을 말한다. 자미해살(子未害殺), 축오해살(丑午害殺), 인사해살(寅巳害殺), 묘진해살(卯辰害殺), 유술해살(酉戌害殺), 신해해살(申亥害殺) 등의 6종류가 있으며, 자미(子未)와 축오(丑午)는 원진귀문(怨嗔鬼門) 해살(害殺)이므로 정신계의 문제로 나타난다.

없어야 할 방해물이나 모리배가 중간에 끼어 이간질하여, 쌍방(雙方)의 합(合)을 방해하고 피해를 주는 것인데, 인사(寅巳)는 형해살(刑害殺)로 형살(刑殺)과 해살(害殺)이 동시에 발동하여, 교통사고 등으로 다리를 절단하는 경우를 많이 보고 있다.

묘진해살(卯辰害殺), 유술해살(酉戌害殺), 신해해살(申亥害殺)은 순수한 해살(害殺) 작용만 하는 경우이다. 명식에 유력한 화기(火氣) 작용이나, 수기(水氣) 작용이 있다면 큰 문제가 되지 않는다.

자축합(子丑合)을 축미충(丑未冲)으로 미토(未土)가 방해하고, 축자합(丑子合)을 오자충(午子冲)으로, 인해합(寅亥合)을 사해충(巳亥冲)으로, 묘술합(卯戌合)을 진술충(辰戌冲)으로, 유진합(酉辰合)을 술진충(戌辰冲)으로, 신사합(申巳合)을 해사충(亥巳冲)으로, 육합(六合)을 방해한다.

은혜(恩惠)중에 해(害)를 입힌다는 뜻으로, 가까운 사람과의 질투, 암해(暗害), 모략(謀略), 공격(攻擊), 투쟁, 소송(訴訟) 등의 일이 발생한다.

특히, 명식의 육합(六合)이 희신작용을 하는데, 해살(害殺)의 운이 들어와 육합(六合)을 깨트릴 때 피해로 나타난다.

해살(害殺)은 형충파(刑沖破)보다는 약하지만 육친 간에는 강하게 작용하여, 육친지해(六親之害) 또는 육해살(六害殺)이라고도 한다. 앞서 말한 대로 형제, 동료, 친인척 간에 무정(無情)하고, 서로 방해작용을 하는 것으로 보면 된다. 그리고 부부간에나 자식 간에 또는 육친 간에도 해살(害殺) 작용으로 나타난다.

자미해살(子未害殺)

자미해살(子未害殺)은 원진살(怨嗔殺)로만 해석해도 큰 문제 될 것은 없다. 다만 서로를 해(害)하는 성분이라 정신계에 밀접한 관련이 있어서, 미움, 원망, 불평불만, 잔소리, 과다한 후회를 하는 성분으로 보면 될 것이다.

자축(子丑)이 육합(六合)인데 미토(未土)가 끼어들어 축미충(丑未沖)으로 육합(六合)을 방해하여, 해살원진(害殺怨嗔)이 성립한다.

특히 희기신을 구별하는 것이 중요하다. 한냉자수(寒冷子水)와 열기미토(熱氣未土)가 만나면 원진살(怨嗔殺)에 해당하는데, 자수(子水) 입장에서는 음기(陰氣)가 풀리는 작용보다 토극수(土剋水)를 먼저 당하게 된다.

자중임수(子中壬水)가 미중정화(未中丁火)와 합(合)하려 하지만, 자중계수(子中癸水)가 미중정화(未中丁火)를 극(剋)하므로 암합이 이루어지지 않고, 미중기토(未中己土)는 자중계수(子中癸水)를 극(剋)하는 미묘한 상황이다.

　자중임수(子中壬水)의 합(合)하고자 하는 마음이 친구 동료로 인해서 합(合)하지 못하고, 기토(己土)에 극(剋)당하는 처지가 되므로, 합(合)하지 못하는 마음이 울분이나 분노(忿怒)로 나타난다. 자수(子水)가 미토(未土)를 원망하고, 미토(未土)는 자수(子水)를 해(害)한다고 보면 틀림없을 것이다.
　하지만, 자미(子未)가 근접(近接)한 미토(未土) 입장에서는 자수(子水)를 받아들여 생금(生金)할 수 있는 조건을 갖출 수 있으므로, 서로가 원하는 바가 다르게 나타난다.
　이러한 현상이 원진(怨嗔) 작용으로 발현하는데, 자수(子水) 입장에서 피해를 보는 경우로 나타난다. 이럴 때 갑목(甲木)으로 소토(疏土)하여 토극수(土剋水)를 막는 방법과, 경금(庚金)으로 토설생수(土洩生水)의 방법이 있는데, 사주구조에 따라서 쓰임이 달라진다.

　자수(子水)의 희기(喜忌)를 먼저 살펴야 하는데, 자수(子水) 작용이 긍정적이면 미토(未土)의 피해를 막아야 하므로 목기(木氣)를 이용하는 방법은 적극적인 것이 되며, 금기(金氣)로 조절하는 것은 소극적이지만 안정적인 방법이 된다.
　갑목(甲木)의 소토작용이 나쁘지 않지만 미중기토(未中己土)에 암합이 되므로, 합토(合土)로 끌려간다면 갑목(甲木)에 해당하는 육친의 생사가 걸린 문제가 되어 불안하다.

경금(庚金)의 토설생수(土洩生水)가 순하기는 하지만, 조토생금불가(燥土生金不可)에 해당하여 설기가 미약하다. 그러나 결국엔 좋아진다.

일시지의 원진해살(怨嗔害殺)은 육친이나 혈육 간에 불화하며 원한을 가지고 있어서, 자식과 함께 살지 못하고 멀리 떨어져 살아야 길하다.

축오해살(丑午害殺)

축오해살(丑午害殺)은 원진(怨嗔)과 귀문(鬼門) 탕화살(湯火殺)이 추가되므로, 인생사에 수많은 변화를 만들어 내는 작용을 한다. 자축(子丑)이 육합(六合)인데 오화(午火)가 끼어들어 자축합(子丑合)을 풀게 하므로, 부부 사이에 적군이 끼어든 것과 같다.

명식의 일시지에 자축합(子丑合)이 있고 행운에서 오화(午火)가 들어와 자오충(子午沖)을 하면, 축토(丑土)가 오화(午火)를 미워하여 원진(怨嗔)과 귀문(鬼門) 탕화(湯火)가 발생하여 해살(害殺) 작용이 나타나고, 적대감, 증오, 우울증, 정신계의 문제가 발생한다.

또한 일시지(日時支) 축오원진(丑午怨嗔)과 귀문탕화(鬼門湯火)는 매사에 지기 싫어하는 성품으로, 심중에 독(毒)이 있어 쉽게 화를 내며, 인내심이 부족한 단점이 있다.

특히 재물에 관한 암투(暗鬪)와 오해로 인한 관재송사 등 친척 간의 시비가 생길 것을 암시(暗示)하고, 여성은 우울증이 발생하기 쉬우며 과대망상(誇大妄想)이 많다.

축오해살(丑午害殺)에서는 원진(怨嗔), 탕화(湯火), 귀문(鬼門), 육해

(六害) 등 복잡한 성분으로 이루어져 폭발성을 상징하는데, 얌전하다가도 걷잡을 수 없는 폭발적인 성격으로 돌변하기도 한다.

아무런 일도 아닌 작은 일을 과대망상(誇大妄想)으로 확대해석하거나, 원망(怨望)하고 증오(憎惡)하지 않아도 될 일을 과대 원망하는 때도 있다.

축토(丑土)는 오화(午火)를 설기하는 입장이지만, 오화(午火)는 생(生)하기를 거부한다. 왜냐하면 오화(午火)가 축토(丑土)를 만나면 강제로 설기회광(洩氣晦光)을 당하여 오화(午火)의 빛을 잃기 때문에, 오화(午火)가 축토(丑土)를 미워하고 원망하며 증오한다.

오중병화(午中丙火)가 축중신금(丑中辛金)과 합(合)하려 하지만, 오중정화(午中丁火)가 반대한다. 축중계수(丑中癸水)는 오중정화(午中丁火)를 극(剋)하며, 오중기토(午中己土)는 축중계수(丑中癸水)를 극(剋)한다.

그러므로 오중병화(午中丙火)로 인해서 오중정화(午中丁火)의 처지가 난처해지는 것과 같은, 정신계 문제가 발생한다. 육친성(六親星)과 궁(宮)을 접목(椄木)해서 통변하게 된다.

한습축토(寒濕丑土)와 복사열기(輻射熱氣)인 오화(午火)의 만남은, 화기(火氣)가 축토(丑土)를 만나면서 화회(火晦) 현상이 되므로, 화기(火氣) 작용을 못 하고 열기(熱氣)가 사그라진다.

그로 인한 답답함, 억울함이 탕화(湯火)의 폭발성으로 작용하게 된다. 오화(午火)가 축토(丑土)에 묶여 있다가 풀려날 때, 더욱 압박을 받으면 생기는 현상으로 보면 된다.

둘은 서로를 경계하면서도 벗어나지 못하는 관계로, 적극적인 화생토(火生土)가 이루어지지 않으나, 기토(己土)가 투출했다면 화생토(火生

土)가 심하게 이루어진다.

축토(丑土)의 한습지기(寒濕之氣)에 오화(午火)가 다치는 것을 염려해야 한다. 명식의 목기(木氣) 작용이 부실하다면, 시간의 경과에 따라서 축토(丑土)에 의해 오화(午火)의 작용력이 무력해진다.

행운이 시작될 때 보다 결과에 중심을 두고 관찰해야 하며, 귀문살(鬼門殺)과 탕화살(湯火殺)에 세심한 관찰이 필요하다. 염세주의(厭世主義)나 엉뚱한 착각으로 인한 자살 및 화재 사건도 관찰할 필요가 있다.

그리고 월일지나 일시지에 축오(丑午)가 형성된 경우, 마취과 의사, 간호사, 화학약품 취급자, 폭발물 취급자가 되는 경우가 많다. LPG, LNG, 주유소, 가스 관련업 등의 종사하는 경우도 많다.

인사형해살(寅巳刑害殺)

사신해살(巳申害殺)은, 해인(亥寅)이 육합(六合)을 하는데 사화(巳火)가 끼어들어 해사충(亥巳沖)으로 합(合)을 풀게 하므로, 인목(寅木)이 사화(巳火)를 미워해서 해살(害殺)이 성립하는 것이다.

형해살(刑害殺)이 함께 뚜렷이 나타나는데, 사고나 교통액 신체 절단 등의 수술이나 관형(官刑), 배은(背恩), 배신(背信) 등이 발생하는 환경이 조성된다.

이때 경금(庚金)이 투출했다면 인사형(寅巳刑)이 발생하지만, 병화(丙火)나 정화(丁火)가 경금(庚金)을 제압하면 무사하다.

인목(寅木)의 생(生)을 받은 사화(巳火)가 은혜(恩惠)를 잊고, 사중경금(巳中庚金)으로 인중갑목(寅中甲木)을 극(剋)하는 데서 오는 형해살

(刑害殺) 작용이다.

즉, 인중갑목(寅中甲木)을 본인이라 했을 때, 사중경금(巳中庚金) 편관(偏官) 자식에게 극(剋)을 받는 것이므로, 생(生)의 도움을 주지만 결과적으로 배신을 당하여 극(剋)받는 것을 뜻한다.

인사형살(寅巳刑殺)은 미(美)를 창조하는 능력이 특출(特出)함이 있다. 동(動)하는 것이 극대화되어 능력이 발생하기 때문이다.

인사형살(寅巳刑殺)에서는 목생화(木生火)가 되는지, 형살(刑殺) 작용이 일어나는지, 투출된 천간의 상태는 어떤지, 자세히 살펴야 한다.

인목(寅木)은 아낌없이 사화(巳火)를 생조(生助)하지만, 사중경금(巳中庚金)은 인중갑목(寅中甲木)을 파극(破剋)하는 상인데, 화기(火氣)를 설기하는 습토(濕土)의 도움이 있다면 형살(刑殺) 작용은 염려되지 않는다.

명식의 화기운(火氣運)이 순일하지 않다면 형살(刑殺)이 발생하게 되는데, 인목(寅木)이 화기(火氣)에 의해서 입는 목분(木焚)의 피해와 금기(金氣) 때문에 입는 피해를 관찰해야 한다.

묘진해살(卯辰害殺)

묘진해살(卯辰害殺)은 묘술(卯戌)이 육합을 하는데 진토(辰土)가 끼어들어, 진술충(辰戌沖)으로 합(合)을 풀게 하여 성립한다.

진토(辰土)에는 계수(癸水)와 을목(乙木) 무토(戊土)가 암장되어, 묘중을목(卯中乙木)이 뿌리를 내리게 하고 생(生)을 받는 모습이지만, 묘중갑목(卯中甲木)이 진중무토(辰中戊土)를 극(剋)하는 형태이다.

묘진(卯辰)은 동방목기(東方木氣) 친구이지만 동료인 묘목(卯木)으로부터 배신당하므로, 서로 가까운 사이, 혹은 신세지는 처지에 무시, 원망(怨望), 배신하고, 암투(暗鬪)와 멸시(蔑視)가 생기는 것이다. 그러므로 줄 것 다 주고 뺨 맞는 형상과 같다.

일방적으로 당하는 진토(辰土)의 피해상황을 우선 살펴야 하고, 화기운(火氣運)이 부족하다면 한습(寒濕) 기운에 의한 피해가 염려된다. 습묘목(濕卯木)이 5양지의 온습토(溫濕土)를 만난 형태이지만, 화기(火氣)로 습기(濕氣)를 제거하고 목기(木氣)를 성장시켜야 해살(害殺) 작용이 해소된다.

병화(丙火)가 있다면 묘진해살(卯辰害殺)의 염려가 없게 된다. 을목(乙木)의 자식인 병화(丙火)는 묘목(卯木)을 화려하게 성장시키고, 진토(辰土)의 습기(濕氣)를 제거하므로, 병화(丙火)의 덕이 크다.

화기(火氣)가 없으면 습(濕)한 땅에 잡초가 우거지는 형상으로, 해살(害殺) 작용이 발생한다. 그러므로 중상(重傷), 모략(謀略), 배신(背信)은 물론, 가산을 탕진하는 경향이 있는 것이 묘진해살(卯辰害殺)의 특징이다.

수기(水氣)가 왕성하고 습(濕)하다면, 목기(木氣)는 무성해지지만 열매 맺지 못하므로, 결과를 얻기 어려운 운명이 된다.

유술해살(酉戌害殺)

　유술해살(酉戌害殺)은 유금(酉金)과 진토(辰土)가 육합(六合)을 하는데 술토(戌土)가 끼어들어, 술진충(戌辰沖)으로 육합(六合)을 풀고 방해하여 성립한다.

　유금(酉金)은 한조금(寒燥金)이고, 술토(戌土)는 화기(火氣) 창고로 조열토(燥熱土)이다. 수기(水氣) 작용과 갑목(甲木)의 소토(疎土)가 부실하다면 매금(埋金) 현상과 같은데다가, 건조하여 문제가 된다. 유중신금(酉中辛金)이 술중무토(戌中戊土)의 생(生)을 받는 상태인데도, 육친 간에 서로 암투(暗鬪)와 멸시(蔑視)가 발생한다.

　술중정화(戌中丁火)가 유중신금(酉中辛金)을 극(剋)하는 데서 오는 현상으로, 육친을 적용해서 판단한다. 이때 윤토소토(潤土疎土)하며 조후가 되었다면, 해살(害殺) 작용은 없는 것으로 판단한다.

　서방금기(西方金氣)로 친구 사이인 유술(酉戌)이 만났는데, 술중신금(戌中辛金)이 주인 노릇을 하려 드는, 주객이 전도되는 상황이다.

　유금(酉金) 입장에서 금방국(金方局)을 이루려 하지만, 술토(戌土) 작용은 금기(金氣)로의 변화에 적극적이지 못하다. 오히려 유금(酉金) 작용이 술토(戌土)에 묻혀 부실해지는 것을 관찰해야 한다. 그러므로 가까운 사이나 신세지는 처지에 무시하거나 원망하고 배신하는 형태로, 중상모략 배신은 물론 가산을 탕진하는 경향도 있다.

　사주격이 좋으면 의업을 하는 경우가 많으며, 수기(水氣)가 없고 한랭 건조하다면 피부질환과 아토피성질환, 위장병, 간의 질병이 발생한다. 아토피 질환 등 피부, 신장에 관련된 문제는 수기(水氣)가 무력하거나 쇠약하고, 또는 없고, 술유(戌酉)가 아니라도 미유(未酉)가 사주를 건조하게 하는 경우에 많이 생긴다.

유금(酉金)이 있으므로 금생수(金生水) 할 것이라는 단순한 생각은 안 하는 것이 좋다. 마찬가지로 신금(申金)이 있어도 임계(壬癸)나 해자(亥 子)가 없다면 금생수(金生水) 작용은 하지 못한다.

신해해살(申亥害殺)

사화(巳火)와 신금(申金)이 육합(六合)을 하는데 해수(亥水)가 끼어들어, 해사충(亥巳沖)으로 사신합(巳申合)을 풀게 되어 해살(害殺)이 성립된다.

신금(申金)이 해수(亥水)에 금생수(金生水)할 듯하지만, 신중경금(申中庚金)이 해중갑목(亥中甲木)을 극(剋)하는 데서 오는 문제가 발생한다.

해수(亥水)는 미약온수(微弱溫水)로 갑목(甲木)을 키우는 어머니인데, 자식인 갑목(甲木)을 극(剋)하는 경금(庚金)의 도식(倒食)으로 해수(亥水)의 활동이 거칠어지기 쉬워서, 적극적인 통제작용이 필요하다.

해수(亥水) 작용이 지나치게 왕성해지면, 제방제수(堤防制水)하고 목화(木火) 기운으로 수기(水氣)를 유도해야 평안하다.

해중갑목(亥中甲木)은 해수(亥水)가 품고 있는 미래의 희망과 같아서 현실의 꿈이 좌절되기 쉽고, 신중경금(申中庚金)에 해당하는 육친을 미워하고 원망한다.

신중경금(申中庚金)으로 인해서 정신적인 문제가 발생한다. 해수(亥

水) 입장에서 신금(申金)은 인수(印綬)이므로, 윗사람이 자식에게 피해를 입힌다고 해석해도 무방하다. 육친성(六親星)과 근묘화실(根苗花實)을 적용해서 보면 될 것이다.

　일시지에 신해해살(申亥害殺)이 있다면 안면에 흉터가 생기거나, 임수(壬水)나 계수일간(癸水日干)은 수액(水厄) 관련 사고나 선박, 차량 관련 사고 등과 임수(壬水)에 해당하는 육친의 자궁병이 염려된다.

　행운에서 연월지에 해살(害殺)이 이루어지면 조부모나 부모 또는 처가(妻家)의 상(喪)을 당하는 일이 있으며, 일시지에 해살(害殺)이 성립되었다면 선후배나 아랫사람과 불화하며 자식으로 인한 근심이 생기고, 여명은 유산하거나 자궁질병, 고부간의 갈등, 의처 의부증에 시달리기도 한다.

원진살(怨嗔殺)의 특징

일지	子	寅	辰	午	申	戌
일지	未	酉	亥	丑	卯	巳

원진살(怨嗔殺)은 지지충(地支沖)이 되는 글자의 전후(前後)에 해당한다. 양지지(陽地支)는 충(沖)이 되는 지지의 다음 글자, 음지지(陰地支)는 충(沖)이 되는 지지의 앞 글자가 원진살(怨嗔殺)이 된다(※도표 참고).

원진살(怨嗔殺)은 남녀 궁합에서 생년 띠를 비교하여 평가하는 경우가 많았는데, 실질적으로는 일지원진살(日支怨嗔殺)의 영향력이 년지보다 더욱 크다.

일주와 년지의 원진(怨嗔)은 인연법에서 꼭 만나야 할 인연으로 정해지기도 하며, 작용력에서는 무시하게 된다.

명식에 있는 원진(怨嗔)은 물론, 행운에서 발생하는 작용도 세심히 살펴야 한다. 특히 기신일 경우 합중봉충(合中逢沖)으로 작용할 때는 피해가 발생한다.

원진(怨嗔) 작용은 해살(害殺)과 비슷하여, 서로 마주 보고 만나기 싫어하며 증오하고 혐오하거나, 대인관계에서 서로 불신과 시기, 질투, 원망, 권태로움이 혼합되어 서로를 밀어내는 형국이다.

한마디로 원진살(怨嗔殺)에 해당하는 육친이 실수하고 잘못한 일이 없을지라도, 미운털 박힌 것과 같이 해당 육친이 미워진다.

종래에는 고독한 환경을 초래(招來)하여 별거, 이별, 이혼으로 연결되기도 하는데, 헤어지면 다시 그리워져 보고 싶어 하는 상대가 원진살(怨嗔殺)에 해당한다.

명식의 일시지(日時支)에 원진(怨嗔)이 있다면, 한 글자는 희신(喜神)이며 한 글자는 기신에 해당할 것인데, 기신에 해당하는 글자가 배성이면 공방살(空房殺) 작용을 하며 부부 해로에 문제가 있다. 헤어지면 다시 보고 싶어지며, 옆에 있다면 상대를 원망(怨望)하게 된다.

한편으로 원진살(怨嗔殺)은 근원적인 영향과 결함으로, 수정하기 힘든 불편함이나 부족함에 대한 원망을 나타내기도 한다.

가령 양친 부모의 왜소한 체격으로 인해서 본인 또한 어쩔 수 없이 겪는 신체적인 콤플렉스나, 학창 시절 불우한 환경으로 인해서 제대로 공부하지 못한 것에 대한 원망 등 어쩔 수 없는 일에서 오는 좌절감 등에 해당한다.

그러므로 원진살(怨嗔殺)은 원망, 불평불만, 좌절, 짜증, 자학, 지난날의 회상 등이 발생하고, 심하면 우울증이 된다. 그래서 고전에 의하면 신살(神殺)의 왕이 원진살(怨嗔殺)이라 하였다.

따라서 사주의 원진살(怨嗔殺)이 기신으로 편중되면 용모가 추(醜)하거나 음성이 크고 탁하며, 도량이 좁아서 주위 사람과 불화는 물론, 경거망동(輕擧妄動)으로 시비와 구설을 일으키거나, 선악의 분별능력이 떨어지고 음식을 탐(貪)하는 경향이 있다.

일시지에 원진(怨嗔)이 있다면 사주가 탁(濁)해지지만, 합(合)이 되어 한신(閑神)이나 희신(喜神)이 되었다면 길하다.

불교에 이르기를 탐진치(貪嗔痴)를 삼독(三毒)이라 하여 악업을 쌓게 됨을 경계하고 있듯이, 원진(怨嗔)이 있는 명식은 공덕과 선업을 많이 쌓아야 한다.

특히 월일지나 일시지에 축오원진(丑午怨嗔), 진해원진(辰亥怨嗔), 사술원진(巳戌怨嗔)이 형성되는 명식은 원진살(怨嗔殺)에 귀문관살(鬼門關殺)이 가중하므로, 미움과 원망의 골이 깊어 신경과민, 신경쇠약이 두렵고, 심하면 자살 기도를 할 수도 있다.

더구나 형충(刑冲)이 가중되어 원진살(怨嗔殺)이 충동(冲動)할 때는 무당이나 박수, 영매의 길을 걸어 보기도 한다. 그러나 명식의 원진살(怨嗔殺)이 희신작용을 하면, 총명살(聰明殺)로 변하여 총명하다.

원진(怨嗔)이나 귀문살(鬼門殺)이 있는 명식은 말 그대로 성질내지 않아도 될 일을 성질내고 짜증내며 불평불만을 하며, 원망하지 않아야 할 일인데도 타인을 원망하고 "내 탓이다" 하는 마음이 적다. 즉, 내 잘못을 상대에게 돌리고 변명한다는 것이다. 또한, 쓸데없는 의심병이 발동되어 의처 의부증이 되는 경우도 많다.

원진살(怨嗔殺)을 감명할 때는 명식에 있는 것은 물론, 행운에서 오는 것도 잘 살펴야 한다. 또한 궁합(宮合)이나 동업 등 남녀 관계는 물론 대인관계를 볼 때도 중요하게 참고하는데, 주종 관계를 제외한 나머지 관계는 모두 흉(凶)하다고 봐도 무리가 없을 것이다.

특히, 일지원진(日支怨嗔)이 가장 흉하다. 고서에는 원진살(怨嗔殺)을 십이지(十二支)의 동물 특징에 비유하여 설명한 것이 있다.

* 소(丑)는 말(午)이 밭을 갈지 않고 선비만 태우고 왔다 갔다 하는 것을 미워하기에 축토(丑土)가 오화(午火)를 미워하는 것이다.
* 용(辰)은 돼지(亥)의 검은 털과 못생긴 얼굴을 싫어하므로 진토(辰土)가 해수(亥水)를 미워하는 것이다.
* 뱀(巳)은 개(戌) 짖는 소리에 놀라므로 사화(巳火)가 술토(戌土)를 미워하는 것이다.
* 쥐(子)는 양(未)의 뿔이 쥐꼬리같이 생겨서 싫어하므로 자수(子水)가 미토(未土)를 미워하는 것이다.
* 토끼(卯)는 원숭이(申)의 굽은 허리가 자기를 흉내 내는 것과 같아서 싫어하는 것으로 묘목(卯木)이 신금(申金)을 미워하는 것이다.
* 범(寅)은 닭(酉)이 새벽에 우는소리를 듣고 산중으로 들어가야 하므로, 인목(寅木)이 유금(酉金)을 미워하는 것이다.

남녀 명식을 비교하여 감명할 때 서로 일지원진(日支怨嗔)에 해당하고, 형충(刑沖)이 함께 있다면 불구자식을 낳거나, 성장 중에 장애아가 되는 일도 있다. 그러므로 궁합을 볼 때 년지는 상관이 없으나, 서로 간에 일지원진(日支怨嗔)은 피하는 것이 길하다.

그런데 그 또한 각기 일주마다 차이가 있는데, 예를 들어 경신일주(庚申日柱)와 을묘일주(乙卯日柱)가 만났다면 천합지원진(天合地怨嗔)이 된다.

서로 간의 일지원진(日支怨嗔)에 해당하여 흉한 것처럼 보이지만 대체로 무난한 삶을 살아가는데, 서로의 목적에는 다름이 있다.

그러나 무진일주(戊辰日柱)와 기해일주(己亥日柱)가 만났다면, 천간(天干)의 무기토(戊己土)는 형제로 다정해야 하지만 산정붕괴(山頂崩壞)

가 되어 그럴 수 없는 관계이며, 지지에서는 진해(辰亥) 원진귀문(怨嗔鬼門)이 형성된다.

이럴 때 살아가면서 피해의식과 불평불만이 발생하므로 해로하기 어렵지만, 현생에서 꼭 풀고 가야 하는 인연이다.

*화염조토(火炎燥土) 무진일주(戊辰日柱) 남명의 명식에 임수(壬水)가 희신으로 조후하고 있다면, 임수(壬水)처의 록근인 해수(亥水)를 원진인연(怨嗔因緣) 한다.

*재성(財星)이 원진(怨嗔)으로 기신이면서 다시 원진운(怨嗔運)을 만나면, 바람에 밀가루 날아가듯 손해, 파산하고 신병신액이 발생하기 쉽다.

명식의 지지 한 글자가 행운에서 두 글자로 늘어나고 기신(忌神)이 되었다면, 가령 자수(子水)가 원진(怨嗔) 기신(忌神)일 때 또 다시 자수운(子水運)이 온다면, 자수(子水)는 자형살(自刑殺)과 같은 작용으로 동(動)하여 명식에 치명적인 타격을 입힌다.

그러나 희신이 된 자수(子水)는 자형살(自刑殺)과 같은 작용을 하므로 급격한 행운이 발생한다. 이러한 운기의 변화는 어느 오행이든 작용하는 것으로 판단하는데, 명식과 합충(合沖) 관계를 검토해야 한다.

*관살(官殺)이 원진(怨嗔)으로 기신이면서 원진운(怨嗔運)을 만나면 외풍(外風)이나 구설로 직위가 흔들리거나 좌천, 징계 등이 예상되고, 타인의 잘못이나 죄를 자신이 대신 받거나 뒤집어쓰는 억울한 누명을 당하며, 의외의 재화를 만나는 경우가 많다.

사주격이 흉(凶)할 때는 구속수감도 당해 보며, 신병신액, 원인이 없는 질병이나 입원하는 일도 발생한다.

*식상(食傷)이 기신이면서 원진운(怨嗔運)을 만나면, 매사 입조심과 비밀유지를 철저히 해야 한다. 말로 인한 시비구설이 끊이지 않고, 괜히 나를 괴롭히는 사람이 따라다닌다.

남명은 식상(食傷)이 원진(怨嗔)이면 표리부동(表裏不同)하고, 타인의 결점을 찾아내 독설(毒舌)에 흉을 잘 보며, 독종(毒種)이 되기 쉽다. 처가와의 갈등이나 시비구설에 휩싸이기 쉬우니 조심해야 한다.

여명은 득자(得子)하고 우환이 생기거나 산액의 후유증으로 병약해질 염려가 있으며, 득자이별에 해당한다. 그리고 아들 낳기는 쉽지 않으며 주로 딸을 낳게 되고, 지식 낳고부터는 장애가 많은 인생이 되기 쉽다.

식상(食傷)은 밥그릇에 해당하는데 기신작용이 되면 신병신액, 직업구설, 재난, 재앙, 직업 변동, 자식 신상이변수, 좌천, 보직 이동, 사업하다 패재(敗財)를 당하게 된다.

원진(怨嗔)이 기신일 때 합(合)이 되었다면 흉액이 해소되는데, 희신(喜神)과 충(沖)이 되었다면 기신을 제거하는 효과도 되겠지만, 희신(喜神)이 상하여 못 쓰게 된다. 그러므로 희신(喜神)이 없어진 결과로 일사무성(日事無成)이 되고, 재액(災厄)이 발생한다.

희신(喜神)이 대운과 원진(怨嗔)에 해당할 때는 흉사(凶事)가 발생하는 경우가 많다. 가령 오화(午火) 조후용신이 원진(怨嗔)에 해당하는 축토(丑土)를 만났을 때 그러하다.

오중정화(午中丁火)의 입묘지인 축토(丑土)가 오화(午火)를 설기(洩氣)하여 무력하게 하고, 사주를 한냉(寒冷)하게 하므로 재화(災禍)가 발생하게 된다.

여명에 원진(怨嗔)이 겁살(劫殺)이나 망신살(亡身殺) 또는 양인(羊刃) 등과 동궁(同宮)하면서 기신(忌神)이 되었다면, 용모가 아름답더라도 하천하거나 음란하며, 예법을 몰라서 매사에 천박한 행동을 하거나, 색욕(色慾)에 눈이 어두워져 천한 사람과 불륜관계를 맺기도 한다.

천을귀인(天乙貴人) 동궁(同宮)이면 아름다운 사랑의 행운이 따르기도 하지만 기신(忌神)이면 귀인작용이 없게 되며, 오히려 강한 업인살(業因殺)로 작용하는 경우가 많다.

행운에서 다시 기신(忌神)인 원진운(怨嗔運)이 오거나 동(動)하게 되었다면, 이것으로 인한 재화(災禍)가 심해져서 형액(刑厄)이나 손재, 신병신액 등을 면하기 어려우며, 재난풍파(災難風波), 관재재앙(官災災殃)이 발생한다.

또한 자기 꾀에 자기가 넘어가거나, 자기가 파 놓은 함정에 자기가 빠지기 쉬우므로 언행을 주의하고, 인격수양에 힘써야 한다.

*일시지원진(日時支怨嗔)으로 기신이면 부부간 변태성욕자가 될 수 있으며, 부부불화하고 말년이 고독하여 노후가 쓸쓸하다.

부부간이나 자식과의 불화 및 투쟁은 물론 별거나 이별이 예상되며, 자식이 일찍 타향살이하는 것이 좋다. 설령 같이 살더라도 한 지붕 속의 별거 상태이거나, 주말부부, 월말부부가 되는 경우가 많다.

부부 공방살(空房殺)로 견우직녀성이 되어 각거(各居)하고, 서로 미워하면서도 헤어지지도 못한다. 또한, 부부 한 사람이 몸이 허약해지거나 고질병에 시달리는 일도 있다.

희신이면 많은 어려움이 감소하기는 하지만, 자녀에게 근심이 있으며 자식 덕은 기대 이하로, 은둔자가 될 수도 있다.

*월일지(月日支)가 원진이면 부모 형제와 이별하고 일찍 타향살이하기 쉬우며, 성장 시의 환경 불만이 많다. 여명 재성(財星)이 원진(怨嗔)이면 시가와 불화, 갈등하며, 남편과의 사이 또한 좋지 못하다.

*연월지 원진(怨嗔)이면 부모와 조부 사이에 삼팔선이 놓여 있는 것과 같아서 불화하거나 어머니가 시집살이하고, 조상불봉(祖上不奉)으로 조상을 섬기지 않고 업신여기는 자손이 되기 쉽다. 이럴 때 대체로 기독교인으로 제사를 지내지 않고, 명식에 화왕(火旺)하다면 기독교인, 미션스쿨인 경우가 많다.

여명에 편관(偏官)이 원진(怨嗔)인데 혼잡관살(混雜官殺)로 기신이거나 대세 운에서 들어온 원진살(怨嗔殺)이 편관(偏官)이면, 강도, 강간, 성폭행을 당하는 경우도 있다.

이러한 경우에 육친에도 적용하게 되는데, 대체로 억울한 일을 당해 보며, 마음에 우울함이 쌓여 있다고 통변한다.

행운에서 일지원진(日支怨嗔)에 해당하는 기신이면 실물 도난 손재수가 있고, 부부간에 대립 갈등도 있으며, 쌍원진(雙怨嗔)이면 내우외환(內憂外患)이 생긴다.

남녀 궁합에서 일지원진(日支怨嗔)이 되는 육친을 사랑하기도 하고, 원망하기도 하며, 때로는 집착하며, 그리워하거나 원망하고 미워하게 되는데, 대체로 첫사랑의 추억이 아니면 헤어진 인연인 경우가 많다.

쉽게 뜨거웠다 쉽게 식는 것이 원진(怨嗔)이다. 헤어지면 그립고 만나 보면 시들하며, 원거(遠去) 하면 유정하다가, 합거(合去)하면 무정(無情)해지는 인연이 원진살(怨嗔殺)인 것이다.

원진살(怨嗔殺)은 사랑하기 때문에 만나야 할 인연살(因緣殺)이다. 만남의 인연은 회자정리(會者定離) 생자필멸(生者必滅)의 법칙으로, 반드시 떠나게 되고 헤어지는 법이다.

사랑의 만남도 애별이고(愛別離苦) 애즉원증(愛卽怨憎)하므로, 결국에는 사랑해도 이별하고 그리워하는 법이다. 그리움이 원망(怨望)이 되고 애착(愛着)이 진노(震怒)가 되는 것이므로, 그러므로 원진살(怨嗔殺)은 한마디로 사랑이 어긋나는 살(殺)이다.

원망(怨望)하고 증오하고 분노하지 않으려거든, 그 누구도 사랑하고 집착하고 소유하려고 하지 마라. 살이 그립고 정(情)이 그립고 사람이 그리우면 반드시 인연이 따르고, 인연의 그곳에는 원진(怨嗔) 작용은 지극히 당연하게 일어나는 법이다.

성자(聖子)는 그리움이 없는 삶을 사는 사람이다.

귀문관살(鬼門關殺)의 특징

일지	子	丑	寅	卯	辰	巳
일지	酉	午	未	申	亥	戌
신살	파살 귀문	원진 귀문 탕화	귀문	원진 귀문	원진 귀문	원진 귀문

상기 도표처럼 6종류의 귀문관살(鬼門關殺)이 있는데, 연월지, 월일지, 일시지에 근접(近接)할 때 성립되고, 원진살(怨嗔殺)과 비슷하지만 원진살(怨嗔殺)보다 더 강렬한 힘을 가지고 있다.

그런데 일지에 한 글자가 있고 월지나 시지에 한 글자가 더 있어야 귀문(鬼門) 작용으로 나타나며, 사주 환경에 따른 형충회합(刑沖會合)에서 수많은 변화가 나타난다.

월일지나 일시지의 귀문살(鬼門殺)이 제일 강하고, 년일지, 연월지의 귀문(鬼門)은 약하다. 그러나 조상의 문제를 파악할 때는 중요하게 사용하고, 해당 육친과 일지에서 육친 관계의 작용력 또한 무시할 수 없다.

이러한 육친 관계는 년지와 시지, 월지와 시지 관계에서도 적용된다. 즉, 해당 육친의 정신적 변화와 조상과 나와의 관계를, 시주(時柱) 자식궁에서 자식을 판단하게 된다. 그리고 명식에 없더라도 행운에서도 발생하므로, 세심한 관찰이 필요하다.

원진살(怨嗔殺)과 귀문살(鬼門殺)은 정신계에 관여하는 살성으로, 주로 양실음허(陽實陰虛)하거나 음실양허(陰實陽虛)한 편이고 사주에서 나타난다. 즉, 오행이 중화를 잃었으므로, 이해하기 어려운 귀신의 장난과 같은 행동을 하거나 조현병과 비슷한 양상을 보이는데, 감성(感性)과 이성(理性)이 교차하며 변덕스럽다.

진의를 파악하기 어려운 행동을 자주 하며 폭 잡기 어려운 성격으로, 어수선하고 침착하지 못하며 정신집중이 어렵다. 그러면서도 강박관념(強迫觀念), 집착(執着)만큼은 강한 편에 해당하는데, 신경쇠약, 우울증, 심하면 경계성 인격장애로 나타난다.

또한, 대상에 대한 원망하는 마음, 불평불만이 많으며, 상대를 유순하게 봐도 될 일을 꼬투리를 잡아 옳고 그름을 따지고 자기의 잘못은 인정하지 않는다. 자존심이 강하여 타인에게 아쉬운 소리나 부탁을 하지 않으며, 총명한 특징이 있다.

때로는 음침(陰沈)하기도 하고 대상에 대한 집착(執着)이 강하며, 그 집착이 음란 호색으로 변질하기도 하며, 타인을 해코지하거나 스토킹, 변태 행위 등이 되기도 한다.

명식에 귀문살(鬼門殺)이 있을지라도 발현된 것과 잠재되어 있는 것과는 확연한 차이점이 있는데, 합충동(合沖動)에 의해서 귀문(鬼門)이 발동하면 상식 밖의 행동으로 나타나는 경우가 많다.

그러나 묘신귀문(卯申鬼門) 같은 경우 명식이 길하다면 총명살(聰明殺)이라고 하는데, 대상에 대한 집착심이 연구심, 학문, 공부, 예술, 문학 등이 되기도 하여 인류사에 큰 업적을 만들기도 한다.

행운과 명식의 합충(合沖)이 되었거나, 몇 개로 늘어날 때 정신 신경계에 이상이 나타나게 된다. 편집증적인 사고(思考)를 하다 보니 집착,

원망, 불평불만, 욕구불만이 분노로 표출되거나 이상야릇한 행동으로 변하기도 하며, 때로는 자폐증(自閉症)이 되기도 한다.

또한 온전한 가정을 가진 이성에게 깊은 호감을 표시하여 그 가정을 깨트리고, 자신은 아무런 죄의식을 느끼지 않는 경우도 많다. 한마디로 미친 귀신 들린 것 같은 행동을 하는 경우도 많은데, 그래서 귀문관살(鬼門關殺)은 정신계의 문제로 귀신살(鬼神殺)인 것이다.

하여간 귀문관살(鬼門關殺)은 불평불만, 집착(執着)에 해당하여 상대가 조금만 소홀히 해도 원망하고, 그 원망이 지나쳐 배타심(排他心)과 증오심(憎惡心)을 키우고 저주(詛呪)하기도 한다.

또한, 상대를 잘 이해하는 듯하면서도 똥고집을 부리기도 하는데, 일방적이다 못해 폭력적으로 자기주장을 내세우기도 한다.

월일지의 귀문살(鬼門殺)은 부모 혹은 타고난 환경을 원망하는 형태인데, 격이 길하다면 이를 승화시켜 학자의 품위가 나타나기도 한다.

일시지의 귀문살(鬼門殺)은 배성궁과 자식궁이 되는데, 자식과 배우자와의 불화 원망으로 부부이별하기도 하며, 배성(配星)이 자식에게 무정하거나, 자식에게 집착하여 잔소리가 심한 일도 있다.

그러므로 자식 또한 함께 살지 못하고 각거(各居)하게 되며, 알코올, 도박, 일중독 학문중독, 종교 등등에 중독(中毒) 현상으로 나타나는 경우가 많다.

윗글에서도 설명했지만, 귀문살(鬼門殺)이란 못된 귀신과의 접신(接神)과 같은 살성(殺星)이다. 일반적인 상식을 넘는 것이 중독인데, 대상에 대한 집착이 중독증이 되어 편집증이나 자폐증과 같은 성향으로 나타나, 패륜아나 쓸모없는 사람이 되기도 한다.

그러나 이것을 승화시켜 자신이 좋아하는 일에 목숨 거는 성분으로 발현되어, 인류의 지식과 문화의 혁명적인 성과나 발전을 끌어내는 큰 업적을 이루기도 한다. 그러나 그 자신 삶의 내부에서는 남모를 한(恨) 과 고통이 많다.

【사례1】 젊은 시절부터 만나는 여성마다 지나치게 집착하던 끝에, 마침내 한 여성을 잔인하게 살해한 50대 택시기사가 항소심에서도 중형(重刑)을 선고받았다.

그는 오래전에도 술집 종업원 여성과 교제하던 중, 함께 고향에서 살자는 부탁을 거절당하자 살해시도를 한 전력이 있었는데, 목이 졸려 실신한 여성이 죽은 것으로 착각하고 도주하는 바람에 살인미수에 그쳐, 항소심에서 징역 5년을 선고받았다.

이후에도 4명 정도의 여성과 교제했으나 그때마다 지나치게 집착하면서 살해위협을 가하는 등 번번이 소동을 일으키던 중, 마침내 실제 살인으로 이어진 것이다.

(권도경, "만나는 여성마다 지나치게 집착…性매매여성 살해 택시기사 중형", 뉴스종합, 2011-05-04, http://mbiz.heraldcorp.com/view.php?ud=20110504000368)

이 같은 집착의 정신계 문제가 증폭되어 살상사건이 되는데, 귀문관살(鬼門關殺)이 발동된 명식은 강박관념(强迫觀念)과 과거로의 회귀성(回歸性)이 강하다.

이렇다는 것을 정작 본인은 알지 못하는 것이 더 큰 문제다. 기억하지 않아도 될 일을 하나하나 기억하고 있는데, 그것도 주로 타인의 단점이나 실수, 잘못이다.

혹 말다툼이라도 있으면 그것들을 한꺼번에 쏟아 놓아 상대방은 정떨어지게 되고, 결국 떠나가게 만든다. 그래서 월일지나 일시지의 귀문발동(鬼門發動)이 된 명식은 부모 곁을 일찍 떠나오고, 배우자나 자식들도 도망치듯 멀어진다. 그래서 고독해지는 성분으로 작용한다.

사회생활에서도 생각하지 않아도 될 일을 붙잡고 늘어지거나, 특히 술 한잔 마신다면 상대를 피곤하게 할 정도로 과거 문제를 끄집어내어 귀찮게 한다.

한마디로 쓸데없는 잔소리꾼, 시어머니, 잔소리, 헛소리 많은 할아버지 스타일이다. 그러므로 결국에는 주위 사람들이 떠나가고 외롭게 되며, 쓸쓸한 노후가 형성된다.

그리고 어린아이 때나 학령기 때 부모를 들들 볶거나, 본인이 공부 못하고 성적이 저조한 것을 부모나 환경 탓으로 돌리며 자기의 잘못은 인정하지 않는다.

매사 남 때문에 자신이 잘못되었다고, 변명 아닌 변명을 하게 된다. 또는 자신을 자학(自虐)하여 자칫 자살하거나, 우울증, 심리불안, 정서불안이 나타난다.

또한, 부부나 연인이 이별을 해도 이미 결혼하여 사는 상대의 집을 찾아가거나, 그 집 대문 앞에 온종일 서 있다거나, 요즘 같은 경우 수십 통의 문자를 보내거나 수시로 전화하거나 하는 쓸데없는 행동이나 집착을 보인다.

또는 과대망상으로 연결되기도 하는데, 제멋대로 상대의 심리를 분석하고 단정 짓거나 엉뚱한 생각을 한다. 자칫하면 정신착란(精神錯亂), 허령(虛靈), 환청(幻聽), 환각(幻覺) 등의 현상이 나타날 수 있으며,

자신이 착각하고 있는 현상들을 진실로 믿는 경우가 많다.

즉, 쓸데없는 망상(妄想) 속에 자기만의 추리소설을 쓴다. 이것은 상대를 믿지 못하는 의심증과 이중성으로 이어져 의처 의부가 되거나, 상식 이하의 행동, 변태적(變態的)인 기질이 발생한다.

【사례2】 1992년 1월, 젊은 남녀 대학생이 여학생의 의붓아버지를 살해했다. 죽은 피해자는 여학생을 9살 때부터 12년 동안 상습적으로 성폭행해 온 성폭력 가해자였다. 엄마와 의붓오빠 두 명도 일상적으로 이어지는 가해자의 끔찍한 구타와 살해위협을 겪었다.

피의자 김○○(여·이하 A) 씨는 의붓아버지에게 9살 때부터 성폭행을 당했고, 12살 무렵부터는 점점 심해졌다. 대학에 입학한 이후까지 12년간, 인간의 상식으로는 용납할 수 없는 온갖 성폭력을 당했는데, 기숙사 생활을 시작하면서 감시망에서 잠깐씩 벗어날 수 있었고, 같은 캠퍼스에 다니던 B와 만나 교제를 시작했다.

사건 당일, B는 의붓아버지와 A가 있는 곳에 찾아가서 "이제 A를 그만 놓아주라."고 간청했다. 그러나 오히려 "다 잡아넣겠다. 죽여 버리겠다."고 길길이 뛰는 의붓아버지의 파렴치한 모습에 격분하여 가해자를 살해하였다. 그리고 이들은 1월 19일 존속살해 공모자로 구속되었다.

(최영애, "12년간 밤마다 의붓아버지에게 성폭행 "벗어나고 싶었습니다…지켜주고 싶었습니다", 오마이뉴스, 2011-04-14, http://www.ohmynews.com/NWSWeb/View/atpg.aspx?CNTNCD=A0001550723)

이처럼 인간의 상식을 뛰어넘는 행동은, 원진귀문(怨嗔鬼門) 공망(空亡) 망신살(亡身殺)이 명식에 있으면서 대세 운을 타고 발동할 때 주로 나타난다.

편집증, 대상에 대한 집착, 성적 왜곡 현상이 중독으로 변질한 상태인데, 타인은 전혀 눈치채지 못하도록 인격자의 모습으로 포장하고, 악마와 같은 행동을 하는 경우가 많다.

남명 사주에서 무관성(無官星)으로 시주(時柱)가 재성(財星)에 가 있고, 일지가 재성(財星)과 합(合)하면서 원진귀문(怨嗔鬼門)이 발동하면, 처(妻)가 자식이고 자식이 처(妻)가 되는 묘한 현상이 되는데, 이때 대세 행운의 관성(官星)에서 삼합(三合)을 이루고 귀문(鬼門), 공망(空亡), 망신(亡身)이 발동하면, 자식이 부모를 죽이는 격이 된다.

원진살(怨嗔殺), 귀문살(鬼門殺), 공망살(空亡殺), 망신살(亡身殺)은 정신계 문제에 직접 관여하므로, 세심한 감명이 이루어져야 한다.

귀문관살(鬼門關殺)은 총명살이고 비교우위(比較優位) 성분이다. 그러므로 인정받고 존경받기를 좋아하는데, 충고나 비교, 판단을 당하면 상대가 진심으로 위해 주는 경우라도 그것을 꺼리고 싫어한다.

특히 비판당하거나 잘못을 지적당하면 분노하거나 앙심을 품는다. 대체로 두뇌 총명하지만 신경이 날카롭게 바짝 서 있는 경우가 많고, 예민하고 독선적이며 엉뚱한 짓을 잘한다.

이런 귀문살(鬼門殺)은 사주가 편중(偏重)되었거나 하격일 경우, 불미한 정신계 문제로 나타난다.

정신 분열이나 경계성 성격 장애 등이 귀문살(鬼門殺)을 타고 오는 경우가 많은데, 과다토기(過多土氣)의 형충(刑冲), 금수과다(金水過多), 목기태왕(木氣太旺), 화기태왕(火氣太旺) 목분화열(木焚火熱) 등 조후가 파괴되는 시점에 급발동(急發動)하게 된다.

정신병원에 입원하거나 미쳐서 발광하는 형태로 나타나며, 자기를 조절하지 못하는 조절장애가 살인사건으로 이어지는 경우도 많다.

　귀문관살(鬼門關殺) 중 인간의 기이한 심리적인 변화가 증폭(增幅)되는 글자로는 축토(丑土)와 미토(未土)를 꼽을 수 있다. 따라서 축오귀문(丑午鬼門)과 인미귀문(寅未鬼門)은 더욱더 주의해서 관찰할 필요가 있고, 자유귀문(子酉鬼門)은 색욕(色慾)에 관여하는 것을 자주 보고 있다.
　귀문살(鬼門殺)은 두뇌의 심리상태와 밀접한 연관이 있는 살성(殺星)으로 두뇌 회전이 신속하지만, 신경선의 기능에 심리적인 원인으로 일어나는 문제가 발생한다.
　성도착증(性倒錯症)이나 비탄(悲嘆)에 빠져 자살할 수 있고, 또는 기인(奇人)으로서의 성격 결함을 나타내기도 한다.
　특히, 귀문관살(鬼門關殺)이 형충(刑沖)되었다면 그 작용력은 한층 강화되어, 행동과 사고(思考)에서 특이현상으로 나타나게 되고 신상에 중대한 변화가 예고된다.
　또한 귀문살(鬼門殺)이 형충(刑沖)이 되었거나 자형(自刑)으로 겹치면, 신경과민으로 고생하거나 상식 밖의 엉뚱한 결정이나 행동을 하기 쉬운데, 이때 자살 충동이나 우울증, 살상사건 등에 연결되는 경우가 많다.

　명식의 목기(木氣)가 상(傷)하면 정신질환에 노출되기도 하고, 어처구니없는 사건 사고를 유발하는 때도 있다. 특히 원국 내에 갑목(甲木)과 경금(庚金), 또는 을목(乙木)과 신금(辛金)이 근접하고 조후 불량일 때, 미쳐 발광하거나 자살 소동이 발생하기도 한다.
　귀문관살(鬼門關殺)은 사주 내에서 대세 운 포함 수화상전(水火傷戰)

이나 금목상전(金木傷戰)으로 신경선이 쇠약해지고 예민해졌을 때나, 이미 조후가 불량한데 조후가 다시 파괴되었을 때 발동한다.

여명이 음습(陰濕)하고 오귀살(惡鬼殺)이 있으며 탕화살(湯火殺) 성분이 가중될 때나 우울증이 발동할 때, 또는 인성(印星)이 허약하거나 깨어져 있고 신약할 때, 토기과다(土氣過多) 사주에 백호괴강(白虎魁罡)이 발동하고 개고된 천간이 희신을 합거(合去)하거나 파괴될 때, 또는 몇 개의 귀문살(鬼門殺)이 만들어지거나 귀문살(鬼門殺)이 형충(刑沖)될 때 발동한다.

귀문관살(鬼門關殺)이 행운을 포함해서 몇 개가 겹칠 때, 정신적인 문제로 인해서 고통을 받는다는 암시가 강하다. 현대에는 신경쇠약으로 이유 없이 온몸이 아프다거나, 대낮에 헛것이 보인다거나, 꿈자리가 뒤숭숭하고 가위에 눌리며, 숙면을 이루지 못하는 사람들이 많다.

심지어는 잠 한번 푹 자 봤으면 소원이 없겠다고 말하는 사람을 종종 보고 있는데, 오히려 그 마음이 강박관념이 되어 자신을 옥죄인다는 사실을 빨리 인지하고, 벗어나는 것이 급선무이다.

이러한 정신계 문제는 신경계가 극히 흥분되어 있거나 쇠약한 경우가 되겠는데, 심하다면 언행(言行)이 달라지는 모습까지 나타나 주위에서 이상하게 보는 경향도 있다.

강박관념이 변태성욕이나 의부 의처증으로 나타날 수 있고, 오귀살(惡鬼殺)과 동행하면 귀신(鬼神)이 드나드는 몸으로 무속인 및 정신 병원행이 되기도 한다.

이때 목기(木氣)의 신경선을 주의 깊게 관찰해야 한다. 특히 신약한 목화일간(木火日干)에 귀문관살(鬼門關殺)이 발동하면 정신이상에 걸려 볼 확률이 높다.

대체로 이중성, 내적인 열등감, 콤플렉스는 원진살(怨嗔殺)에서 발현되는데, 원진살(怨嗔殺)과 귀문살(鬼門殺) 또는 형파살(刑破殺)이 동시에 작동하는 경우, 그에 대한 반발심을 가진 것이라 할 수 있다. 두뇌가 좋은 사람에게서 더 잘 발동하고, 우울증이 심해져 충동적인 자살로 이어지는 경우가 많다.

귀문관살(鬼門關殺)이 있는 부부가 이혼하면 평생 원수지간으로 변하기도 하는데, 이혼한 배우자를 찾아가 못살게 하거나 괴롭히고, 너 때문에 내 인생이 잘못되었다는 강박관념으로 살인사건이 되기도 한다.

또는 원진살(怨嗔殺)과 귀문살(鬼門殺)이 같이 동하는 경우, 이혼한 배우자를 일평생 못 잊고 괴로워하기도 한다.

또한, 타인이 나보다 성공하고 잘되는 것에 대한 열등감(劣等感)이 강하여 모두를 경쟁의 대상으로 삼기도 한다.

【사례3】 전직 목사 A씨(49)는 1일 오전 6시 50분쯤부터 전북 모 아파트 17층 자신의 집에서 "아내가 나를 죽이려 한다."며 아내를 흉기로 위협하며 4시간 30분 동안 인질극을 벌였다.

경찰특공대가 투입되고 아내가 경찰 쪽으로 몸을 피하자 A씨는 아파트 베란다를 통해 투신했다. 함께 인질로 잡혀 있다가 오전에 풀려난 딸은 A씨가 조울증을 앓고 있었으며, 최근 약을 끊은 이후 종종 환청을 듣기도 했던 것으로 진술했다.

(배소진, "아내 인질극 전직목사 17층 투신, 결국 사망(상보)", 머니투데이, 2011-04-01, https://news.mt.co.kr/mtview.php?no=2011040113470324223)

상기와 같은 경우가 거의 전형적인 귀문살(鬼門殺)의 피해이며, 병원에 가도 치유하기 어렵다. 현대의학에서 말하는 조울증 역시 정신계 문제, 원진귀문(怨嗔鬼門) 오귀살(惡鬼殺)의 작용인 것이다.

여기서 한마디 덧붙이자면, 목사나 스님 무속인 모두 다 정신계 일 구제중생을 하며 살아가는데, 영매나 접신(接神) 등은 무속인, 박수, 점쟁이 등등에만 해당하는 것이 아니다.

목사나 신부는 성경을, 중은 불경을, 영매나 무당 등은 경문을, 역인은 하도 낙서의 자연현상을 사용하는 무속인이다. 무속이란, 무당만이 아닌 종교계 전체를 아우르는 것이다.

하여간 일시지에 귀문살(鬼門殺)이 형성되고 사주구조가 불미하다면 변태적 성향이거나, 불감증인 배우자와 인연이 되기도 하며, 명식이 흉(凶)하다면 불효자식을 만나는 인연이 형성된다.

특히 남명의 시지(時支)가 관살(官殺) 기신이면 틀림없이 불효자식인연이고, 여명 또한 시지(時支)가 기신으로 식상귀문(食傷鬼門)이면 자식덕은 기대할 수 없으며 변태적 성향으로 호색 음란한 경우가 많다.

이 경우 중년 대운을 지나 사주의 유인력에 의해 발동하게 된다. 고란살 중첩 등 외로운 사주로 구성되었거나, 사주에 식상합(食傷合)이 많거나, 비겁(比劫)이 일간 혼자만 있다면 호색(好色)에 집착하거나 중독되어 이미 부부이별은 정해진 것이고, 스스로 창부(娼婦)가 되어 자신의 인생을 파멸시키게 된다.

명식에 없더라도 대세 운에서 식관대립(食官對立)의 귀문(鬼門)이 만들어져 발동하면 속수무책으로 당하게 되는데, 편부(偏夫)를 따라 사통도주(私通逃走)하거나 술집, 음식점, 유흥 등에 관련된 장사를 하게 되고 멀쩡한 가정을 파괴한다.

【사례4】 친자식을 학대하다가 실형을 선고받은 트랜스젠더.

30대 남성 A는 술이 깨면 아빠로 행동했고, 새벽에는 만취해 엄마라고 부르라며 자녀들을 폭행하여, 아이들은 성 정체성에 혼란을 겪었다.

또한 4~10세의 자녀들을 교육 기관에 보내지 않았고, 수시로 밥을 굶겼으며 주먹까지 휘둘렀다. 이들이 살던 방에는 각종 쓰레기와 음식물, 술병이 어질러져 생활할 수 없을 정도로 악취가 심했다.

그는 2006년 만난 두 번째 동거녀 사이에 세 명의 자식을 더 낳은 뒤 결별한 이후, 점점 더 심한 학대를 가했다. 결국 이 모습을 보다 못한 가족의 신고로 구속되었고, 두 번째 동거녀에게도 실형이 선고되었다.

(디지털뉴스팀, ""엄마라고 불러" 자녀 학대한 '아빠' 실형 선고", 동아일보, 2011-03-23, https://www.donga.com/news/Society/article/all/20110323/35813514/1)

바로 위와 같은 경우가 귀문관살(鬼門關殺)의 편집증, 집착 등이 성적 왜곡현상으로 발현된 것이다.

재다신약(財多身弱) 병신일주(丙申日柱)가 신묘시(辛卯時)를 만나 신금(辛金) 정재(正財)가 근접합(近接合)이 되었는데, 인수(印綬)가 있어서 종(從)하지 못했을 때, 병신합(丙辛合)된 대상에 집착하는 마음이 원진(怨嗔) 귀문(鬼門)이다.

그런데다 대세 행운을 타고 공망(空亡) 망신(亡身)이 들어와 당주의 마음을 혼란스럽게 하면, 거의 틀림없이 이런 현상이 나타난다.

남명 일지와 재성(財星)이 귀문(鬼門)이 되었거나, 여명 일지와 관성(官星)이 귀문살(鬼門殺)이 형성되었다면, 그 배우자가 변태성이거나 정신이상이 있어 보고, 동성동본 간에 애정 관계가 있어 본다.

대체로 성소수자는 합(合)에 의한 작용으로, 귀문살(鬼門殺)과 망신살

(亡身殺)이 합(合)이 되거나, 종(從)하지 못하는 극 신약사주에서 많이 나타난다.

특히 신약(身弱)하고 인물이 좋은 여자들에게 더 많이 나타나며, 남자이면서 음기(陰氣)가 강하거나, 여자이면서 양기(陽氣)가 강한 경우 귀문관살(鬼門關殺) 발동이면 성적(性的) 왜곡현상(歪曲現象)으로 나타난다.

대체로 게임중독이나 카지노, 마약, 알코올 등에 중독증을 만들어 내는 것도 귀문관살(鬼門關殺)이다. 어릴 적부터 마음의 발산이 없는 소극적인 성격, 강압에 의한 억눌림 현상, 치열한 경쟁심 등이 자폐 성향으로 발현되어 문제를 만들게 된다.

그리고 귀문살(鬼門殺)은 타인이 나를 알아주었으면 하는 마음이 강하다. 남에게 많이 의존하면서도 남을 의식해서 자신은 항상 완벽하게 행동하려 하거나, 자기 소속 이외에는 폐쇄적이고 대인기피증이 있다.

대인관계에서 상대에게 억울한 일을 당했다고 생각하는 마음이 강한데, 가령, 회사 내에서 정상적인 인사발령, 진급 등이 이루어졌다고 해도 본인 스스로는 인정하지 못하고 번민에 빠지거나, 자신을 포기하는 형태이거나, 모두 다 때려죽여야 한다고 분노가 폭발하거나, 심하다면 자살로 이어지게 된다.

귀문관살(鬼門關殺)이 있는 사람은 달래 주고 칭찬해야 한다. 꾸짖는 것보다 칭찬함으로써 그의 습관과 버릇을 교정시켜 줄 필요가 있다. 제일 필요한 것은 이해하고 받아 주며, 스스로 억눌린 감정을 표현할 수 있게 해 주는 것이다.

그렇지 못하고 속으로 앓으면 문제가 더 커진다. 대체로 월일지나 일시지에 귀문관살(鬼門關殺)이 있는 사람은 비밀이 많아서 가까운 사람만이 문제를 인식할 수 있으므로, 속마음을 꺼내 표현하고 하소연할 수 있게 해 줘야 한다.

귀문관살(鬼門關殺)이 있다면 속으로 화병(火病) 또는 우울증이나 스트레스가 쌓이게 되는데, 그러므로 건전한 취미생활이나 여가를 즐겨 정신을 어느 한쪽에 쏟을 수 있는 방향으로 돌리는 것이 좋다.

강제적으로 시키는 것보다는 그 행동습관이 유익한 방향으로 흐르도록 유도해야 하며, 좋은 습관 즉, 책을 읽는 습관이나 클래식 음악을 들으며 평온한 마음이 되도록 유도하는 부모가 되어야 한다.

성인이라 할지라도 상담사의 관점에서 항상 평정심을 찾도록 유도해야 한다. 그래야 스스로 자신의 마음을 다스릴 수 있게 된다. 요즘 시대에는 향기 요법도 적극적으로 추천할 수 있겠다.

종교를 통해 마음의 안정을 취하는 것도 바람직하지만, 맹신자(盲信者)가 될 염려가 너무 많으므로 조심해야 한다.

필자 역시 너무 강한 원진(怨嗔) 귀문관살(鬼門關殺)의 강박관념(強迫觀念)에 의해서 수많은 고통을 받으며 살아왔다.

수시로 자살 충동을 겪고 있으며, 대인기피증으로 아직까지 은둔자 생활을 하지만, 명리로 승화시켜 마음을 다스리고 오로지 글을 쓰고 명리 연구에 심혈을 기울인다.

이러한 글을 쓰는 것 역시 원진귀문살(怨嗔鬼門殺)의 영향인데, 귀문살(鬼門殺)을 총명살(聰明殺)로 승화시켜 예술가나 연구, 개발, 창조, 작업 등을 하면 기이한 행운을 만나게 된다.

그러므로 택일비용, 출산비용과 산후비용을 국가가 제공하는 것이 복지국가로 가는 지름길이라 할 수 있겠다. 그러기 위해서는 진정한 역인을 양성시키는 '역술인 무속학교'가 설립되어야 하는데, 좋은 날 좋은 시간을 택하여 악연의 고리를 끊어 주는 일이 국가적으로 행해진다면, 이 나라는 20년 안에 지상천국을 이루게 될 것이며, 세계를 지배하는 국가가 될 것이다.

과학은 신(神)의 축복이다. 좋은 날과 시간에 생명이 탄생하도록 해 주는 것이 수십억 유산 물려 주는 것보다 낫고, 국가발전에도 길하며, 개인에게도 행복한 인생이 되는 진정한 신(神)의 축복이다.

자유파귀문살(子酉破鬼門殺)

　자유귀문살(子酉鬼門殺)은 파살(破殺)과 귀문살(鬼門殺)이 동시에 작용하므로 강력한 힘으로 나타난다. 한냉자수(寒冷子水)와 한조금(寒燥金), 금수(金水)의 왕지(旺地)끼리의 만남이다.

　금생수(金生水)와 수생목(水生木)을 하지 못하고 국화도화와 동백도화가 만나 잘난 척을 하지만, 한랭 기운으로 타인의 접근을 꺼리고 자기의 세력만을 위해서 힘쓰는 격이다.

　철부지 아이의 장난같이 엉뚱한 짓을 많이 하며, 주기적으로 떼쓰는 것과 같은 행동으로 나타난다. 변덕이 심하고, 요즘 말로는 공주병 증세가 심하다.

　명식에 자유파(子酉破) 귀문살(鬼門殺)이 있을 때 미토운(未土運)이 와서 자미원진(子未怨嗔)이 가세(加勢)할 때, 묘목운(卯木運)이 와서 묘유충(卯酉沖), 묘자상형살(卯子相刑殺)이 발생할 때, 또는 인목운(寅木運)이 와서 인유원진(寅酉怨嗔)이 되고 미년(未年)이 온다면, 이런 식으로 연계(連繫)될 때가 더욱 강하다.

　명식의 연월지, 월일지, 일시지에 자유귀문(子酉鬼門)이 형성된 상태에, 대세 운이 가세해서 몇 개로 중첩(重疊)될 때 상상도 못할 일로 연결되는데, 모든 귀문관살(鬼門關殺)을 이처럼 생각하면 될 것이다.

　그러나 유력한 화기(火氣)가 있다면 무사한데, 금한수냉(金寒水冷)하다면 엉뚱한 일을 저지르기 쉽고, 계약 인허가 문제 등에 장애가 발생한다. 자유귀문살(子酉鬼門殺)은 상대에 대한 믿음이 깨지는 것에도 해당하기 때문이다.

금한수냉(金寒水冷)할 경우 목화(木火) 기운이 피해를 당하여 쇠약(衰弱)해짐을 관찰해야 한다. 목화(木火) 기운이 허약(虛弱)한 음실양허(陰實陽虛) 사주라면, 반드시 자유파살(子酉破殺)과 귀문살(鬼門殺)이 발생한다. 자수(子水)는 수생목(水生木)하고 싶지만, 유금(酉金)이 금극목(金剋木)으로 자수(子水)를 방해하여 수극화(水剋火)가 일어나기 때문이다.

【사례5】 "6여 년간 여성 1천여 명의 몰카 20여만 장을 촬영"

6년여 동안 공공장소에서 1천 명이 넘는 여성의 치마 속이니 샤워 모습 등을 몰래 촬영해 오던 40대가 검거되었다.

경찰이 추산한 피해 여성만 1천 14명에 달했다. 그의 집에서는 200기가바이트(GB) 상당의 몰카와 영상이 들어 있는 외장 하드디스크, 40기가바이트 상당의 CD 58장이 발견됐다.

(이정훈, "6년여간 여성 1천여명 몰래 촬영한 40대 구속", 연합뉴스, 2011-04-14, https://www.yna.co.kr/view/AKR20110414033200052)

특히 자유귀문살(子酉鬼門殺)은 유금(酉金)이나 자수(子水) 모두 색정(色情)을 상징하는 색정도화(色情桃花)이므로, 타 귀문살(鬼門殺)과 달리 성도착증이 될 수 있는 위험이 많아서, 사주구조가 흉하다면 색정 문제가 반드시 발생한다. 그러나 주위 사람들이 이것을 예상치 못하도록 완전한 이중인격의 가면을 쓰고 있다.

늑대가 성인의 가면을 쓰고 있는 것과 같은 종교 지도자들이 얼마나 많은가?

축오귀문살(丑午鬼門殺)

축오귀문살(丑午鬼門殺)은 원진살(怨嗔殺)과 탕화살(湯火殺) 그리고 육해살(六害殺)이 가중되므로, 피해가 크다. 축토(丑土) 입장에서 오화(午火)는 잘 끌려오지 않는 화기(火氣)가 되지만, 오화(午火) 입장에서는 축토(丑土)의 포로가 된 듯한 느낌이 든다.

한습축토(寒濕丑土)와 복사열기(輻射熱氣)인 오화(午火)의 만남은, 오화(午火)가 축토(丑土)를 만나면서 화기(火氣)가 쇠약해지는 것으로 인한 답답함, 억울함이 탕화살(湯火殺)의 폭발성으로 나타나게 된다. 오화(午火)가 축토(丑土)에 묶여 있다가 풀려날 때. 혹은 더욱 압박(壓迫)을 받을 경우 발생하는 현상이다.

오중병화(午中丙火)가 축중신금(丑中辛金)과 합(合)하려 하지만 오중정화(午中丁火)가 강력히 반대하고, 축중계수(丑中癸水)는 오중정화(午中丁火)를, 오중기토(午中己土)는 축중계수(丑中癸水)를 극(剋)한다.

오중병화(午中丙火)로 인해서 오중정화(午中丁火)의 처지가 난처한 것과 같은 정신계 문제가 발생한다.

서로 경계하면서도 벗어나지 못하는 관계로, 적극적인 화생토(火生土)가 이루어지지 않으면서 축토(丑土)의 한습지기(寒濕之氣)에 오화(午火)가 다치는 것을 염려해야 한다.

특히 기토(己土)가 투출된 경우 염세적 성향과 우울증(憂鬱症)으로 나타나기도 한다. 축토(丑土)를 만난 오화(午火)는 명식의 목기(木氣) 작용이 부실하다면 시간의 경과에 따라 작용력 상실로 나타나게 되는데, 행운이 시작될 때 보다 결과에 중심을 두고 관찰해야 한다.

일지가 축토(丑土)나 오화(午火)로 월일지나 일시지에 귀문살(鬼門殺)이 형성되었다면 탕화살(湯火殺)과 원진살(怨嗔殺)이 겹치게 되는데, 대체로 타인과 환경에 대한 불평불만과 원망이 우울증, 화상, 음독, 폭력적인 기질로 나타난다.

평소에는 얌전하다가 폭발하는데, 심지어 염산 테러를 하면서도 죄의식을 느끼지 않는 성격으로, 진축습토(辰丑濕土)의 행운이나 오오자형살(午午自刑殺), 진술축미(辰戌丑未) 묘고충(墓庫沖)에 백호살(白虎殺)이 가중될 때 흉액(凶厄)이 크게 나타난다.

자칫하면 음독자살이나 분신자살(焚身自殺)을 할 가능성이 남자에게 나타나고, 여성은 우울증 신병신액, 무병에 시달리기도 한다.

연월지의 귀문살(鬼門殺)은 약한 편에 해당하지만, 성장 과정에서 불우한 환경이었거나, 부모 조상을 원망하기 쉽다. 일지오화(日支午火)의 경우에는 조상을 모시지 않으며, 미션스쿨에 다니거나 기독교에 심취해 보기도 한다.

가을이나 겨울에 태어나고 음기(陰氣)가 왕성하다면 우울증을 앓아 보고, 수심이 가득하다. 그리고 탕화살(湯火殺)의 음습한 폭발력에 귀문살(鬼門殺)이 가중하므로, 인생에 절망하고 세상을 덧없이 여기며 모든 일을 부정적인 것으로 보는 염세주의(厭世主義)가 강하게 나타난다.

엉뚱한 착각에서 우울증이 강해져 인생에 행복이란 없으며, 개선의 여지가 없으므로 차라리 태어나지 않은 것이 좋고, 태어났으면 빨리 죽는 것이 행복하다고 생각하는 허무주의에 빠질 수 있다. 자살 및 화재사건을 조심해야 한다.

모든 귀문관살(鬼門關殺)에서 관살(官殺)이 유력하며, 일간 또한 록근(祿根)이나 왕지(旺地)가 한 글자 있고, 관성(官星)과 비겁(比劫)의 유력한 통관신이 있다면, 또한 조후를 성격시키는 글자가 있다면 문제 될 바 없으며 평안한 인생이 된다.

그러나 편고(偏固)하고 조후가 성격 되지 않고 귀문관살(鬼門關殺)만 유력하다면 문제가 되는데, 명주에게 치명적인 중독증과 강박관념, 우울증, 정신분열이 될 수 있다.

【게임중독에 관련된 최근 사건 사례】
*부산서 부모와 갈등 고교생 입학식 날 투신자살 (2011. 3월) 인터넷 게임 문제로 부모와 갈등을 겪던 학생이 고교 입학식 날 입학식에 참석하지 않고 자신이 이전에 살던 아파트 옥상에 올라가 자살한 사건이 발생했다.
*게임중독 의사 만삭 부인 살해혐의로 구속 (2011. 2월) 전문의 시험을 준비하던 의사가 새벽까지 게임을 하다 이것을 못마땅하게 여긴 부인과 부부싸움 중에 격분해 만삭 부인 살해혐의로 구속되었다.
*게임중독에 빠진 망나니 아들 아버지 신고로 구속 (2011. 2월) 고교 시절부터 게임에 빠진 이후 가족들에게 폭력을 행사하고 돈을 빼앗아 온 20대가 아버지의 신고로 경찰에 구속되었다.
*게임에 중독된 미국 명문대 20대 중퇴생 인터넷 게임에 빠져 묻지마 살인 (2010. 12월) 미국의 한 주립대학교를 중퇴하고 귀국해 두

문불출하며 게임에 심취해 있던 20대 중퇴생이 전날 밤까지 게임을 하고 흥분이 가라앉지 않은 상태에서 '제일 처음 본 사람을 죽이겠다.'며 집에 있던 흉기를 들고 나와 가장 먼저 눈에 띈 이웃 주민을 찔렀다.

*게임에 중독된 20대 엄마가 두 살 난 아들을 때려 숨지게 해 (2010, 12월) 게임에 중독돼 하루에 10시간 이상 게임을 하며 아들을 돌보는 것조차 소홀히 하던 20대 엄마가 어린 아들이 대소변을 가리지 못한다며 때려 숨지게 했다.

*게임에 중독된 중학생, 자신을 나무라는 어머니 살해 후 본인도 자살 (2010, 11월) 부산에서 어릴 때부터 컴퓨터 게임에 빠져 이것을 나무라는 어머니와 자주 다투던 중학생이 자신을 나무라는 어머니를 목 졸라 살해 후 본인도 자살했다.

*인터넷 게임에 빠져 석 달 된 딸을 아사시킨 부부 5개월 도피 끝에 구속 (2010, 3월) 2008년 인터넷 채팅으로 만난 부부는 매일 12시간씩 인터넷 게임을 즐기는 등 게임중독에 빠져 어린 딸에게 하루 한 번만 분유를 주고 내버려 둬서 사망에 이르게 했다.

*게임에 중독된 20대 아들이 나무라는 어머니를 칼로 찔러서 살해 (2010, 2월) 온라인 게임만 한다는 꾸짖음에 불만을 품고 친모를 살해한 20대 아들은 범행 후에도 PC방에서 밤새 게임을 즐기는 등 게임중독 증세가 심각하였다.

*게임중독에 빠진 엄마가 싫어 20대가 어머니 살해 (2009, 7월) 평소 어머니가 인터넷 게임에 중독돼 자신에게 관심을 주지 않는 것에 불만을 품은 20대가 우발적으로 어머니를 살해했다.

등등 이러한 일들 외에도 게임이나 여타 중독으로 패가망신, 부부이별, 무능력자, 은둔자가 되거나, 삶을 포기하는 사람들도 많다.

이러한 현상이 나타나는 주된 원인은 여러 종류가 되겠지만, 자기를 제어하지 못하는 마음으로 욕심, 인내력 부족, 꼭 이기고 말겠다는 경쟁심, 화합 부족, 우울증, 이기주의, 대리만족, 배려 부족, 프리랜서의 성격이 강함 등등이 되겠다.

사주에서 본다면 편고사주(偏枯四柱)로 오행기운이 한쪽으로 치우친, 특히 무관살(無官殺)이거나 관살쇠약(官殺衰弱)하고 조후를 성격(成格)시키지 못하여 명식의 법질서에 문제가 생긴다면, 내가 나를 제어하지 못하는 성향으로 나타나게 되는데, 술, 마약, 성(性), 경마, 카지노, 증권, 화투, 노름, 게임, 성형, 종교 등 여러 가지에 중독증상이 나타난다.

또한, 비겁(比劫)의 주체정신이 허약할 때 역시 세상의 꼬임에서 벗어나기 어렵고, 편재격(偏財格) 재다신약(財多身弱)에서도 돈을 벌겠다는 지나친 욕망이 중독증으로 나타날 수 있다.

이러한 중독증은 처음부터 적절한 제어가 없으면 도로무공 인생이 되기 쉬운데, 종교중독은 특히 무서워서 어떤 대책도 없다.

한마디로 중독증은 인생을 패망하게 만드는 독약과 같다. 컴퓨터나 게임중독 역시, 인간에게 유용하게 쓰라고 만들어진 컴퓨터가 인간 정신을 멸망시키고 있는 것과 같다.

그런데 이때 유기(有氣)한 관살(官殺)과 인수(印綬)가 있는 사람은 모든 중독에서 벗어날 수 있다. 나를 제어(制御)해 주는 법질서인 관살(官殺)이 유력하고, 나의 의식주가 유력하므로 헛된 망상의 중독에서 벗어나는 것이다.

이러한 중독증은 편고사주로 인한 것도 있지만, 내일에 대한 두려움에서 벗어나려는 일종의 탈출구가 아닐까 생각해 본다. 그러므로 인생의 고난에 정면대결을 통해서 극복하려는 마음이 무엇보다 중요하다. 그러므로 사주에서 일간의 주체정신이 무엇보다 중요한 것이다.

인미귀문살(寅未鬼門殺)

인미귀문살(寅未鬼門殺)은 대체로 화토(火土)의 조열함에 원인이 있으므로, 유력한 금수(金水)의 조후가 이루어지면 큰 걱정할 필요는 없다.

인목(寅木)과 미토(未土)가 서로 만났을 때, 명식의 월지 관계에서 경중이 드러난다. 같은 인미귀문(寅未鬼門)일지라도 인월(寅月)의 일지미토(日支未土), 또는 미월(未月)의 일지인목(日支寅木), 또는 각기 계절의 양실음허(陽實陰虛)와 음실양허(陰實陽虛)에 따라서 귀문살(鬼門殺)이 나타나기도 하고 그렇지 않을 수도 있다.

그러나 귀문관살(鬼門關殺) 작용이 본인에게 안 나타날지라도, 알게 모르게 육친작용에서 반드시 문제가 나타난다.

인미귀문(寅未鬼門)은 인중갑목(寅中甲木)이 미중기토(未中己土)와 암합(暗合)하고, 인중병화(寅中丙火)와 미중정화(未中丁火)가 목기(木氣)를 조열하게 하며, 인목(寅木)을 묘지(墓地)로 끌고 가므로, 암합작용에 신경선이 쇠약해져 정신계 문제가 발생한다.

인미(寅未)는 조열한 성분으로 수기(水氣)가 절대적으로 필요하지만, 조습(燥濕)의 균형이 무너져 생기는 문제가 귀문살(鬼門殺) 작용으로 나타난다.

수기(水氣) 작용이 적극적이어야 하는데 수기(水氣)는 목기(木氣)에 빨아 먹히고, 목극토(木剋土)보다는 토극수(土剋水) 작용이 강하여 수기

(水氣)가 무력해지기 쉽다. 인목(寅木)이 목극토(木剋土)를 하지만, 수기(水氣)가 없다면 인목(寅木) 또한 허약하다.

미토운(未土運)이 들어오고 인미귀문(寅未鬼門)이 겹치거나, 술토운(戌土運)이 온다면 먼저 수기(水氣) 작용을 관찰해야 한다.

수기(水氣)가 없다면 인목(寅木)이 마르는 상황이 되어, 좋은 쪽으로 발현되기 어렵다. 만약 양실음허(陽實陰虛)하면 이런 현상은 가중되어, 갑상선 질병 또한 문제가 될 수 있다.

미토(未土)는 늙은 토기(土氣)가 되는데, 갑기합(甲己合)으로 갑목(甲木)을 미토(未土)에 입묘(入墓)하므로, 목기(木氣)가 쇠약해지게 되어 정신계 문제로 나타난다.

나이 많은 늙은이가 넋 놓고 혼자 멍하게 앉아 있는 것 같은 행동을 보인다. 눈동자가 풀어져 있는 것이 특징으로, 도사(道士)인 척, 어른인 척, 점잖은 척하고, 싫고 좋음이 불분명하며, 평소에 얌전하다가 갑자기 사고를 내며 일을 저지른다.

주변 사람도 이것을 알기 어려워서 점잖은 사람이라 생각하는 경우가 많으며, 본인 또한 인정하지 않으려 한다.

또는 갑목(甲木)에 해당하는 육친이 기토(己土)에 빠져 가정을 나 몰라라 한다거나, 기토(己土) 돈을 번다고 가출해 버린다거나 하는 행동이 나타나므로, 육친의 통변에도 세심한 관찰이 필요하다.

그런데 인미귀문관살(寅未鬼門關殺)은 주로 남자에게 많이 나타나는 것을 볼 수 있다. 축술미삼형(丑戌未三刑)과 인사신삼형(寅巳申三刑) 또는 인오술화국(寅午戌火局)이나 방국(方局)이 겹쳐 들어올 때, 과거에 대한 원망, 후회, 증오, 정신계 질환이 나타나 정신병원 행이 되는 경우가 많다.

대체로 모든 기운이 빠져 버린 것처럼 무기력해지며 자신의 할 바를 잊는 특징이 있다. 또한 성적(性的)인 정신병자도 의외로 많으며 양의 탈을 쓴 늑대가 되어 사회문제를 일으키고, 평생 마음에 상처를 만들기도 한다.

그런데, 역인(易人)의 입장에서 사주를 탓해야 할지 그 당사자를 탓해야 할지 영 아리송하다. 그러나 그에 대한 답은 업인인과(業因因果), 콩 심은 데 콩 난다는 법칙에 따라서, 그 사람의 환경과 마음에 의한 인과(因果)라고 본다.

【사례6】부녀자를 연쇄 성폭행하고 금품을 빼앗은 혐의로 30대 남자가 구속되었다. 2000년부터 모두 111회에 걸쳐 10~50대 여성 125명을 성폭행하고, 현금과 휴대전화 등 4,000만원 상당의 금품을 빼앗은 혐의를 받고 있다.

경찰조사 결과 1t 포터로 개인용달 일을 하던 그는 가스 배관을 타거나 방범창 등을 뜯고 침입했으며, 장갑을 끼고 마스크를 쓴 뒤 범행을 저지른 것으로 드러났다.

그는 친자매를 동시에 성폭행하고, 피해 여성이 마음에 들 때는 몇 달이 지난 뒤 다시 찾아가 성폭행하기도 했다.

(인터넷뉴스팀, "10년간 여성 125명 성폭행 '발바리' 구속", 동아일보, 2009-09-08, https://www.donga.com/news/Society/article/all/20090908/8806855/1)

실지 이런 이중가면(二重假面)을 쓴 사람은 우리 주위에 너무나 많다. 자기 자신을 철저히 숨겨 호인 소리를 들으며 한편으로 흉악한 범

죄를 저지르는데, 이것은 총명살과 세상을 향한 원망살(怨望殺)이 원진귀문(怨嗔鬼門)으로 발동하여 일으키는, 일종의 정신병인 것이다.

   그러나 대부분 사주로 본다면 일지홍염(日支紅艶)이나, 일지도화(日支桃花)에 홍염도화(紅艶桃花) 발동하고 귀문살(鬼門殺) 대세 운 형충(刑沖)에 의해서 발생하는 것이므로, 명리를 안다는 것은 축복받은 것이다.

묘신귀문살(卯申鬼門殺)

6개의 귀문살(鬼門殺) 중에 가장 약한 귀문살(鬼門殺)에 해당하며, 총명살로 발현되는 경우가 많다.

묘신귀문(卯申鬼門)은 대체로 얌전한 편인데, 원진살(怨嗔殺)과 암합(暗合) 작용이 귀문살(鬼門殺)이 되어 서로의 무능력을 원망하는 격이다.

신중경금(申中庚金)과 묘중을목(卯中乙木)이 암합(暗合)을 이루고, 묘중갑목(卯中甲木)이 암합(暗合)을 질투해서 동(動)하는 현상이다.

경금(庚金)은 암합에 의해 금극목(金剋木)의 본분을 잊는 탐합망극(貪合忘剋)이 발생하므로, 결국 묘신귀문(卯申鬼門)은 갑목(甲木)이 을목(乙木) 누이를 경금(庚金)에 시집보내고 홀로 남는 형상이다.

그러므로 금극목(金剋木)이 이루어지기는 하지만, 극히 약하다고 봐야 한다. 신금(申金)의 한기(寒氣)와 습목(濕木)이 만나 극(剋)과 합(合)이 공존하고, 서로 대상에 대한 집착이 강하게 나타난다.

명식에 화기(火氣)가 유력하여 화극금(火剋金)으로 암합을 푸는 작용을 하면 귀문(鬼門) 작용과 암합(暗合) 작용을 논할 필요가 없으나, 습기(濕氣)나 수기(水氣)가 왕성하다면 피해가 나타난다.

만약 병정화(丙丁火) 일주라면 인수묘목(印綬卯木)이 묘신귀문(卯申鬼門)이 되어 총명살(聰明殺)로 작용한다. 또한 갑목(甲木)과 병화(丙火)는 목화통명(木火通明), 갑목(甲木)과 정화(丁火)는 정신통명(精神通明)이므로, 결국 갑목(甲木)이 을목(乙木) 누이를 시집보낸 총명살로 나타난다.

일지인수(日支印綬)가 귀문(鬼門)이 되었을 때는 거의 총명살(聰明殺)로 작용하여, 연구, 개발, 창조, 예술, 학문 등이 적성에 맞다.

명식에 화기(火氣) 작용이나 암합을 푸는 성분이 없으면 목기(木氣)의 활동이 정지될 수 있으므로 화기(火氣)의 도움이 필요하며, 수기(水氣)가 왕성해지면 목기(木氣) 작용은 더욱 약화한다.

지지의 암합은 탐합망생(貪合忘生)이 되므로 작용이 정지되는 것과 같아서 발전을 기대하기 어렵지만, 묘하게도 묘신귀문(卯申鬼門)에서는 갑목(甲木)만 홀로 남는다. 명식의 화기(火氣)가 유력하다면 총명살(聰明殺) 발현으로 매우 길하다.

신금(申金)은 가을 금(金)으로 반인반수(伴人半獸) 원숭이이며, 묘목(卯木)은 춘풍도화(春風桃花)로 암합(暗合)이 이루어지고 서로가 원진살(怨嗔殺)로 미워하면서도 그리워하고, 그리워하면서도 귀속되기 싫어한다.

묘목(卯木)은 도화성(桃花性)으로 잘난 척이고 자기 과신을 많이 한다. 신금(申金)은 매사에 급(急)하고 즉각적인 반응을 일으키며 허세, 허풍이 세며 주변 사람들의 이야기를 많이 하는데, 자기는 항상 옳고 남들이 이상하다고 무시하는 특징이 강하다.

年 月 日 時

己 丁 丙 甲　　　乾命

卯 卯 申 午　　　신강의설재(身强宜洩財)

丙 乙 甲 癸 壬 辛 庚 己

寅 丑 子 亥 戌 酉 申 未

아인슈타인의 묘신원진(卯申怨嗔) 귀문살(鬼門殺)이 극대화된 사주다. 아인슈타인은 미국 이론 물리학자로 상대성 이론, 통일장 이론 (1921)으로 노벨 물리학상을 받았다.

중국에서 8년간 역학(易學)을 연구한 뒤 상대성 원리를 발견하여 노벨상을 받게 되었다고 한다. 병화(丙火)가 기토(己土)를 만나 대지보조(大地普照)를 이루고, 일지에서 문창성(文昌星), 공부의 신(神)을 만나 2개의 묘목(卯木)과 암합(暗合) 원진귀문(怨嗔鬼門)을 이루고 있다.

기토(己土)는 오중기토(午中己土)로 투출되어 병화(丙火)의 상관(傷官)으로 두뇌 총명하게 되는데, 특히 갑오시(甲午時)를 만나 만물을 화창하게 한 공덕이다. 갑목(甲木)이 정화(丁火)를 만나 정신통명(精神通明)이고, 병화(丙火)를 만나 목화통명(木火通明)이다.

인수(印綬)의 학문성(學問星)과 문창성(文昌星)이 만나 귀문(鬼門)이나 원진(怨嗔)을 이루면 거의가 연구가, 발명가, 교육자가 되는 경우가 많은데, 인수(印綬)와 문창성(文昌星)의 조합에서는 연구개발, 학자, 교수라고 단정해도 틀리지 않는다.

이 사주는 귀문살(鬼門殺)이 총명살(聰明殺)로 작용한 경우로, 집착(執着)을 학문연구에 몰두하는 것으로 쓰게 되었다. 노벨상을 받은 펄벅 여사 또한 일지 축오귀문(丑午鬼門)의 인수격(印綬格)이라는 점을 참고할 필요가 있을 것이다.

진해귀문살(辰亥鬼門殺)

진해귀문(辰亥鬼門)은 원진살(怨嗔殺)이 가중되어 정신계 문제를 만들어 내는데, 한냉(寒冷)하여 발생하는 현상이다. 해수(亥水) 바다와 진토(辰土) 수기(水氣) 창고가 만나 더 한냉(寒冷)해져, 해중갑목(亥中甲木)이나 진중을목(辰中乙木)은 고사목(涸死木)에 부목(浮木)이 된다.

해수(亥水)는 미약온수(微弱溫水)로, 갑목(甲木)을 키우는 임무이자 희망이 있고, 진토(辰土)는 만물의 뿌리기 되어 생육하는 임무를 가진 것인데, 진토(辰土)와 해수(亥水)가 만나 토기(土氣)가 갯벌 진흙으로 변하여, 갑목(甲木)의 뿌리가 썩는 것에 해당한다.

이때 목화기(木火氣)가 유력하다면 진해귀문살(辰亥鬼門殺)은 발동하지 않으나, 금수(金水)가 왕성하다면 발동하여 서로가 미워하는 처지가 된다. 진토(辰土)는 해수(亥水)를 조절할 수 없다. 왕수(旺水)가 습토(濕土)를 만나는 것이므로, 해수(亥水)는 흐름이 탁(濁)해지고 진토(辰土)는 형(形)이 유지되기 어렵다.

명식에 목화(木火) 작용이 활발해야 습(濕)해서 발생하는 귀문피해(鬼門被害)를 줄일 수 있게 된다. 특히 목기(木氣) 작용이 적극적이어야 한다.

만약 해월(亥月)에 진토(辰土)를 만났다면 토기(土氣)가 부실하고 한습(寒濕)해져서 목기(木氣)를 성장시키기 어려운 상황이 되는데, 먼저 제방제수(堤防制水)로 수기(水氣)를 조절해야 하며, 목기(木氣)와 화기

(火氣) 작용이 적극적으로 필요하게 된다.

진토(辰土)는 금수기(金水氣)의 입묘지(入墓地)이고 해수(亥水)는 바다가 되는데, 만물이 바다로 모이듯 지혜의 출렁임이 되므로, 진해귀문(辰亥鬼門)에서는 저돌맹진(猪突猛進)하여 하늘에 오르고자 하는, 종교 공부를 하고자 하는 마음이 강화된다.

그러므로 천라지망(天羅地網)이 되어, 종교(宗敎)의 형이상(形而上)에 집요집착(執拗執着)하는 성분으로 나타나게 된다.

타 귀문살(鬼門殺)과 달리 진해귀문(辰亥鬼門)과 사술귀문(巳戌鬼門)은 진리 공부의 선견지명(先見之明)이 뛰어난 특징이 있다.

진해귀문살(辰亥鬼門殺)이 발동하면 상당히 까다롭고 앙칼지며 사나운 성질이 있다. 폐쇄적이고 대인기피증과 결벽증이 있으며, 히스테릭하고 자기 소속감이 너무 강해서 타인을 무시한다.

자기 하고만 친해야 한다는 욕구가 강하여, 특히 여자의 경우 남편과 자식밖에 모르는 여성이 되기 쉽다.

```
年 月 日 時
戊 丙 癸 丙              乾命
申 辰 亥 辰              신약용인(身弱用印)
丁 戊 己 庚 辛 壬 癸 甲
巳 午 未 申 酉 戌 亥 子
```

이 사주는 26세 기미대운(己未大運) 갑술년(甲戌年) 귀문작용(鬼門作用)으로 역사상 유례가 없었던 대형 사고를 저지른 '티모시 맥베이

(Timothy McVeigh)'의 명식이다.

1995년 4월 19일 맥베이와 유나바머 2명이 오클라호마 시티 알프레드 머레이 연방 청사에서 차량에 가득 실은 폭탄을 터뜨려, 168명의 사망자와 19명의 아이를 포함 500여 명의 사상자를 낸 미국 역사상 최악의 테러 사건의 주인공으로, 2001년 신사년(辛巳年) 사형(死刑)이 집행되었다.

티모시 맥베이는 전형적인 미국 중산층 가정 출신으로, 소년 시절 부모가 이혼하면서 아버지와 함께 살았다. 고등학교 때까지 A~B학점을 유지했으며, 내성적인 성격의 모범생으로 알려져 있다.

고등학교를 졸업하고 펜들넌에서 2년제 대학을 다니며 컴퓨디를 전공했고, 무기에 대한 남다른 관심과 애착을 가졌던 맥베이는 입대했으며, 이때 미사일을 다루는 솜씨나 폭발물 제조 등에서 뛰어난 능력을 발휘했다.

군 복무 중 훗날 오클라호마 사건에 깊이 관여한 것으로 보이는 군 동료 마이클 포티어, 테리 니콜스 등을 만나게 된다.

걸프전에 참가하여 무공훈장까지 받고, 1991년 12월 군에서 제대한 맥베이는 뉴욕 버펄로에서 경비원으로 잠시 일하다가 반정부 민병대에 가담하기 위해서 캔자스, 애리조나 등을 전전했다.

맥베이가 본격적으로 정부에 적대 감정을 갖게 된 것은 지난 1992년, 불법 무기 소지 혐의를 받던 민간인 랜디 위버가 연방 수사관들에게 반항하다 사살된 사건이 발생한 데 이어, 1993년 텍사스 웨이코에서 사교 집단 다윗파 교도 80명이 연방 수사관들과 무장 대치 끝에 의문의 화재로 몰살되는 사건이 터진 이후부터로 알려졌다.

이후 외부에 모습을 드러내지 않았던 맥베이는, 1년 전까지 애리조나에서 20대 초반의 여자 친구와 갓 낳은 딸을 데리고 트레일러에서 생활을 해왔다.

그리고 1995년 4월 19일, 오클라호마 시티 연방 건물 폭발물 테러 사건 현장 부근에서 경찰에 체포됐다. 그는 체포 후에도 연방 정부는 개인의 자유를 억압하는 거대한 권력이라는 주장을 되풀이했다.

상기 사주는 진월(辰月)의 무토사령(戊土司令)으로, 2개의 병화(丙火)와 진토(辰土)에 통근하는 무토(戊土)가 억부(抑扶)의 대상이며, 신약용인에 해당한다.

진토(辰土)는 계수(癸水)의 통근처이기도 하지만, 이 사주의 경우는 무토(戊土)에 먼저 작용한다.

그래도 신해(申亥)에 통근하므로 허약하지는 않은데, 갑목(甲木)이 없는 급신이지(及身而止)가 되고 보니, 외화내빈(外華內貧)으로 추락한다.

왜냐하면 계해일주(癸亥日柱)는 60간지의 마지막으로 총명하지만, 갑목(甲木)이 없는 계수(癸水)는 꿈이나 미래가 없이 가두어진 인생과 같기 때문이다.

이 명식의 경우 수시로 수국(水局)을 이루고 병화(丙火)를 겁탈(劫奪)하므로 재난풍파(災難風波)가 자주 발생하게 되는데, 갑목(甲木)이 없으므로 상당히 아쉬운 격이다. 월일지와 일시지에 쌍(雙)으로 원진귀문살(怨嗔鬼門殺)이 동하고 음습(陰濕)하므로, 정신계 문제가 발현하게 된다.

2개의 병화(丙火)가 있으므로 화창해야 하지만, 병화(丙火)의 통근처가 없으니 오히려 한습기(寒濕氣)가 많게 되므로, 강박관념(强迫觀念)의 귀문살(鬼門殺)이 강화된다.

일간은 2개의 병화(丙火)에, 일지는 2개의 진토(辰土)에 포위되어 고립(孤立)되어 있는 형국이니, 외로움과 고독이 발생하며 내성적으로, 잠재된 우울함이 폭발하게 된다.

또한 쌍(雙)으로 원진귀문살(怨嗔鬼門殺)이 형성되어 동하므로, 국가나 법질서 종교진리(宗敎眞理) 등에 불평불만(不平不滿), 원망(怨望)이 강하게 나타나며, 주위 사람들을 원망의 대상으로 삼기도 한다.

그러므로 이런 사주는 원진귀문(怨嗔鬼門)의 총명살(聰明殺)을 어느 쪽으로 승화시킬 것인가가 관건인데, 진토(辰土)는 정관(正官) 정법(正法)으로 종교 성분이 강하므로 종교인으로 가는 것도 좋으며, 소방서, 대체의학, 연구실 등의 조용한 직장이 무엇보다 좋다.

귀문살(鬼門殺) 중에서도 사술(巳戌), 진해(辰亥), 인미(寅未) 등의 귀문살(鬼門殺)은 종교 정신계에 관여하는 성분이 강하며, 잠재적인 분노가 언제든지 폭발할 수 있다.

그것을 해소하고자 술, 여자, 마약, 게임, 호색, 종교, 혹은 괴상한 일에 연루되거나 스스로 집착하여 빠지거나, 중독성향(中毒性向)으로 나타나는 경우가 많다.

귀문살(鬼門殺)은 강박관념(强迫觀念)의 정신질환이라 볼 수 있는데, 신경이 과민하고 과대망상(誇大妄想)에 빠져 엉뚱한 행동을 하게 된다.

매사 한 가지 일에 집착하고 몰두하는 현상이 생기며, 간단히 생각할 것도 편집증적인 성향으로 은둔자 성격이 강하고, 대인기피증이 있다.

폐쇄적(閉鎖的)인 결벽증이 있으며, 시끄러운 것을 싫어하고, 자기 소속감이 너무 강해서 하고자 하는 일은 목숨 걸고 한다.

유력한 화기(火氣) 작용이 있다면 세상의 모든 물이 바다에 모이는 것과 같아서 지혜 총명살(聰明殺)로 발현된다. 고요하고 정적이므로 연구소, 해양수산, 소방서, 대체의학, 의업, 활인업, 발명, 교육자의 적성이다.

사술귀문살(巳戌鬼門殺)

　천라지망살(天羅地網殺)은 사술귀문(巳戌鬼門), 진해귀문(辰亥鬼門)에서 나타나는데, 독특한 정신으로 도(道)를 닦는다거나 구제중생 활인(活人)을 명(命)받고 태어난 사람, 종교인에 해당한다.

　특히 월일지나 일시지에 형성되고, 조후가 불량하다면 강하게 작용한다. 월지에서 후진(後進)하는 글자는 -해월(亥月)이면 술토(戌土)에 해당- 천의성(天醫星)이라 하며, 거의 반드시라고 해도 좋을 정도로 구제중생 활인 종교업을 해야 하는 사람이다.

　명식에 천라지망살(天羅地網殺)이 있다면, 사술귀문(巳戌鬼門)은 천문(天門)의 술토(戌土)와 라망(羅網)의 사화(巳火)가 만난 것이므로, 명식이 조열(燥熱)하지 않다면 걱정할 바 없다.

　진해귀문(辰亥鬼門)은 천문(天文)의 해수(亥水)와 라망(羅網)의 진토(辰土)가 만난 것이므로, 명식이 한습(寒濕)하지 않다면 귀문살(鬼門殺)이 총명살(聰明殺)로 변한다고 보면 될 것이다.

　명식에 천라지망(天羅地網)이 있다면 양기(陽氣)가 묘절(墓絶)하여 입고유폐지상(入庫幽閉之像)으로, 마치 그물 속에서 빛을 못 보는 것과 같으니 음지(陰地) 생활에 인연이고, 구제중생 활인을 목적으로 세상에 온 사람이므로, 종교인, 역술인, 약사, 간호사, 교도관 등을 하여 본다.

　특히 천라(天羅)는 하늘에 그물이 가려진 형상이므로 남자는 뜻을 펴기 어려우며, 지망살(地網殺)은 땅에 그물이 드리워진 형상으로 여자는 뜻을 펴기 어렵다. 그러므로 활인을 명받고 온 사람에 해당하는 것이다.

명식에 천라지망(天羅地網)이 있고 술해진사(戌亥辰巳)를 다시 만나 형충파해(刑沖破害)가 가중되는 경우에는 병액(病厄), 무병(巫病), 신병신액(神病神厄)이 되거나 옥고(獄苦)를 치르기도 한다.

술해천문(戌亥天門), 사술귀문(巳戌鬼門), 진해귀문(辰亥鬼門) 등은 신(神)을 공경하고 정신을 연마하여 하늘을 드나드는 것이라 하여 정신력이 뛰어나고, 선견지명(先見之明), 예지능력(豫知能力)이 있게 된다.

특히 독특한 정신으로 도(道) 닦는 능력, 신앙심, 활인, 역학, 무당, 의사, 기공 수련, 수행 등을 의미하는데, 종교인 쪽에 인연이 많다. 사술귀문(巳戌鬼門)이나 진해귀문(辰亥鬼門)은 특히 정신계에 관여하게 되는데, 대체로 영적단계(靈的段階)가 높다.

전생(前生)에서도 구제중생하던 사람이 다 이루지 못한 일을 현세에 이루기 위해서 온 것이므로, 인간사는 힘들어도 영적 진화는 대단히 빠르다. 그러므로 종교업, 한의, 의사 등도 많은데, 사술귀문(巳戌鬼門)이나 진해귀문(辰亥鬼門)은 광적인 종교 맹신자들도 많다.

타 귀문살(鬼門殺)과 함께 귀문(鬼門)의 속성을 지니면서도, 정신계에 대한, 형이상의 집착이 매우 강한 편에 해당한다.

사술귀문(巳戌鬼門)은 원진살(怨嗔殺)이 가중되어, 증오(憎惡)하고 미워하는 기질이 나타난다. 사중병화(巳中丙火)가 술중신금(戌中辛金)과 암합(暗合)하고자 하지만 술중정화(戌中丁火)가 방해하므로, 친구 동료로 인한 피해의식이 발생한다.

사화(巳火)가 조열한 술토(戌土)의 화기(火氣) 창고를 만나므로, 수기(水氣)가 고갈(枯渴)되어 목기쇠약(木氣衰弱)으로 나타나므로, 유력한 수기(水氣) 작용이 필요하다.

수기(水氣)가 부족하다면 귀문살(鬼門殺)이 발생하고, 화기(火氣)가 술토(戌土)에 입묘되어 승화되지 못한 불만을 품게 된다.

조열(燥熱)한 것을 명식에서 조절할 수 없다면 피해로 나타나게 된다. 목표를 달성하지 못한 것에 대한 불만, 좌절 등에 의해서 발생하는 심리적 변화가 나타나는 것이다.

사화(巳火)는 술토(戌土)가 근접(近接)해 있는 것을 꺼린다. 사화(巳火)는 라망살(羅網殺)이고 술토(戌土)는 천문(天門)으로 천라지망(天羅地網)이 형성되어, 명식에 수기(水氣)가 허약하다면 부부 공방살(空房殺)을 만든다.

주말부부나 월말부부 또는 정 없이 개, 닭 보듯 살면서도 정(情)을 그리워하며 이성에 집착하기도 한다.

술토(戌土)는 화기묘신(火氣墓神)이고 병화(丙火)의 화개살(華蓋殺)로 정적(靜的)이지 않으면서도 정적(靜的)이 되어 오로지 침묵이 흐르는 절간과 같아서, 결국 외롭고 고독하게 된다.

또한 화기입묘(火氣入墓)의 형상으로 절간에서 수행을 많이 한 늙은 중이나 도사(道士)와 같이 아는 척, 잘난 척을 잘하며, 성격이 능구렁이 같고 음흉(陰凶)한 사람이 많다. 매사를 귀찮아하는 성격이 형성되며 진취력이 부족하다.

고집이 세고 자기주장만 내세우며 갑자기 사람이 돌변하는 특징이 있는데, 책임감이 강하며 맡은 바 임무는 꼭 처리하려고 한다.

월일지나 일시지에 진해(辰亥) 원진귀문(怨嗔鬼門)이나 사술(巳戌) 원진귀문(怨嗔鬼門)이 형성된 명식은 이미 영적 진화단계가 높으므로 뱀고기나 개고기는 절대 금물이며, 만약 먹는다면 집안에 틀림없이 재앙이나 우환, 신병신액이 발생하게 된다.

그리고 개나 고양이를 집에서 키우고 특히 애완동물을 키우면 예상치 못한 흉사가 발생한다.

공망살(空亡殺)의 특징

공망(空亡)

甲子	乙丑	丙寅	丁卯	戊辰	己巳	庚午	辛未	壬申	癸酉	戌亥
甲戌	乙亥	丙子	丁丑	戊寅	己卯	庚辰	辛巳	壬午	癸未	申酉
甲申	乙酉	丙戌	丁亥	戊子	己丑	庚寅	辛卯	壬辰	癸巳	午未
甲午	乙未	丙申	丁酉	戊戌	己亥	庚子	辛丑	壬寅	癸卯	辰巳
甲辰	乙巳	丙午	丁未	戊申	己酉	庚戌	辛亥	壬子	癸丑	寅卯
甲寅	乙卯	丙辰	丁巳	戊午	己未	庚申	辛酉	壬戌	癸亥	子丑

공망살(空亡殺)의 다른 이름은 천중살(天中殺) 또는 순공(旬空)이라고 한다. 10개의 천간(天干)과 12개의 지지(地支)로, 갑자(甲子), 을축(乙丑), 병인(丙寅), 정묘(丁卯) 등으로 간지배합을 이룰 때, 술해(戌亥)는 천간과 지지가 계유(癸酉)에서 끝난다.

짝을 배정받지 못하고 남게 된 2개의 술해(戌亥)를 공망(空亡)이라 한다. 정신이 없는 육체만 있는 형상이므로, 공허(空虛)하고 무력(無力)하다, 망했다는 뜻을 가지게 된다.

십이지(十二支)는 음양(陰陽)으로 구성되어 자인진오신술(子寅辰午申戌)은 양지지(陽地支), 축묘사미유해(丑卯巳未酉亥)는 음지지(陰地支)에 해당한다.

양기(陽氣)는 무형(無形)의 기(氣)이고, 음기(陰氣)는 유형의 질(質)이다. 기(氣)가 없으면 진공(眞空) 상태로 공(空)이라 하고, 물체(物體)가 없어지면 멸망(滅亡)한 것이므로 망(亡)이라 한다.

공(空)은 양기(陽氣)의 공망(空亡), 망(亡)은 음기(陰氣)의 공망(空亡)이다.

공망(空亡)은 일주를 기준으로 하여 정하지만, 연주를 기준으로 하여 일주공망(日柱空亡)을 살필 때 사용한다. 그러나 사주통변에 무수한 변화가 있게 되는데, 남편인 관성(官星)에서 일간이 공망(空亡)되거나, 또는 아내인 재성(財星)에서 일간이 공망(空亡)될 수도 있다. 즉 배성에서 일간이 공망(空亡)으로 없는 형태일 수 있다. 이처럼 수많은 숨겨진 변화가 있게 된다.

공망(空亡)은 길할 때도 흉(凶)할 때도 있는데, 만물은 양면성으로 존재하기 때문이다. 그러나 공망(空亡) 되었다면 오행작용을 상실한 것으로 보게 되므로 길한 것이 공망(空亡)이 되었다면 길하지 않고, 흉(凶)한 것이 공망(空亡)이 되었다면 흉(凶)하지 않다고 보게 된다.

그러나 간지는 정신과 육체를 대표하는 글자이므로 육친법에서는 길작용보다 흉작용이 더 많다고 본다. 가령 여름에 태어난 병인일주(丙寅日柱) 여명에 중요히 써야 하는 해수(亥水) 남편과 직업이 공망(空亡)이면 매우 흉하다.

공망(空亡)은 없는 것이므로 귀신과 같은데, 그 귀신이 해인합(亥寅合)을 하자고 덤비고, 나 역시 해수(亥水)를 좋아하는 육합(六合)인데, 귀신과 합(合)하여 무슨 좋은 일이 있겠는가?

공망(空亡)은 한마디로 작용력 상실이다. 해당 육친의 덕이 부족하며 모든 것을 무(無)로 변화시키는 작용이 공망(空亡)이다.

공망(空亡)이 충(沖)이 되었다면 탈공(脫空)이라 하여 공망(空亡)도 충

(沖)도 아니라는 설(說)이 있지만, 세심한 판단이 중요하다.

왜냐하면 충(沖)이 되었다면 지장간(支藏干) 또한 개고(開庫)되어 쓸모없게 되며, 공망지(空亡地) 역시 충(沖)이 발생하면 깨어지기 때문이다.

공망지(空亡地)를 같은 비중으로 해석을 하면 감명에 큰 오류를 범하기 쉽다. 이 말은 공망지(空亡地)가 생왕(生旺)한가? 사절(死絶)인가? 길신공망(吉神空亡)인가? 흉신공망(凶神空亡)인가? 그리고 공망지(空亡地)의 합충(合沖) 관계를 자세히 살펴야 한다.

사절공망(死絶空亡)이면 진공망(眞空亡)이라 하는데 천시(天時)를 얻지 못한 공망(空亡)으로, 공망지(空亡地)의 작용력이 무력하다고 판단한다.

그러나 생왕지(生旺地) 공망(空亡)은 반공망(半空亡)이라고 한다. 천시(天時)를 얻은 월지공망(月支空亡)으로, 그 작용력은 비록 약하다지만 힘과 능력이 있다.

가령, 신유술(申酉戌) 월은 금기(金氣)가 왕성하다. 아래에 예시된 (1)번 경진일주(庚辰日柱)의 신유(申酉)가 공망(空亡)일지라도, 반공(半空)으로 힘이 있는 것으로 본다.

그러나 가을 생의 갑술(甲戌)이거나 병술일주(丙戌日柱)라면, 이미 월지가 금기(金氣)이므로 무력할 수밖에 없을 것이다.

그러나 아래 (2)번의 인묘공망(寅卯空亡)은 가을 생이라 실령(失令)한 진공망(眞空亡)으로, 매우 무력하다고 본다.

(1)　　　　　(2)
　　年月日時　　　年月日時
　　乙乙庚甲　　　乙甲乙己
　　亥酉辰申　　　卯申巳卯
　　반공(半空)　　 진공(眞空)

*공망지(空亡地)가 합(合)으로 자리 이동을 하면 공망을 벗어났다고 본다. 가령, 신금(申金)이 공망인데 수국(水局)에 합류되었다면 공망(空亡)으로 보지 않는다.

또한 형살(刑殺)이 있어서 동(動)하는 상태에서는 자기 역량을 상실하지 않는다. 그러나 충(沖)으로 깨어졌다면 공망(空亡)이 해소되었다고 볼 수 없으며, 오로지 자리 이동에서만 공망을 벗어난다.

공망지(空亡地)가 충(沖)이 되었다면 탈공으로 공망(空亡)이 해소된다는 글이 있는데, 이것은 잘못 판단한 것이다. 이미 충(沖)이 되었다면 지장간이 상처 난 것이기 때문이다. 가령 두 개의 달걀이 부딪치면 그 내부의 내용물은 상처 나고 부화시킬 수 없는 것과 같다.

*양일간(陽日干) 사주의 양지지(陽地支)가 공망(空亡)이면 진공(眞空)으로, 반대로 음일간(陰日干)의 양지지(陽地支)가 공망(空亡)이 되었다면 반공(半空)으로 본다는 설(說)이 있으나, 순수하게 월령(月令)의 기(氣)를 판단한 후에 유무력(有無力)을 판단하는 것이 올바른 방법이다.

*지지의 글자는 계절의 기(氣)를 상징하며, 방향을 뜻한다. 가령 인목(寅木)이면 동북방(東北方), 묘목(卯木)이면 정동(正東), 진토(辰土)라면 동남방(東南方)을 뜻한다.

즉 이 말은 가령 인신충(寅申沖)이 되었다고 해서 탈공(脫空)으로 볼 것이냐?는 문제인데, 인목(寅木)이 합(合)으로 방향을 변환시키지 않는 한 동북방(東北方)일 뿐이다.

그러므로 탈공(脫空)의 의미는 없다. 그러나 해수(亥水)가 공망(空亡)인데 해인합(亥寅合)으로 변화하면 북서방(北西方)의 해수(亥水)가 동북방(東北方)으로 변화한 것이므로, 공망지(空亡地)를 벗어난 것이 된다.

*대운공망(大運空亡)은 일절 논하지 않으며, 세운과 일진(日辰) 등의 공망(空亡)은 참고한다.
*명식에 공망(空亡)이 있는데 행운에서 공망운(空亡運)이 올 때는 공망(空亡)이 풀리는 것과 같아서, 작용이 약해지는 것도 참고해야 한다.
*인연법에서 배성공망(配星空亡)이면 그 공망(空亡)이 된 글자를 그대로 배성으로 인연한다. 가령 갑술일주(甲戌日柱) 여명일 때 신금(申金)이 공망이면 원숭이띠에 태어난 사람이 부부인연이 되었다면 좋다. 그러나 세년이 아닌 일주가 공망(空亡)에 해당하면 불가하다.

가령, 갑자일주(甲子日柱)는 술해공망(戌亥空亡)인데, 을해일주(乙亥日柱) 여자를 만났다면 갑을(甲乙) 해자(亥子)가 동기간으로 형제간과 같아서 무난한 궁합이지만, 을해일주(乙亥日柱)가 공망(空亡)이고 보니 이것은 없는 여자에 해당하므로 흉하다. 그러나 해년(亥年)에 태어난 여자는 길하다.

*격국(格局)을 정할 때는 공망(空亡)을 참고하지 않으며, 주로 육친 관계의 해석이나 신살(神殺)을 적용할 때, 이사방위 등에만 활용한다.
*기신공망(忌神空亡)은 흉액(凶厄)을 해소하므로 길하다지만 없는 것

을 충족시켜야 하므로, 충(沖)이 발생할 때 더 강렬하게 살아나 재액(災厄)이 발생한다. 희신이나 귀인 등의 길신공망은 복(福)이 감소하지만, 충(沖)으로 탈공(脫空)이 되었다면 길하다고 할 수 없으나, 합(合)으로 희신이 될 때는 길경사가 있게 된다.

*공망(空亡)은 방위 활용을 중요시한다. 공망방위(空亡方位)는 무력하고 인연이 없으니, 결국은 헛수고일 뿐이고 공허(空虛)하다. 그러므로 이사, 사업장소, 거래처 관계, 출행, 약속, 진학, 취직 등 일상사에 참고하여 공망방위로는 가지 않는 것이 좋으며, 공망일진(空亡日辰)에는 거래, 계약, 시험 등이 헛수고가 될 가능성이 크다.

*순중공망(旬中空亡)은 순중(旬中)의 일주에 해당하며, 한 뿌리 한 핏줄로 감명한다. 고로 부부지간에는 흔히 말하는 전생인연으로 형제간이나 친구와 같이 다정하고 화목하게 일생을 해로하는 경우가 많으며, 사후동혈(死後同穴)이라 한다.

상하 관계나 주종 관계, 모임, 단체 등 대인관계에서도 역시 순중공망(旬中空亡)이면 쉽게 통할 수 있으므로, 궁합(宮合)을 판단할 때는 우선순위로 순중공망(旬中空亡)을 꼽아야 한다.

그런데 이 속에 선연(善緣)을 가장한 악연(惡緣)이 있으므로 이것을 판단해야 한다. 같은 순중이라 해서 무조건 선인연(善因緣)은 아니다. 가령, 갑자일주(甲子日柱) 여명의 순중에 경오(庚午) 신미(辛未)가 있는데, 이것은 악연 관계의 남자이다.

순중공망(旬中空亡)은 성격과 기질이 비슷하여 의견일치가 쉬우며, 또한 인연을 오래 유지할 수 있지만, 선인연(善因緣)을 가장한 악인연(惡因緣)이면 시간이 지날수록 장애가 발생한다.

가령 갑자일주(甲子日柱) 여명이 경오(庚午)를 만나면 천충지충(天沖支沖)이 된다. 신강사주라면 길한 듯하지만, 부부화합이 이루어지지 않는 악연(惡緣) 관계이다.

신미(辛未)는 갑목(甲木)이 꺼리는 신금(辛金)에 지지는 자미원진(子未怨嗔), 갑목(甲木)을 입묘(入墓)하는 효신살(梟神殺)의 악연(惡緣)이다.
그러나 동순중(同順中)의 임신(壬申) 계유(癸酉)를 만났다면 꼭 만나야 하는 선인연이므로, 동순중의 인연일지라도 세심한 관찰이 필요하다.
*대체로 동순중(同順中)의 인연은 쉽게 이루어지고 끈끈해진다. 악연(惡緣)도 선인연(善因緣)의 탈을 쓰고 있기 때문이다. 공망(空亡)이 같은 사람은 부부 또는 동업자가 되었다면 좋은 융합을 한다는 것이므로, 시어머니와 며느리 관계 등 주변 사람과의 관계에 대체로 좋다.
*궁합에서 한 사람의 공망(空亡)이 되는 지지가 상대방 일지에 있다면 혼인이 불길하다. 가령 갑자순중(甲子旬中)에 있는 사람은 술해(戌亥)가 공망(空亡)인데, 만약 상대방의 일지에 술해(戌亥)가 있다면 그 혼인은 좋지 않다.
그런데 묘하게도 내 일주공망이 상대방의 일지에 해당하고, 결혼하여 살아가는 사람도 많은데, 의견일치가 쉽게 이루어지지 않으며 정 없이 살면서도, 상대에게 집착하는 것을 본다.
*지지가 공망(空亡)이면 상좌천간(上坐天干)도 공망(空亡)이므로, 무력하다고 판단한다. 가령 인묘공망(寅卯空亡) 순중(旬中) 일간의 사주에 병인(丙寅)이 있다면, 인목(寅木) 상좌(上坐)한 병화(丙火)는 공망(空亡)이 된다.

그러나 이때 사화(巳火)나 오화(午火)가 있다면 인목(寅木)에 통근하지 않아도 되는 병화(丙火)이므로, 공망(空亡)으로 논하지 않는다.

*공망(空亡)이란 공허(空虛)하고 허무(虛無)한 것이므로 우선으로 채우고자 하는 욕구가 발생하는데, 이것은 인간의 본성이다. 이런 점을 참고해서 해당 육친의 인자개념과 작용력을 깊이 파악하여 감명에 활용하면, 이것이 바로 비법(祕法)이다.
*명식에 오행이 편중(偏重)되었거나, 육신(六神)의 정편혼잡(正偏混雜)되어 있을 때, 한쪽이 공망(空亡)이면 좋은 것으로 판단한다.
*연월일시의 사주나 월일시의 삼주(三柱)가 공망(空亡)이면, 사해팔방(四海八方) 명진사해(名振四海)하며 외국에 진출해서 성공하거나, 외국에까지도 이름이 나는 큰 그릇이라고 감명하기도 하는데, 그러나 명식이 편중(偏重)되었거나 용희신이 무기력하다면 일반 격국보다 못하며, 파란만장한 삶을 살아가는 사람이 더욱 많다.

태월공망(胎月空亡)

태월(胎月)이란, 잉태(孕胎)할 때의 기후를 보는 것이다. 사주의 월주에서 천간은 한 자리, 지지는 세 자리를 전진하면 태원(胎元)이 된다.

가령, 병인월(丙寅月)에 출생했다면 천간이 한 자리 전진하면 정화(丁火), 지지는 세 자리를 전진하면 사화(巳火)가 된다. 그래서 정사월(丁巳月)이 태원(胎元)이 된다.

오성학(五星學)은 태양의 궁도를 중요하게 여기므로 명궁을 중요시하지만, 자평학(子平學)은 기후를 중요시하므로 태원(胎元)을 중히 여긴다. "이허중 명서"에 이르되, 연간을 록(祿)이라고 하고 연지를 명(命)이라 하며, 연주의 납음(納音)을 신(身)이라고 한다. 사주란 태원(胎元), 월주, 일주, 시주를 말한다고 하였다.

고대의 록명법(祿命法)은 연명(年命)을 따로 적고, 그 밑으로 연주의 위치에 태원(胎元)을 쓴 뒤, 월주, 일주, 시주의 순서로 썼다. 연주의 납음오행을 주체로 보고, 태원(胎元)과 월, 일, 시주의 순서대로 연주 납음오행을 대입시켜 왕쇠강약(旺衰强弱)을 정했다.

후에 서자평(徐子平)이 일간 위주의 사주학을 창안하면서 태원(胎元)의 자리에 연주를 넣었다.

태원(胎元)은 천간보다 지지를 중요시하는데, 잉태 당시의 기후를 대표하기 때문이다. 태월(胎月)의 천간보다 지지가 더욱 강하여 년지, 일지, 시지보다 강력한 역량이 있고, 월지보다는 약하다고 보고 있다.

태원(胎元)을 볼 때, 태원천간(胎元天干)이 태원지지(胎元地支)를 생조(生助)하거나 같은 오행이면 태원지지의 역량은 강해지고, 태원천간이 태원지지를 극(剋)하거나, 태원지지가 태원천간을 극(剋)하거나, 태원지지가 태원천간을 생(生)하면 태원지지는 그만큼 역량이 감소한다.

태원(胎元)이 사주에서 필요한 희신이면 사주가 더 좋아지고, 태원(胎元)이 기신이면 더 나빠진다. 사주에 희신이 없을 때는 태원(胎元)으로 보완한다.

사주가 길하다면 태원(胎元)의 도움이 필요하지 않으나 태원(胎元)으로 사주의 결함을 보충할 때, 운에서 태원(胎元)을 극(剋)하면 중상을 당하거나 실직(失職)될 우려가 있다.

태궁(胎宮)이 배성궁으로 희신이면 그대로 정배(定配)로 한다. 희용신이 허약하여 희신으로 쓸 수 없거나, 희신이 사주에 없으면 입태월로서 희신을 정한다.

입태월(入胎月)이 희신일 때는 선천적인 운명이 결정되므로 청순, 혼탁, 보조 등으로 사용한다. 입태월 납음오행의 희신으로 상생하고 천덕귀인, 월덕귀인, 천을귀인 등에 해당하면 어렸을 때부터 부모의 덕이 많아서 가정환경이 좋으며, 평생 안락하다.

태원(胎元)이 일주의 록지(祿地)라면 양가(良家)에서 출생하고, 부모의 덕이 많다. 그러나 입태월이 명식과 형충(刑沖)이 겹치면, 출산 당시 재해가 자주 발생하였고 어려움이 많았다고 본다.

연월지에 형충(刑沖)이면 부모와 조별(早別)하여 일찍 고향 떠나고 형제 덕이 적으며, 일시지와 형충(刑沖)이면 처자궁이 불미하고 노년에 불길함을 암시한다. 즉, 명식에 대입하여 희기신을 가려야 한다.

태월공망(胎月空亡)은 선천적으로 부모 등 모든 육친과 인연이 약하거나 무능하며, 간혹 정신이 혼미(昏迷)한 때도 있다. 공망(空亡) 중에서도 태월공망(胎月空亡)이 가장 흉하여 백사불성(百事不成)과 같다.

공부를 많이 하고 학력이 좋아도 사회에 진출하여 성공하기 어렵고, 매사에 이루어지는 일도 없이 동분서주하며 건강도 허약하다.

입태월(入胎月)이 일간의 양인(羊刃)으로 형충(刑沖)되었다면, 불량아(不良兒)가 아니면 선천적 장애인 또는 부모가 흉사했을 가능성이 크다.

입태월(入胎月)이 희신일 때 대운과 형충(刑沖)이 되었다면, 관재구설, 수옥살(囚獄殺), 신병신액이 발생하기 쉬운데, 만약 대운이 제어(制御)되었거나 합거(合去)되었다면 모면할 수 있다.

태월(胎月)이 일시지와 삼합(三合)이 되었다면, 남녀 부부 해로하기 어렵다.

태월(胎月)이 고신과숙(孤神寡宿)이면 부모를 조별(早別)하고 타가기식(他家寄食)하며, 고신(孤神) 과숙살(寡宿殺)이 공망(空亡)이면 의탁할 곳 없는 떠돌이 인생이 되기 쉽다.

고신(孤神) 과숙살(寡宿殺)이 있는 하격의 명식은 평생 방랑하며 가정을 이루기 쉽지 않으나, 귀격은 혼인하고 행복한 가정생활을 누린다.

궁(宮)으로 보는 공망(空亡)

공망(空亡)은 공허(空虛)하고 허무(虛無)한 것이므로 우선 채우거나 갖고자 하는 욕구가 강렬해진다. 이것은 인간의 본성으로, 이런 점을 고려해서 해당 육친의 인자개념(因子槪念)과 작용력을 깊이 파악하여 감명에 활용하면, 이것이 바로 사주 비술이다.

명식의 오행이 편중(偏重)되었거나 육신(六神)의 정편혼잡(正偏混雜)이 형성된 경우, 한쪽이 공망(空亡)이면 좋은 것으로 판단한다. 공망(空亡)은 근묘화실(根苗花實)로 판단하며, 연주는 조상, 월주는 부모와 형제, 일주는 본인과 배우자, 시주는 자식과 귀숙지(歸宿地)를 상징한다.

그러나 구조배합에 따라서 연주가 재성(財星)으로 아내가 될 수도 있고, 시주가 자식궁(子息宮)이지만 남명의 관성(官星)이나 여명의 식상(食傷)에 있지 않고 재성(財星) 혹은 인수(印綬), 비겁(比劫)이 되는 경우 등이 있는데, 이럴 때 이익이 되거나 해(害)가 될 수도 있다.

여명의 자식은 식상(食傷)인데, 시주공망(時柱空亡)이면 자식이 없다는 것을 뜻하지만, 월주가 식상(食傷)에 있고 공망(空亡)이 아니라면 시주공망(時柱空亡)만 보고서 자식이 없다고 판단해서는 안 된다.

그러나 공망(空亡)이 된 시주가 식상(食傷)에 있다면 정말 무자식이 될 수 있다. 이루고자 하는 목표의식이 허약하며, 설령 있더라도 자식 덕이 불미하여 자식의 효도가 부족하고, 재성(財星)의 근원신이 공망

(空亡)이므로 빈 독에 물 붓기로, 재물이 허약할 것을 상징한다.

그러므로 근묘화실론(根苗花實論)에 충실하되 육친과 연계하여, 육친(肉親)의 무기(無氣) 유기(有氣)와 함께 공망(空亡)을 살펴야 한다.

이때 지지가 공망(空亡)이면 상좌천간(上坐天干)도 공망(空亡)이지만, 천간의 통근처가 확실하다면 공망(空亡)을 논할 필요가 없다.

연주공망(年柱空亡)

조상의 덕이 부족하거나 국가 또는 윗사람의 혜택(惠澤)을 얻기 어렵고, 어머니 덕이 부족하거나 조상이 물려준 터전을 지키기 어려우며, 또한 조상의 묘지(墓地)를 분실하거나, 조상을 잘 섬기지 못해서 주위로부터 욕을 먹거나 비난을 당하기 쉽다.

대체로 조심성이 많으며 할아버지 또는 할머니 중 한 분이 요절한 경우가 많은데, 연주가 상관(傷官)이면 더욱 확실하다.

가령, 을축일주(乙丑日柱) 여명이 정해년(丁亥年)에 태어났다면, 당주가 태어나고 정화(丁火)를 축토(丑土)에 입묘(入墓)시키므로, 할머니가 선망했다고 본다.

근묘화실(根苗花實)에서 연주는 뿌리가 된다. 월주가 있게 하는 근원이며 외곽성벽에 해당하는데, 성벽이 없는 것과 같으니 부모궁이 무력해진다고 판단한다.

월주공망(月柱空亡)

　월주(月柱)는 일주가 있게 하는 근원(根源)이다. 또한, 당주가 살아가는 환경으로, 일주를 생(生)하면서 형제가 있게 하는 힘이다.

　월주는 나무의 기둥이나 집 내부 담이나 울타리에 해당하는데 공망(空亡)이면, 당주의 환경이 불미하여 부모, 형제, 동료의 도움을 받기 어렵고, 부모의 환경이 불미하므로 매사 장애가 발생한다.

　특히 월주가 진공(眞空)으로 일간의 사묘절(死墓絶)인 경우, 그리고 음일간(陰日干)으로 월지가 인수(印綬)일 때는 고아와 같은 형태이다. 그러므로 가족 간에 근심 걱정이 많으며 건강 또한 부실하기 쉽고, 부모 형제의 도움이 적으며 고향과 인연이 약하므로 타향살이하거나, 진로와 직업이 순탄치 않다.

　또한, 부모 중의 한 분이 일찍 선망(先亡)할 수 있는데, 정미일주(丁未日柱) 신묘월(辛卯月)이면 월간 편재(偏財)가 절지(絶地)에 앉아 아버지 선망하고, 월지가 인수(印綬)이므로 어머니도 요절(夭折)하거나 본인 또한 요절(夭折)하기 쉽고, 남녀 무자식 팔자와 같은 고아 명이 된다.

　월주공망(月柱空亡)이 인수(印綬)에 있다면 공망(空亡)으로 실지 없는 것과 같으니, 해당 육친이 선망(先亡)했다고 판단하는 것이다.

일주공망(日柱空亡)

일주공망(日柱空亡)은 연주 기준으로 보게 되는데, 마음이 항상 허전하고 고독(孤獨)하며, 고질병에 시달리거나 유랑객이 많다. 특히 태월까지 공망이면 신병신액에 해당하거나, 일사무성의 인생이 될 수 있다.

일주공망(日柱空亡)은 부모로서는 없는 자식에 해당하므로 부모의 뜻을 펼치기 어려운 자에 해당하고, 당주 자신은 형상이 없는 귀신(鬼神)과 같으니 차분하지 못하고, 항상 붕 떠 있는 느낌으로 일생을 살아간다.

그런데 갑진년생(甲辰年生) 병인일주(丙寅日柱)로 병화(丙火)의 록왕지(祿旺地) 통근처가 없다면 이런 현상은 더욱 가중되지만, 사화(巳火)나 오화(午火)를 만났다면 일지인목(日支寅木)의 공망(空亡)이 전혀 문제 되지 않는다.

또는 오화(午火)를 만나 인오합(寅午合)에 의해 인목공망(寅木空亡)인 동북방(東北方)이 정남방(正南方)으로 변화되었다면, 병화(丙火)는 공망지(空亡地)와는 아무 상관이 없다.

즉, 사화(巳火)나 오화(午火)에 뿌리를 내리기 때문인데, 그렇다 할지라도 인중갑목(寅中甲木)에 해당하는 육친의 덕은 좋다 할 수 없으며, 신상이변수가 있게 된다.

또한, 일지 배우자의 덕 또한 불미하지만, 혹 재성(財星)이나 관성(官星)이 악신이 아니며 유기(有氣)하면 배성의 덕은 무난하다. 하지만 당주 자신은 현실에 안주하지 못하고, 형이상의 공부에 마음이 간다.

일주공망(日柱空亡)일 때, 친어머니 외의 서모(庶母)를 모시게 되거나 자식으로 인한 근심 걱정이 있게 되며, 배성궁이 불안하여 만혼(晚婚)

할 수 있고, 허약하거나 흠이 있는 배우자를 만나기 쉽다.

또한, 남명의 일지가 재성(財星)으로 공망(空亡)이면 처의 요절, 단명수가 강하고 재물이 빈약하지만, 인연법에 맞는 사람을 만났다면 전화위복이 될 수도 있다.

여명 또한 일주공망의 관성(官星)으로 부성(夫星)이면 남편이나 본인의 요절, 단명의 가능성이 있고, 부부이별, 각거, 직업이 양호하지 못하며, 현량한 배우자를 만날 수 없다.

그러나 배성이나 본인이 종교심으로 살아가거나 종교 관련업, 구제중생 활인명(活人命)이면 화(禍)가 복(福)이 되는 경우로 작용한다.

시주공망(時柱空亡)

시주(時柱)는 근묘화실(根苗花實)의 열매에 해당하며 당주의 귀숙지(歸宿地)로서, 꿈이고 희망이며 목표이다. 또한, 당주가 가는 길이며 진리이고 생명이다. 연월주는 지난 과거(過去)이고, 시주(時柱)는 앞으로 맞이하는 미래이며 가야 하는 노선에 해당한다.

그런데 시주(時柱)가 공망(空亡)이면 일간은 노선, 좌표, 지도, 나침반 없이 한밤중 바다에 표류하는 배와 같다. 비록 끈기와 고집이 있어서 희망은 클지라도, 진로에 막히는 장애물이 많이 생긴다. 또한, 자녀가 부실하며 자녀에게 근심이 있다.

무자식이거나 딸만 낳는 일도 있고, 자식이 있어도 무덕하다. 노년에는 자식과 별거하거나 임종(臨終) 자식이 없는 경우가 많으며, 고독한 은거를 할 수 있다.

현실에 안주하기 쉽지 않으며, 구제중생 활인업, 종교업, 정신계 공부로 일관할 수 있기도 하다. 왜냐하면 꿈과 목표, 지향점이 없거나 부족하기 때문이다.

어찌 보면 시주공망(時柱空亡)이 제일 안 좋다고 할 수도 있는데, 노년이 고독하여 의지할 곳, 돌아갈 곳이 없다는 뜻이므로 그러하다.

그러나 시주공망(時柱空亡)이 여명의 식상(食傷)이나 남명의 관성(官星)으로 형성되지 않았다면 자식과 공망(空亡)과는 무관하다. 다만 귀숙지(歸宿地)가 없으니 말년이 흉(凶)함을 암시한다.

특히 남명의 시주(時柱)가 관살(官殺)이거나, 여명의 시주가 식상(食傷)이 된 경우, 그 흉액(凶厄)은 더 크게 나타나니 자식의 도움을 기대할 수 없으며, 자녀 중 한 명은 본인보다 먼저 요절(夭折)할 수도 있다.

이 경우 자식의 효도는 기대하지 않는 것이 좋다. 사주격도 불미하다면 한(恨) 많은 인생이 되기도 한다.

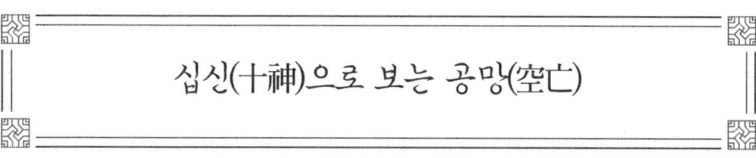

비겁공망(比劫空亡)

친구, 형제, 동료 등이 무덕(無德)하고 고독(孤獨)하며 협동 정신이 없으니, 말만 친구, 형제, 동료일 뿐 남남과 같다. 여자의 경우 인월(寅月) 을사일주(乙巳日主)처럼 연주나 월주공망이 겁재(劫財)인 경우, 시아버지의 덕이 없는 것과 같아서 시가의 유산상속이 어렵다.

일간(日干)이 있는 자리는 당주의 태어난 공간을 상징하는데, 비겁공망(比劫空亡)은 고향이 공망(空亡)과 같아서 일찍 고향을 떠나는 경우가 많은데, 타향이나 외국(外國)에서 성공하는 확률이 높으니, 차라리 살고 있었던 곳을 떠나는 것이 좋다.

또한, 성장 후에는 공망(空亡)이 된 지지의 반대편에서 사는 것이 좋다. 어떤 경우라도 공망(空亡) 지역에서는 좋은 일이 없으므로 당주의 희신방위에 거주(居住)하는 것이 좋다.

비견(比肩)이 공망(空亡)이면 동성(同性)의 동기간이 적고, 형제와 이별하거나 혹은 일찍 단명할 수도 있는데, 월지 사묘절(死墓絶)에 좌하는 천간비겁(天干比劫)이고 백호살(白虎殺) 발동이면, 일찍 사망하는 형제가 있게 된다.

귀인이나 합(合)으로 인해서 공망(空亡)이 해소되지 않는 한, 형제가 일찍 요절(夭折)하는 경우가 많다. 왜냐하면 공망(空亡)은 없는 것에 해당하기 때문이다.

특히, 비견공망(比肩空亡)은 유시무종(有始無終)하고 낭비벽이 심하며, 불운(不運)을 만나면 가산을 탕진하여 대패(大敗)한다는 암시가 있다. 그러므로 한번은 피눈물을 흘려 보는 일이 발생한다.

겁재공망(劫財空亡)이면 이성의 남매(男妹)가 적거나 이별하고, 공망(空亡)이 해소되지 않는 한 이성 남매(男妹)가 요절한다.

남녀 비견겁재(比肩劫財)가 왕성하다면 아버지 선망에 해당한다. 또한 비겁공망(比劫空亡)은 생조(生助)받지 못하는 식상(食傷)이므로, 자신의 나타남을 진취적으로 행하지 못하고 추진력이 부족하여 소심한 사람이 되기 쉽고 재물도 빈약하게 된다.

또한 어려울 때 도움받을 형제, 동료가 없으므로, 성공의 문턱에서 좌절되기 쉽다.

식신공망(食神空亡)

남녀 식신(食神)이나 상관(傷官)은 자신의 재능을 펼쳐내는 인생무대이다. 즉, 일간이 자동차라면 인수(印綬)는 기름, 식상(食傷)은 도로에 해당한다. 또한 식상(食傷)은 감정선이고 나를 표현하는 능력으로, 자신의 얼굴이자 성능력(性能力)에 해당한다.

그러므로 식신(食神)이 공망(空亡)이면 무사안일주의(無事安逸主義)로 소극적인 성격이 되거나, 무기무력(無氣無力)하고 직업 변동이 많으며, 개척, 분발, 추진력, 발전에 큰 뜻이 없게 된다.

반면에 기예나 가무에 재주가 있으며, 능변으로 교육, 의술, 예술, 복술 등 비영리 성향을 띤 직업이나 종교계에 인연이 있다.

식신(食神)은 정재(正財)를 생(生)하는 글자이므로, 아내의 어머니, 장모가 무력하고 일사무성(日事無成)이거나 단명했는가를 살피게 되는데, 공망지(空亡地)의 젖을 먹고 자란 아내이므로 재물과 아내가 허약할 것을 상징한다.

그러나 재성(財星)이 유력(有力)하다면 이처럼 통변하지 않으며, 식신천간(食神天干)이 월지에서 사묘절(死墓絶)이고 혹, 백호동주(白虎同柱)이거나 무력하다면 조모, 처모(妻母)의 흉사가 있었음을 뜻한다.

또한, 여명의 경우 자녀의 흉사단명(凶事短命)이 염려되며, 성 능력이 공망(空亡)이므로 없는 것을 채우려는 심리로 호색다음(好色多淫)하거나 불감증(不感症)일 수도 있으며, 산부인과 질환과 유방이나 자궁병의 염려가 있다.

만약 지지식신(地支食神)일지라도 공망(空亡)으로 절지(絶地)가 되었다면 진공(眞空)이므로, 상기처럼 통변하게 된다.

여명의 식신공망(食神空亡)은 아들 낳기 어려운 점, 자식의 신상이변수, 유산 낙태로 한 자식 사망을 추리해 볼 수 있다. 혹, 식신(食神)이 희신인데 공망(空亡)이면 복(福)과 수명(壽命)이 길지 않고 당주가 요절(夭折)할 염려가 있으며, 여명 또한 요절(夭折)할 염려가 있다.

특히 시주식신(時柱食神)이 공망이면 무자식이거나 자녀를 양육하기 힘들다. 혹은 자식 신상이변수도 있겠지만 자식이 고아와 같으니 부부해로 또한 어려운 점을 내포하고, 혹은 부부이별하여 고아원이나 양자를 보내거나 타국으로 보내거나 하는 일이 발생하기 쉽다고 본다.

만약 그렇지 않으면 유산하거나, 자식이 병약단명(病弱短命)하고 요절(夭折)할 염려가 있다. 하여간 흉액(凶厄)은 어떻게든 행운을 타고 찾아오며, 식신공망(食神空亡)이 희신이라도 일사무성(日事無成), 빛 좋은 개살구로 만사불성(萬事不成)이 될 수 있다.

식신(食神)은 재물의 근원이므로 재물이 적고 가난하다. 그래서 삶의 풍파와 한(恨)이 많게 된다.

상관공망(傷官空亡)

상관(傷官) 또한 육친 해설이 식신(食神)과 다르지 않으나, 식신(食神)은 수복(壽福)을 만드는 역할의 성분이고, 상관(傷官)은 법질서의 개혁 성향, 반골기질, 유흥, 가무(歌舞) 잡기 등을 상징한다.

상관(傷官)은 일간(日干)을 과다설기(過多洩氣)하여 탐재심(貪財心)을 높이는 작용을 하는데, 외적성향의 치우침이 공망(空亡)이므로 길한 면도 있지만, 육친이 공망(空亡)이므로 생재(生財)가 빈약(貧弱)하여, 조모와 아버지가 허약함을 상징한다.

즉 다시 말해서 아버지의 어릴 적 환경이나 학령기운이 부족함을 상징한다.

대체로 공망(空亡)은 비어 있는 것을 찾고자 하는 심리, 채우고자 하는 심리가 발생하므로 탐구심이 강해서 학문연구에 종사하거나, 교육, 의술, 예술, 복술(卜術) 등 비영리 성향을 띤 직업이나, 종교계에 근무하는 경우가 많다.

식상(食傷)은 입과 생식기를 상징하는데 공망(空亡)이므로 오히려 말이 많고 타인의 일에 참견하려 하거나, 또는 과묵하고 묵직한 사람이 될 수 있다. 대체로 인정이 부족하기는 하지만, 정신적인 차원은 높다.

남명이 상관공망(傷官空亡)이면 딸과 불화하고, 혹은 양자(養子)를 두는 경우가 많다.

사주에서 남명이 음일간(陰日干)일지라도 양일간(陽日干)임을 전제로 하여 감명한다.

마찬가지로 여명은 양일간(陽日干)일지라도 음일간(陰日干)임을 전제로 한다. 자녀를 판단할 때 해당 육친이 양(陽)이면 아들, 음(陰)이면 딸로 보는 것이 타당하기 때문이다.

여명의 상관공망(傷官空亡)은 혼인에 파란이 있고, 아들과 불화하거나 아예 없는 경우가 많은데, 공망(空亡)은 없다는 것을 상징하므로 육친이 없어짐을 뜻한다.

하나 있는 상관(傷官)이 공망(空亡)이면 무자식을 상징하여 씨 뿌려줄 남자가 없는 것과 같으니 혼파살(婚破殺)을 상징한다. 결혼이 늦거나 파혼하거나, 남녀 사귀다 헤어지는 경우도 많으며, 부부이별수에도 해당한다.

그러나 상관(傷官)이 귀인과 동궁(同宮)하거나, 합(合)이 되었다면 그렇지 않다.

여명이 상관공망(傷官空亡)이면 초산(初産)에서 딸을 낳는 경우가 많다.

식상(食傷)은 재물을 생(生)하는 근원이므로 재물이 적고 가난하다. 그래서 삶의 풍파가 많으므로 한(恨)이 많은 것이다. 그러나 이때 양일간(陽日干)은 식신(食神)이, 음일간(陰日干)은 상관(傷官)이 중요하다.

다시 말해서 양일간(陽日干)은 상관(傷官)이 잘못되어도 피해가 적으며, 이와 반대로 음일간(陰日干)은 식신(食神)보다 상관(傷官)이 잘못되었을 때 더 치명적이다.

그러므로 음일간(陰日干)의 상관공망(傷官空亡)은 무기무력하고 자식의 덕을 기대하기 어려우며, 노력만큼의 재물이 모이지 않는다.

편재공망(偏財空亡)

편재(偏財)에 해당하는 육친은 남명에는 아버지이고 혹은 아내, 처(妻)의 형제, 아버지의 형제를 뜻하는 글자이며, 여명에는 시어머니, 시어머니의 형제, 정관(正官)의 어머니가 되는 성분이다.

즉, 여명에서 정관(正官) 남편과의 사이는 좋으나, 남편의 어머니인 편재(偏財)가 공망(空亡)이므로 남편은 어머니의 젖을 충분히 먹고 자라지 않은 것이 되므로, 남편의 건강이 허약(虛弱)하고 직장에는 장애가 발생한다.

이것은 남명 또한 마찬가지로 정재(正財)가 낳은 편관(偏官) 자식은 건강하지만, 편재처(偏財妻)가 낳은 정관(正官)은 무력할 것을 상징한다.

고로 편재(偏財)가 공망(空亡)이면 정관(正官)보다는 편관(偏官)의 마음이 강할 것을 상징한다. 편재(偏財)는 편법, 자영업에 해당하는 재물이므로 재물 욕심이 많으며 큰일을 계획하지만, 이루기 어렵다. 허영심과 사기성이 많고 빈 독에 물 붓기이다.

아버지를 상징하는 편재공망(偏財空亡)은 아버지와 인연이 없거나 아버지가 선망(先亡)하기 쉽다. 특히 천간편재(天干偏財)로 사묘절동주(死墓絶同柱), 겁재양인(劫財羊刃) 동주(同柱)이거나, 지지로 있을 때 월지 대비 사묘절(死墓絶)에 있거나, 백호발동(白虎發動)의 천간(天干)이면 아버지는 무력하며 선망할 것을 상징한다.

여명 또한 마찬가지로 시어머니가 일찍 선망(先亡)했을 가능성이 크다. 그러나 반공(半空)으로 유력(有力)하다면 이처럼 통변하지 않는다.

재물을 상징하는 편재(偏財)가 공망(空亡)이므로 재물이 궁핍(窮乏)하고 큰돈과 인연이 적으며, 직업이나 사업적으로 수시로 변화 변동이 발생한다.

편재(偏財)가 하나이면서 연주나 월주에 있다면 아버지 선망이지만, 그러나 귀인동주(貴人同柱)하거나 합(合)이 되었다면 이와 같은 재앙을 면하는데, 명식에 정재(正財)가 없고 편재(偏財)가 아내일 경우 아내가 무력하고, 처(妻)의 질병과 단명이 염려된다.

이때 재성혼잡(財星混雜)으로, 편재(偏財)는 공망(空亡)이지만 정재(正財)가 있다면 정재(正財)의 치밀함이 나타나고, 노력해서 결과를 얻는 직장인으로 길하다.

이때 편재(偏財)에 해당하는 방위(方位)에서 살지 않고, 편재(偏財)를 충(沖)하는 방위(方位)나 희신 방위로 움직이는 것이 길하다.

만약 정재(正財)가 없고 공망(空亡)된 편재(偏財)가 아내라면 자식 덕과 좋은 직장은 쉽지 않으며, 또한 무자식일 가능성도 있다.

자식으로서는 어머니가 공망(空亡)이므로 없는 것과 같으므로 타모(他母)의 손에서 양육되거나, 양자(養子)를 가거나, 이모(姨母)의 손에서 성장하거나, 고아가 되거나, 객지생활이나 외국으로 입양 가는 일이 발생할 수 있다.

　이것은 관성(官星)의 형태와 사주의 구조 환경, 월지와의 관계, 재성(財星)과의 관계에서 이러한 현상이 된다.

　즉, 자식의 어머니가 공망(空亡)이므로 이런 일들이 발생한다. 간혹 철부지 사랑에 아이를 잉태(孕胎)하고 남녀 헤어지고 자식을 고아원에 맡기는 경우, 입양 보내는 경우 등이 재성공망(財星空亡)에서 발생한다.

　그러므로 남명에서 공망편재(空亡偏財)가 아내라면, 한 여자와 자식 가슴에 대못 박는 일이 발생하게 된다.

　물론 윗글에서 설명했듯이 재관(財官)이 반공(半空)이고 유력(有力)하다면 이처럼 통변해서는 안 되는 것이지만, 그러나 자식에게는 또 다른 어머니가 있는 것이 좋다.

　이것은 자식을 팔아 준다는 말에 해당하므로 절의 보살이나 수녀나 무속인에게 양자(養子)로 보내고, 즉 하늘에 정성 들여 기도하며 잘되길 빌어 주며, 구제중생하는 여명을 어머니로 섬기는 것이 좋다는 말이다.

　여명 또한 편재공망(偏財空亡)은 아버지 또는 시어머니로 인해서 고생하는 수가 많으며, 아버지나 시어머니가 없는 것에 해당하므로 남편 덕과 직업이 양호할 수 없다.

　재성(財星)의 젖을 먹고 자란 남편이 빈 젖꼭지를 빨며 자란 형국으로, 그 남편은 환경이 불미하여 양호하기 어렵게 된다.

　이때 특히 갑자(甲子), 을해(乙亥), 병인(丙寅), 정묘(丁卯)처럼 재생관(財生官) 구조의 남편이 공망(空亡)이면 그 남편 덕은 기대할 수 없다.

그러나 해당 천간에 확실한 통근처 즉, 갑목(甲木)이 공망(空亡)일 때 인묘(寅卯)가 있다면, 불미한 환경을 딛고 자수성가하는 양호한 남자가 된다.

그러므로 사주를 감명함에 하나만 살피지 말고 유기적 관계와 적대적 관계, 유력무력(有力無力), 합충(合沖)의 변화를 세심히 살펴야 한다.

정재공망(正財空亡)

남명의 정재공망(正財空亡)은 아내인연이 박덕하고 아내로 인한 흉액(凶厄)이 있을 것을 상징한다. 월지와 견주어 사묘절(死墓絕)에 있거나, 백호살(白虎殺)의 천간이거나, 겁재(劫財)나 양인동주(羊刃同柱) 천간이면 흉액사(凶厄死)를 논할 수 있다.

그러나 정재(正財)가 유력(有力)하다면 염려하지 않아도 된다. 그러나 정재(正財)가 공망(空亡)이므로 돈을 밝히거나 인색(吝嗇)하기 쉬우며, 호색하는 사람이 되기도 한다.

또한, 정재공망(正財空亡)으로 편재(偏財)의 심리가 살아나 정재(正財)의 직장생활을 못 하고 편법(偏法)에 따른 강제적인 물리적인 힘을 동원하거나, 일확천금, 투기에서 재물을 취하고자 하는 심리가 되기 쉽다.

재물은 당주가 먹고 살아가야 할 생명수와 같은데, 노력의 결실에 의한, 직업에서 얻어진 재물인 정재(正財)를 포기하고, 편재(偏財)의 재물을 득(得)하고자 하는 심리가 되는 것이다.

이럴 때 재성혼잡(財星混雜)으로 정재(正財)는 공망(空亡)이지만, 편재(偏財)가 있다면 거의 확실히 이런 성격이 된다.

편재(偏財)는 이동(移動)이나 유통, 타향살이에 해당하므로 앉은자리에서보다는 타향에서 성공수가 더 많으며, 정재(正財)에 해당하는 지역을 떠나 공망지를 충(沖)하는 방위나 희신방으로 움직이는 것이 길하다.

남명은 풍류심이 있어서 외첩(外妾)을 두거나 여난을 당하기 쉬우므로 만혼하는 것이 길한데, 세상을 살면서 억울한 손재수를 경험하게 되며, 부부 화목하지 못하고 별거하거나 이혼하기 쉽다.

또한 정재(正財)가 생(生)하는 자는 편관(偏官), 편재(偏財)가 생(生)하는 자는 정관(正官)이 되는데, 첩(妾)에게서는 자식을 두기 쉽지만, 정재(正財) 본처에게서는 자식 두기 어려운 점도 있다.

그리고 본처에게서 낳은 자식의 처지에서는 어머니가 공망(空亡)이므로 없는 것과 같아서 타모(他母)의 손에서 양육(養育)되거나, 양자(養子) 가거나, 이모(姨母)의 손에서 성장하거나, 고아가 되거나, 외국으로 입양가는 일이 발생할 수 있다.

이것은 관성(官星)의 형태와 사주 구조 환경, 월지와의 관계, 재성(財星)과의 관계에서 이러한 현상이 된다. 즉 자식의 어머니가 공망(空亡)이므로, 없는 어머니에 해당하여 이런 일들이 발생한다.

간혹 철부지 사랑에 아이를 잉태하고 남녀 헤어지게 되어, 자식을 고아원에 맡기는 경우, 입양시키는 일들이 발생한다. 그러므로 남명에서 정재공망(正財空亡)은 한 여자 가슴에 못 박는 일, 자식 가슴에 못 박는 일이 발생하는 경우가 많다.

【서울 강서경찰서는 9일 이혼과 함께 자신을 고아원에 보낸 친어머니를 살해하고 친어머니와 재혼한 남자까지 죽인 이모(34) 씨를 존속

살인 등 혐의로 붙잡아 구속영장을 신청할 예정이라고 밝혔다.】

(박대로, "이혼후 자신 버린 친모·재혼남 살해한 30대 '자수'", 뉴시스, 2011-03-09, https://m.news.nate.com/view/20110309n08569?mid=m03)

이러한 일들은 대부분, 정재(正財)나 편재공망(偏財空亡)일 때, 원진귀문(怨嗔鬼門) 수옥살(囚獄殺)이 대세 운에 정신계를 발동시켜 일어난 사고라 할 수 있다.

여명 또한 정재공망(正財空亡)이면 아버지 또는 시어머니로 인해서 고생하는 수가 많다. 또한 정재(正財)의 젖을 먹고 자란 관성(官星)이 남편이 되는데, 그 남편은 환경이 불미하여 양호하기 어렵다.

특히 재생관(財生官)하는 구조의 남편이 공망(空亡)이면 더욱 그 남편 덕은 기대할 수 없으나, 해당 천간에 확실한 통근처 즉, 갑목(甲木)이 공망(空亡)일 때 인묘(寅卯)가 있다면, 비록 환경이 불미해도 자수성가 하는 양호한 남자가 된다.

그러므로 사주를 감명함에 하나만 살피지 말고 유기적 관계와 적대적 관계, 유력무력(有力無力), 합충(合沖)의 변화를 세심히 살펴야 한다.

사주에 재성(財星)이 2개 이상인데 그중 한 개만 공망(空亡)이면 탁기(濁氣) 중에 청기(淸氣)가 있는 것이지만, 그러나 이혼하고 다른 부인을 얻거나, 파산하고 혹은 개업이 잦다.

정재(正財)가 하나인데 월지 또는 일지에 있으면서 공망(空亡)이면 일찍 상처(喪妻)하기 쉽고 질병을 앓을 염려가 있는데, 귀인동주(貴人同柱)이거나 합(合)이 되었다면 그렇지 않다.

편관공망(偏官空亡)

　편관(偏官)이 공망(空亡)일지라도 유력(有力)한 희신이면 모사다계(謀事多計)하여 정치적인 성향이 강하고, 두목 또는 영웅의 기질, 외교력, 지도력이 있다. 그러나 반골기질(反骨氣質), 반체제(反體制) 성향으로, 혁신적(革新的)인 일을 좋아한다.
　혼잡관살(混雜官殺)일 경우에는 편관(偏官)이 공망(空亡)이고 정관(正官)이 유력(有力)하다면 좋은데, 이것은 여명에 더욱 길하다. 그러나 인생사란 묘하여 편관(偏官)이 남편이고 정관(正官)이 남편이 아니라면, 이런 경우에 문제가 된다.
　가령, 갑신일주(甲申日柱) 여명에서 경신금(庚辛金)이 혼잡(混雜)으로 투출했다면, 신금(辛金)이 정관(正官)일지라도 경금편관(庚金偏官)이 본남편이 된다.
　그런데 경금(庚金)이 경오(庚午)로 와서 공망(空亡)이면 없는 남편, 귀신이 되는 것과 같으니, 본남편은 이별, 사별하고 신금정관(辛金正官) 남자를 만나게 된다. 그러나 목곤쇄편(木棍碎片) 인연이 되어 남자 풍파를 당하고, 양호한 남자와는 인연이 쉽지 않다.
　또는 경오일주(庚午日柱)가 술시(戌時)에 태어나면 병술시(丙戌時)가 되는데, 일지오화(日支午火)에서 병화(丙火)가 투출하고 오술합(午戌合)을 이루니, 병화(丙火)가 편관(偏官)일지라도 본남편이 된다.
　그러나 시주병술(時柱丙戌)이 공망(空亡)이므로 없는 남편, 귀신 같은 남편으로, 부부이별, 사별, 단명할 것이 정해져 있다.

　배성천간(配星天干)이 사묘절동주(死墓絶同柱) 혹은 입묘동주(入墓同

柱)하므로 확실히 정해지는 것인데, 경오일주(庚午日柱)가 병술시(丙戌時)에 태어나는 것을 가장 꺼리게 된다.

화기묘신(火氣墓神)인 시지술토(時支戌土)와 오술합(午戌合)을 하여 일지를 묘지(墓地)에 끌고 들어가고, 법질서, 진리, 남편, 학교, 직업에 해당하는 관성(官星)이 공망(空亡)이므로, 세상 속의 부귀영화는 뜬구름 같기 때문이다.

시주(時柱) 귀숙지(歸宿地)가 공망(空亡)이므로 인생 좌표가 없고, 공(空)을 찾아가는 심리로 형이상을 찾게 되고, 하늘 진리를 남편 삼게 된다. 이럴 때 사주가 편고(偏固)하다면 무속인, 음식업, 유흥업 등이 되고, 오행구족(五行具足)하다면 고귀한 정신계 스승이 된다.

특히 남명에서 시주공망(時柱空亡)의 관성(官星)이면 자식과의 인연이 박하고 아들을 극(剋)한다. 만약 편관(偏官)이 사묘절동주(死墓絶同柱)했거나, 시주(時柱)가 간여지동(干與支同) 상관(傷官)이면 무자식으로 자식을 낳지 못하거나, 자식이 있다고 해도 질병체질이 되거나, 성장 중 사망하게 된다.

그러나 편관(偏官)이 공망(空亡)일지라도 유력(有力)하고, 확실한 통근처에 록근(祿根)하면 이처럼 감명해서는 안 된다.

여명은 편관(偏官)이 공망(空亡)일지라도 정관(正官)이 없으면 편관(偏官)이 남편이 된다. 그런데 남편이 공망(空亡)이 되면 부부인연이 허약하다.

어떤 남자를 만나도 만족하기 힘들며 남편과 불화하고, 별거 또는 이별, 사별하기 쉬운데, 주말부부, 월말부부가 되거나 부부지간 견우직녀성 발동, 공방살(空房殺)이 되므로 외롭고 고독(孤獨)하게 된다.

혹 편관(偏官)이 2개인데 그중 한 개가 공망(空亡)이면, 이혼하고 다른 남자에게 재혼하기 쉽다. 그러나 이때 만혼하거나 남자로 인해서 가슴 아린 사랑, 시련과 상처를 혼전에 겪었다면 이것은 때우고 넘어가는 것이므로, 이후의 결혼생활이 무난하다.

관살과다(官殺過多), 신약(身弱), 관살공망(官殺空亡), 식상과다(食傷過多), 재성과다(財星過多) 또는 인성과다(印星過多) 명식은 혼전에 충분한 연애와 실연을 겪어 보고 만혼하는 것이 길하다.

즉, 혼전에 모두 때우고 가라는 이야기이다. 요즘 같은 시대에 쓸데없이 요조숙녀처럼 살다가 결혼 후에 풍파와 시련을 겪지 말고, 미리 낭하는 것이 좋다는 것이다.

또한 명심할 것은 공망(空亡) 지역은 될 수 있으면 안 가는 것이 좋다. 공망(空亡)의 반대 방향이나 희신방으로 이사하고, 대문도 희신 방향이 좋다.

공부하는 자녀 또한 자녀의 사주에서 공망지(空亡地)의 반대 방향으로 자리를 잡거나 희신방을 바라보고 책상을 배치하는 것이 좋으며, 특히 잠잘 때 머리가 공망(空亡) 방위에 해당하면 헛꿈이 많으며 잡신(雜神)의 출입이 많아서 되는 일이 없다. 공망지(空亡地) 방위는 죽어 있는 땅과 같기 때문이다.

정관공망(正官空亡)

　정관(正官)이 공망(空亡)이면 학문에 좌절됨이 있고, 비록 관직을 얻어도 오래가지 못한다. 관직이나 직장, 그리고 자손의 인연이 약하다.
　성격적으로는 자신이 최고인 줄 알거나 대접받기를 좋아하며, 청렴결백한 척하지만 명예 욕심이 강하다.
　남명은 정관(正官)이 공망(空亡)이면서 무기무력(無氣無力)하거나 월지와 견주어 사묘절(死墓絶)이거나, 사묘절(死墓絶)에 동주(同柱)하였거나, 식상과다(食傷過多)하거나, 정관(正官)이 파극(破剋)되었다면, 자식 신상이변수가 되어 앞세우는 자식이 있게 되고, 자식이 있어도 양호하지 못하며 부모 속을 썩이고, 효도 받기 어려우며 매사 장애가 발생한다.

　관성(官星)은 학교나 직업, 관청, 법질서, 진리, 종교에 해당하는데, 무력한 정관(正官)으로 공망(空亡)이면 일사무성(日事無成)의 빛 좋은 개살구 격이다. 주거나 학교 변동 등으로 매사 일관되게 일 처리하는 바가 없게 되며, 조상이 하천한 사람이다.
　그러나 관성(官星)이 공망(空亡)이라도 유력(有力)하고 반공(半空)이면 이처럼 통변해서는 안 되지만, 재성(財星)이 없고 무력(無力)하다면 아버지의 덕 또한 없어서 만사불성(萬事不成)이 되기 쉽다.
　여명은 같은 정관공망(正官空亡)일지라도 특히 임수일간(壬水日干)이 만난 기토정관(己土正官), 병화일간(丙火日干)이 만나는 계수정관(癸水正官)이 공망(空亡)일 경우, 부부인연이 더 박덕(薄德)하여 부부 해로 못한다. 이처럼 당주와 무정(無情)한 정관(正官)이면 어떤 남자를 만나도 만족하기 힘들며 불화하고, 별거 또는 이별, 사별하기 쉬우며, 남편이 아무리 본인을 사랑한다 해도 사랑받는다는 느낌이 들지 않는다.

   정관(正官)이 2개 이상인데 그중 한 개가 공망(空亡)이면 이혼하고 다른 남자와 재혼하기 쉽다. 정관(正官)이 공망(空亡)일지라도 귀인과 동주(同柱)하거나, 공망지지(空亡地支)가 합(合)되었거나, 유력(有力)한 정관(正官)이면 그렇지 않기도 하지만, 거의 부부 해로 못 한다.
   명식에 정관(正官)이 없고 편관(偏官)만 있으면 편관(偏官)이 남편을 대표한다. 그러나 이때 편관(偏官)이 공망(空亡)이면 남편과 이별, 사별하는 경우가 많다. 자연의 속성에서 공망(空亡)을 만들어야 하므로 없는 남편이 되는 것이다.
   여명에서 정관(正官)이 공망(空亡)이면 혼전에 남난풍파(男難風波) 시련을 겪어 본 후 만혼하고, 남편의 고향을 멀리 떠나 사는 것이 좋다.

인성공망(印星空亡)

   어찌 보면 인성공망(印星空亡)이 가장 흉하다. 왜냐하면 인성(印星)은 나를 있도록 하는 어머니이며, 의식주의 근원신이기 때문이다.
   예전에는 인성공망(印星空亡)일 때 어머니의 젖이 적어 동냥젖을 먹이는 일도 많았다. 요즘에는 분유를 먹이므로 그러한 일은 없겠지만, 그러나 어머니의 사랑과 정이 적을 것을 상징하므로 흉하다.
   특히 요즘 시대 금수저는 아닐지라도 능력 있는 부모를 만나야 삶의 풍파가 적고, 또한 돈이 있어야 공부할 수 있는 시대이므로 인성공망(印星空亡)은 더 흉한 것이므로, 더 큰 노력을 해도 들어오는 수입이 적다.

그리고 당주의 몸까지 허약하고 질병체질이 될 수 있는데, 양일간(陽日干)보다 음일간(陰日干)이 더 심하다.

내가 있으므로 국가와 나의 환경, 재물과 직업이 필요하게 되는 것인데, 어머니가 없다면 나는 이미 고아이므로, 나를 보호하는 수호신(守護神)과 조상의 음덕(蔭德)이 없는 것과 같다.

그러므로 공망(空亡) 중에 태월공망(胎月空亡)과 인성공망(印星空亡)이 가장 흉하다 할 수 있다. 그리고 태월(胎月)이나 인성공망(印星空亡)은 이미 부모 형제 덕이 부족하고, 유산상속을 기대할 수 없는 자수성가로 살아야 할 것이 정해진 격이다.

인성(印星)은 일간이 먹고 살아가는 어머니의 젖이며, 의식주, 주택, 문서, 자격증, 종교, 학문, 의약품, 영양분, 임기응변, 어머니, 어머니의 형제, 조부 등을 상징하고, 여명에는 손자, 사위, 시증조부 등을 상징한다.

또한 수용 능력, 인허가, 깨달음, 인내력 신앙, 교육, 조업 계승, 자선사업, 문화계, 교육 계통 등을 뜻하는 성분이다. 그런데 이처럼 고귀한 인성(印星)이 공망(空亡)되면, 부모의 환경이 불미하여 불안정한 삶을 살게 된다.

어머니의 젖이 부족하므로 매사 눈치는 빠르지만 게으르고 이기주의가 되기 쉽다. 또한 인색하며 마음을 붙이지 못하고 방황하며 주거 변동이 심하게 되어, 일찍 부모 곁을 떠나는 환경이 이루어진다.

그러므로 어머니의 사랑 속에 성장하지 못하고 이모(姨母)나 조모, 고아원, 양자, 타모(他母)의 손에 성장하거나, 외롭고 고독하며 쓸쓸하다.

특히 인수(印綬)를 월지와 견주어 사묘절(死墓絶) 동주(同柱)했거나 무력하다면, 어머니의 신상이변수와 어머니 단명을 논하게 된다.

그러므로 인덕과 부모덕이 적으며, 학문을 끝까지 마치기 어려워서 중퇴(中退)하거나 만학(晩學)하는 경향이 있으며, 무엇이든지 배우려는 욕심과 노력하는 마음은 있지만 뜻대로 되지 않고, 주거가 불안하여 이사를 자주 하는 경향이 있으며, 어머니와 불화한다.

그러므로 인성공망(印星空亡)인 사주는 문서, 권리(權利), 주거불안, 인자함, 배려, 인내력이 부족하고 즉흥적이다. 어머니로부터 받아먹는 것이 귀신의 젖과 같으니, 종교계에 심취하거나 건강이 부실하며 고아와 같은 삶을 살게 된다.

만약 월주 또는 연주에 한 개의 인성(印星)이 공망(空亡)이면 어머니 선망수가 강한데, 그러나 귀인동주(貴人同柱)히였기나 공망(空亡)이 합(合)되어 작용력을 상실하면 그런 작용이 나타나지 않는다.

특히 월주가 인수(印綬) 공망(空亡)이면, 윗글에 서술한 모든 내용의 흉액(凶厄)이 발생하며 고아와 같은 삶이 된다. 그리고 될 수 있는 한 고향을 떠나서 살아야 하고, 어머니와 함께 사는 것은 바람직하지 않다.

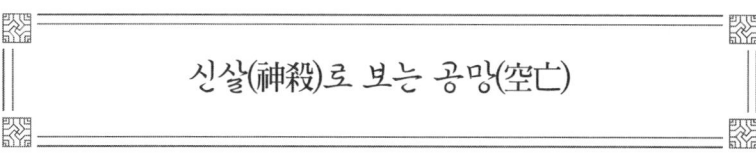

천귀공망(天貴空亡)

천을귀인(天乙貴人)은 사주에 따라 수호신(守護神)의 역할도 하지만, 기신이면 업인살(業因殺)로 작용하므로 반드시 희기를 가려야 한다.

어떠한 길성(吉星)일지라도 일방적으로 희신일 수는 없다. 왜냐하면 삼라만상이 음양(陰陽)으로 생멸(生滅)의 법칙으로 존재하고, 상생(相生)과 상극(相剋)이 우주의 본질이기 때문이다.

그러므로 천을귀인(天乙貴人)에 해당하는 글자가 연월일시의 어느 궁(宮)인가? 육친궁에서는 어느 육친에 해당하는가를 먼저 파악하는 것이 우선이다.

가령, 월주공망(月柱空亡)에 인수(印綬)라면 어머니에 해당한다. 또는, 재성(財星)이면 아버지에 해당한다. 그러므로 천귀(天貴) 이전에 어머니 인수(印綬)나 아버지 재성(財星)이 공망(空亡)이므로, 채우고자 하는 심리가 강하게 발현된다는 점을 일단 염두에 두고 통변을 시작하는 것이 좋다.

위에서도 설명했지만 공망(空亡)이 되면 어머니를 그리워하고 공부를 하고자 하는 마음, 또는 집을 사고자 하는 마음, 문서를 득(得)하고자 하는 마음, 문서는 자격증, 졸업장, 임명장에도 해당하므로 이런 것들을 채우고 갖고자 하는 마음이 강화된다.

그러므로 남들보다 더 큰 노력으로 공부하고 채우려 하지만 쉽지 않으며, 어머니의 덕 또한 박덕하다.

또는 재성(財星)이 공망(空亡)이면 아내, 아버지, 시어머니가 재성(財星)이 될 것이므로, 돈을 번다고 벌어도 사막에 물 붓는 격으로 재물이 불어나지 않고, 육친의 덕이 박덕(薄德)하다.

또한 천을귀인(天乙貴人)이라 해도 정작 어려움에 처했을 때 구원해 주는 귀인(貴人)이나 은인(恩人)이 없는 것과 같으므로 비록 총명하고 기예에 능하며 낭만적이라도 외화내빈(外華內貧), 속 빈 강정과 같다.

사주격이 길하다면 조상의 음덕(蔭德)이 있을 것을 상징하지만, 공망(空亡)이므로 아무래도 빈약하다.

공망(空亡)이란 공허(空虛)하고 허무(虛無)한 것이므로, 무엇보다 우선하여 채우거나 갖고자 하는 욕구가 생기는 것이 인간의 본성으로, 이런 점을 고려해서 해당 육친의 통변성을 붙인다.

문창성공망(文昌星空亡)

문창성(文昌星)은 예술성이다. 학문, 식록(食祿)과 수명(壽命)에 관계된 별이며, 창작활동과 담백함을 상징한다. 신체가 풍만하고 언변이 탁월하며, 손재주 또한 뛰어나 모방(模倣)의 천재와 같다.

특히, 병신일주(丙申日柱), 정유일주(丁酉日柱)가 그러한데, 병정화(丙丁火)만 편재(偏財)가 문창성(文昌星)이고, 그 외 타 천간은 식신(食神)이 문창성(文昌星)이다.

수복(壽福)의 원신이라는 좋은 뜻을 가진 문창성(文昌星)이 공망(空亡)이 되면 학문에 장애가 따르며, 배운 만큼 써먹기가 어려운 경우가 많은데, 기예(技藝)에는 능해서 아나운서 계통이나 가수, 연주인, 음악인, 무속인에 인연이 많다.

천을귀인(天乙貴人)에서 설명한 것처럼 문창성(文昌星)에 해당하는 글자가 연월일시의 어느 궁(宮)인가? 육친궁에서는 어느 육친인가를 먼저 파악한 후에 육친성과 함께 통변한다.

양인공망(羊刃空亡)

때를 기다리며 기회를 노리지만, 때가 오지 않아서 신세를 한탄하고, 잘난 척하다가 의외의 재액(災厄)을 당하거나 원한(怨恨)을 사기 쉽다. 그러나 기신이면 오히려 공망(空亡)이 길하므로 희기신을 가려야 한다.

신약명의 양인(羊刃)이면 희신인 겁재양인(劫財羊刃)이 공망(空亡)되었으니 형제, 동료 덕이 불미하다.

역마공망(驛馬空亡)

인품에 위엄(威嚴)이 있고 뜻은 높지만, 휴마(休馬)로서 발전이 지연되고 주거가 불안한 경우가 많다. 역마(驛馬)는 희기신을 떠나 인간의 활동성이다. 재물을 득하기 위해서 움직이는 물상인데, 역마(驛馬)가 공망(空亡)이면 병든 말과 같다.

움직임이 없으니 당연히 득재(得財)가 쉽지 않고, 무기력해진다. 활동성의 부족은 꿈을 이루고자 뛰려는 의욕이 상실된 것과 같아서 소화가 안 되고, 먹고 싶은 것도 없는 상이다.

또는 공망(空亡)이 된 역마(驛馬)의 속성을 채우기 위해서 동서남북 사방팔방을 헤매고 다녀도 실익이 작다.

역마(驛馬)에 해당하는 글자가 연월일시의 어느 궁(宮)인가? 육친궁에서는 어느 육친인가를 먼저 파악한 후에 육친성과 함께 통변한다.

가령, 재성역마(財星驛馬)이거나 관살역마(官殺驛馬)라면 당주의 배성이 공망역마(空亡驛馬)이므로 해당 배성이 아무리 움직이고 뛰어도 노력한 만큼의 재물을 획득하기가 쉽지 않고, 성공에 장애가 있다고 통변한다.

또한, 척추디스크, 관절 허약의 만성적인 질병이 있게 된다. 지살(地殺) 또한 이와 같다.

화개공망(華蓋空亡)

화개살(華蓋殺) 공망(空亡)은 목화금수(木火金水)의 창고(倉庫)가 비어 있다는 뜻이다. 진토(辰土)는 수기(水氣), 미토(未土)는 목기(木氣), 술토(戌土)는 화토(火土), 축토(丑土)는 금기(金氣)의 창고인데, 해당 오행(五行)의 창고가 비어 있는 것이 문제가 된다.

가령, 갑인일주(甲寅日柱) 공망(空亡)은 자축(子丑)인데 남편이 신축(辛丑)으로 왔다면, 남편, 직업, 재물, 천을귀인(天乙貴人)이 공망(空亡) 된다.

축토(丑土)가 공망(空亡)이라 해서 금기(金氣) 입묘지(入墓地)가 발동하지 않는 것은 아니고, 오히려 작용이 더욱 강렬할 수도 있다. 그러므로 부부이별, 사별하게 되는데, 남녀 똑같이 적용된다.

남명이면 축중기토(丑中己土) 처(妻)가 낳은 신금(辛金) 자식이 공망(空亡)으로, 없는 처와 자식이 된다. 이런 경우 대체로 혼전에 자식을 낳은 후 고아원에 맡기고, 남녀 헤어지는 것에 해당한다.

화개살(華蓋殺)은 기술성이고 학문성이므로 학문을 제대로 할 수 없으며, 재주 또한 미약하다. 극자극부(剋子剋夫)하는 고독(孤獨)한 명식으로 승도(僧道)나 과부(寡婦)가 되기 쉬운데, 특히 일시지의 화개공망(華蓋空亡)은 출가도인(出家道人) 종교인 역인에 많다.

겁살공망(劫殺空亡)

겁살(劫殺)은 한마디로 겁탈(劫奪)당하는 살성(殺星)인데, 공망이 되면 그와 반대로 당주 자신이 남의 물건을 겁탈(劫奪)하거나, 공짜를 바라거나, 일하지 않고 거저먹으려는 심보, 냉혹한 성품으로 변하기 쉽다.

공망(空亡)은 공(空)치고 망(亡)하는 살성(殺星)이므로, 비어 있음을 채우려는 작용이 발동하기 때문이다. 윗글에서 예를 들어 통변한 것처럼 모든 신살(神殺)에도 적용하면 된다. 꼭 잊지 말아야 할 것은 심리에서는 반대로 나타난다는 점이다.

도화공망(桃花空亡)

공망(空亡)이란 글자가 공허(空虛)하고 허무(虛無)한 것이므로, 우선하여 채우고자 하는 욕구가 생기는 것이 인간의 본성이다. 공망(空亡)으로 없어진 것이 아니고, 드러나지 않고 잠복된 것을 공망(空亡)이라 보는 것이 타당하다.

모든 만물은 양면성이므로, 양(陽的)은 드러남이고 음(陰)은 잠복된 것으로 놓고 봐야 타당할 것이다.

도화살(桃花殺) 역시 공망(空亡)이면 길하다고 고서(古書)에서는 말했지만 사실은 잠복된 것이므로, 드러날 때는 더 흉(凶)한 작용이 된다.

흉액살(凶厄殺)은 지지암장(地支暗藏)되어 숨어 있다가 드러날 때 더한 기신작용을 한다. 길신(吉神)은 잠복된 것이 좋지만, 기신은 드러나 있어야 좋다.

겉으로 드러난 종기는 쉽게 치료할 수 있지만, 인체 내부에 있다면 쉽게 고치지 못하는 것과 같다.

그러므로 이미 공허(空虛)하고 허무(虛無)한 공망(空亡), 잠복된 그것을 더욱 애타게 찾게 되는 인간의 본성을 본다면, 도화살(桃花殺)이 공망(空亡)이라고 해서 자유로울 수는 없는 것이다.

단지 희기신의 판단이 우선되어야 한다. 연월일시의 근묘화실(根苗花實)과 해당 육친의 동향을 살펴서 판단하는 것이 중요하다.

도화살(桃花殺)이 희신이면 밝고 화려하며 거짓이 없는 살성으로 오히려 공망(空亡)으로 잠복된 것이 좋으나, 만약 행운에서 합충(合沖)이 발생하고 기신(忌神)이 될 때는 주색잡기로 방탕하거나, 익사 또는 횡사, 패가망신하는 경우로 작용한다.

망신공망(亡身空亡)

　망신살(亡身殺)은 파군살(破軍殺)이라 한다. 모든 것을 파(破)하고 깨트린다는 살성(殺星)으로 망신(亡身)당하게 됨을 상징하는데, 성소수자 사주에서는 망신살(亡身殺)이 기신으로 작용하는 경우가 많다.

　망신(亡身)은 허세허욕(虛勢虛慾)이 많으며, 춘풍랑객(春風浪客)으로 허송세월을 보내게 하는 살성(殺星)이다.

　기신이 공망(空亡)이면 길하지만, 희신이 공망(空亡)이 되어 합충(合沖)으로 망신발동(亡身發動)을 하면 게으르고 거짓말을 잘하며, 실익(實益)이 없게 된다.

　또한, 주색잡기로 패가망신하기 쉬우며, 송사사건을 잘 일으키게 되어 육친 간의 다툼, 이별, 실물, 도난, 사업실패, 파산, 사기, 신체구속, 가정폭력 등, 여러 가지 사건이 쉴 새 없이 발생한다.

　그리고 윗사람, 상사, 어른 앞에서 잘났다고 까불고 설치다가 반드시 엉뚱한 망신살이 뻗치므로 항상 겸손해야 한다.

　희신 작용이면 농담을 잘하고 언변과 문장력이 탁월하며 권모술수(權謀術數)에 능통하다. 남성은 호연지기(浩然之氣)가 있고 여자는 여장부(女丈夫) 기질이 있는데, 공망(空亡)되었기에 복량(福量)이 감소하게 된다는 점을 참고하여 통변한다.

　망신살(亡身殺)의 행운에서 과욕(科慾)으로 무리한 일을 도모하면 반드시 망신(亡身)당할 일이 생긴다. 그러므로 자만심을 경계해야 한다.

건록공망(建祿空亡)

부모, 형제, 동료 덕이 부족하고 형제간에 정이 없어서 외화내빈(外華內貧), 유명무실(有名無實)이 되기 쉽다.

이루고 싶은 희망과 꿈이 많지만 결과가 빈약하며, 꿈속에 방황하는 생활을 하기 쉽다. 건록(建祿)이 공망(空亡)이라는 것은 이미 십악대패살(十惡大敗殺)이 된 것이므로, 외화내빈(外華內貧)의 속 빈 강정을 뜻한다. 그러므로 허우대는 멀쩡하지만, 실익이 없는 사람이 되기 쉽다.

대체로 귀인(貴人)이 공망이면 복(福)이 감소하고, 희신이나 길신이 공망 되었다면 일사무성(日事無成)이 되기 쉽다. 임관처(任官處)가 공망(空亡)이면 외화내빈(外華內貧)의 만사불성과 같다.

이때 사주에서 투합(妬合) 또는 근접지지가 공망(空亡)된 지지를 형살(刑殺)하면, 공망(空亡)의 흉액(凶厄)이 더욱 강렬해진다.

귀인공망(貴人空亡)이 합(合)이 되어 변화하면 공망(空亡)의 흉조(凶兆)가 해소된 것이므로, 공망(空亡)으로 보지 않는다.

행운에서 공망이면 길신작용도 흉액 작용도 없다. 운에서 찾아오는 공망(空亡)은 무시하는 것이 원칙이지만, 정확히 말하면 길운(吉運)이 와도 별로 길하지 않고 흉운이 와도 별로 흉(凶)하지 않다고 본다.

배성(配星)으로 보는 공망(空亡)

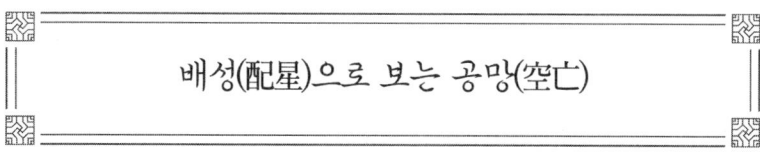

남녀 배성공망(配星空亡)에는 공망(空亡)된 띠를 인연한다. 그렇지 않으면 부부 해로하기 어렵다. 이 경우에 혹자는 충(沖)으로 탈공(脫空)시켜 쓴다고 말하는 자도 있지만, 일단 충(沖)이 발생하면 그 기물(器物)은 깨지므로 충(沖)하는 인연법은 사용 불가이다. 그러므로 육친공망(六親空亡)에서 인연법을 적용해야 한다.

가령 갑목일간(甲木日干)의 남편이 유금(酉金)인데 공망(空亡)이면, 공망(空亡)된 유금(酉金) 띠를 인연하여 배성이 된다.

그런데 공망(空亡)인 신금(申金)이나 유금(酉金)이 없었다면 윗글처럼 적용하지 않는다. 그러므로 인연법이 한 가지로 이러하다 저러하다 말할 수 없다. 사주의 구조마다 다르므로 육친에 의한 정확한 배성을 먼저 찾아야 한다.

공망(空亡)이 절대적인 것은 아니지만, 인정 안 할 수도 없는 것이 상담사의 입장이다. 멀쩡해 보이는데도 어렵게 살아가는 사주를 보면, 대체로 공망(空亡)에서 문제로 나타난다.

자식이 안 생겨서 힘들어하는 사람의 사주를 보면, 시주공망(時柱空亡)으로 육친의 식상(食傷)이나 관살(官殺)이 공망인 경우가 종종 있다.

요행으로 자식을 얻으면 기르기 힘들고, 애써 길러도 효도 받기 어렵다.

인생사 말년(末年)은 자식에게 의지하기 마련인데, 자식 덕이 박하며 말년(末年)의 운세가 허약함을 암시(暗示)한다.

인명(人命)은 재천(在天)이다. 그러므로 타고난 운명대로 살아갈 수밖에 없을 것이다. 자식궁이 공망(空亡)이면 처음부터 자식 덕을 기대하지 않는 것이 순천(順天)이고 현명(賢明)한 것이다.

*이사할 때, 그리고 직장의 위치도 자기 일주의 공망방위(空亡方位)는 되도록 피하는 것이 좋다. 가령, 갑자순중(甲子旬中)은 술해공망(戌亥空亡)인데, 공망방위(空亡方位)인 서북방(西北方)과 북서방(北西方)으로 이사를 하면 좋은 일이 없다.

갑자순중(甲子旬中)은 술해(戌亥)의 반대 방향인 진사방(辰巳方)이 길방(吉方)이다.

*공망방위에서 약을 사거나 치료 받으면 별로 효험을 못 본다. 하여간 무슨 일이든지 자기의 공망방위에서 발생하는 일은 장애가 많고 지지부진하며, 도로무공(徒勞無功)이 되는 경우가 많다.

*자녀의 공부환경에서도 공망(空亡)을 활용하여 책상을 배치하면 더욱 맑아진 정신이 나온다. 부부 잠자리 역시 참고하는 것이 길하며, 손님을 만나는 자리, 음식을 먹으면서도 앉는 자리 등 모든 부분에서 실익을 얻고자 하면, 공망방위를 충(沖)하는 자리가 길방(吉方)이다.

*문서 계약도 희신방위나 공망(空亡)을 충(沖)하는 동네에서 만나고 계약하는 것이 좋으며, 공망(空亡)이 든 날은 될 수 있는 한 피하는 것이 좋다. 남녀 데이트 역시 공망방위를 활용하면 좋다.

*공망일진(空亡日辰)에 돈을 받기로 약속을 했거나 누구와 만나기로

했다면 묘하게 일이 어긋나거나 공(空)치는 일이 많으니, 공망일진(空亡日辰)에는 중요한 약속은 될 수 있으면 피하는 것이 좋다.

*상대의 공망일진(空亡日辰)에 경쟁하면 이기는 일이 많으니 반드시 참고해야 할 것이다. 마찬가지로 시험이나 모든 승부에서 공망일진과 공망방위를 활용하는 것이 좋다.

*임신해야 할 때도 자신의 공망일진(空亡日辰)과 월살(月殺) 드는 날은 합정(合情)을 피하는 것이 기본이다. 자신의 사주에서도 입태월(入胎月)이 공망(空亡)이거나, 월살(月殺), 육해살(六害殺), 망신살(亡身殺)이 되었다면 성공에 어려움이 많다.

*남녀사주의 시주공망(時柱空亡)은 자식을 얻기가 어렵다는 점을 기억하고 잘 판단해야 하는데, 남녀일주가 순중공망일 경우 인연법상 만나야 할 인연이다.

가족들 사주를 보면 순중공망(旬中空亡) 속에 묘한 인연이 숨겨져 있는데, 자신 사주의 순중공망(旬中空亡)에 자식들이 포함된 경우가 많다. 다들 만나야 할 인연으로 부모 자식이 맺어지는 것이다.

*남명이 시주공망(時柱空亡)이면 무자식이라는 뜻이며, 있어도 무력하고 자식 덕을 기대하기 어렵다. 그러나 육친성의 관살(官殺)이 유력하고, 시주(時柱)가 관살(官殺)이 아니라면 큰 문제가 되지 않는다. 여명 또한 미루어 생각하면 될 것이다.

*상대방 사주의 공망일(空亡日)이 나의 일주에 해당하면, 내가 공망(空亡)으로 없는 것이므로 좋은 인연이 되지 않는다. 그래서 궁합(宮合)에서 공망(空亡)을 중요하게 본다.

*남명의 일주공망(日柱空亡)을 여명일주(女命日柱)에 가지고 있다면 없는 여성이나 마찬가지로, 처 덕을 기대하기 어렵다. 가령 나는 병인일주(丙寅日柱)이고 여명은 신해일주(辛亥日柱)라면, 천합지합(天合地合)으로 부부 궁합에 매우 길한 듯하지만, 실상은 그렇지 않다.

공망(空亡)이라는 것은 아내 구실을 못 하게 되든가, 무엇을 해도 보람이 없을 것을 뜻하므로, 천합지합(天合地合)이 선인연(善因緣)을 가장한 악인연(惡因緣)인 것이다.

그러므로 궁합(宮合)을 볼 때 자기 사주의 공망(空亡)을 가지고 있는 배우자는 피하는 것이 원칙이다.

또한, 여행을 간다거나 무슨 행사를 하고 중요한 약속이나 중요한 일은 공망일진(空亡日辰)이 드는 날은 피하는 것이 좋고, 이사를 하고 대인관계를 할 때도 마찬가지다.

그런데 이때 반드시 명심해야 할 점은, 공망(空亡)은 비어 있으므로 또한 채워야 한다. 이것이 비급이다. 자기 사주에 있는 글자가 공망(空亡)이면 더 왕성해지도록 채워 주고, 없는 글자가 공망(空亡)이면 피하는 것이 좋다.

백호대살(白虎大殺)

| 甲辰 | 乙未 | 丙戌 | 丁丑 | 戊辰 | 壬戌 | 癸丑 |

　원진살(怨嗔殺)과 귀문살(鬼門殺)은 정신계에 관여하는 데 비해서, 백호대살(白虎大殺)은 조상과 부모, 그리고 일간 자신이 백호살(白虎殺)일 때, 꼭 풀고 가야 하는 전생의 업인살(業因殺)에 해당한다.

　백호살(白虎殺)은 진술축미(辰戌丑未)에 있다. 수화금목(水火金木)의 입묘지(入墓地), 고장지(庫藏地)에 해당하는 화개살(華蓋殺)이며, 기토(己土), 경금(庚金), 신금(辛金) 일간은 백호살(白虎殺)에 해당하지 않는다.

　갑진(甲辰), 을미(乙未), 병술(丙戌), 정축(丁丑), 무진(戊辰), 임술(壬戌), 계축(癸丑)이 백호대살(白虎大殺)인데, 연월일시의 어느 주에 있어도 작용하는 업인살(業因殺)로, 혈광지사(血光之死)를 상징한다.

　백호살(白虎殺)은 기문학(奇門學)의 구성반(九星盤)에 중궁수(中宮數)이므로, 명식에 백호살(白虎殺)이 있다면 해당 육친이 혈광사(血光死)를 당할 수 있는 포악한 살성이라고 할 수 있다.

　특히, 백호살(白虎殺)이면서도 화개(華蓋)와 반안살(攀鞍殺)은 길성(吉星)이지만, 백호천살(白虎天殺)과 백호고갈(白虎枯渴)은 흉성(凶星)으로 분리하고, 조후 희신이면 흉성(凶星)이 감소하는데, 기신이면 흉작용이 더 크다고 판단한다.

그러므로 월지나 일지가 백호살(白虎殺)이면서, 토기(土氣)가 기신이 된 경우에 더욱 흉하다. 특히, 배성입묘(配星入墓), 자성입묘(子星入墓) 또는 당주가 입묘(入墓)하는 경우라면 반드시 혈광사(血光死)가 발생하므로, 많은 베풂을 하며 살아야 한다.

가령, 시주(時柱)가 임술백호(壬戌白虎)라면, 당주의 귀숙지(歸宿地)가 임술백호(壬戌白虎)이며 화토(火土) 입묘지(入墓地)가 되는 것이다. 자식이 부모 조상의 업인(業因)을 가지고 왔으므로, 그 업인(業因)을 풀어주는 삶을 살아야 함을 뜻한다.

백호살(白虎殺)은 인연인과(因緣因果)의 업인살(業因殺)이므로 조상과 부모의 업인(業因)이 사식에게 이어지는 것, 본인의 업인(業因)이 나다 나는 것, 본인의 업인인과(業因因果)가 자식에게 대물림하는 것이 되는데, 이때 시주공망(時柱空亡)이거나 백호살(白虎殺)이 용신이면 본인의 업인이 자식에게 가지는 않는다.

그러나 시주공망(時柱空亡)의 백호살(白虎殺)이 기신이면 자식에게 대물림하는 것이므로 수신(修身)에 힘쓰고, 자식을 위한 공줄 기도를 많이 해야 한다.

연주 속에 월주, 월주 속에 일주, 일주 속에 시주가 포함되므로 인연인과의 대물림의 법칙, 유전인자법이 성립하게 된다.

그러므로 당주는 위로는 조상과 부모에게 효도하고, 자신은 수신(修身)에 힘쓰며, 후손을 위한 공줄 기도에 최선을 다하여, 이 세상에서 인연인과(因緣因果)를 해탈(解脫)하려고 노력하는 것이 올바른 삶이다.

시주(時柱)가 공망(空亡)인 사람은 자식 덕이 부족하고 임종(臨終)을 지켜 줄 자식이 없으며 쓸쓸하게 죽을 것을 상징하여 미래에 대한 희망이 없다.

그러나 희신이면 자식 덕과 해탈(解脫)의 기회가 주어지는 것이므로 현재의 삶에서 인연인과(因緣因果)를 해탈(解脫)하고, 윤회(輪廻)의 사슬에서 벗어나기 위해서 더 많은 수양(修養)을 하고, 감사의 생활과 자연의 이치를 깨닫는 공부를 해야 할 것이다.

백호살(白虎殺)은 뜻밖의 사고나 교통사고, 재해를 상징하는데, 엄밀히 따지면 각기 다르다. 삼라만상은 음양(陰陽)이므로, 희기신을 먼저 나누어야 한다.

가령, 수기과다(水氣過多)면 술토(戌土)나 미토(未土), 화기과다(火氣過多)면 진토(辰土)나 축토(丑土)가 길하다. 그러므로 천살백호(天殺白虎) 고갈백호(枯渴白虎)가 흉하다 할지라도, 희신이면 그 흉액은 작아진다.

술토(戌土)나 미토(未土)가 화개백호(華蓋白虎)로 길성(吉星)이라 하지만, 화토과다(火土過多) 사주에 흉신이면 더한 기신이 되므로, 이것을 판단해야 한다.

모든 백호살(白虎殺)과 신살(神殺)은 단독으로 발생하지 않는다. 즉, 도화살(桃花殺)이 역마(驛馬)를 만나야 도화발동(桃花發動)이 되는 것처럼, 여자가 남자를 만나야 임신할 수 있는 것과 같다.

마찬가지로 백호살(白虎殺)이 혈광사(血光死)로 나타나기 위해서는 각기 사주의 구조배합에 따라 합중봉충(合中逢沖)이나 충중봉합(沖中逢合), 사묘고(四墓庫) 충(沖)으로 인해서 발동한다.

백호살(白虎殺)에 귀문살(鬼門殺) 발동이면, 못된 귀신이나 한(恨)을 품고 죽은 조상의 장난으로, 정신집중이 어렵다. 현실의 내가 일하는 것인지 꿈속의 내가 일하는 것인지 불분명할 정도로 꿈속과 현실을 착각하는 때도 있다.

이러한 경우가 술 마시고 필름이 끊어졌다고 말하는 예에 해당하는데, 이처럼 정신이 분산되었다면 하는 일마다 최선을 다할 수 없으며, 손해 보는 일이 발생한다.

하여간 정신이 산만해서 신경쇠약에 걸릴 확률이 높고, 부부간의 애정에 이상이 없는데도 제삼자나, 더러는 귀신(鬼神)이 끼어들어 부부이별시키는 일도 있다.

당주의 길흉 등은 일주백호(日柱白虎)를 기준으로, 대세 운이 기신일 때와 육친 간의 관계성으로 살피고, 연월일시 역시 일주와 마찬가지로 본다. 백호살(白虎殺)이 충동(沖動)할 때, 교통액 낙상 및 흉한 일이 발생하고, 월령이 백호(白虎)라면 부모의 신상이변 수로 본다.

가령, 여명 관성(官星)에 백호살(白虎殺)이 들고 남편이 부성입묘(夫星入墓)가 되었거나, 해당 지지의 묘고(墓庫)가 형충(刑沖)되었거나, 일지 부성입묘(夫星入墓)가 충(沖)이면, 남편이 교통사고, 암, 납치 등에 의한 흉사(凶事) 당할 수 있다고 본다.

또는 식상(食傷)이 백호살(白虎殺)이고 식상입묘(食傷入墓)나 시주(時柱)가 묘고형충(墓庫刑沖)이 되었다면 자식 신상이변수가 있을 것으로 본다.

남녀명에서 백호살(白虎殺)에 해당하는 일지가 편재(偏財)로 처성입묘(妻星入墓)이거나 묘고형충(墓庫刑沖)이면, 아버지 또는 처(妻)가 혈광사(血光死)한다고 보게 된다. 그러므로 부부 해로는 당연히 힘들다.

여명 일주에 백호대살(白虎大殺)이 있다면 성정이 강한(强悍)하고 남편을 극부(剋夫)하는 경우가 많은데, 명식이 길격(吉格)이면 기이한 발복이 있어서, 유명인, 재벌, 사회 저명인사가 되는 일도 있다.

백호살(白虎殺)을 볼 때 투출된 육친 이외의 암장된 육친도 파악해야 하는데, 다른 신살(神殺)과 달리 자기와 관련된 직계 가족뿐 아니라 윗대도 파악할 수 있다.

이때 주의할 점은 남명의 경우 처가와는 상관이 없으며 자기의 친족만 해당하고, 여명도 남편 외의 시가(媤家)와는 상관이 없으며 친정 쪽만 관련이 있는 것으로 판단한다. 그러나 인연법으로 연결된 경우 배우자의 가족 모두가 적용된다.

백호살(白虎殺)은 하나일 때보다 2개 이상일 때 더 강하게 작용하는데, 명식의 형충파해(刑沖破害)에 의한 흉살(凶殺) 작용을 하면서 해당 육친을 천충지충(天沖支沖)할 때 그 흉살(凶殺) 작용이 더 큰 작용을 한다.

백호살(白虎殺)이 기신(忌神)이지만 공망(空亡)이면 길하다고 말하는 사람이 있으나, 모든 살성(殺星)은 공망(空亡)과 상관없이 작용한다.

가령, 갑진백호(甲辰白虎) 월주에 경금일간(庚金日干)이면 갑목(甲木)은 아버지나 아내가 된다. 이때 세운에서 경술괴강(庚戌魁罡)을 만나고, 무력한 갑목(甲木)이 진토(辰土)에 통근하고 있다면 틀림없는 흉살(凶殺)을 실감하게 된다.

백호살(白虎殺)은 근묘화실(根苗花實)과 육친을 동시에 봐야 하며, 어느 육친이 백호살(白虎殺)에 해당하는가에 따라서 감명을 달리해야 한다. 갑진백호(甲辰白虎)나 을미백호(乙未白虎) 일주의 남명이면, 가령 처

(妻)나 아버지는 진토(辰土)나 미토(未土)가 될 것이다.

이때 비겁과다(比劫過多)라면 처(妻)가 음독자살하거나 산액을 겪을 확률이 높으며, 혈광사(血光死)에 노출되었다고 보게 된다.

그러나 아버지나 아버지 형제가 일찍 사망했다면 액(厄)을 피할 수 있다. 또한, 이 경우 아버지의 임종(臨終)을 보지 못하는 경우가 많다.

여명이 임술백호(壬戌白虎)나 계축백호(癸丑白虎) 일주이면서 관성쇠약(官星衰弱)하고 형충(刑沖)이 있다면, 부부이별하거나 남편이 비명횡사(非命橫死)할 가능성이 크다.

남명일 때 관살백호(官殺白虎)는 자식이 장애아거나 저능아일 수도 있고, 단명하거나 교통사고를 당할 염려가 있다. 본인의 관재구설 또한 많으며 직업 변동도 심하다.

그러나 관살(官殺)이 희신으로 화개백호(華蓋白虎) 반안백호(攀鞍白虎)로 조후까지 성격 시킨다면, 무관성(武官星)이거나 행정직 학자가 되어 고귀한 삶을 살아가게 된다.

병술백호(丙戌白虎)나 정축백호(丁丑白虎)는 일지자고(日支自庫)가 되는데 형충(刑沖)은 불길하며, 특히 신약(身弱)하다면 대흉(大凶)하다. 자고지지(自庫地支)는 당주가 무덤 속에 있는 격이 되는데, 형충(刑沖)이면 무덤이 무너져 압사(壓死)당하는 형국이다.

축토(丑土)나 술토(戌土)는 식상(食傷)으로 수복의 원신에 해당하는데, 산정붕괴(山頂崩壞)가 되어 태산에 지진 난 형상이므로, 토기(土氣)가 생(生)하는 금기(金氣) 재성(財星)이 맑고 깨끗할 수가 없는 것이다.

육친 관계에서는 조모의 신상 문제가 있고, 처모(妻母)인 장모가 맑지 못하므로, 처의 건강에 문제가 있다. 여명의 경우 일주가 허약하다면 산액(産厄)을 겪을 염려가 많으며, 아기를 낳다가 사망하는 수도 있다.

반드시 유산, 낙태를 경험하게 되고, 사산(死産)하거나, 자궁암에 걸리거나, 심하면 아이를 낳기 힘들고 불구자식이 될 수 있다. 또한, 이 경우 개복수술로 자식을 낳는 경우가 많다.

무진백호(戊辰白虎)는 일지 진토(辰土)가 수기창고(水氣倉庫)에 재고귀인(財庫貴人)이다. 진토(辰土)가 희신으로 수국(水局)과 유진합(酉辰合)을 하여 재물을 생(生)하면 길하지만, 만약 금수(金水)가 왕성하고 신약하며 조후에 역행하는 기신작용이면 대흉(大凶)하다.

신장질병, 자궁암, 유방암, 형제, 아버지, 남편 등이 혈광사 당하거나 부부이별 또한 염려된다.

백호살(白虎殺)은 조상과 연관되며, 조상이 저지른 악업의 대가를 후손이 받는다고 생각할 수 있다. 본인의 육친 관계, 직계가족과 더 연관이 많기 때문이다.

사주는 원래 본인에 관한 지극히 개인적인 것임에 비해서 신살(神殺)은 본인의 혈족 관계의 사람과 더 연관되는 것으로 본다.

괴강살(魁罡殺)

| 庚辰 | 庚戌 | 壬辰 | 壬戌 | 戊戌 |

　괴강살(魁罡殺)은 경진(庚辰), 경술(庚戌), 임진(壬辰), 임술(壬戌), 무술(戊戌)에 해당한다. 무술괴강(戊戌魁罡)은 약하지만 욕심이 많아, 스스로 재화(災禍)를 자초한다.

　괴강살(魁罡殺)은 진토(辰土)와 술토(戌土)에 있으며, 대세 행운에서 수시로 묘고(墓庫)의 형충삼형(刑沖三刑)이 발생하므로, 괴강일주(魁罡日柱)가 아닐지라도 백호살(白虎殺)과 귀문살(鬼門殺), 원진살(怨嗔殺)과 과숙살(寡宿殺), 화개살(華蓋殺)과 묘고발동(墓庫發動) 등이 정신계 문제와 혈광사, 가족의 흉사, 부부이별, 사별, 사건 사고 등을 일으킨다.

　그러므로 어떠한 경우라도 명식 내의 토기(土氣)는 간지 한 글자씩만 있어야 길하다. 특히 화왕(火旺)할 때는 진축(辰丑) 중 한 글자에 기토(己土)가 길하고, 한기(寒氣)가 왕성할 때는 술미(戌未) 중 한 글자에 무토(戊土)가 있다면, 괴강(魁罡), 백호(白虎), 귀문(鬼門)은 염려하지 않아도 될 정도이다.

　대체로 괴강일주(魁罡日柱)는 총명한 편에 해당하는데, 술토(戌土)에 괴강(魁罡)이 되는 경술(庚戌), 임술(壬戌), 무술(戊戌), 괴강(魁罡)은 논리적인 토론을 좋아한다.

술토(戌土)는 화기묘고(火氣墓庫)이며 무형정신을 조절하는 성분으로, 구기술(舊技術) 산업에 해당한다. 또한 화개살(華蓋殺)로 정적인 상태의 정신이 왕성하고, 육체는 쉬는 상이다.

그러므로 고요하고 수많은 정신의 교류가 이루어져 생각이 많으며, 목소리가 좋고 책임감이 강하며 욕심이 많다.

진토(辰土)와 술토(戌土)는 귀인(貴人)이 응하지 않는 땅으로 천라지망(天羅地網) 천문성(天門星)이라 하는데, 정보통신 수단의 출력장치이다.

진토(辰土)가 문자(文字) 전달 장치라면, 술토(戌土)는 음성 전달 장치이다. 그래서 술토(戌土)는 목소리가 좋은 특징이 있어서, 아나운서, 가수, 강사 등 목소리가 직업이 될 때 술토(戌土) 작용이 활발하다.

모든 반도체를 통합하여 활용할 수 있는 기술성의 창고로 전화 통신, 인터넷, 영화, 만화, 게임, 같은 영상물, 전자 상거래, 정보검색, 정보구축, 광케이블, 이동통신, 화상전화 등 인터넷 전반과 통신을 일컫는다.

괴강살(魁罡殺)은 괴수두목(魁首頭目)이 된다는 흉살(凶殺)로 일명 과부살(寡婦殺)이며, 부부 공방살(空房殺)로 작용한다.

경진(庚辰) 경술(庚戌) 괴강일주(魁罡日柱) 여명에 토기(土氣)와 금기(金氣)가 많으면 신강사주가 되는데, 여명이 경금일간(庚金日干)으로 비록 음중양(陰中陽)이라 하지만, 토금(土金)이 기신이 되었다면 화기(火氣)인 부성(夫星)은 허약해진다.

특히, 경술괴강(庚戌魁罡)은 화기(火氣)를 입묘(入墓)하고, 경진괴강(庚辰魁罡)은 화설생금(火洩生金)하므로, 둘 다 화기(火氣)를 쇠약하게 한다.

특히 진토(辰土)는 화기왕성(火氣旺盛)을 두려워하지 않으므로, 자칫

관살(官殺)을 능멸(凌蔑)할 수 있다고 본다. 그래서 경진(庚辰) 경술괴강(庚戌魁罡)은 과부 팔자, 남편 잡아먹는 팔자라고 말한다.

또한 경술(庚戌)은 인묘(寅卯)가 공망(空亡)이므로 돈 벌어서 남편을 부양(扶養)하기 쉽고, 관성(官星)인 남편의 어머니가 공망(空亡)으로 없는 형태이므로 문제가 많다.

괴강일주(魁罡日柱) 여명은 나이 먹어서도 일할 수 있는 직업을 찾아 직업전선에서 바쁜 삶을 살아가는 것이 길하다. 특히 경술일주(庚戌日柱)는 남명은 무난하지만 여명은 팔자가 센 편으로, 토금(土金)이 기신이 되었다면 삶에 풍파가 많은 편에 해당한다.

그런가 하면 경진괴강(庚辰魁罡) 여명은 수기(水氣)인 자식이 입묘(入墓)이고 진토(辰土)는 화설생금(火洩生金)하므로, 토금(土金)이 기신이면 파란풍파를 겪는다.

자식 신상이변수로 피눈물을 흘려 보며, 신유공망(申酉空亡) 십악대패살(十惡大敗殺)로 부모, 형제, 동료 덕이 부족하며 항상 외로움을 타고, 믿은 도끼에 발등을 찍혀 본다.

또한 일지효신(日支梟神)으로 일평생 직업전선에서 일하게 되거나, 어머니가 있다 한들 없는 것과 같으며, 혹은 일찍 타향객지로 떠나는 경우가 많은데, 부부 정이 부족하며 자수성가를 이루어야 한다.

어머니로 인한 남모르는 슬픔을 간직하게 되며, 부모, 형제 덕이 약하므로 외롭고 고독하게 되는데, 고아가 되거나 타모(他母)의 손에 성장하기 쉽다.

진토(辰土)가 수기창고(水氣倉庫)이므로 외국으로 입양, 혹은 이민이나 외국 생활 타향살이 하는 일이 많은 자수성가 명이다.

임진(壬辰), 임술(壬戌), 괴강일주(魁罡日柱)는 성정이 강하다. 그러므로 지고는 못 사는 성질이 되는데, 형이상(形而上)에 빠지거나 사이비 종교에 현혹되어 잘못된 인생을 만들기 쉽다.

임진괴강(壬辰魁罡)은 오미공망(午未空亡)으로, 재성(財星)의 덕이 미약한 관살(官殺)이다. 직업, 자식, 처궁에 문제가 있기 쉬운 괴강(魁罡)으로 파란풍파가 많은데, 단명하거나 자살하는 사람도 있다.

임진괴강(壬辰魁罡)은 자고입묘(自庫入墓)라 괴강 중에 가장 못난 괴강으로, 인연법에 따른 배성이 되지 못하면 부부 해로하기 어렵다.

임술괴강(壬戌魁罡)은 사주격이 좋으면 재고귀인(財庫貴人)으로 풍족한 재물을 모으고 부자가 되기도 하지만, 임진괴강(壬辰魁罡)은 그러지도 못하여 관살(官殺)이 기신이면 대흉하여, 자살, 질병, 과부, 홀아비가 되는 경우가 많다.

자기 주제파악을 못 하고 쓸모없는 욕심만 많다 보니 현실적인 계획을 못 세우고 실패하며, 일사무성(日事無成)이 되는 경우가 많다.

임술괴강(壬戌魁罡)은 남명에는 길한 바 있으나, 여명은 부부 해로에 문제가 많은 공방살(空房殺)이 된다. 왜냐하면 임술(壬戌)은 괴강살(魁罡殺)과 백호살(白虎殺)이 동시에 작용하기 때문이다.

술토(戌土)가 조후와 제방제수(堤防制水) 하는 반안살(攀鞍殺)이나 화개백호(華蓋白虎)는 대길할 수 있으나, 천살(天殺) 고갈백호(枯渴白虎)가 괴강(魁罡)이면 비록 희신작용일지라도 큰 발복이 어려운데, 자기 주제파악을 잘하면 풍족하게 살아갈 수 있다.

다만 이때 관살(官殺)이 기신이면 조상이 하천하고 조상 무덤에 틀림없이 문제가 있게 되는데, 이럴 때 화장(火葬)을 해 준다면 길하다.

화토기(火土氣)가 강한 중에 금수기(金水氣)는 허약(虛弱)하고 토기(土氣)에서 지진이 발생하면, 산중에서 흘러내리는 돌에 맞아 압사(壓死)당하는 것과 같은 천재지변(天災地變)이 발생한다.
　금수기(金水氣)가 강하고 화토기(火土氣)가 약한 중에 산정붕괴(山頂崩壞)로 진흙탕 갯벌 땅이 되어 황토물이 흘러내리면, 신병신액 무속인이 되기도 한다.

　괴강일주(魁罡日柱)에서 흉살(凶殺)이 발현되었다면 남편 무능, 무책임, 남편 작첩, 납치, 감금, 횡액 등을 의미하며, 부부간의 불화, 대립, 갈등이 많다는 살성(殺星)이다.
　특히 여명에 작용력이 강하게 나타난다. 될 수 있는 한 무기토(戊己土) 천간은 투출하지 않는 것이 좋으나 각기 장단점이 있는데, 괴강일주(魁罡日柱)에 기토(己土)가 투출하면 흉한 팔자가 되는 일이 많다.
　여명의 괴강살(魁罡殺)은 결혼 후에 시가(媤家)가 몰락하여 고생하게 한다는 살성(殺星)으로, 예전에는 여명 괴강일주(魁罡日柱)는 남편 잡아먹고 시가(媤家)를 망(亡)하게 한다고 하여 궁합(宮合) 상대로 극히 꺼려 왔다.
　그러나 요즘 시대에는 사주격이 좋으면 비록 과부, 홀아비는 될지언정 풍족하게 살게 된다.
　음양(陰陽) 상대성이란, 한쪽이 강(强)하면 다른 한쪽은 분명 허약하게 되어, 결국엔 양쪽 모두에게 불리하게 된다. 넘치거나 모자라지 않은 것으로 중화(中和)를 이룬 사주는, 일평생 큰 흉액(凶厄) 없이 행복을 노래하며 살아갈 수 있다.

괴강일주(魁罡日柱)는 강하고 과단성(果斷性)이 있으며, 총명하고 문장력이 뛰어나다. 권세(權勢)를 지향하는 성분이 강하며, 똑똑할 때는 귀신같이 똑똑하다.

그런데 쓸데없이 똑똑해서 자기 무덤 스스로 파며 배우자궁이 부실하고, 고신과숙(孤神寡宿)이 있다면 이별, 사별, 별거 등으로 나타나 재혼을 해도 행복한 가정을 이루기 쉽지 않으며, 재취(再娶), 과부(寡婦), 홀아비가 될 수 있으므로 가정에 최선을 다해야 흉액(凶厄)을 면하게 된다.

그러나 뜻이 크고 높아서, 길격(吉格)이면 어떠한 수모도 잘 참아 내고 마침내는 뜻을 이루어 내는 것이므로, 정치가 자산가 등 대업을 성취한 인물의 명식에서 괴강(魁罡)을 많이 볼 수 있다.

그러나 흉격(凶格)일 때는 큰 뜻을 이루지 못하며 극부극처(剋夫剋妻)하고, 집안 식구들을 못살게 하는 경향이 있어서 가정파탄으로 나타난다. 특히 여명 사주에서는 더 흉하므로, 반드시 직업을 가져야 한다.

여명의 괴강일주(魁罡日柱)는 강(强)함이 지나치고 유(柔)함이 부족하므로 부부 사이 문제가 되는데, 겉으로는 오히려 부드러우며 강(强)함을 찾기 힘든 성격으로 나타난다. 그러나 이것은 겉으로 보이는, 혹은 어릴 때나 30세 이전의 모습이다.

특히 여명의 경우, 결혼 이후부터 사주와 운기의 영향을 직접 받게 된다. 즉, 성장기나 학령기에는 사주의 흉함을 느끼지 못하는 사이에 지나가는 경우가 많은데, 결혼 후 부모 곁을 떠나서 가정을 이루면서부터 성품이 달라져 간다.

필자의 사주 감명에서 보면 신강사주는 대체로 유약(柔弱)한 모습으로 나타나지만 일에 대한 대처는 당찬 기질로 나타나고, 신약사주는 겉모습은 당찬 모습이지만 어려움을 당하면 헤쳐 나가지 못하고 좌절하거나, 실패를 성공으로 돌려놓는 기질이 약하다.

실패는 성공의 어머니라는 말이 있는데 이것은 신약사주 보다는 신강사주에 더 적합한 말과 같다.

그런데 인수태왕(印綬太旺)한 여명을 보면 신강하여 기백이 넘칠 것 같으나 그렇지 않고, 매사 무력하고 나약하다.

인수태왕(印綬太旺)의 습성대로 받기만 하고 타인에게 의지할 뿐, 극히 무력하여 남편이 시키는 대로 다 한다. 그리고 대체로 입이 작고 일머리를 모른다.

그러나 인수(印綬)와 비겁(比劫)이 적절하며 왕성한 경우, 인수태왕(印綬太旺)과는 전혀 다르다. 베풀 줄 알고 기백이 있으며, 남과 나를 함께 생각한다.

인수(印綬)가 왕성한 신강(身强)과 비겁(比劫)이 왕성한 신왕(身旺), 인수관살(印綬官殺)이 왕성한 신강(身强)과는 기질 자체가 모두 다르다.

필자가 구구절절 이처럼 글을 쓰는 이유는, 무조건 괴강(魁罡)이므로 불길하다는 생각을 버리라는 것이다.

그러나 양인일주(羊刃日主), 백호일주(白虎日柱), 괴강일주(魁罡日柱), 여명들은 꺾일 줄 모르는 고집과 성질이 있으며, 어떤 일에서도 이기고자 하는 마음이 강하며 여자다운 매력이 부족하고, 부부생활에서도 통나무 수준인 경우가 많은데, 강함만 있을 뿐 여우의 꾀가 부족하다.

여명 괴강일주(魁罡日柱)는 전생에 온갖 못된 짓을 다 한 남자가 여자로 환생(幻生)했다고 하는데, 그래서 과부살로서 기(氣)가 너무 강하여 남편이 하는 일마다 안 되고 실패하며, 시가(媤家)를 망(亡)하게 하는 여명이 많다.

즉, 시가 식구와 남편을 무시하는 경향이 되기 쉬우므로 집안에 갇혀 있기보다는 생활전선에서 일하며 스트레스를 풀고 살아가는 것이 좋다.

이미 양인(羊刃), 백호(白虎), 괴강(魁罡)은 거의 양천간(陽天干)으로 - 물론, 백호(白虎) 중에는 음천간(陰天干)이 있지만- 바지 입고 활동하는 남자의 성격이므로, 애교를 잘 부리는 토끼나 여우 같은 짓은 못하는 성질이다.

즉, 이간질이나 남 비위 맞추는 일을 못 하고, 싫으면 싫고, 좋으면 좋은 것이 뚜렷하며 화끈한 다혈질이다.

대체로 여명의 신강한 괴강일주(魁罡日柱), 백호일주(白虎日柱), 양인격(羊刃格)의 사주가 배우자 덕을 보려 한다는 것은 부부 깨진 바가지 될 것을 상징하고 있는데, 그 기질이 남성격으로 강하기 때문이다.

괴강일주(魁罡日柱) 여명은 대체로 미모의 소유자가 많으나, 고집이 센 편으로 남편과 참다운 화합을 하기 어렵고, 이혼하거나 질병으로 신음하는 수가 많으며, 무속인이 되는 사람도 있다.

고서에서는 괴강(魁罡)이 3개 이상 모여 있다면 괴강격(魁罡格)이라 하고 거부(巨富)도 많으며, 대부 대귀하거나 천(賤)한 사람이 되기도 한다고 설명되어 있으나, 괴강격(魁罡格)이 성립되는 것은 경진괴강(庚辰魁罡)이나 경술괴강(庚戌魁罡) 뿐이다.

임진(壬辰), 임술(壬戌)은 토기(土氣)가 강한 것일 뿐, 일간이 강(强)한 것이 아니므로 괴강격(魁罡格)에 성립되지 않으며, 진술축미(辰戌丑未) 토기(土氣)가 모여서 화토(火土)가 강하고 인수(印綬)가 없다면 가종살(假從殺)로 논한다.

경진괴강(庚辰魁罡)이나 경술괴강(庚戌魁罡)은 종왕격(從旺格) 종강격(從強格)과 같은 형태가 되므로 종격(從格)으로 논하되, 금기(金氣)가 왕성하다면 종혁격(從革格), 종왕격(從旺格), 종강격(從強格)으로 논한다고 해서 문제 될 것이 없으니, 괴강격(魁罡格)이라고 굳이 이름 붙일 필요는 없다.

하여간 괴강격(魁罡格)의 장점은 결단성과 과감성, 추진력, 자존심이 강한 것이다. 그런 기질로 타인의 도움을 받지 않고 스스로 운명을 개척하는 자수성가 명이 되고, 차남일지라도 장남과 같이 집안의 대소사를 챙기게 되는데, 이것은 여명 또한 마찬가지이다.

즉, 타인의 이래라저래라 간섭받기를 싫어하고 자기 주체적인 삶을 좋아하는 것이므로, 토금(土金)으로 세력이 형성되었다면 괴강격(魁罡格)을 논하여 관살(官殺)의 통제나 간섭을 극히 싫어하고, 타인을 자기 페이스로 끌어들이려고 한다.

그러므로 무관성(武官星)이 형성되는데, 경진괴강(庚辰魁罡)은 학문, 사업가, 교도관, 마약 수사, 대체의학, 마취과, 부동산업 등을 많이 한다.

경술괴강(庚戌魁罡)은 군인, 경찰, 검찰, 의사, 교도관, 부동산업, 건축업, 종교가에 많으며, 진술축미(辰戌丑未)에 형충삼형(刑沖三刑)이 있다면 무관성분(武官成分)이나 의사, 의업 등이 길하다.

또는 토기(土氣)는 인수(印綬) 문서에 해당하므로, 부동산 의식주 관련 직업에 종사하기 쉽다. 그러나 남명에는 무관성(武官星)으로 길한데, 여명이 반안괴강(攀鞍魁罡), 천살괴강(天殺魁罡), 고갈괴강(枯渴魁罡)일 경우 사회적으로는 길하지만, 남편의 통제받기를 거부하므로 부부이별하고 자식하고 사는 경우가 많으나, 자식이 양호하다고 할 수 없다.

그리고 본인도 강하지만 남편 역시 꺾이지 않는 고집의 소유자로, 외롭고 고독하며 독선적인 남편을 만나는 인연이 성립하므로 서로 고독한 삶을 보내기 쉬우며, 일반 내격으로 관살(官殺)이 유력하거나 중화된 명식으로 격국이 순수하다면 신분상승이 급하게 이루어지는 장점이 있다.

신강사주의 괴강일주(魁罡日柱) 여명은 반드시 직업을 가져야 한다. 결혼해서도 직업의 끈을 놓아서는 안 되며, 확실한 직업이나 사업을 하면 꼭 목적한 바를 이룬다.

그러나 남편 덕을 보려 한다거나 집에 있으면 결혼 후 10여 년이 지나면서 그 남편은 실업자가 되거나 갈수록 무력해져서, 실패한 가장으로 백수건달 아니면 무능하고 무책임한 인간으로 전락하는 경우가 많다.

비록 그 남편이 부잣집 아들이라 할지라도, 당주가 결혼 후에 시가(媤家)를 망(亡)하게 하라는 암시(暗示)가 있으므로, 시가(媤家)에 항상 감사하며 미안한 마음으로 모두에게 베풀며 직장생활을 하면서, 누구를 만나든지 무시하지 말 것이며, 존경심으로 타인이 잘되길 빌어 주며 살아야 업인을 해탈하게 된다.

그런데 남편은 돈 벌어 오는 사람으로 생각하고 자식만 챙긴다면, 틀림없이 결혼 후 10여 년이 지나면서 남편이 망(亡)하거나 실업자가 되고, 신병신액이 발생하거나 시가(媤家) 역시 어려워지며, 부부이별을 생각하게 된다. 신강사주로 관쇠(官衰)하다면 거의 80% 이상 해당한다.

남편이 대기업 다니거나 전문직이라도 결국은 실업자가 되고, 여성 가장이 되어 힘들게 살아가게 된다. 단, 독신으로 직업여성이 되거나 사업을 하면, 큰손 여인이 되는 경우도 많다.

이것은 괴강일주(魁罡日柱) 특유의 남편을 무력하게 만드는 기질로, 결혼 전에는 훌륭하고 시댁이 잘살고 똑똑한 남편을 만나도 거의 인생 중년이 지나면서 직장생활을 하거나 과부가 되는 특징이 강하다.

그러므로 자신을 낮추고 직장생활을 하면, 처음은 비록 어려워도 인생 중년이 지나면서 남편이 성공을 누리게 된다.

괴강(魁罡), 양인(羊刃), 백호일주(白虎日柱)는 형충(刑沖)됨을 매우 꺼리는데, 특히 월일지 형충(刑沖)이나 일시지 형충(刑沖)이면 부부 해로에는 태산이 가로막고 있는 것과 같다.

그러므로 타인 부부의 행복을 부러워하지 말고 스스로 참고 인내하면서 살아간다면 밝은 행복이 도래하지만, 괴강(魁罡) 특유의 비교하는 습관이 강하다면 스스로 재앙을 자초하고 뼈아픈 시련을 겪기 쉽다.

겸손하고 인내를 의복으로 알고 살아야 한다. 특히 경술괴강(庚戌魁罡), 임술괴강(壬戌魁罡)은 남편이 입묘지(入墓地)에 있으므로 인연법에 따른 남편을 만나야 하며, 남편이 종교 관련 직업 종사자라면 길하다.

경진괴강(庚辰魁罡) 무관살(無官殺)이면 진중을목(辰中乙木)이 남편이 되는데, 남편의 도움이 크고 재물을 모으며 산다. 그러나 임진(壬辰) 괴강일주(魁罡日柱) 남녀는 배성의 덕이 불미하고 길인연 만나기 쉽지 않다.

배우자나 자신이 종교 관련 직업으로 구제중생하면 길하다.

양인살(羊刃殺)

일간	甲	丙	戊	庚	壬
년 월 일 시	卯	午	午	酉	子

　양인(羊刃)은 양일간(陽日干)을 위주로 월지를 보는데, 때에 따라서는 년지, 일지, 시지를 양천간(陽天干)에 대입하여 본다. 음천간(陰天干)이나 무토일간(戊土日干)은 원칙적으로 양인(羊刃)이 아니지만, 세상의 이치가 지나치게 강하다면 불미한 것이다.

　사주에 양인(羊刃)이 있으면서 기신이 되면 타인에게 지고는 못 사는 겁재적(劫財的)인 성격과, 나를 따르라 하는 독선적(獨善的)인 기질의 무관(武官) 성분이 형성되어 타인에게 종속되기를 거부하고, 어디서건 대장 노릇을 해야 직성이 풀린다.

　한마디로 고분고분 타인을 따라가는 성질이 아니며 고집으로 주위에 피해를 주는 경우가 많은데, 누구에게도 공손하지 않은 특징이 있다.

　신약명의 양인(羊刃)은 무방하지만, 신왕한 양인격(羊刃格)은 특히 여명에 좋지 않다. 가장(家長)은 남편이어야 하지만, 여명이 가장 노릇을 하려는 격이므로, 남편이 무능력해져 문제가 발생한다.

　양인(羊刃) 중에서 묘월(卯月)의 갑목양인(甲木羊刃)은 대체로 무난하지만, 유월(酉月) 경금양인(庚金羊刃)이나 자월(子月) 임수양인(壬水羊刃)은, 그 성정이 강한(強悍)하여 적군을 만든다.

특히, 여명 사주에 식상(食傷)에서 양인(羊刃)을 형성하면 대단히 흉(凶)하여, 살아 줄 남편이 없는 경우가 많다.

대체로 식신(食神)이 양인(羊刃)이거나 신왕한 양인격(羊刃格)에 설기하는 식상(食傷)이 무력하거나, 양인합살(羊刃合殺)하는 편관(偏官)이 없으면 난폭하고 거칠어서 흉(凶)하게 되므로, 양인(羊刃)을 제압하는 칠살(七殺)이나 설기하는 식상(食傷)이 있거나 지지합(地支合)으로 묶여 있는 것이 길한데, 신왕(身旺)한 진양인(眞羊刃)은 더욱 흉하다.

양인(羊刃)은 형충(刑沖)을 크게 꺼리는데, 이것은 형충(刑沖)으로 양인(羊刃)이 동(動)하면 제어(制御)가 어렵기 때문이다.

가령, 오월(午月)의 병화일간(丙火日干)이면 양인격(羊刃格)이 되는데, 양인합살(羊刃合殺)하는 유력한 임수(壬水)가 있다면 길하지만, 자수대운(子水大運)이 온다면 임수(壬水)는 자수(子水)에 양인(羊刃)이 되어 병화(丙火)를 칠살(七殺)하고, 자수(子水)는 오화(午火)를 충(沖)하여, 수화상전(水火相戰)이 된다.

이럴 때는 비록 자수대운(子水大運)이 용신운이라도 화액(禍厄)이 발생하게 되는데, 이것은 마치 가스레인지 위의 냄비가 불타는 것과 같아서 냄비는 불에 그슬려 형(形)이 망가지고, 국물 또한 넘쳐흘러 못 먹게 되는 것과 같다.

세운에서까지 수화상전(水火相戰)이나 금목상전(金木相戰)이 되었다면 그 화액(禍厄)이 끔찍하여, 교통사고로 몸이 상(傷)하거나 큰 수술을 받고 불구가 되거나, 심하다면 사망하기도 한다.

신왕(身旺)한 양인격(羊刃格)이거나, 2~3개의 겁재양인(劫財羊刃)이 있는 사주는 대세 운에 4~5개의 양인(羊刃)이 가중될 수도 있는데, 쌍

칼 찬 양인(羊刃)이라 하여 성정이 포악하여 폭도의 무리가 되거나 매우 흉하다.

월양인(月羊刃)이 흉신이면 온화한 가정을 꾸릴 수 없으며 재가(再嫁)해도 편안하지 않은데, 여명의 양인격(羊刃格)에 겁재(劫財)가 강왕하다면 더욱 흉(凶)하여 부모와 남편을 극(剋)하고, 부부화합이 어렵다.
 그러나 신약사주에 양인(羊刃)이 있다면 오히려 길하다. 양인합살(羊刃合殺)이 되고 호운(好運)이 올 때 권세를 얻고 폭도를 누르는 장군이 되거나 법관, 의사 등이 되며, 격이 낮으면 재봉틀, 편직, 의류, 기능공, 미용사, 정육점, 경비원 등이 되기도 한다.
 양인(羊刃)은 칠살(七殺)로써 그 권위를 더욱 발하므로 신강하다면 편관(七殺)을 기뻐하지만, 태신강(太身强)하다면 오로지 설기함으로 순리에 따라야 한다.
 신강양인(身强羊刃)은 무방하지만, 신왕양인(身旺羊刃)의 남명은 아버지는 선망(先亡)하고 혹은 쟁재사주(爭財四柱)가 되기 쉬우며, 아내의 신병신액, 이별, 사별하거나 결혼하기 힘들 수도 있다.

여명 또한 남편과 시가(媤家)가 극히 무력해지고, 돈 벌어 남편 부양(扶養)하는 인생이 되기 쉽다.
 그러나 병화일간(丙火日干)의 오월양인(午月羊刃)일 때 진토(辰土)나 축토(丑土)가 화기(火氣)를 설기하면 처와 아버지의 덕이 있지만, 술토(戌土)나 미토(未土)와 같은 조토(燥土)가 있다면 기대하기 어렵고, 자식 또한 신병신액이 발생한다.
 여명 또한 무관살(無官殺)이면 재성(財星)이 남편이 되는데, 남편과 아버지 시어머니가 단명, 흉사한다고 볼 수도 있으나, 진축(辰丑) 중 한 글자가 있다면 무방하고 길하다.

남녀 양인격(羊刃格)이나 일지양인(日支羊刃)은 괴강일주(魁罡日柱), 백호일주(白虎日柱)처럼 무관(武官) 성분이 되므로, 활동성이 보장된 운동선수, 간호사, 의사, 군인, 경찰, 영업 등 무관(武官)의 직업이 되는 것이 좋다.

특히 여명은 일평생 직업을 가지고 활동하는 것이 좋다. 만약 양인격(羊刃格) 신강이면 남편이나 타인, 윗사람의 덕이 부족한 자수성가 명이므로 부모와는 인연이 많지 않고, 함께 살면 부모의 가운이 점점 줄어들고 단명하게 되므로, 되도록 일찍 고향을 떠나 타향에서 성공을 이루어야 한다.

남녀 자수성가 명으로 차남 차녀일지라도 장남 장녀처럼 부모를 모시기 쉽고, 부모 형제로 인한 많은 고통이 발생하므로 일찍 타향살이 하는 것이 좋은데, 부모와 같이 살면 부모 형제가 잘되기 어렵기에, 스스로 부모 형제 곁을 떠나 타향에서 자수성가 해야 한다.

양인격(羊刃格)은 고향을 멀리 떠나거나, 외국에서 성공수가 높으며, 만약 여명이 신왕 양인격(羊刃格)인데 집에서 살림만 하라고 붙잡아 놓으면, 시든 배추처럼 신병신액이 발생하여 문제가 된다.

그러므로 집안에서 살림만 하는 여자를 원하면, 절대로 신왕 양인격(羊刃格)은 배우자가 되어서는 안 된다.

특히 병화일간(丙火日干)의 양인격 여명을 사회적 활동을 못 하게 하면 바로 부부이별수로 작용하거나, 심하면 신병신액, 우울증으로 자살하기도 한다.

　예전에는 한(恨)이 많으며 눈물 흘릴 일도 많았겠지만, 요즘 시대에는 여명에게도 활동성이 부여된 것이므로 만혼(晚婚)함과 아울러, 활동성이 보장된 결혼이 아니라면 아예 결혼하지 않는 것이 서로에게 좋을지도 모르겠다.

　양인격(羊刃格)이 흉격(凶格)이면 황소고집에 야망 및 욕망이 크고, 좋은 일이 있으면 뒤를 이어 안 좋은 일이 생긴다거나, 한군데 머물기보다는 방랑을 하며 가정을 파괴하기까지 한다.

　활동성이 보장된 양인격(羊刃格)은 역마살(驛馬殺)과 같은 작용이 되는데, 남녀 이성 관계의 혼탁상의 염려가 있다. 돌아다니다 보면 가정은 등한시하게 되고, 수시로 이성 상대를 바꾸는 경우도 발생하는 것이다.

　대체로 남녀 모두 강한 인상을 주고 타인과의 사회생활에 있어서 좋고 나쁨이 분명하며 배우자의 병약(病弱)과 단명이 하나의 특징이 되는데, 고독, 적막, 극부극처하고 괴팍하며, 부모 형제 덕이 적다.

　신강명으로 월양인(月羊刃), 일양인(日羊刃)은 극부극처(剋夫剋妻) 수로 작용하고, 시양인(時羊刃)이면 말년이 고독하고 적막하게 된다.

　양인(羊刃)은 일간의 제왕지(帝旺地)이다. 그러므로 강한 힘을 믿고 날뛰는가 하면, 능구렁이 성격으로 상대의 약점을 역이용하는 기질이 되어 그 속을 짐작하기에 어려움이 있다.

　또한 불굴(不屈)의 의지와 기상으로 나타나기도 하는데, 남에게 지기 싫어하며 권모술수의 달인으로, 고집이 세서 스스로 고독함을 자처한다.

　대체로 일양인(日羊刃)으로 신왕하다면 부모의 유산상속이 쉽지 않으며, 가정에 안주하지 못하거나 가정의 중요성을 모른다.

또는 배우자나 자식의 중요성을 생각하지 않고 즉흥적으로 나 자신만을 위하는 이기주의가 되기도 하며, 고독한 방랑자가 되기도 한다.

일양인(日羊刃)은 병오(丙午), 임자(壬子)가 되는데, 신왕(身旺)하다면 반드시 배성으로 인해서 패재(敗財)하거나 부부 정이 적으며 부부불화하게 되고, 패재(敗財) 이후에 부부이별이 따른다. 그러므로 일양인(日羊刃)에 신왕(身旺)은 불길하다.

신왕 명식으로 시양인(時羊刃)이 되고, 기신작용이면 말년에 패재하게 되는데, 특히 시주에서 재성(財星)이 겁재양인(劫財羊刃)을 데리고 온 경우 패재패망(敗財敗亡)이 확실하며, 자식 덕 또한 기대할 수 없다.

이럴 때 현실 삶에서는 자식이 분가시켜 달라고 하면서 사업체를 달라고 하거나, 심하면 부모를 학대하고 살상하는 경우로 작용한다.

그러므로 양인격(羊刃格) 신왕사주에 시주(時柱)에서 재성(財星)이 겁재(劫財)를 달고 온 경우, 미리 유산상속을 하거나 사회에 환원(還元)하고, 정기적금, 노후설계를 확실하게 하지 않으면, 자식으로 인해서 패재 후에 오고 갈 곳이 없게 되는 일이 많다.

양인격(羊刃格)에 일양인(日羊刃)이 형성된 경우 전생업장이 태과(太過)한 격이 되는데, 고르고 또 골라도 당주를 거지 만드는 인연을 만나게 된다.

결혼 초에는 행복하여 자신에게는 불행이 없을 듯하지만, 그 배성이 어떤 방법으로든 패망시키고 이별할 것이 정해진다.

그러므로 양인격(羊刃格) 신왕 명식은 매사 베풀고 겸손하게 살며,

자기를 알고 수신(修身)에 힘써야 한다. 그러나 이때 신약으로 일양인(日羊刃)이나 시양인(時羊刃)이 희신이면, 무관성(武官星)의 기질로 끊고 맺음이 정확하고 확실한 사람으로, 배성과 자식, 친구, 형제, 동료의 덕이 있게 된다.

그러나 흉격(凶格)으로 양인(羊刃)이 되었다면 끔찍한 흉악범이 될 수도 있는데, 배성이나 자식 생년 띠에서 인연에 의해 중화시키는 인연의 배성을 만나고 당주의 환경을 개선하면, 불행을 행복으로 바꾸는 지혜가 된다.

양인격(羊刃格)이라 해도 목화금수(木火金水)에 따라서 성격이 다르다. 갑목(甲木)의 묘월양인(卯月羊刃)은 점잖고, 병화무토(丙火戊土)의 오월양인(午月羊刃)은 예의범절(禮儀凡節)이 확실하며, 경금(庚金)의 유월양인(酉月羊刃)은 의리(義理)가 투철하다.

임수(壬水)의 자월양인(子月羊刃)은 양인(羊刃)의 성격이 강한 편이다. 평상시는 고요하다가 한번 폭발하면 파도가 치고 살상(殺傷)하는 힘으로 작용하는데, 여기서 양인(羊刃)이 무엇과 동주(同柱)하였는지가 중요하다. 십이운성(十二運星)의 욕사절(浴死絶)과 동주(同柱)했다면, 그 해당 육친이 신병신액으로 고생한다.

양인(羊刃)은 유력한 칠살(七殺)을 기뻐한다. 양인합살(羊刃合殺)을 하면 권세를 장악하고 위용(威容)을 떨치는 참다운 양인(羊刃)이 되는데, 여명은 가정적으로 어려움을 겪는 일이 많다.

양인(羊刃)은 소인배가 아니므로 큰 것을 찾는다. 대재대귀(大財大貴)를 탐(貪)하는 성격으로 인해서 패망에 들어서는 경우가 많다.

인수(印綬)가 양인동주(羊刃同柱)했다면 재물이나 혹은 여자로 인해서 고생하는 경우가 많으나, 재관(財官)이 유력하다면 오히려 권(權)이 높아진다. 그러나 양인격(羊刃格)이라도, 사주구조에 따라서 신약이 될 수 있다는 점을 간과해서는 안 된다.

신강(身强), 신왕(身旺), 태왕(太旺), 태강(太强), 극왕(極旺), 극강(極强)을 살펴서 신왕(身旺)하다면 칠살(七殺)이 반갑지만, 신강(身强)하다면 칠살(七殺)은 인수(印綬)를 더 강(强)하게 하는 역할일 뿐이므로 좋다고 할 수 없다.

태왕(太旺)하다면 칠살(七殺)은 허약하여 오히려 양인(羊刃)의 성정에 거슬리는 자가 되므로, 설기로 순화(馴化)시켜야 한다. 극왕(極旺)하다면 태왕즉절(太旺則絶) 현상이 되므로, 강(强)한 자는 더 강(强)하게 하는 법칙을 적용하여 왕희순세(旺喜順勢)를 따라야 한다.

겁재(劫財)가 양인동주(羊刃同柱) 간여지동(干與支同)이면 진양인격(眞羊刃格)이 된다. 부모 형제, 부부간에 불화하고 재난풍파(災難風波) 패재(敗財)하고 고독적막(孤獨寂寞)할 수 있다.

월양인(月羊刃)이 가장 강하고 큰 영향력을 발휘한다. 월지는 제강지신(提綱之神)으로 택지향(宅之向)이 되기 때문이다. 다음은 일양인(日羊刃)이 되는데, 그것은 배우자의 영향력이 두 번째로 크기 때문이다. 시지(時支)는 그다음이 되는데, 신약사주의 시양인(時羊刃)은 희신작용이 강하다.

신강신약을 떠나서 월양인(月羊刃)은 겁재격(劫財格)이 되므로 부모 형제 덕이 부족하고, 일양인(日羊刃)은 극부극처 수로 작용하며, 시양인(時羊刃)은 처(妻)의 산액이 심하고, 말년이 고독 적막하기 쉽다.

사신동주(死神同柱)

| 사지동주 | 甲午 | 乙亥 | 庚子 | 辛巳 |

60간지 중에서 갑오(甲午), 을해(乙亥), 경자(庚子), 신사(辛巳) 등의 4개의 동주사(同柱死)가 있으며, 연월일시 주의 어느 곳에 있어도 해당하는데, 천간이 자좌지지(自坐地支)의 사지(死地)를 말한다. 특히 월지(月支)에 사묘절(死墓絶) 천간은 흉하다.

사신동주(死神同柱)는 무력함과 죽음을 상징하며, 인간계의 생각보다 지난 과거에 대한 회상과 사후세계에 관심이 많다. 인색(吝嗇)한 성향의 애착(愛着)과 집착(執着)이 나타나고, 건강도 허약하다.

월지에 생욕록왕(生慾祿旺)의 천간은 길하지만, 사묘절(死墓絶) 천간은 흉하다.

*연주 동주사는 조상이 무력하여 뜻을 펼치지 못한 조상이기 쉽다. 그러므로 허약한 씨앗과 같아서 생명의 원기가 허약함을 뜻한다. 연주는 외벽 성벽과 같고 월주의 환경에 해당하므로, 월주까지 무력해지기 쉽다. 정신이 건전해야 성공하고 출세하며 건강하지만, 정신이 허약하므로 성공이 어려운 것이다.

*월주 동주사는 부모, 조상, 형제 덕이 미약하다. 혹은 부모 조상의 흉사(凶事)가 있을 가능성도 있으며 의외의 재난이 발생하고, 질병

이 많으며 도적의 침입도 자주 발생한다. 소매치기 당하는 경우도 많다.

*일주 동주사는 배성의 덕이 미약한데도 의지하려 하며, 요구사항이 많다. 집착심이 강하면서도 인내심이 없어서 시작은 잘하지만, 끝맺음이 시원치 않고, 이름 모를 질병의 염려가 있으며 외양은 화려해도 실속이 적다. 특히 일간이 월지에 사묘절(死墓絶)이면 더욱 흉하다.

*시주 동주사는 자식의 문제가 발생하며 여성은 임신하기 어렵다. 무자식이 되거나 있다 해도 자식 덕을 기대하기 어려우며, 질병체질로 문제가 된다.

또한, 정리정돈이 되지 않아서 매사가 어수선하여 깔끔한 맛이 적다. 가령 음식을 만들어도 그 음식에 맞는 예쁜 접시를 사용하지 못하여 음식 맛을 떨어트린다.

명식에서 동주사(同柱死)에 해당하는 기둥의 천간을 주체로, 해당 지지 운이 겹칠 때를 주목하여 통변한다. 가령, 경자일주(庚子日柱)가 경자년(庚子年)을 만나면 복음세년(伏吟歲年)으로 생명의 위험을 느껴 본다. 월지에 생욕록왕(生慾祿旺)이거나, 반안살(攀鞍殺)에 해당하는 술토(戌土)가 있다면 문제가 없으나, 천을귀인(天乙貴人)에 해당하는 축토(丑土) 화개살(華蓋殺)이 있다면 업인살(業因殺)로 작용한다. 그리고 명식에 계수(癸水)가 투출한 기신으로 형충(刑沖)이 되었다면, 자칫 불귀객이 될 수도 있다.

일주뿐만이 아니라 갑오(甲午), 을해(乙亥), 경자(庚子), 신사(辛巳)가 명식에 있으면서 해당 육친의 사신(死神)이 발동할 때, 질병, 패재, 사망 등의 일이 발생하는 일이 많다.

가령, 을목일간(乙木日干) 여명에 신사(辛巳)가 있을 때, 대운에서 형충(刑沖)으로 인해서 사묘절신(死墓絶神)이 동(動)하면, 신금(辛金) 남편은 혈광사(血光死) 흉사(凶事)의 가능성이 있다.

동주사(同柱死) 일주는 어릴 때 허약하고, 큰 질병으로 고생해 보게 된다. 자기만 위해 주길 바라는 개인주의, 이기주의가 강하여 타인이 자기 생각대로 해 주길 강요하는 성품으로, 그로 인해서 따돌림을 당하고 실패하는 일이 많다.

드물게는 효자 효부도 있으나 부부인연이 불미해서 이별, 사별수가 있으며, 일지에서 투출한 정기천간(正氣天干)이 기신이면 부부인연이 바뀌면 바뀔수록 악인연을 만나는 경우가 많다.

갑오(甲午) 경자일주(庚子日柱)의 남명보다는 을해(乙亥) 신사일주(辛巳日柱)의 여명이 공주 기질이 더 강하며, 우울증을 동반한다.

대체로 사교성은 좋으나 매사 지체됨이 많고, 마음이 자주 흔들리며 변화가 많은 인생이다. 풍류를 좋아하고 청춘사업으로 낭비, 손재, 구설수가 있다. 만약 주색에 빠져들면 패가망신, 이별, 사별하기도 하며, 대체로 주제악을 못 하는 경우가 많다.

*경자일주(庚子日柱): 남편을 발로 차 내고 자식과 사는 유형으로, 잘난 척으로 일관하여 타인의 눈살을 찌푸리게 하는 일이 많다. 자식 덕 또한 무덕하여 효도 받기가 쉽지 않다.

두뇌는 총명하지만 배반을 잘하고, 이기주의로 애타행(愛他行)이 미약하다. 자기가 최고라는 착각 속에 안하무인(眼下無人)의 기질이 있으며, 베풀고자 하는 마음은 있으나 입으로 갚으며, 광대뼈가 돌출되기 쉽다. 이익을 위해서 사람을 사귀고, 잡식성에 욕심이 많다.

*신사일주(辛巳日柱): 고집이 세고, 여명의 경우 의부증이 발생하며, 남편이 자기만 바라보고 살아 주길 원한다. 공주병과 결백증(潔白症)이 있어서 사람을 피곤하게 하므로 주위 사람들이 떠나므로 결국 외롭고 고독하게 된다.

주기는 싫어하고 받기를 좋아하며, 척추 관련 질병이 많다. 생리통을 앓거나 생리 시에 심한 스트레스로 광적인 행동이 나타날 수 있다. 이것으로 인해서 정신계 문제가 발생하고, 자신도 모르게 남의 물건을 훔치는 도벽(盜癖)으로 작용하기도 한다.

*갑오일주(甲午日柱): 밝고 환한 것은 좋지만, 남편을 발로 차 내고 사는 여자가 많다. 재물에 대한 집착이 강하여 인색한 성향이 되기 쉬우며, 부부 헤어져도 자식을 남편에게 보내지 않는 경우가 많다. 말이 청산유수(靑山流水)지만, 외화내빈(外華內貧)으로 일단 저지르고 본다.

자좌오화(自坐午火)는 홍염상관(紅艶傷官)으로 여명은 이별의 고통이 따른다. 매사 순리대로 처신하고 살고자 하며, 두뇌가 좋고 선견지명(先見之明)이 있지만, 결단력, 추진력이 약한 소극적 성격으로 좋은 기회를 놓치는 특징이 강하다.

적극성이 부족하고 좀 게으른 편으로, 부부 해로하기 위해서는 큰 노력이 필요하다. 멋 내고 뽐내는 데도 일가견이 있지만, 사나운 데도 일가견이 있다.

*을해일주(乙亥日柱): 을목(乙木) 새싹의 청순함으로 그릇된 일에 물들지 않으려 한다. 정직하고 외골수 기질이 있으며 깨끗함을 좋아하고 결백하지만, 고지식하므로 사회생활에 적응하기 어려운 면이 있다.

공주병의 잘난 척과 이기주의 성격으로 베풀지 못하고 인색하다. 특히 자기가 최고라는 착각 속에 살아가는 사람이 많으며 유랑(流浪)과 여행을 좋아하고 자궁질환이 발생하기 쉬우며, 부부 정이 없는 경우가 많다.

인정이 야박하고 인덕이 없는 경우도 많은데, 강한 자존심을 굽히고 고개를 숙여 겸손한 삶을 살아야 한다. 천라(天羅)와 일지효신(日支梟神)으로 산액(産厄)의 염려가 있으며, 친정 식구에게 자식을 맡기면 위험하고 자녀 문제로 인해서 근심이 있다.

묘신동주(墓神同柱)

| 묘고동주 | 丙戌 | 丁丑 | 戊戌 | 己丑 | 壬辰 | 癸未 |

  천간의 자좌지지(自坐地支)가 묘고(墓庫)에 해당하면 묘고동주(墓庫同柱)라 하는데, 병술(丙戌), 정축(丁丑), 무술(戊戌), 기축(己丑), 임진(壬辰), 계미(癸未) 등의 6주가 된다.

  묘고동주(墓庫同柱)는 업인(業因)이 많은 일주에 해당한다. 또한, 육친 중 묘고(墓庫)에 좌(坐)한 육친 역시 업인(業因)이 많으므로, 베풂을 많이 할수록 좋다.

  묘고충(墓庫沖)은 땅을 갈아엎는 붕충(朋沖)이므로 괜찮다는 역인도 있으나, 신약하면서 묘고(墓庫)에 착근(着根)하고 있는 경우 대흉하다. 신강하다면 자신은 무사하겠지만, 육친의 신상이변수는 피할 수 없다.

  신강하면 묘지(墓地)에서 나와야 자기 뜻을 펼칠 수 있으므로, 개고(開庫) 인연이 배성이 되는 일이 많다. 가령 병술일주(丙戌日柱)라면 용띠와 인연이 되는데, 임진일주(壬辰日柱)나 경진일주(庚辰日柱)를 만나는 일이 많다.

  그런데 신약하면서 개고(開庫) 인연을 만났다면 대흉하다. 전생의 악연(惡緣)을 만나 현생에서 고통과 장애가 많은 삶을 살며, 불구가 되는 일도 있다.

묘고동주(墓庫同柱)의 6주 중 정축(丁丑)과 계미(癸未)는 자고(自庫)에 착근(着根)하지 못하는 일주로, 특히 여명의 경우 자식 신상이변수를 상징하며 배성의 덕이 없는 경우가 많다.

특히 정축(丁丑)과 계미일주(癸未日柱)가 신약하다면 한(恨)이 쌓이므로, 신강해야 한다.

기축일주(己丑日柱)와 계미일주(癸未日柱)는 백호살(白虎殺)과 괴강살(魁罡殺)은 아니지만, 묘고충(墓庫沖)이 되는 대세 운이 백호(白虎), 괴강(魁罡) 또는 귀문관살(鬼門關殺)에 해당하여 흉격은 피해가 더 크다.

또한 형충(刑沖)이 될 때, 묘고(墓庫)의 글자가 허자(虛字)인 경우에도 흉액(凶厄)이 발생함을 간과해서도 안 된다.

동주묘(同柱墓) 천간이 허약하여 묘고(墓庫)에 착근(着根)할 경우, 가령 여명 병술일주(丙戌日柱)가 임진괴강(壬辰魁罡)의 운을 만났다면, 백호살(白虎殺)과 괴강살(魁罡殺)이 천충지충(天沖支沖)을 하므로, 투출된 육친천간이 개고(開庫)된 천간 글자와 합거(合去)되는지를 살펴야 한다.

사묘고충(四墓庫沖)은 해당 육친의 건강, 수명, 장애, 질병, 중단, 침체를 암시하는데, 육친천간이 유력하다면 큰 문제가 되지는 않는다.

신강사주의 병술일주(丙戌日柱) 남명이 임진시(壬辰時)를 만나 임수(壬水)가 용신이 된 경우 무술(戊戌)을 만났다면, 자식과 직업 변동 또는 본인에게 흉액이 발생하고, 자식이 자칫 사망할 수도 있다.

여명일 경우도 자식과 남편 그리고 본인에게 흉액(凶厄)과 흉사(凶事) 당하는 육친이 있을 수 있다. 또한, 행운에서 합중봉충(合中逢沖)이나 충중봉합(沖中逢合)이 될 때 아군과 적군으로 나눠지고 급동(急動)할 때 예상치 못한 흉사나 행운이 될 수 있으므로, 세심한 감명이 필요하다.

기신이 급동(急動)하면 흉액가중이며, 희신이 급동(急動)하는 것은 무 난하다. 가령 유진합(酉辰合)으로 무토(戊土)가 통근처를 상실하던 중에 유진합(酉辰合)이 풀리면, 무토(戊土)의 통근처가 회복된다. 이 경우 무 토(戊土)의 희기를 구별해야 한다.

병술(丙戌), 무술(戊戌), 기축(己丑), 임진(壬辰)은 자고착근(自庫着根) 이며, 정축일주(丁丑日柱)는 일지상관(日支傷官)에 습토회광(濕土晦光) 으로 정화(丁火)의 열기를 흡수해 가는데, 예상치 못한 흉액과 질병이 발생하기 쉽다.

반드시 유력한 갑목(甲木)의 제토(制土)가 있어야 하며, 비겁(比劫)은 그다지 도움 되지 않는다.

계미일주(癸未日柱) 또한 자좌살지(自坐殺支)에 무력하므로 경금(庚 金)이나 신금(辛金)의 토설생수(土洩生水)가 있어야 하며, 무기토(戊己 土) 투출은 극히 불미하다. 갑목(甲木)의 소토(疎土)가 있어야 좋으나, 자식 신상이변수의 슬픔이 있게 된다.

묘고동주(墓庫同柱)의 특징은 낭비와 허례허식을 싫어하며, 대체로 인색한 구두쇠가 많다. 이것저것 모으기를 좋아하고 욕심이 많아서 베 풀지 못하고 움켜쥐려고만 하려는 성품으로, 쓸모없는 욕심으로 인해 서 천한 인생을 살아가는 경우도 많다.

즉, 모으기만 할 뿐 활용하지 못하는 경우가 많으며, 옛것을 지키려 는 마음이 강하다.

묘신동주(墓神同柱) 일주들이 종교에 빠져 패가망신하는 경우도 많 다. 맹목적(盲目的) 신앙으로 가족들에게는 인색하지만, 종교 교주에게는 가지고 있는 모든 돈을 바치고 피눈물을 흘리며 후회하는 경우도 많다.

고물상, 고전, 국문학, 사회계열, 종교, 작가, 장의사, 수집가 등의 직업을 가진 사람이 많다. 빈가(貧家) 출생자들은 중년 이후 평안한 생활을 하고, 부가(富家) 출생자는 중년 이후 쇠퇴하는 경우가 많다.

구두쇠는 10년을 벌어서 하루아침에 패재(敗財)할 수가 있는데, 특히 무술일주(戊戌日柱) 남명이 재물을 탐할 때 눈살을 찌푸리게 하는 경우가 많으며, 호색하여 젊은 여자를 탐하면 패가망신(敗家亡身)하고 오갈 데가 없는 일도 있다.

또한 무계합(戊癸合)이 되어 있으면서도 갑목(甲木)이 없는 경우, 요녀(妖女)를 만나고 패재(敗財)당하는 일도 있다. 이때 기토(己土)를 만나 무계합(戊癸合)을 풀 수도 있으나, 산정붕괴(山頂崩壞)가 되므로 좋다고 할 수 없다.

묘고동주(墓庫同柱) 일주는 간혹 양자(養子)나 데릴사위로 가기도 한다. 여명은 자식을 잃는 수가 있으며, 대체로 혼자 똑똑하고 잘난 척 설치다가 복(福)을 깨뜨리고 실패하는 경우가 많다.

정축일주(丁丑日柱) 임진일주(壬辰日柱) 여명은 부부이별, 사별수가 있고 남편으로 인한 근심 걱정이 많으며, 부부인연이 바뀌는 경우가 많다.

월일주 재성천간(財星天干)이 묘지동주(墓地同柱)면 아버지 선망 재물손실, 부부이별, 사별하기 쉽고, 남명은 득자 이후 처와 생사이별하기 쉽다. 여명 또한 결혼 후 아버지와 생사이별수가 따른다.

*여명의 관성(官星)이 묘지동궁(墓地同宮)이면 남편과 상극(相剋)하고 분리(分離)를 뜻하므로, 각거(各居)하여 살거나 혹은 월말부부가 되기도 하고 이별, 사별하기 쉬우며, 남명은 아들 키우기가 어렵다.

*인성(印星)이 묘지동궁(墓地同宮)이면 어머니와 분리(分離)를 뜻하므로 학업중단이나, 사주격이 좋으면 외국으로 유학가고, 전학 또는 주택 이사를 자주 하게 된다.

*인성(印星)이 재성좌(財星坐)하거나 묘지동궁(墓地同宮)이면 부모의 싸움이 그치지 않고, 고부갈등과 결혼 후 어머니에게 상해(傷害) 질병 분리가 따른다.

*여명의 식상(食傷)이 묘지동궁(墓地同宮)이면 아들이 없거나 병약하여 키우기 어렵다. 혹은 유산, 낙태하고 임종(臨終) 자식이 없거나, 가슴에 무덤 쓰는 자식이 있을 수 있다. 남명의 관성(官星)이 묘지동궁(墓地同宮)도 이와 같다.

*비겁(比劫)이 묘지동궁(墓地同宮)이면 형제자매와 상극(相剋)으로 쟁투, 질병, 상해, 생사이별이 따르게 된다.

목욕동주(沐浴同柱)

| 목욕동주 | 甲子 | 乙巳 | 庚午 | 辛亥 |

천간이 자좌지지(自坐地支)에 욕지(浴地)가 되는 간지로서, 양간(陽干)인 갑자(甲子), 경오(庚午)와 음간(陰干)인 을사(乙巳), 신해(辛亥)의 간지가 목욕동주(沐浴同柱)에 해당하는데, 음양간(陰陽干)의 특징이 다르게 나타난다.

대체로 현실생활에 집착과 평안한 가정을 이루고 싶은 마음이 강하지만, 무계획 무원칙으로 일단 저지르고 보는 성격으로, 침착하지 못하며 들떠 있는 기분으로 안정이 쉽지 않다.

*갑자일주(甲子日柱)는 옆과 뒤를 보지 않고 오로지 앞으로만 전진하다가 늪에 빠지는 경우가 많다. 밤낮을 가리지 않고 자신이 좋아하는 일에 몰두하는 집착(執着)이 강하며 누구에게 양보하는 마음이 없고, 죽든 살든 앞으로만 전진하려는 상이다.

일지 효신살(梟神殺)에 목욕도화(沐浴桃花)이고 국생도화(麴生桃花)로, 주색을 탐하면 패가망신(敗家亡身)하는 수가 있다. 잔소리가 심하여 주위 사람을 피곤하게 하는 경우도 많다.

그러나 여름 생으로 자수(子水)가 귀한 쓰임을 받으면, 골짜기에 맑은 물이 흐르는 듯한 청량감을 준다.

*을사일주(乙巳日柱)는 새가 되어 자유스럽게 날아가고 싶어 한다. 마음은 청순하지만 자유를 지향하는 속성으로, 구속받기 싫어하며 급한 성격이 패재를 부르는 경우가 많다.

또한, 자유연애를 지향하면서도 이성에 집착하는 때도 많아서 실연의 상처를 평생 가슴에 안고 살아가는 일도 있다. 그러면서도 하룻밤을 함께했다고 구속하려는 이성이면 과감하게 돌아서는 냉정함도 있다.

목소리가 약간은 걸걸하여 맑은 느낌은 아니지만, 밝은 느낌을 준다. 여명은 명기의 소유자가 많으며 할 말 다 하고 산다.

*경오일주(庚午日柱)는 밝음과 달빛의 어두움이 함께하므로 기쁨과 슬픔이 교차하며, 속박과 구속을 벗으니 자유롭게 살고 싶어 한다. 때로는 가출하거나, 오중기토(午中己土) 정인(正印) 친모를 벗어나고 싶은 마음이 존재하지만 벗어나기 어렵다.

경금(庚金)이 의리를 상징하는 법질서이며 숙살지기(肅殺之氣)이므로, 번뇌만 발생하는 것이다.

오중정화(午中丁火)와 경금(庚金)이 함께하므로 목소리가 청량하다. 그러나 기토(己土)가 투출했다면 경금(庚金)이 녹슬게 되므로 목소리가 좋다고 할 수 없다.

*신해일주(辛亥日柱)는 칼로 무 자르듯 냉정한 성품이다. 끊고 맺는 것은 좋지만, 스스로는 우울하면서도 밝은 표정의 가식이 함께하며, 자식에 집착하고 매사 부풀려 말하는 버릇이 있다.

자식 자랑을 많이 하는 일주로 부풀려 과대 포장하는 경우가 많은데, 특히 여명의 경우 자식으로 인한 부부 싸움이 잦다.

계획성이 없는 즉흥적 인생이 되기 쉬우며 누구에게나 잘못을 저지르지 않으려는 마음은 존경받아 마땅하지만, 지나치면 결백성(潔白性)으로 주위 사람 모두를 피곤하게 하는 유형이 된다.

목소리가 약간은 처량하여 동정심을 자극하고 슬픔이 함께한다. 재물복은 있는 편이지만, 남편이 단명하는 일이 많다.

*명의 재성(財星)이 목욕동궁(沐浴同宮) 기신이면 현모양처는 쉽지 않으며, 거의 전생 악연 관계이다. 그 처가 낭비가 심하고 외화내빈(外華內貧)의 인연으로, 재물손실이 따른다.

*목욕동주(沐浴同柱)의 재성천간(財星天干)이 연월에 있다면 연상녀와 결혼하거나 불륜에 빠지는 일이 많고, 형충(刑沖)이 되었다면 여자로 인한 재물손실이 따른다.

*여명의 관성(官星)이 목욕동주(沐浴同柱)에 있다면, 여명은 사회활동을 하고 남편은 외정을 즐긴다.

*인성(印星)이 목욕동주(沐浴同柱)에 있다면 어머니가 미인이지만, 정(情)에 약하며 사회활동을 하고 외정을 즐길 수 있다.

*식상(食傷)이 목욕동주(沐浴同柱)에 있다면 미식가이며 말솜씨가 좋고 노래를 잘 부르며 풍류를 즐긴다.

*비겁(比劫)이 목욕동주(沐浴同柱)에 있다면 형제자매의 성격이 활발하고 역경을 잘 극복하지만, 직업이 자주 바뀌는 경향이 있다.

목욕살(沐浴殺)이 비록 정인(正印)이라 할지라도 운(運)에서 만나면 학생은 성적의 굴곡이 심하고, 직장인은 자기 일에 만족하지 못하여 직업과 주거 변동이 발생한다.

대체로 갑자일주(甲子日柱)가 목욕살(沐浴殺)이 강한 편에 해당하며 남녀 호색(好色)하는 특징이 있다. 갑자(甲子)를 제외한 목욕동주(沐浴同柱) 일간은 대체로 남녀 모두 수완가로 사교적이며 청순가련형이 많다. 그래서 타인의 시선과 호감이 강하다.

목욕살(沐浴殺)은 아니지만 합관일주(合官日柱)인 을사(乙巳) 신사(辛巳), 계사(癸巳), 정해(丁亥), 기해일주(己亥日柱) 등은 인생에서 남모르는 비밀스러운 연애사가 있기 쉽다.

식상묘신(食傷墓神)

식상	甲	乙	丙	丁	戊	己	庚	辛	壬	癸
묘고	未	戌	戌	丑	戌	丑	丑	辰	辰	未

묘고동주(墓庫同柱)는 병술(丙戌), 정축(丁丑), 무술(戊戌), 기축(己丑), 임진(壬辰), 계미(癸未) 등의 6주에 해당한다.

특히 시주(時柱)에서 묘고(墓庫)에 좌(坐)한 식상(食傷)이 있다면 무자식일 수 있고, 공망(空亡)이면 더 확실하다.

묘고(墓庫)가 충(沖)이 된 경우 또한 무자식일 수 있으며, 운(運)에서 묘고발동(墓庫發動)이 되는 경우 가슴에 무덤 쓰기 쉽고 자식 신상이변수로 나타난다.

가령, 갑목일간(甲木日干)에 병화(丙火)가 투출하고 술토(戌土)가 있는 경우, 병화(丙火)가 묘고동주(墓庫同柱)는 아닐지라도 병화(丙火)의 입묘고(入墓庫)에서 자유스러울 수는 없다.

이 경우 살아가면서 당주 가슴에 무덤을 쓸 염려가 남아 있는데, 시주의 묘고동주(墓庫同柱)보다는 약하다.

*을목일간(乙木日干)이 병술시(丙戌時)면 상관묘고(傷官墓庫), 정축시(丁丑時) 생이면 식신묘고(食神墓庫)이다. 또는 병화일간(丙火日干)이 기축시(己丑時)면 상관묘고(傷官墓庫), 무술시(戊戌時)에 태어나면 식신묘고(食神墓庫)이다.

*토일간(土日干)에 경금(庚金)은 축토(丑土), 신금(辛金)은 진토(辰土)가 식상묘고(食傷墓庫)이다.

*금일간(金日干)에 임수(壬水)는 진토(辰土), 계수(癸水)는 미토(未土)가 식상묘고(食傷墓庫)이다.

*수일간(水氣日干)의 갑목(甲木)은 미토(未土), 을목(乙木)은 술토(戌土)가 식상묘고(食傷墓庫)이다.

가령, 여명이 갑목일간(甲木日干)일 때 병화(丙火)가 있고 술토(戌土)가 있거나, 정화(丁火)가 있을 때 축토(丑土)가 있다면 자성입묘(子星入墓)에 해당한다.

남명의 경우에는 관성(官星)이 자성(子星)에 해당하므로 경금(庚金)이 있을 때는 축토(丑土), 신금(辛金)이 있을 때는 진토(辰土)가 자성입묘(子星入墓)에 해당한다.

여명 사주의 식상묘고(食傷墓庫)는 첫 아이를 난산(難産)하거나 양육(養育)하는데 어려움을 암시하고, 타자양육(他子養育)하는 수도 있다. 혹은 고아로 입양 보내기도 하며 시어머니나 친어머니가 기르기도 한다.

식상(食傷)이 묘고동주(墓庫同柱)가 아닐지라도, 월지가 식상천간(食傷天干)의 묘지(墓地)에 해당하면 자식 신상이변수가 있게 됨을 상징하고 무자식이 되는 경우가 있으며, 임신 중 유산되는 일도 있다.

또는 도식(倒食)하는 대운이거나 명식 원국에 도식(倒食)이면 유산을 경험하게 되고 무자식이 되는 일도 많으며, 자식을 낳아도 건강하지 않은 경우가 많다. 이때 인연법 적용을 잘하면 자식이 건강하고 효순하며 양호할 수 있다.

관식동주(官食同柱)

木日干	火日干	土日干	金日干	水日干
庚午 辛巳	癸未 癸丑 壬戌 壬辰	乙酉 甲申	丁亥 丙子	己卯 戊寅

관식동주(官食同柱)란? 여명 사주에 식상(食傷)이 관성(官星)과 동주(同柱)한 것을 말한다.

*목일간(木日干)에 신사(辛巳), 경오(庚午).
*화일간(火日干)에 계미(癸未), 계축(癸丑), 임술(壬戌), 임진(壬辰).
*토일간(土日干)에 을유(乙酉), 갑신(甲申).
*금일간(金日干)에 정해(丁亥), 병자(丙子).
*수일간(水日干)에 기묘(己卯), 무인(戊寅).

이처럼 여명 사주에 관식동주(官食同柱)가 명식에 있다면 혼전임신을 하는 일이 많으며, 득자 이후 결혼하는 일이 많다.

관식동주(官食同柱)는 첫눈에 반하는 일이 많은데, 선연의 가면을 쓴 악연을 만나거나, 선인연이 악연으로 변하기 쉬워서 중년 이후 부부정이 변하며, 부부이별, 사별하고 해로하지 못하는 일도 많다.

관식동주(官食同柱)가 아닐지라도, 식상(食傷)과 관살(官殺)이 천간합(天干合)이나 지지합(地支合)이 된 경우 또한 마찬가지다.

첫눈에 반하므로 대책 없이 마음이 그쪽으로 가고 나중에 후회하게 되는데, 이 경우 인생 전반에서 한눈에 반하는 인연을 자주 만날 가능성을 상징하므로, 부부 해로하기 어려운 것이다.

관식동주(官食同柱)와 식관합(食官合) 속에 감추어진 뒷면에는 양은 냄비와 같아서 빨리 달구어지고 빨리 식는다. 배신을 당하고, 정 주고, 마음 주고, 몸도 주고 운다는 뜻이 있다. 특징으로는 내가 하는 모든 일을 즉흥적으로 생각 없이 하고 그 후에 벌어지는 일들에 대한 후회를 한다.

이런 사람들은 거짓말을 진실인 것처럼 잘하는 유형이다. 상대의 거짓말은 진실로, 진실은 거짓으로 들으며, 내가 배신한 것처럼 배신을 당하고, 상대를 원망하는 마음이 숨겨져 있다.

무쇠솥과 같은 은근함의, 깊은 산속 옹달샘의 물과 같은 무색무취(無色無臭)의 청량감 있는 그런 인연을 만나야 한다. 달콤함을 주는 인연은 대부분, 선인연을 가장한 업인을 만든다.

양은 냄비의 사랑을 무쇠솥의 사랑이라 믿는 어리석음은 어찌할 수 없지만 그 또한 자신이 만드는 일이므로, 인생사가 참 어려운 일이다.

천을귀인(天乙貴人)

일간	甲	乙	丙	丁	戊	己	庚	辛	壬	癸
천을	丑未	子申	亥酉	亥酉	丑未	子申	丑未	午寅	巳卯	巳卯

　천을귀인(天乙貴人)이란, 태양계의 구심체가 되는 북극성과 대각선을 이루면서 상호교환 되는 빛의 파장으로, 별빛이 서로 상호교환하고 있을 때 인간이 태어나면 악(惡)과 흉(凶)을 소멸하여, 길한 쪽으로 인간 생활을 지켜 주는 수호신(守護神)이라는 뜻이다.

　이때 반드시 알아야 할 것은, 천을귀인(天乙貴人)이 희신일 때는 음덕(蔭德)을 논할 수 있으나, 기신일 때는 더 지독한 업인살(業因殺) 작용을 한다는 점이다.

　가령, 갑목(甲木)의 천을귀인(天乙貴人)이 미토(未土)일 때, 축토(丑土) 천을귀인(天乙貴人)의 행운에서 축미충(丑未沖)을 발생한 경우, 축미(丑未) 중에 개고(開庫)된 기토(己土)와 갑기합(甲己合)을 하여 갑목(甲木)이 끌려간다면 사망수로 작용하고, 최하 재난풍파(災難風波)가 된다.

　또는, 목화상관(木火傷官)일 때 축토(丑土)가 아닌 미토(未土) 천을귀인(天乙貴人)이 있다면, 화세(火勢)를 강화해 갑목(甲木)을 더 쇠약(衰弱)하게 하며, 목분화열(木焚火熱)되게 하여 정신계 이상을 만들고, 갑목(甲木)의 의식주 성분인 수기(水氣)를 제수(制水)하여 공부하기 어렵게 만드는 것이므로, 이것이 천을귀인(天乙貴人)이 아닌 업인살(業因殺)인 것이다.

통원경(通元經)에 이르기를 후천(後天)으로는 감궁(坎宮)이 되지만, 선천(先天)의 곤궁(坤宮)인 자수(子水)에서 지지의 출발점이 되고, 천간은 갑목(甲木)부터 시작하여 천을귀인(天乙貴人)을 정하게 된다.

*갑기합(甲己合)이라 갑목(甲木) 자리인 자수(子水)를 취하여 기토(己土)의 천을귀인(天乙貴人)으로 삼는다.
*을경합(乙庚合)은 을목(乙木)의 자리인 축토(丑土)를 취하여 경금(庚金)의 천을귀인(天乙貴人)으로 삼는다.
*병신합(丙辛合)이라 병화(丙火)의 자리인 인목(寅木)을 취하여 신금(辛金)의 천을귀인(天乙貴人)으로 삼는다.
*정임합(丁壬合)이라 정화(丁火)의 자리인 묘목(卯木)을 취하여 정화(丁火)의 합(合)이 되는 임수(壬水)의 천을귀인(天乙貴人)으로 삼는다.
*무계합(戊癸合)이라 무토(戊土)의 자리인 진토(辰土)를 취할 듯하지만, 앞의 경우와 달리 진토(辰土)는 지구의 남극(南極)으로 태양이 비추지 않아서 귀인이 불임(不姙)한다고 하였다.

고서에 진술(辰戌)에는 귀인이 응하지 않는다고 한 것이 위의 말과 같은 것이다. 그러므로 진토(辰土)의 다음 자리인 사화(巳火)를 취하여 무토(戊土)의 합(合)이 되는 계수(癸水)의 천을귀인(天乙貴人)으로 삼는다.

*사화(巳火) 다음 오화(午火)는 자수(子水)와 충방(沖方)이 되므로 천을귀인이 불임(不臨)하므로 오화(午火) 다음의 미토(未土)를 취하여 기토(己土)의 합(合)이 되는 갑목(甲木)의 천을귀인(天乙貴人)으로 삼는다.
*신금(申金)을 취하여 경금(庚金)의 합(合)이 되는 을목(乙木)의 천을귀인(天乙貴人)으로 삼는다.
*유금(酉金)을 취하여 신금(辛金)의 합(合)이 되는 병화(丙火)의 천을귀인(天乙貴人)으로 삼는다.

*술토(戌土)는 귀인이 불임(不臨)하므로 술토(戌土) 다음의 해수(亥水)를 취하여 임수(壬水)와 합(合)하는 정화(丁火)의 천을귀인으로 삼는다.
*다음 자는 두 번째가 되어 불임(不臨)하므로 건너뛰고 축토(丑土)를 취하여 계수(癸水)와 합(合)이 되는 무토(戊土)의 천을귀인으로 삼는다.
천간합(天干合) 가운데 지지가 천을(天乙)이 상대방 쪽으로 나타남은, 태양이 동쪽에서 뜨면 빛은 서쪽부터 혜택이 먼저 깃들기 때문이다.

명식 천간의 천을귀인(天乙貴人)이 사지지(四地支)에 모두 있음을 호환(互換)이라 하는데, 천을귀인(天乙貴人)이 호환(互換)되었다면 부귀장수하고 길하다 하였다. 그리고 인연법에서 천을귀인의 부부인연이 가장 많다.

그러나 천을귀인 인연이라 해서 다 좋은 것이 아니며, 전생업인을 현생에서 풀고 가는 인연으로 구성되는 경우가 많다.

그러므로 반드시 희기신을 가려 배성을 만나는 것이 좋은데, 이미 기혼(旣婚)이면 서로 배려하는 마음으로 사는 것이 중요하고, 마음의 좋고 나쁨의 구별에서 자유로워져야 하며, 욕심을 줄여야 한다.

천월덕귀인(天月德貴人)

월지	子	丑	寅	卯	辰	巳	午	未	申	酉	戌	亥
천덕	丁	申	壬	辛	亥	甲	癸	寅	丙	乙	巳	庚
월덕	壬	庚	丙	甲	壬	庚	丙	甲	壬	庚	丙	甲

　월덕귀인(月德貴人)은 물질에 덕이 있어서 부유함을 누리게 되고, 좋은 사람을 만나 일생을 부귀공명(富貴功名)하게 살 수 있다는 길신(吉神)이다. 월지를 중심으로 천간(天干)을 비교하여 본다.

　앞의 도표와 같이 자월생(子月生)이 정화(丁火)를 보면 천덕귀인(天德貴人)이라 한다. 천덕귀인(天德貴人)이 사주에 있으면서 희신(喜神)이면 관운(官運)이 좋으며 선조의 음덕(蔭德)이 있고 심성이 좋다.

　또한, 하늘의 은총을 받는다는 길성(吉星)으로 악살(惡煞)을 풀어 주고 재액(災厄)을 막아 주며, 어려움에 부딪쳐서는 천우신조(天佑神助)의 도움을 받게 된다.

문창귀인(文昌貴人)

일간	甲	乙	丙	丁	戊	己	庚	辛	壬	癸
지지	巳	午	申	酉	申	酉	亥	子	寅	卯

  문창성(文昌星)은 병정화(丙丁火) 일간을 제외하고 식신(食神)의 록지(祿地)에 해당하며, 일명 천주귀인(天廚貴人)이라 한다.
  천주귀인(天廚貴人)이란 하늘의 요리의 신을 상징한다.
  그러므로 신체가 풍부하고 요리나 음식에 관한 특출한 소질이 있으며 대체로 미식가(美食家)이다. 요식업으로 나가는 경우도 많은데, 섬세한 손재주와 음식 맛, 미각(味覺)에 탁월한 소질이 있고 건강하다. 베풀 줄 아는 아량이 있으며 사람이 관대하고, 화낼 줄 모르는 좋은 성격을 가지게 된다.
  십이운성으로는 일간의 병지(病地)이면서 식신(食神)의 록지(祿地) 그리고 재성(財星)이나 관성(官星)의 장성(長星)을 이루는 것이므로, 신강 사주라면 길격(吉格)으로 학문에 소질이 있고 교직자가 되는 일이 많다.

  문창귀인(文昌貴人), 문창성군(文昌星君)은 일간의 병궁(病宮)에 해당한다. 사람 사귀는 것을 좋아하고, 모임, 동창회, 산악회, 여행, 운동, 건강식품 등을 좋아하며, 모으고 보자는 욕심에서 해방되어 봉사하고 기부하려고 한다.
  노련하며 매사 심사숙고(深思熟考)하고 조모와 처모의 덕이 있다. 문창성(文昌星)은 식신(食神)의 내적 성분으로 당주의 나타남이 되는데, 식신(食神)을 통하여 저작 활동 등 기술성을 바탕으로 재관(財官)을 득(得)하게 하는 귀성(貴星)이다.

어떤 사주든 신강신약을 떠나서 재물과 직업이 있어야 사람다운 행세를 하게 되는데, 물론 흉신악살의 기신이 되었다면 수복이 줄어들고 욕심으로 인해서 패재(敗財)도 발생하지만, 희신(喜神)이면 다시없는 귀성(貴星)이 된다.

명식에 문창성(文昌星)이 있고 신강하다면, 사람됨이 총명하여 뛰어난 학자가 되기도 한다. 학예방면, 기억력, 추리력, 발표력, 창의력, 예지력 등에 특출한 재능을 소유하게 되며, 여명은 소녀 시절 문학(文學)에 심취한다고 한다.

한편 식신(食神)의 록궁(祿宮)인 만큼, 신강하다면 음식을 좋아하고 식록(食祿)과 재물복(財物福)이 많다. 문창귀인(文昌貴人)은 일간을 중심으로 보지만, 신강사주로 길신이 되었을 때 더욱 길하다.

즉, 병신(丙申), 정유(丁酉), 무신(戊申), 기유(己酉), 임인(壬寅), 계묘(癸卯) 일주는 일지가 문창성(文昌星)으로 희신이 되었다면 총명하여 공부를 잘하고, 학문을 통해서 사회에서 직위를 가질 수 있으며, 다른 흉살(凶煞)을 만나도 흉액을 감소시키는 작용을 한다.

금여성(金與星)

일간	甲	乙	丙	丁	戊	己	庚	辛	壬	癸
지지	辰	巳	未	申	未	申	戌	亥	丑	寅

　금여성(金與星)은 금(金)으로 만든 수레라는 뜻으로 고급관리, 귀족(貴族), 왕족(王族)이 타는 수레라고 보았으나, 요즘 시대는 고급 승용차라고 봐도 되겠다.

　일간의 록근(祿根)에서 세 글자 건너뛴 글자에 해당하며, 희신이면 선인연의 배우자를 만나 결혼을 잘하게 된다는 살성으로, 부귀공명(富貴功名)할 유인력을 발생시킨다.

　일간을 기준으로 보는데, 월령(月令)이면서 희신(喜神)일 때 더욱 길하다. 이럴 때 자신의 신분(身分)보다 더욱 뛰어난 배연(配緣)을 만나게 될 가능성이 많으므로, 백화점 직원으로 근무하다가 회장의 눈에 들어 며느리가 된다든지 하는, 생각지 못했던 신분상승(身分上昇)이 이루어지는 경우로 작용한다.

　자기보다 뛰어난 사람을 배성으로 만나게 한다는 것은 가슴 설레는 일이지만, 반드시 금여성(金與星)이 희신(喜神)이여야 한다. 즉 갑진일주(甲辰日柱)가 목화상관격(木火傷官格)이면 화기왕성(火氣旺盛)하지만, 진토(辰土)가 있다면 아무리 화기(火氣)가 왕성해도 두려워하지 않는다.

　일간의 목분화열(木焚火熱)을 막아주며, 수기인성(水氣印星)의 통근처

511

로 작용하고, 금기관성(金氣官星)을 생(生)하면 그것은 모두 진토(辰土) 수기창고(水氣倉庫)의 덕으로, 당연히 배성을 잘 만나게 된다.

그러나 수기태왕(水氣太旺)하여 제방제수(堤防制水)해야 하는데 진토(辰土)가 기신으로 수기(水氣)를 생(生)하고 탁수(濁水)를 만든다면, 이것은 배성의 덕이 없는 것이므로, 희기신(喜忌神)을 살펴서 논해야 한다.

금여성(金與星)이 사주에 있으면서 희신이면 성정이 온후(溫厚)하고 유순하며, 용모가 빼어나고 배우자 운이 좋다.

얼굴에 항상 화해한 기운이 있으며, 몸가짐에 절도가 있어서 주위 사람의 도움을 받는다. 오늘날에는 발명가, 종교인, 외교관에게 많다. 그러나 형충(刑沖)이 되었다면 그 효능이 떨어지고, 기신이거나 공망(空亡)이 되었다면 속 빈 강정일 뿐이다.

사주에 금여성(金與星)이 희신이면 대체로 미남미녀가 되고, 배궁(配宮)이 좋아서 배성 또한 미남미녀를 만나고 재물의 혜택까지 받으며 행복하게 살게 된다. 금상첨화로 자손(子孫)까지 번성한다.

이웃과 일가친척까지 서로 도우며 사이좋게 지낸다. 자신의 지위가 낮아도 교류하는 사람은 사회 지도층이나 상류 생활을 하는 사람들을 만나는 인연이 성립되어, 신분(身分)을 격상시키며 살게 된다.

그러나 흉신 악살이 되었다면 용모가 추(醜)하고 인색(吝嗇)하며 자기밖에 모르는 삶으로 장애가 많으며, 길인연을 만나기 쉽지 않다.

건록(建祿)

일간	甲	乙	丙	丁	戊	己	庚	辛	壬	癸
지지	寅	卯	巳	午	巳	午	申	酉	亥	子

일간 중심으로 보는 건록(建祿)은 관(官)이 임한다고 하여 임관(任官)이라고 한다. 벼슬을 얻었다는 뜻이므로 부귀(富貴)가 있으며 건강함을 뜻하는 길신(吉神)이지만, 월건록(月建祿)으로 희신이면 더욱 길하다.

신왕 명식에 기신이면 인덕이 없으면서도 장남 장녀처럼 부모 형제를 돌봐야 하는, 책임이 무겁다. 부모로부터 물려받은 유산이 없는 자수성가 명으로, 외화내빈(外華內貧)의 속 빈 강정의 인생을 살아가게 된다.

또한, 갑인(甲寅), 을묘(乙卯), 병오(丙午), 정사(丁巳), 무술(戊戌), 기미(己未), 경신(庚申), 신유(辛酉), 임자(壬子), 계해일주(癸亥日柱)는 일지가 비견(比肩)이나 겁재(劫財)가 되는데, 신왕사주라면 부부 해로하기 어렵다. 즉, 희신이 아니라면 부부 공방살(空房殺) 작용으로 흉하게 된다.

월건록(月建祿)이 사주에 있으면서 희신이면 복록이 많아서 의식주 걱정이 없으며, 관운(官運)도 좋고 총명하며 주체정신이 뚜렷하여 만사형통(萬事亨通)한다. 그러나 공망(空亡)이나 형충파(刑沖破)가 되었다면 길함이 적어진다.

월지에 있는 록근을 건록격(建祿格)이라 하는데, 대체로 부모덕이 없어서 자수성가하는 경우가 많다. 일지에 있다면 일록격(日祿格) 또는 좌록(坐祿)이라 하며, 부부간에 정(情)도 있으며 맞벌이를 많이 하지만, 기신이면 패재(敗財)시키는 배성을 만나게 된다.

시지에 있다면 귀록격(歸祿格) 또는 시록격(時祿格)이라 하는데, 격국(格局)이 좋으면 가정이 안락하고 건강하며 일생 편안하고 복록이 많으며 장수한다. 또한 관운(官運)이 있어서 공무원이 많으며 학문에도 조예가 깊다. 그러나 신왕(身旺)한데 건록(建祿)이 있다면 배부른데 또 먹으라는 격으로, 미련하고 둔명스럽다.

일주무근(日柱無根) 신약사주는 정록(正祿) 띠를 배우자로 삼으면 발복하는 인연이 된다.

암록성(暗綠星)

일간	甲	乙	丙	丁	戊	己	庚	辛	壬	癸
지지	亥	戌	申	未	申	未	巳	辰	寅	丑

암록성(暗綠星)은 재물 복, 의식주, 식생활 등 살아가는 모든 일에 걱정 없이 살아갈 수 있는 길성이라 하는데, 보이지 않는 곳에 복덕(福德)이 있다는 암시(暗示)가 있다. 귀인의 도움을 받게 되고 인덕이 있어서 어려움을 당해도 쉽게 풀리게 된다는 뜻이 된다.

그러나 이처럼 좋은 뜻을 가진 암록성(暗綠星)이 기신작용을 하면 절록성(絶祿星)으로 변하여, 가난한 외화내빈, 만사불성(萬事不成)의 인생을 만들게 되므로 반드시 희기신을 구별해야 한다.

가령, 정화(丁火)나 기토일간(己土日干)이 미월(未月)이면 월지암록(月支暗綠)이 되지만, 화토(火土)가 왕성한 명식으로 기신이면 조토생금불가(燥土生金不可)로 재물을 빈한하게 하며, 토극수(土剋水)하고 갑목(甲木)을 입묘(入墓)시키므로, 각기 해야 할 사명을 없도록 하는 암록성(暗綠星)이 된다.

그러나 겨울 생으로 제방제수(堤防制水)하는 역할의 희신이면, 육친의 덕이 좋아지고 재물이 풍족하며 행복을 노래하는 인생이 된다. 그러므로 명식의 신살(神殺)이 아무리 좋은 뜻이 있어도 희기신을 반드시 가려서 통변해야 한다.

암록성(暗綠星)이 연월주에 있으면서 희신이면 조상의 음덕(蔭德)을 상징한다. 조상대의 가문(家門)이 흥(興)했다는 것을 상징하므로, 조상의 복록이 유전되어 당주가 받아 쓰는 격이 된다.

삼기(三奇)

天上三奇	人中三奇	地下三奇
庚 戊 甲	癸 壬 辛	丁 丙 乙

　천간(天干) 기준으로 하는 삼기(三奇)는 일간(日干) 위주로 하여 순서대로 나와야 하며, 역순(逆順)된 것은 삼기(三奇)로 보지 않는다.

　가령 갑목일간(甲木日干)에 월간무토(月干戊土)가 근접하고 칠살(七殺)인 년간경금(年干庚金)은 격(隔)하고 있으며, 갑목(甲木)이 무토(戊土)를 제어해서, 무토(戊土)가 경금(庚金) 생(生)하는 것을 제어해야 성립한다.

　인중삼기(人中三奇)에서 신금일간(辛金日干)이 월간임수(月干壬水), 년간계수(年干癸水)가 되는데, 신금(辛金) 옆에 계수(癸水)가 근접(近接)하면 버린 격이고, 지하삼기(地下三奇)에서 을목일간(乙木日干) 옆에 정화(丁火)가 근접(近接)하고, 병화(丙火)가 연간(年干)이면 버린 격이다.

　천을귀인(天乙貴人)이나 천월덕(天月德)이 같이 들면 국가의 동량목(棟樑木)이 되어 기이한 발전을 하지만, 공망(空亡)이 되었다면 초야문사(草野文士)와 같은 격으로 입산수도(入山修道)하게 된다.

　사주 명식은 반드시 희기신(喜忌神)을 가려야 하고, 오로지 용신이 유력(有力)해야 한다. 사주의 부족한 점은 대운에서 돕고 구조배합이 청순(淸純)해야 길한 것이지 명식에 삼기(三奇)가 있다 해서 빼어난 것은 아니지만, 삼기(三奇)로 구성되었다면 인품과 정기(精氣)가 기이하며 박학다식(博學多識)하고 처세술(處世術)이 뛰어나다.

천사(天赦)

月支 일주	寅 卯 辰月 戊寅日柱	巳 午 未月 甲午日柱	申 酉 戌月 戊申日柱	亥 子 丑月 甲子日柱

　천사(天赦)는 월지(月支)를 기준으로 일주를 보는데, 글자 그대로 모든 죄를 하늘이 용서한다는 것으로, 사주 내에 천사일(天赦日)을 만나면 처세술(處世術)이 뛰어나 일생 근심이 없다고 하였다. 고서(古書)에 이렇게 되어 있어도 오늘날에는 희기(喜忌)를 반드시 나눠 봐야 할 것이다.

복성귀인(福星貴人)

| 甲寅 | 乙丑 | 丙子 | 丁酉 | 戊申 | 己未 | 庚午 | 辛巳 | 壬辰 | 癸卯 |

　상기 10개의 간지는 수복(壽福)을 뜻하는 길신(吉神)이다. 일생 복록이 따르고 부귀장수(富貴長壽)할 수 있으며, 시주(時柱)에 있다면 더욱 좋다고 한다.

　복성귀인(福星貴人)은 간지조합(干支組合)으로 명리(名利)를 얻고 안락한 생활을 하게 되는데, 이 귀인이 연주(年柱)에 있다면 조상이 자산가이고, 월주(月柱)라면 부모 유산을 계승하고, 일주에 있다면 자수성가하고, 시주(時柱)라면 만년(晩年)이 풍요(豊饒)롭다고 했다.

　선조(先祖)의 복분(福分)이 두터워서 어려움에 부딪쳤을 때는 그 일을 해결해 주는 귀인을 만난다고 했다. 그러나 이 또한 기신(忌神)이면 아무 소용이 없다.

태극귀인(太極貴人)

일간	甲	乙	丙	丁	戊	己	庚	辛	壬	癸
태극귀인	子午		卯酉		辰戌丑未		寅亥		巳申	

　목기(木氣)는 자수(子水)의 감(坎)에서 생(生)한 후 오화(午火)의 리(離)에서 사(死)하므로, 목일간(木日干)은 자오(子午)에 태극귀인(太極貴人)이 임한다.

　일지가 태극귀인(太極貴人)에 한 글자 해당해야 하며, 자오충(子午沖), 묘유충(卯酉沖), 해인합(亥寅合), 사신합(巳申合)이 되지 않아야 한다. 진술축미(辰戌丑未) 또한 형충(刑沖)되지 않는 것이 좋다.

　태극(太極)은 음양(陰陽)으로 시종(始終) 처음과 끝을 의미하여, 종래 성과를 거두는 기쁨을 암시한다.

　원래 태극귀인(太極貴人)은 생년(生年)을 위주로 보나 일지에서도 보며, 격국(格局)의 청순함을 요구한다. 격국(格局)이 양호하다면 입신양명(立身揚名)한다.

　필자의 감명사례들을 볼 때, 구조배합과 용신이 유력한 것, 그리고 대운이 너무나 중요하다.

재고귀인(財庫貴人)

　재고귀인(財庫貴人) 일주는 일지가 재물창고이므로 재물욕심이 일반 사람보다 더 많아서 더 큰 노력을 하고, 재물을 많이 모아 부자가 된다는 길신(吉神)으로 분류한다.

　재고귀인(財庫貴人)에는 조후의 개념이 용해되어 있는데, 이 또한 희기신(喜忌神)을 가려야 한다. 가령 목화상관격(木火傷官格)에 화기왕성(火氣旺盛)한 사주에 일지술토(日支戌土)가 기신이면, 또는 겨울 생 정축일주(丁丑日柱)의 일지축토(日支丑土)가 정화(丁火)의 온기(溫氣)를 몰광(沒光)시킨다면 일사무성이다.

　그러므로 조열(燥熱)한 명식은 축진(丑辰)에, 한랭(寒冷)하다면 술미조토(戌未燥土)에 좌(坐)한 일간이어야 평안해진다.

　어떠한 경우라도 일지가 사주에서 필요한 희신이어야 진정한 재고귀인(財庫貴人)으로 배성의 덕이 있는 것이지, 무조건 재고귀인(財庫貴人) 일주라고 해서 부귀(富貴)한 것은 절대 아니다.

　재고귀인(財庫貴人)은 사주통변에서 매우 중요한 부분이다. 일주도 중요하지만 명식 내 다른 육친의 부귀(富貴) 여부를 살필 수 있어서, 긴요히 사용하는 통변술(通辯術)에 해당한다.

가령, 신약한 기토일간(己土日干)이 무진시(戊辰時)를 오로지 의지하면, 재고귀인(財庫貴人)에 좌(坐)한 무토(戊土) 형제는 부귀하다고 판단한다. 이 무토(戊土) 형제는 자기 재물을 기토(己土)와 나누고 베풀어야 하는데 배신하게 된다.

기토(己土) 옆에 있다면 산정붕괴(山頂崩壞)가 되어 쓰러지기 때문인데, 반드시 배신에 대한 업보를 받게 된다.

기토(己土)가 무토(戊土)의 덕으로 세상을 살아갈 것이 전생에서부터 정해져 있는데, 현생에 갚지 않고 배신을 했으므로 더 큰 업인으로 나타나는 것이다. 타 천간도 이처럼 통변한다.

또는, 을목일간(乙木日干)에 갑술(甲戌)로 와 있다면 갑목(甲木) 형제는 재고좌(財庫坐)했으므로 형제의 부귀(富貴)를 논할 수 있다. 그러나 이때 재고귀인(財庫貴人)이라 해서 모두 부귀한 것은 절대 아니고, 오히려 가난하게 살아가는 사람도 많다.

갑목일간(甲木日干)에 무진(戊辰)이 편재(偏財)로 있다면 대체로 아버지와 시어머니가 부귀(富貴)하고, 남명이면 무토(戊土)가 아내인지 아닌지를 판단해야 한다.

가령, 갑오일주(甲午日柱)로 무기토(戊己土) 혼잡(混雜)이면 본처는 기토(己土)가 되므로 무토(戊土) 처(妻)의 형제 중에 부귀(富貴)한 자가 있다고 보게 된다. 또한 무토(戊土)는 아버지가 부귀(富貴)하다고 판단한다.

또는, 갑목일간(甲木日干) 남명에 정축(丁丑)이 있다면 정화(丁火) 조모가 재물이 풍족하다고 판단한다.

모든 재물은 진술축미(辰戌丑未) 창고(倉庫)에 있는데, 그 창고는 목화금수(木火金水)의 입묘신(入墓神)이므로 해당 육친의 여러 가지 문제점을 내포하지만, 재고귀인(財庫貴人)의 육친 상황을 살펴본 후에 타 육친의 상황을 점검하는 것을 우선으로 한다.

갑목일간(甲木日干)에 무진(戊辰)의 무토(戊土)가 아버지라면 수기(水氣)인 어머니는 입묘(入墓)하므로, 어머니의 백호살(白虎殺), 혈광사(血光死)가 있을 수 있다.

이때 수기(水氣) 상황을 보고 어머니의 혈광사(血光死)와 단명을 따로 논하는데, 어머니의 사주도 점검하는 것이 현명하다.

갑술일주(甲戌日柱)는 술토(戊土)가 재고귀인(財庫貴人)이 되는데, 술토(戊土)는 화토묘신(火土墓神)이므로 조모와 처(妻)가 입묘(入墓)된 것과 같으니, 육친론을 활용하여 각기 사주에 맞는 인연법을 사용해야 부부 해로할 수 있다.

녹마동향(祿馬同鄕)

壬午日柱   癸巳日柱

위의 두 일주를 녹마동향(祿馬同鄕)이라고 하는데, 정관(正官)과 정재(正財)가 같은 지지에 암장(暗藏)되어 있는 것을 말한다.

오중(午中)에 기토정관(己土正官)과 정화정재(丁火正財)가 들어 있고, 사중(巳中)에는 무토정관(戊土正官)과 병화정재(丙火正財) 경금정인(庚金正印)이 암장되어 있다.

녹(祿)은 관(官), 마(馬)는 재(財)를 상징하는데, 사주 내에 녹마(祿馬)가 있다면 부귀(富貴)를 누린다고 하였으나, 언제나 어느 경우를 막론하고 희기신에 의해서 결정해야 한다.

임오일주(壬午日柱)는 오중기토(午中己土)가 투출했다면 기임탁수(己壬濁水)가 되므로 기토(己土) 투출은 없어야 하며, 신강해야 길하다.

계사일주(癸巳日柱)는 사중(巳中)에 병무경(丙戊庚)이 암장되어 길하지만, 신약하다면 외화내빈(外華內貧) 업인살(業因殺)로 작용하는 사화(巳火) 천을귀인(天乙貴人)이다.

낙정관살(落井關殺)

일간 일지, 시지	甲己 巳	乙庚 子	丙辛 申	丁壬 戌	戊癸 卯

　낙정관살(落井關殺)은 일간을 기준으로 일지와 시지를 본다. 가령 갑목(甲木)이나 기토일간(己土日干)의 일지나 시지에 사화(巳火)가 있다면 낙정관살(落井關殺)에 해당한다.

　낙정관살(落井關殺)이 있다면 절벽, 우물, 강물, 인분 통, 맨홀 등에 빠져 보고, 남의 모략이나 함정에 걸려들어 재앙을 당한다는 살성으로, 기신일 때 흉작용이 더 크다.

　신약사주에 살왕(殺旺)하다면 지액(地厄)이 있게 되는데, 낙정관살(落井關殺)은 넘어지거나 물에 빠져 다치는 살성(殺星)으로, 낙상(落傷)을 조심해야 한다. 그런데 낙정관살(落井關殺)이 있는 사람이 어부나 선원인 경우가 많은데, 흉살인연을 따라가 흉액을 당해야 하기 때문이다.

　낙정관살(落井關殺)은 수재(水災)나 익수지환(溺水之患)을 당한다는 암시(暗示)가 있다. 이 살을 가진 사람은 물로 인한 재난에 특별히 조심해야 하고, 수산업, 제빙업, 생수 사업 같은 물을 대상으로 하는 사업은 하지 않는 것이 좋은데, 희기신을 가려야 한다.

　그러나 만약 병화일간(丙火日干)에 신금(申金)이 문창성(文昌星)과 암록(暗綠)으로 희신에 해당하면 오히려 생수 사업이 길한 바이고, 만약 신약명으로 신자진(申子辰)이 기신이면 낙정관살(落井關殺)에 해당한다.

음인(陰刃)

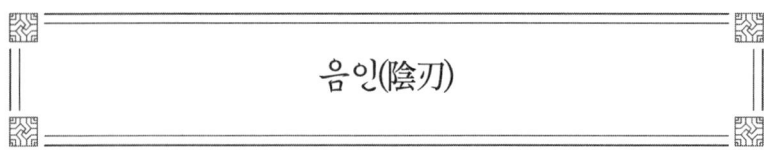

　상기 일주는 음인(陰刃)에 해당하여 독선적인 성품을 지닌다. 그러므로 자신도 모르게 칼을 맞는다는 암시(暗示)가 있어서 남의 비방을 받기도 하며, 재물에 실패수가 따르기 쉬우니 주의할 일이다.

　특히, 정사일주(丁巳日柱)에 병화(丙火), 기사일주(己巳日柱)에 경진(庚辰)이나 경술(庚戌), 계해일주(癸亥日柱)에 임수(壬水)가 있는 경우 더 독한 성격으로, 이것으로 인해서 해(害)를 당한다.

십악대패살(十惡大敗殺)

| 庚戌 : 甲辰 | 辛亥 : 乙巳 | 丙申 : 壬寅 | 癸巳 : 丁亥 | 戊寅 : 甲申 |
| 甲辰 : 戊戌 | 乙未 : 己丑 | 丙寅 : 壬申 | 甲戌 : 庚辰 | 乙亥 : 辛巳 |

　대패살은 10개의 일주이므로 십악대패살(十惡大敗殺)이라 한다. 천극지충(天尅支沖)하는 구조인데, 동순중(同順中)이거나 아니거나 서로의 필요성분을 채워 주지 못하므로, 발복하지 못하는 사주에 해당한다.

　이처럼 상호공망(相互空亡)이 성립되었다면 이에 해당하는 일주는 대체로 유시무종(有始無終)하고 낭비벽이 심하며, 불운을 만나면 가산(家産)을 탕진하여 대패(大敗)한다는 암시(暗示)가 있다.

　공망법에서 동순중(同順中)에 있다면 전생인연이라 하지만, 반드시 인연을 가장한 악연이 동순중에 있게 된다. 그러므로 사주 명식에 동순중의 천충지충(天沖支沖)이 형성되었다면 인생의 커다란 장애로 나타나고, 진정한 대패살이라고 할 수 있다.

　가령, 갑진일주(甲辰日柱) 여명이 경술일주(庚戌日柱) 남자를 만났다면 비록 동순중(同順中)이지만, 선연(善緣)을 가장한 악연(惡緣)이다.

　처음에는 좋은 듯하지만, 시간이 흐를수록 서로 간에 일사무성(日事無成)이 되고 패망하여, 부부이별하게 된다. 이때 대패살(大敗殺)을 풀어 주는 인연이 형성되었다면, 병(病)이 있고 약(藥)을 만나는 것이므로 발전 성공하는 기틀이 된다.

이처럼 인연법은 배우자와 자식에 의하여 약(藥)을 만날 수도 있고 병(病)을 만날 수도 있다.

인연인과법(因緣因果法)이란 한 치도 어긋나지 않고 나타나는 것이므로, 우주 법칙은 콩 심은 데 콩 나는 법칙이다. 현재의 나의 습관이 미래의 나를 만든다.

*경술일주(庚戌日柱)가 갑진(甲辰), 갑진일주(甲辰日柱)가 경술(庚戌)을 만나면 인묘공망(寅卯空亡) 동순중(同順中)의 천극지충(天剋支冲)이 성립된다. 경술(庚戌)은 재물공망(財物空亡), 갑진(甲辰)은 록근공망(祿根空亡)이 되므로 임관(任官)하지 못하는 벼슬아치와 같아서, 일사무성(日事無成)이 될 수 있다.

*신해일주(辛亥日柱)가 을사(乙巳), 을사일주(乙巳日柱)가 신해(辛亥)를 만나면 인묘공망(寅卯空亡) 동순중(同順中)의 천극지충(天剋支冲)이 성립된다. 신해(辛亥)는 재물공망(財物空亡), 을사(乙巳)는 록근공망(祿根空亡)이 되므로 일사무성(日事無成)이 될 수 있다.

*병신일주(丙申日柱)가 임인(壬寅), 임인일주(壬寅日柱)가 병신(丙申)을 만나면 진사공망(辰巳空亡) 동순중(同順中)의 천극지충(天剋支冲)이 성립된다. 병신(丙申)은 록근(祿根)과 식신(食神), 임인(壬寅)은 편재편관(偏財偏官)이 공망이므로, 일사무성(日事無成)이 될 수 있다.

*계사일주(癸巳日柱)가 정해(丁亥), 정해일주(丁亥日柱)가 계사(癸巳)를 만나면 오미공망(午未空亡) 동순중(同順中)의 천극지충(天剋支冲)이 성립된다. 계사(癸巳)는 편재편관(偏財偏官), 정해(丁亥)는 록근

(祿根)과 식신(食神)이 공망이므로 임관(任官)하지 못하는 벼슬아치와 같아서, 일사무성(日事無成)이 될 수 있다.

*무인일주(戊寅日柱)가 갑신(甲申), 갑신일주(甲申日柱)가 무인(戊寅)을 만나면 동순중은 아니지만 천극지충(天剋支沖)이 성립한다. 무인(戊寅)은 신유공망(申酉空亡)이므로 신금식신(申金食神)과 인목관성(寅木官星)이, 갑신(甲申)은 오미공망(午未空亡)인데 갑목(甲木)의 록근(祿根)인 인목(寅木)과 인중병화(寅中丙火) 식신(食神), 미토정재(未土正財)가 없는 것과 같아서 일사무성(日事無成)이 될 수 있다.

*갑진일주(甲辰日柱)가 무술(戊戌), 무술일주(戊戌日柱)가 갑진(甲辰)을 만나면 동순중은 아니지만 천극지충(天剋支沖)이 발생하고, 갑진(甲辰)은 인묘공망(寅卯空亡)이므로 록근공망(祿根空亡), 무술(戊戌)은 진사공망(辰巳空亡)이므로 편관(偏官)과 록근공망(祿根空亡)이 형성되어 서로 간에 없는 것과 같으므로 일사무성(日事無成)이 될 수 있다.

*을미일주(乙未日柱)가 기축(己丑), 기축일주(己丑日柱)가 을미(乙未)를 만나면 동순중은 아니지만 천극지충(天剋支沖)이 성립한다. 을미(乙未)는 진사공망(辰巳空亡)으로, 상관(傷官)과 정재공망(正財空亡), 기축(己丑)은 오미공망(午未空亡)으로 편인(偏印)과 록근공망(祿根空亡)이므로 일사무성(日事無成)이 될 수 있다.

＊병인일주(丙寅日柱)가 임신(壬申), 임신일주(壬申日柱)가 병인(丙寅)을 만나면 술해공망(戌亥空亡) 동순중(同順中)이지만 천극지충(天剋支沖)이 성립한다. 병인(丙寅)은 식신(食神) 편관공망(偏官空亡), 임신(壬申)은 편관(偏官)과 록근공망(祿根空亡)으로 일사무성(日事無成)이 될 수 있다.

＊갑술일주(甲戌日柱)가 경진(庚辰), 경진일주(庚辰日柱)가 갑술(甲戌)을 만나면 신유공망(申酉空亡)으로 동순중(同順中)이지만, 천극지충(天剋支沖)이 성립한다. 갑술(甲戌)은 관성공망(官星空亡)이며, 경진(庚辰)은 록근공망(祿根空亡)으로 일사무성(日事無成)이 될 수 있다.

＊을해일주(乙亥日柱)가 신사(辛巳), 신사일주(辛巳日柱)가 을해(乙亥)를 만나는 경우 신유공망(申酉空亡)으로 동순중(同順中)이지만 천극지충(天剋支沖)이 성립한다. 을해(乙亥)는 관성공망(官星空亡)으로 직업과 남편 또는 자식이 공망이며, 신사(辛巳)는 록근공망(祿根空亡)이 되므로 일사무성(日事無成)이 될 수 있다.

홍염살(紅艷殺)

일간	甲	乙	丙	丁	戊	己	庚	辛	壬	癸
지지	午		寅	未		辰		戌	酉	申

홍염살은 냉정(冷情)하지 못하고 귀가 얇아서 타인의 부탁을 거절하기 어려우며, 정(情)으로 망(亡)하는 경우가 많다. 한 마디로 자기 주체정신(主體精神)이 약하여 남의 꼬임에 잘 넘어가는 살성이라고 할 수 있다. 특히 이성 관계에 의한 것도 있지만, 남의 보증을 서준다거나 큰 돈을 빌려준다거나 하는 실수도 곧잘 한다.

홍염살(紅艷殺)이 악살(惡殺) 작용을 하며 조후를 성격시키지 못하고, 형충파해(刑冲破害)에 의한 홍염발동(紅艷發動)이 이루어진다면 여명은 기생팔자, 남명은 작첩팔자(作妾八字)가 된다는 흉살(凶殺)이다.

대체로 가정 살림을 등한시하며 외부활동을 좋아하는 살성(殺星)으로 밝고 화려한 것은 좋으나, 허영, 사치가 심하고 화류계 인연이 되거나, 자신을 인정해 주기를 바라며, 잘했다고 칭찬받고 싶은 마음이 강하다.

또한, 자신을 나타내고 표현하며 몸매자랑을 하는 경우가 많은데, 월일지 홍염살(紅艷殺)은 미남미녀가 많으며, 언변이 유창하여 청산유수(靑山流水)이다.

그러나 기신이 되었다면 사기성 허풍기가 많으며 가정에 안주하지 못하고, 들떠 있는 기분으로 살아가는 경우가 많다.

　홍염살(紅艷殺)이 기신이면 남명은 주색(酒色)으로 재물을 모으지 못하고 낭비벽(浪費癖)이 심하며, 여명은 기생이 아니면 남몰래 외부남성과 사통(私通)하여 사생아(私生兒)를 낳기도 한다.

　홍염살(紅艷殺)이 육해살(六害殺)이 되어 발동되었을 때, 본정신 차리기 어려울 정도의 삶을 사는 경우가 많다.

　특히, 갑목(甲木)은 오화(午火)가 홍염육해살(紅艷六害殺)인데, 오화(午火)가 장미도화(薔薇桃花)이고 상관(傷官)으로 외적인 화려함이므로 많은 수행이 필요하다.

　그런가 하면 계수(癸水)는 신금(申金)에 홍염육해살(紅艷六害殺)이고 사지(死地)이며 역마살(驛馬殺)에 해당하므로, 돌아다니다 바람 들어 문제가 되는데, 이때 자수(子水)가 신금(申金)과 근접(近接)하고 있다면 홍염망신(紅艷亡身)이 된다.

　또한, 도화살(桃花殺)이나 홍염살(紅艷殺)은 잘난 척하는 마음이 강한데, 기신으로 발동하면 신분(身分)과 귀천(貴賤)에 구애받지 않고 사랑하는 특징이 있다. 가령 사장의 딸이 아버지가 경영하는 회사의 경비원과 연애를 하는 등의 일을 말한다.

　일지홍염(日支紅艷)이거나 홍염살(紅艷殺)과 귀문살(鬼門殺) 또는 원진살(怨嗔殺)과 충동(沖動)하는 대세 운에, 호색(好色)하고 수치를 모를 정도의 음란한 정신병이 되는 일도 있다.

　가령, 병인일주(丙寅日柱)의 미토(未土) 대세 운에 상식 이하의 행동을 하기도 한다.

　홍염살(紅艷殺)은 갑오(甲午), 병인(丙寅), 정미(丁未), 무진(戊辰), 경

술(庚戌), 신유(辛酉), 임신(壬申) 일주의 순서로 강력하다.

대세 운에서 관살(官殺)과 식상(食傷)의 합(合), 식상(食傷)과 재성(財星)에 합(合)이 되었거나 충동(沖動)되었을 때를 유심히 살펴 기신과 희신을 가려야 하는데, 대체로 식상(食傷)에 합충(合沖)되었을 때 가출하거나 바람나는 일이 많다.

그러나 홍염살(紅艷殺)은 친절하고 명랑하며 사교성이 좋아서 누구에게나 친근하다. 사주가 청(淸)하면 귀인이 되고, 탁(濁)하면 음란하여 창기(娼妓)가 된다고 하는데, 작용력은 도화살(桃花殺)보다 약하지만, 형충파해(刑沖破害) 공망(空亡)으로 그 성질이 달라지는 경우가 많다.

홍염살(紅艷殺)이 희신에 해당하면 가수나 탤런트와 같은 연예인이나 여관업, 숙박업, 호텔업, 여행사, 결혼 중매업소, 요식업 등으로 성공할 가능성이 높다.

옛날에는 여명에 홍염살(紅艷殺)이 있으면 기생팔자라 하여 결혼하기 어려웠다고 하는데, 전생에 엽색질(獵色質)만 하던 사람이 환생(幻生)하여 홍염일주(紅艷日柱)가 되었다는 말도 있다. 하여간 사주가 잘못 짜이면 부부 해로하기 쉽지가 않다.

홍염살(紅艷殺)이나 도화살(桃花殺)은 남녀 가정에 안주하지 못하고 밖으로만 돌아다니려는 특징이 있고, 오라는 곳은 없어도 이 친구 저 친구 일부러 찾아다니며 시간과 돈을 낭비한다.

그리고 가정 살림을 등한시하며, 배우자의 오해나 의처 의부증을 발동시켜 가정불화의 원인이 되고, 이것으로 인해서 외로운 인생을 스스로 만든다. 한마디로 정(情)을 그리워하는 살성이라 하겠다.

역마(驛馬)와 귀문발동(鬼門發動)에서 문제가 되므로, 일지홍염(日支紅艶)에 근접하는 역마(驛馬), 귀문(鬼門), 망신(亡身)을 주의 깊게 살펴야 한다.

홍염살(紅艶殺)은 인후지성(仁厚之性)이 있으므로, 인내심과 노력으로 가정을 지키고 외정을 경계하면 흉액을 피할 수 있다. 그러므로 생사고락(生死苦樂)을 함께 하는 부부는 서로의 애정을 의심하지 말고, 먼저 사랑하고 사랑받는 현명함을 지켜야 한다.

홍염살(紅艶殺) 세운에는 정(情)에 대한 그리움을 자제해야 하며, 한 순간의 쾌락(快樂)이 평생의 고통이 될 수 있다는 것을 명심해야 한다.

도화살(桃花殺)

홍염살(紅艶殺)이나 도화살(桃花殺)은 역마살(驛馬殺)은 아니면서도, 돌아다니며 나를 봐 주고 나의 아름다움을 칭찬해 주었으면 하는, 어쩌면 자기 잘난 척의 과시욕(誇示慾)이라 할 수 있다.

도화살(桃花殺)은 자오묘유(子午卯酉) 왕지(旺支)에 있으며, 일간의 목욕지(沐浴地)에 해당한다. 즉 갑목(甲木)의 목욕(沐浴)이 자수(子水)가 되므로 자수(子水)가 도화살(桃花殺)이다.

흔히 사주에 도화(桃花)가 있다면 남녀 음란(淫亂)하다고 하지만 이때 주의해야 할 것이, 도화(桃花)가 사주 중 어디에 있는가를 살펴야 한다.

도화(桃花)를 궁(宮)으로 볼 때, 년월(年月)에 있다면 부부가 서로 사랑하고 큰 해악(害惡)이 없으나, 일시(日時)에 있다면 배우자 외의 다른 사람에게 정(情)을 주거나 호색(好色)하고, 음란하거나 색정(色情)이 강하여 인륜을 그르치며, 음욕(淫慾)으로 사통도주(私通逃走) 패가망신의 가능성이 있다고 보고 있다. 그러나 이때도 희신과 기신을 분명히 가려야 한다.

도화살(桃花殺)이 충동(沖動)된 경우 스스로 화류계에 찾아가 몸을 망치거나, 간통(姦通)하다 형옥살(刑獄殺)을 경험하거나, 정사(情事)하다 복상사(腹上死)하는 일도 있다.

자오묘유(子午卯酉)의 도화살(桃花殺)이 삼재팔난(三災八難) 형옥살

(刑獄殺)로 작용하는 경우 가족을 버리고 가출하는 때도 많은데, 특히 자수(子水)가 문제를 일으켜 가출하면 찾지 못하는 경우가 많다.

그리고 꼭 음욕살(淫慾殺)이 아닐지라도 식상(食傷)에 합충(合冲)이 들어올 때 문제가 되는 경우가 많은데, 남녀 모두 마찬가지이다.

음탕(淫蕩)하고 색정(色情)이 강한 사람에게 도화살(桃花殺)이 있다고 하듯이, 도화(桃花)는 색탐(色貪)을 즐기며 놀기를 좋아한다.

특히 월령도화(月令桃花)에 목욕살(沐浴殺), 홍염살(紅艶殺), 망신살(亡身殺)에 합충(合冲)이 발생하고 동(動)하는 경우, 음란하여 수치를 모르는 일도 있다.

자오묘유(子午卯酉) 도화살(桃花殺)은 동백, 장미, 매화, 국화로 표현하는데, 도화살(桃花殺)이 희신이면 연예인, 예술가, 상업적인 사업, 음식업, 주류업 등을 하여 성공하는 경우가 많다. 꽃향기에 벌, 나비가 많이 모이는 것은 당연한 이치인 것이다.

도화살(桃花殺)이 희신작용일 때, 준수한 용모에 다정다감하고 상냥한 특징이 있다. 을유일주(乙酉日柱)와 신묘일주(辛卯日柱)가 일지 도화살(桃花殺)이면 선천적인 명기(名妓)라고 한다.

십이신살에서 지살(地殺) 다음이 도화살(桃花殺)이 되는데, 지살(地殺)은 장생(長生)으로 막 태어나 움직이고 돌아다니는 격이다.

그러므로 명식에 지살(地殺)과 도화(桃花)가 있다면 동서남북 움직이다 바람나는 격에 해당하는데, 아직 철이 들기 전의 순수함, 자기 고집으로 유혹을 뿌리치지 못하고, 호기심으로 인생을 망치는 경우가 많다.

그리고 지살도화(地殺桃花)는 철없는 사춘기의 바람기, 학령기(學齡期) 바람이라고도 볼 수 있다. 자칫 학마재(學魔財)가 되었다면 학교 공부를 망치게 되는데, 조숙(早熟)하여 문제가 된다.

역마육액살(驛馬六厄殺)은 나이 먹고 장성한 후에 나타나는 바람기이다. 역마살(驛馬殺)과 육액살(六厄殺)이 도화(桃花)에 근접(近接)하는 경우 부부 해로하기 어렵고 동서득자 사통득자에 해당하는데, 40대의 중년이나 그 이후 바람이 들어 가정이 깨어진다.

편야도화(遍野桃花)

편야도화(偏野桃花)는 명식 내에 자오묘유(子午卯酉) 4글자를 모두 갖춘 것을 말하는데, 주색황음(酒色荒淫)으로 일사무성(日事無成)이 되는 사람이 많다.

이것은 명식이 좋아도, 대세 운에서 편야도화(偏野桃花)가 형성되어도 마찬가지다. 명식에 세 글자가 있고 대운에서 부족한 한 글자를 채워도 편야도화(偏野桃花)가 형성되어, 평소에 얌전하던 사람이 주색 풍파를 일으키게 된다.

그러나 태극귀인(太極貴人)으로 명식이 양호하고 대운이 길하다면 재산이 많은 부호(富豪)도 있지만, 주색(酒色)을 밝히는 도화(桃花) 네 글자가 서로를 충(沖)하며 동(動)하고 있어서 안정되지 않으며, 잦은 스트레스를 호색(好色)으로 풀려는 마음으로 변하기도 한다.

명식에 역마살(驛馬殺)이 없어도 충살(沖殺)은 역마살(驛馬殺)로 변하는 성질이다. 금수일간(金水日干)일 때 그런대로 운이 받쳐 주면 길작용을 하지만, 목화일간(木火日干)인데 아군이 적군에 충(沖)을 당하면 전쟁터에서 사는 사람과 같아서 정신이 분열(分列)되어 가정에 안주하지 못하고, 동분서주(東奔西走) 뛰어 봐도 실익이 없는 삶이 되는 일이 많다.

사주의 지지는 육체를 상징하므로 정(靜)해야 하지만, 동(動)하면 스트레스로 작용하게 되므로 주색(酒色)으로 그 스트레스를 풀고자 하는 심리가 형성되는 것이다.

소설가, 예술가, 연구가 성분에서 유난히 귀문살(鬼門殺)이 동(動)하고 주색(酒色)으로 신경을 안정시키는 경우가 많은데, 그러지 못하다면 잠재된 폭발성이 드러나 문제가 될 수 있다.

편야도화(偏野桃花)로 형성된 명식은 풍류를 억제(抑制)하는 것이 관건일 것이다. 대세 행운에서 망신살(亡身殺)과 귀문살(鬼門殺)이 동하여 흉살(凶殺)로 변하면, 풍류로 인해서 패망하기도 한다.

곤랑도화(滾浪桃花)

丙子日 辛卯時   己卯日 甲子時

지지(地支)에 도화(桃花)가 있으면서 형(刑)이 되고, 천간(天干)이 상합(相合)되었다면 천합지형(天合支刑)이라 하며, 이것을 곤랑도화(滾浪桃花)라고 한다.

위의 예와 같이 병자일(丙子日)에 신묘시(辛卯時), 기묘일(己卯日)에 갑자시(甲子時)와 같은 것들이다. 사주의 일시(日時)가 이와 같으면 너무나 주색(酒色)을 밝혀 정신을 잃을 정도로 몰입하며, 때에 따라서는 정사(情事) 도중에 복상사(腹上死)할 수도 있고, 남녀 모두 곤랑도화(滾浪桃花)를 가지고 있다면 변강쇠와 옹녀가 만난 형상으로 더욱 심하다.

두 일주만 설명했지만, 천합지형(天合支刑)의 사주에서 지지가 어떤 형살(刑殺)이냐에 따라서 각기 다른 통변이 되는데, 내가 좋아 행한 일에서 형살발동(刑殺發動)으로 형벌(刑罰)을 받는 경우가 많다.

가령, 정미일주(丁未日柱)가 임인시(壬寅時)를 만났다면 천합지귀문(天合支鬼門)이 된다. 반드시 정신계 문제가 발동하게 되지만, 수기(水氣)가 유력하다면 아무런 문제가 발생하지 않는다.

자묘형살(子卯刑殺)에서 설명했지만, 곤랑도화(滾浪桃花)가 발생하지 않고 연예인이나 귀인이 되는 경우도 많다. 화기(火氣)가 쇠약했을 때 수목응결(水木凝結)로 상형살(相刑殺)이 되므로 명식의 화기(火氣)를 반드시 참고해야 한다.

목욕살(沐浴煞)

일간	甲	乙	丙	丁	戊	己	庚	辛	壬	癸
목욕	子	巳	卯	申	卯	申	午	亥	酉	寅

목욕살(沐浴殺)의 간지는 60간지에서 갑자(甲子), 을사(乙巳), 경오(庚午), 신해(辛亥)이다. 함지살(咸池殺) 또는 패살(敗殺)이라고 하는데, 일간의 목욕지(沐浴地)를 말하며 곧 도화살(桃花殺)이다.

목욕살(沐浴殺)은 변덕, 싫증, 허황된 생각, 욕심, 이기심, 호기심 등이 강하며, 기신일 때는 색욕(色慾)이 왕성하여 주색 방탕으로, 심하면 패가망신한다. 그러나 귀인이나 희신작용을 하면 대발전, 성공한다.

목욕동주(沐浴同柱) 일주는 대체로 사교성은 좋으나 매사 지체됨이 많고 마음이 자주 흔들리며, 변화가 많은 인생이다.

특히 목욕지(沐浴地) 옆에 근접한 귀문살(鬼門殺)이나 지살(地殺), 역마(驛馬), 육해살(六害殺)이 있다면 관심 있게 봐야 한다.

의외의 변수가 많기 때문인데, 가령 갑자일주(甲子日柱) 옆에 유금(酉金)이 있다면 자유파귀문살(子酉破鬼門殺)에 의해서 인수도화(印綬桃花) 국생도화(麴生桃花)가 동하게 된다.

또는, 임신일주(壬申日柱)나 정묘일주(丁卯日柱)에 임신(壬申)이나 정묘(丁卯)가 근접하고 있는 경우, 정묘(丁卯)나 임신(壬申)은 월주가 될 것인데, 정화(丁火)의 신금(申金)은 목욕살(沐浴殺)이고, 홍염살죄(紅艶

殺坐)의 임수(壬水)와는 정임합(丁壬合) 음란지합(淫亂之合)이며 묘신귀문(卯申鬼門)이 형성된다.

필자가 자주 하는 말이지만, 한 글자만 있다면 문제가 되지 않는다. 그 글자 옆에 어떤 글자가 있는가! 그것이 문제이다. 즉 어떤 옷을 입었느냐에 따라서 모두 달라진다. 군복을 입으면 군인이 되어 대담성이 나오고, 양복을 입었다면 신사의 품격이 있는 것이다. 남녀 입고 있는 옷이 직업을 나타내고 성격이 모두 달라지듯이, 사주의 글자 역시도 그러하다.

양(陽)은 음(陰)이, 음(陰) 역시 양(陽)이 있으므로 존재할 수 있다. 그러므로 천간(天干) 혼자만은 있을 수 없으며 지지(地支) 혼자만 있을 수 없다. 그래서 간지동체(干支同體)이고 영육일여(靈肉一如)이다.

하여간 목욕살(沐浴殺)의 구조가 잘못되었다면 부부 갈등이 많으며, 인연이 변하거나 이별, 사별수로 작용한다. 청춘사업으로 낭비, 손재와 관재, 구설수가 있으며, 주색에 빠져들면 패가망신, 부부이별, 사별한다.

*남명 재성(財星)이 목욕지(沐浴地)에 있으면서 기신작용이면 낭비가 심하고 재물손실이 따르며, 현처인연은 거리가 멀다. 목욕동주(沐浴同柱) 재성(財星)이 년월에 있다면 연상의 여인과 결혼하거나 불륜에 빠지고, 형충(刑沖)이 되었다면 여자로 인해서 재물손실이 따른다.

*여명 관성(官星)이 목욕동주(沐浴同柱)에 있다면 여자는 사회활동을 하고, 남편이 외정을 즐긴다.

*인성(印星)이 목욕동주(沐浴同柱)에 있다면 어머니가 미인이지만 정(情)에 약하며, 사회활동을 한다. 학생은 학업성적의 굴곡이 심하고, 직장인은 자기 일에 만족하지 못하며 직업 변동이 생긴다.

*식상(食傷)이 목욕동주(沐浴同柱)에 있다면 미식가(美食家)이며 언변이 능통하고, 노래를 잘 부르며 풍류를 즐긴다.

*비겁(比劫)이 목욕동주(沐浴同柱)에 있다면 형제자매의 성격이 활발하고 역경을 잘 극복하지만, 직업 변동이 자주 발생한다.

목욕살(沐浴殺) 중에서 흉격의 갑자일주(甲子日柱) 목욕살(沐浴殺)이 가장 강렬한데, 부부가 수치를 모를 정도로 음탕하기도 하며, 갑자(甲子)를 제외한 목욕(沐浴)은 대체로 남녀 모두 수완가로 사교적이다.

참고로, 합관(合官) 사주인 을사(乙巳), 신사(辛巳), 계사(癸巳), 정해(丁亥), 기해(己亥)도 일생에 있어서 로맨스를 만들기 쉽다.

을사(乙巳) 신해일주(辛亥日柱)의 여자는 일지상관(日支傷官)이므로 남편을 추방하고 자기주장을 하며 산다는 의미가 있다. 그 남편이 집을 떠나서 객지생활, 출장 및 주말부부가 되는 경우로 작용한다.

여성 본인이 직장생활 속에 출장 가는 일이 많고, 타지에서 외정에 빠져 가정이 깨어지는 경우도 많은데, 목욕동주(沐浴同柱) 일주는 기러기 부부가 되거나 자식으로 인해서 부부가 헤어지는 경우도 많다.

명식이 흉하다면 남명은 첩(妾)을 두기도 하며, 여명은 재혼해도 남편 덕을 기대하기 어렵다. 여성 생식기 발달로 성욕에 만족하지 못하는 경향이 강하다.

특히, 을사일주(乙巳日柱)는 경금암합(庚金暗合)으로 평생 애정의 갈등을 느끼게 되는데, 경금운(庚金運)이 오면 보따리를 싸고, 역마지살(驛馬地殺) 충(沖)이 되면 가출하는 일이 발생하기도 한다.

일지 역마지살(驛馬地殺)은 사통도주(私通逃走) 아니면 돈 벌어 가족을 부양하는 삶으로, 일생 불평불만이 많게 된다.

여연살(女戀殺)

일주	乙丑	丁丑	丙申	己未	庚寅	辛未	壬寅	壬申
천간	辛金	癸水	壬水	乙木	丙火	丁火	戊土	戊土

상기 일주의 여명은 배우자 몰래 다른 애인(愛人)을 숨겨 두고 혼외정사(婚外情事)를 하거나, 사통(私通)으로 망신(亡身)을 당할 염려가 있는데, 일지 암장에 칠살(七殺)이 숨어 있기 때문이다.

강제로 혼전순결을 잃거나 가슴속에 혼전 남자를 품고 사는 수도 있으며, 어쩔 수 없는 임신으로 강제결혼을 하는 일도 있다.

을축(乙丑) 기미일주(己未日柱)는 부성입묘(夫星入墓)로 재혼하는 경우가 많으며, 부부사별하는 일도 있다. 정축(丁丑) 병신(丙申) 임인일주(壬寅日柱)는 부정포태(不貞胞胎)로 한 번의 합정(合情)에 자식을 임신하여, 어쩔 수 없이 결혼하고 가슴을 치며 후회하는 일도 많다.

남연살(男戀殺)

일주	甲寅	甲申	丁丑	己丑	戊申	辛未	壬寅	癸未
천간	戊土	戊土	辛金	癸水	壬水	乙木	丙火	丁火

상기 일주의 남자는 배우자 몰래 다른 애인(愛人)을 숨겨 둘 여지가 있어 망신(亡身)을 당할 염려가 있는데, 그것은 일지암장(日支暗藏)에 편재(偏財)가 숨어 있기 때문이다.

가령, 갑인일주(甲寅日柱)라면 기토(己土)가 정재(正財)로 본처인데, 기토투출(己土透出)이 없으며 무토(戊土)가 투출된 경우, 나의 육신이며 배성을 상징하는 인목(寅木)에 암장된 무토(戊土)가 본처로 바뀌게 된다.

이때 기토(己土)가 투출했다면 기토(己土)가 본처가 되지만, 무토편재(戊土偏財)를 숨겨 두고 외정하는 격이다.

이때 원국이 목화상관(木火傷官)으로 조열(燥熱)하다면 반드시 기토(己土)를 찾아 떠나게 되므로, 부부이별이나 작첩(作妾) 하는 갑목(甲木) 당주가 된다. 그러나 한랭사주라면 그렇지 않다.

갑신(甲申), 정축(丁丑), 신미(辛未), 임인(壬寅), 계미일주(癸未日柱) 남성은 혼전득자(婚前得子)할 수 있고, 정축일주(丁丑日柱)와 신미일주(辛未日柱)는 처성입묘이다.

그러나 축중신금(丑中辛金)이나 미중을목(未中乙木)이 투출되어 본처가 된 경우, 처성입묘와는 상관이 없다.

의처(疑妻) 의부살(疑夫殺)

일주의 남명 일간과 정재(正財)와의 암합	甲午	丙戌	戊辰	庚辰	壬戌
	己土	辛金	癸水	乙木	丁火
일주의 여명 일간과 정관(正官)과의 암합	乙巳	丁亥	己亥	辛巳	癸亥
	庚金	壬水	甲木	丙火	戊土

 갑오(甲午), 병술(丙戌), 무진(戊辰), 경진(庚辰), 임술일주(壬戌日柱) 남명은 지장간(支藏干)의 정재(正財)와 암합(暗合)되어, 배우자에게 집착하는 경향이 의처증으로 발현되기 쉽다.

 이때 일간과 같은 비견(比肩)이 있는가, 일지 옆에 있는 지지와 일지정재(日支正財)가 암합되어 있는가를 반드시 살펴야 한다.

 을사(乙巳), 정해(丁亥), 기해(己亥), 신사(辛巳), 계해(癸亥) 일주 여명은 지장간(支藏干)의 정관(正官)과 암합(暗合)되어, 배우자에게 집착하는 경향이 의부증으로 발현되기 쉽다.

 일간과 같은 비견(比肩)이 있는가, 일지 옆에 있는 지지와 일지정관(日支正官)과 암합이 되어 있는가를 반드시 살펴야 한다.

 정재정관(正財正官)이 일간 외의 타 천간과 명암합(明暗合)되거나, 타지지와 암합(暗合)된 상태라면, 암합의 강약의 유력무력을 따져서 의처의부를 감명하고, 탈처탈부(奪妻奪夫) 부부 해로 불가를 판단한다.

고신과숙살(孤神寡宿殺)

	고신살(孤神殺) 남자	과숙살(寡宿殺) 여자
寅卯辰방합	巳火	丑土
巳午未방합	申金	辰土
申酉戌방합	亥水	未土
亥子丑방합	寅木	戌土

대부분의 신살(神殺)은 일간(日干)이나 일지(日支) 또는 월지 위주로 보게 되지만, 고신과숙살(孤神寡宿殺)은 년지를 기준으로 일주공망(日柱空亡)을 보는 것처럼 년지에서 찾게 되는데, 일지 시지에 고과살(孤寡殺)이 있는지를 찾는다.

남명일지가 고신살(孤神殺)이면 홀아비가 된다는 뜻이고, 시지가 고신살(孤神殺)이면 중년 이후 홀아비와 같은 삶이 되어 외로워진다는 뜻이 된다.

그런데 아내(妻星)를 상징하는 재성(財星)이 과숙살(寡宿殺)이면, 처 또한 과부살(寡婦殺)이므로 이미 부부 해로하지 못하고, 또는 결혼을 못 하고 혼자서 살아갈 수 있다.

예를 들자면 인묘진(寅卯辰) 방합(方合)의 첫 글자인 인목(寅木)의 전 글자인 축토(丑土)가 과숙살(寡宿殺), 진토(辰土)의 후 글자인 사화(巳火)가 고신살(孤神殺)에 해당한다.

고과살(孤寡殺)은 배우자 문제에 밀접한 영향을 끼치는 살성(殺星)이다. 배우자 문제는 일시(日時)의 문제점이므로, 년지(年支)를 중심으로 일지(日支)에 고과살(孤寡殺)이 있는지를 본 다음 시지(時支)를 살핀다.

궁합에서는 남명의 일주와 여명의 일주 관계를 보지만, 인연법에서는 년지 위주로 인연법을 채택하며 남자는 고신살(孤神殺), 여자는 과숙살(寡宿殺)을 적용한다.

인묘진(寅卯辰) 년생이면, 남자는 사화(巳火)가 고신(孤神), 여자는 축토(丑土)가 과숙살(寡宿殺)이 되는데, 인연법상 남자의 입장에서 여자의 생년이 과숙살(寡宿殺)에 해당하면 불연(不緣)이 될 가능성이 크다.

특히 여자의 일지(日支)가 과숙살(寡宿殺)이면 부부 해로 못 하는 경우가 많다. 가령 인묘진년(寅卯辰年)에 태어나고 상대 여자가 소띠이거나 일지축토(日支丑土)일 때 과숙살(寡宿殺)에 해당한다.

여자는 남자의 생년이 고신살(孤神殺)에 해당하면 불연(不緣)이 될 가능성이 크며, 특히 남자의 일지(日支)가 고신살(孤神殺)에 해당하면 부부 해로 못 하는 경우가 많다.

가령 인묘진년(寅卯辰年)에 태어난 여명에, 상대 남자가 뱀띠이거나 사화일지(巳火日支)라면 고신살(孤神殺)에 해당하므로 불연(不緣)이다.

자신의 사주에서 고신과숙(孤神寡宿)이 일시(日時)에 해당하는 지지에 있을 때 흉하다. 고신살(孤神殺)을 고진살(孤辰殺)이라 말하기도 하는데, 고진과숙(孤辰寡宿)에서 고(孤)와 과(寡)는 외롭다는 뜻이고, 진(辰)과 숙(宿)은 별을 의미하며, 신(神)을 가리킨다.

한마디로 부부 공방살(空房殺)의 외로움을 상징하는 살성이다. 고과살(孤寡殺)은 방합오행(方合五行)의 병궁(病宮), 관대지(冠帶地)에 해당하는데, 고과살(孤寡殺)을 방합오행(方合五行) 기준으로 보는 것은 가정적인 고독(孤獨)을 의미하기 때문이다.

가령 남명이 해자축년(亥子丑年)에 인일(寅日)이나 인시(寅時)라면 인목(寅木)이 고신살(孤神殺) 역마(驛馬)가 되는데, 서리 맞은 배추처럼 시들시들한 인생을 살기 쉽고 외롭게 떠도는 방랑객(放浪客)이 된다.

또는, 여명이 신유술년(申酉戌年)에 미일(未日)이나 미시(未時)라면 낙루인생(落淚人生)으로 눈물이 그칠 날이 없다. 대체로 고신살(孤神殺), 과숙살(寡宿殺)이 있다면 심중(心中)에 서러움이 많아서 사소한 일에 감격을 잘하고 눈물이 많다.

태월(胎月)이 고신과숙(孤神寡宿)에 해당하면 부모를 조별(組別)하고 타가기식(他家寄食)하며, 고신과숙살(孤神寡宿殺)이 공망(空亡)이면 의탁할 곳이 없는 떠돌이 인생이 되기 쉽다.

고(孤)는 새롭고 낯선 것이 출현하는 상으로 외롭고 긴장되는 삶을 살기 쉽고, 과(寡)는 좋은 시절 다 보내고 종핵(終核)을 보존하는 상태이므로 외롭고 쓸쓸함을 뜻한다.

그래서 고진살(孤辰殺)은 일명 홀아비살에 해당하며 인신사해(寅申巳亥)에 있고, 과숙살(寡宿殺)은 일명 과부살에 해당하며 진술축미(辰戌丑未)에 있다.

따라서 남자는 고진살(孤辰殺) 홀아비살을 꺼리는 것이고, 여자는 당연히 과숙살(寡宿殺), 과부살(寡婦殺)을 꺼린다.

고서에 의하면 고신살(孤神殺)은 남자가 처를 극상(剋傷)하고, 과숙살(寡宿殺)이 있는 여자는 남편을 해칠 것이라고 하였다.

그러나 명식에 고과살(孤寡殺)이 있을지라도 배우자가 바쁜 생활을 하거나 주말부부나 멀리 떨어져서 살면, 과부 홀아비와 다름없는지라 이별을 면하게 된다.

또는 사주에서 재관(財官)이 유력(有力) 하다면, 부부간에 잠시 공방(空房)이나 풍파는 있어도 이별, 사별은 면한다.

명식이 신강하고 재관(財官)이 균형을 이루면, 부부지간에 역경과 시련을 이기고 백년해로할 수 있다.

고전에서도 고과살(孤寡殺)이 귀인동주(貴人同柱)하거나 관인(官印)을 대동하면 귀인이 되고, 부부 해로한다고 하였다.

고과살(孤寡殺)은 고독살(孤獨殺)로서 부부가 고독하게 됨을 상징한다.

그러므로 배우자가 옆에 있어도 심한 외로움을 느끼고, 배우자를 쉽게 만나지 못한다. 다만 종교심으로 베풀며 살면 작용력이 약해진다.

그런데 고과살(孤寡殺)이 귀인이나 희용신에 해당하면 영귀(榮貴)하여 불교의 대사(大師)나 대주교가 될 수도 있으므로, 함부로 나쁘다고 볼 것은 아니다.

고신과숙살(孤神寡宿殺)이 있는 천격은 평생 방랑하며 가정을 이루기 쉽지 않으나, 귀격은 혼인하고 행복한 가정생활을 누린다.

간여지동(干與支同)

| 甲寅 | 乙卯 | 丙午 | 丁巳 | 戊辰 | 戊戌 |
| 己丑 | 己未 | 庚申 | 辛酉 | 壬子 | 癸亥 |

간지(干支)가 같은 오행으로 이루어진 것을 간여지동(干與支同)이라 하는데, 신약명일 때는 큰 문제가 없으나 신왕 명식은 매우 흉하다.

일지는 배성이 되는데, 배우자 자신이 앉아야 할 곳을 스스로 극하므로 문제가 된다. 그래서 신왕 명식일 때 배성으로 인해서 패재(敗財)당하도록, 재난풍파(災難風波) 관재구설(官災口舌)을 만드는 인연이 성립된다.

특히 남명에 피해가 더 크게 되는데, 일지배성(日支配星)이 군겁쟁재(群劫爭財)를 만들기 때문이다. 운기 작용으로 부부이별, 사별하고, 배성의 품질이 양호한 사람을 만나지 못하는 경우가 많다.

효신살(梟神殺)

甲子日柱	乙亥日柱	丙寅日柱	丁卯日柱	戊午日柱	己巳日柱
庚辰日柱	庚戌日柱	辛丑日柱	辛未日柱	壬申日柱	癸酉日柱

일지는 배성으로 아내나 남편이 되는데, 재성(財星)이나 관성(官星)으로 가지 않고 어머니 자리인 인성(印星)에 가 있다면 효신살(梟神殺)이라 한다.

효조(梟鳥)란 올빼미를 가리키는데 자라서는 어미를 잡아먹는 흉한 습성을 가진 새로, 집 안에 올빼미나 부엉이의 그림이라든가 박제 등이 있다면 매우 흉하다고 한다. 즉 효신살(梟神殺)을 가중하는 작용을 하는 것이다.

또한, 일지 효신살이 신약하다면 무방하지만, 신강하다면 조류(鳥類)에 관련된 일은 하지 않아야 한다. 이 효신살(梟神殺)은 어머니 인연이 없거나 생모이별(生母離別)을 하고, 아니면 남명은 모처(母妻)가 상호불화(相互不和)하는 육친성의 의미를 지닌다.

신강사주일 때 일지효신(日支梟神)이면 부모 앞에서 부부 관계를 해야 하는 격이므로 성 불만족 현상이 나타난다. 본처 본부와는 불화하고 원망하며, 외정 상대와는 사이가 좋다.

남명은 고부지간(姑婦之間)의 갈등이 심하며, 여명은 친정 식구로 인해서 고달픈 인생을 살게 된다. 그러나 신약사주로 일지효신(日支梟神)

이 희신(喜神)이면, 비록 부부간의 정(情)이 아주 좋지는 않아도 고부간(姑婦間)의 갈등은 없을 수 있다.

그러나 신강사주에 일지가 흉신(凶神)이면 부부간에 더욱 불화가 심할 뿐만 아니라 집안에 화목함이 부족하며 가족 내에 우환(憂患)이 많아서 부부 모두가 외로움을 느끼며, 결국 이별하는 경우가 많다.

이때 효신살(梟神殺) 작용이 남녀가 다르게 나타나므로 남녀 구별은 우선해야 하고, 조후 희신이 된다면 길작용이 되는 경우도 많다.

천의성(天醫星)

월지	子	丑	寅	卯	辰	巳	午	未	申	酉	戌	亥
천의성	亥	子	丑	寅	卯	辰	巳	午	未	申	酉	戌

월지의 전 글자를 천의성(天醫星), 또는 활인성(活人星)이라고 한다. 즉, 술월생(戌月生)이면 월지 옆에 유금(酉金)이 있을 때, 축월(丑月)이면 자수(子水)가 천의성(天醫星)이 된다.

또, 지지를 천간과 바꾸어서도 표출할 수 있는데, 가령, 술월(戌月)에 유금(酉金)이 천의성(天醫星)이 될 경우, 유금(酉金)이 없더라도 신금(辛金)이 있다면 천의성(天醫星)으로 감명한다.

진월(辰月) 을목(乙木)이 있다면, 을목(乙木)은 묘목(卯木)의 정기이므로 천의성(天醫星)이다. 인월(寅月) 기토(己土)는 축토(丑土)의 정기(正氣)이므로 천의성(天醫星)이다.

천의성(天醫星)이란 말 그대로 하늘에서 내려 준 의사, 또는 사람을 살려 낼 수 있는 역할을 담당하는 약사보살 인연이다.

명식이 잘 짜여 있고 천의성(天醫星)이 있다면 의사, 한의사, 약사, 간호사, 조산사, 침술사, 종교 지도자, 교육자, 변호사 등의 직업에 인연이 있다.

명식에 천의성(天醫星)과 관인(官印) 또는 문창성(文昌星)이 함께 있다면 의사와 교수를 겸하는 경우가 많으나, 관인(官印)이 없거나 사절(死絶), 형충(刑沖), 공망(空亡) 또는 기신작용이면, 실력이 있어도 드러내 놓고 일하기 힘든 상태가 되거나 전공(專攻)을 살리지 않는 경우가 많으며, 대체로 무면허일 경우가 많다.

  양일간(陽日干)의 천의성(天醫星)은 의사나 한의사(韓醫師), 음일간(陰日干)은 약사나 간호사 또는 침술사 등에 인연이 있다.
  *천의성(天醫星)에 양인살(羊刃殺)이 함께 있다면 외과 의사가 많다.
  *괴강살(魁罡殺)과 함께 있다면 약사나 종교 지도자에 인연이 있다.
  *인신사해(寅申巳亥)가 천의성(天醫星)이 되었다면 외과 의사가 많다.
  *자오묘유(子午卯酉)는 잡과(雜科)이다.
  *진술축미(辰戌丑未)는 내과 또는 잡과(雜科)가 많다.
  *천의성(天醫星)이 욕지(浴地)나 태지(胎地) 또는 생지(生地)나 사지(死地)에 해당하면, 산부인과나 비뇨기과에 인연이 있다.

철쇄개금성(鐵鎖開金星)

| 卯 | 酉 | 戌 |

   명식의 묘유술(卯酉戌) 중 한 글자가 일지가 되고, 두 글자 이상일 때 철쇄개금(鐵鎖開金)이라 한다. 가령, 신유일주(辛酉日柱)에 술토(戌土)와 묘목(卯木)이 있을 때 철쇄개금(鐵鎖開金)에 해당한다.

   이때 세 글자 중 한 글자가 천의성(天醫星)이면 더욱 강력해지며, 묘유술(卯酉戌) 중 한 글자가 없으나 정기천간(正氣天干)이 투출해도 철쇄개금(鐵鎖開金)으로 인정한다. 가령 유금(酉金)이 없으며 신금(辛金)이 있는 경우이다.

   철쇄(鐵鎖)는 자물통이고 개금(開金)은 열쇠이다. 재난을 구제하고 역경을 타개하고 고통을 해소하며, 질병을 치유한다는 길성(吉星)으로 활인업에 종사하는 것이 좋다.

   보건복지부 소속이 많은데, 한의업을 하거나 간호사, 약사, 대체의학 연구, 의업 종사자, 의약품 제조 회사에 근무하는 경우도 많다.

탕화살(湯火殺)

일지 대세운	寅 寅巳申	午 辰午丑	丑 午戌未

일지인목(日支寅木)이 명식에서 대운과 세운을 포함해서 인사신삼형(寅巳申三刑)이 이루어지면 탕화살(湯火殺)이 발동한다.

일지오화(日支午火)가 명식에서 대운과 세운을 포함해서 진오축(辰午丑)이 이루어지면 진축습토(辰丑濕土)의 과다한 설기가 이루어지고, 오오자형살(午午自刑殺)과 축오귀문살(丑午鬼門殺)이 형성하면 탕화살(湯火殺) 발동이 이루어진다.

일지축토(日支丑土)인 명식에서 축술미삼형(丑戌未三刑)이 이루어지고 오화(午火)가 들어와 축오귀문(丑午鬼門)이 형성될 때 탕화살(湯火殺)이 발동되어 음독자살, 화재, 우울증, 비관자살 등이 이루어진다.

탕화살(湯火殺)은 말 그대로 끓는 물에 덴다는 뜻이므로 총탄, 폭탄, 파편, 기름 등의 사고로 약물 사고, 마취 사고, 자살, 우울증, 화재 사고, 교통사고, 등이 발생하는데, 업인살(業因殺)과도 밀접한 관계가 있다.

화상(火傷)은 신체에 흉터를 남기기 때문에, 그에 해당하는 육친도 화상(火傷)을 입는다. 만약 정관(正官)이 탕화살(湯火殺) 이면 남편이 기름, 화재, 가스폭발 등의 사고에 의해서 화상(火傷)을 입는 경우가 많다.

곡각살(曲脚殺)

| 乙 | 己 | 巳 | 丑 |

乙, 己, 巳, 丑 글자를 보면 구부러진 형상이다. 팔다리, 손가락, 발가락이 굽든지, 꼬이든지, 절단되든지, 빠지든지 하여 글자처럼 기형(畸形)이 되는 것이므로 이것을 곡각살(曲脚殺)이라 하며, 명식에 여러 개 있다면 사고나 질병으로 인해서 수족(手足)을 못 쓰거나 절단(絶斷)되는 것을 말한다. 또 신경통 등으로 수족에 이상이 있는 것도 포함된다.

을목(乙木), 기토(己土), 사화(巳火), 축토(丑土)는 머리가 날아간 형상으로 평두(平頭)가 되므로, 평두살(平頭殺)이라고도 한다.

곡각살(曲脚殺)은 평두살(平頭殺)로 종교 성분으로 작용하여 종교에 심취(心醉)하거나, 전생업인이 있다고 본다.

을사(乙巳), 기사(己巳), 을축(乙丑), 기축(己丑) 일주는 곡각(曲脚)과 평두(平頭) 작용을 동시에 하므로, 종교 성분과 전생업인도 강하다.

현침살(懸針殺)

| 甲 | 辛 | 戊 | 卯 | 午 | 未 | 申 | 戌 |

甲, 辛, 戊, 卯, 午, 未, 申, 戌, 등을 현침살(懸針殺)이라 하는데, 사주 전체를 본다. 그러나 갑목(甲木)은 현침살(懸針殺)과 평두살(平頭殺)을 겸하지만 현침(懸針)의 작용은 약하고, 평두살(平頭殺) 작용이 강하다.

현침살(懸針殺)을 희용신으로 쓰는 사람은 의약업, 침술, 치과, 굴삭기, 군인, 양복점, 의류 제조업으로 성공하며, 가사, 미용 계통 또한 침(鍼)과 같은 뾰족한 기구를 사용하는 직업 등에서 솜씨를 발휘한다.

기신작용이면 몸을 잘 다치고, 심하면 총에 맞거나 칼에 찔려 죽고 혹은 교통사고를 당한다. 현침살(懸針殺) 일주는 독충, 독사에게 해를 입기 쉽다. 특히 일(日)이나 시(時)에 있다면 작용력이 더 강하다.

또한, 갑오(甲午), 갑신(甲申), 갑술(甲戌), 신묘(辛卯), 신미(辛未), 무오(戊午), 무신(戊申), 무술(戊戌) 등의 일주에 현침살(懸針殺) 직업이 인연이다.

무술(戊戌) 경술(庚戌)을 보면 못, 칼, 몽둥이 형상이라 극단적이고 비장함이 있어서 이것을 과살(戈殺)이라 하며, 명식에 여러 개 있다면 몸에 중상(重傷)을 입거나 중병(重病)을 앓게 된다.

현침살(懸針殺)이 일지에 있다면, 성격이 예리하고 비판적이며 언변이 능(能)하다. 때로는 냉정하고 잔인한 일면도 있으며, 의약업이나 기술업에 종사한다.

특히 봉제나 침술에 능하며, 서화나 역술 계통으로 진출하기도 한다. 천간지지(天干地支)가 현침살(懸針殺)인 갑오(甲午), 갑신(甲申), 신묘(辛卯), 신미일주(辛未日柱)는 권모술수(權謀術數)에 능하여 타인을 설득하여 지배하는 요령이 좋아서, 사람을 잘 끌어들인다.

특히, 신미일주(辛未日柱)와 갑신일주(甲申日柱)는 정육점, 도축업, 구제중생 등을 직업으로 하여 성공하는 경우가 많다.

평두살(平頭殺)

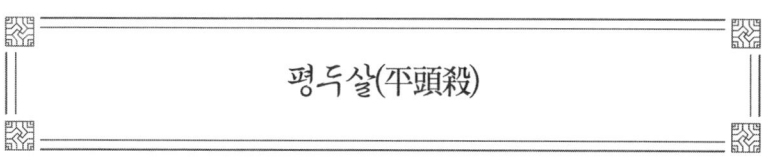

甲, 乙, 丙, 丁, 己, 壬, 辰, 巳, 酉 등은 평두살(平頭殺)이다. 곡각살(曲脚殺)과 같이 통변을 하고, 업인살(業因殺) 종교인살(宗敎人殺)에 해당한다. 명식에 네 글자 이상이 곡각(曲脚)이나 평두(平頭) 현침(懸針)이 되었다면, 그 살성(殺星)의 흉의(凶意)가 나타난다.

사주 전체를 보면서 일주로 보는데, 갑진(甲辰), 을사(乙巳), 을유(乙酉), 병진(丙辰), 정사(丁巳), 정유(丁酉), 기사(己巳), 기유(己酉), 임진일주(壬辰日柱) 등이다.

상기 글자를 보면 머리가 날아가 버린 형상이라서 삭발(削髮) 등을 하고도 평안을 얻지 못하므로, 이것을 평두살(平頭殺)이라 한다.

명식에 여러 개 있거나 특히 공망(空亡)이면 승가명(僧家命)으로, 남자는 처(妻)를 극(剋)하고 여자는 남편을 극(剋)하며, 참수(斬首)당하는 것과 같은 인생사의 고통이 있게 된다.

명식에 4개 이상의 글자가 있거나, 명식에 4개가 있고 대운에서 하나를 더 만나도 작용하는데, 종교인이 될 팔자라 하여 혼파살(婚破殺)로 작용하여 혼인이 쉽게 이루어지지 않는다.

혹 이루려는 찰나 깨어지거나 결혼을 해도 파혼(破婚)하는 묘한 일이 발생하기도 한다. 또 종교나 역술(易術)에 심취(心醉)하며, 그와 같은 길로 나아가기도 한다.

고란살(孤鸞殺)

| 甲寅日柱 | 乙巳日柱 | 丁巳日柱 | 戊申日柱 | 辛亥日柱 |

고란살(孤鸞殺)은 일주로만 보는 신살(神殺)로, 남명보다 여명에 더 큰 작용하는 흉살(凶殺)이다. 일명 독수공방(獨守空房), 인부신음살(因夫呻吟殺) 또는 고독살(孤獨殺)이라고 한다.

재관(財官)이 유력하고 중화되었다면, 고란살(孤鸞殺)이 있어도 행복한 인생으로 살아갈 수 있다.

이때 갑인(甲寅)과 정사(丁巳) 신강사주는 그 흉력(凶力)이 강하게 나타나는데, 신약사주로 비겁(比劫)을 희신으로 쓰는 명식에서는 흉력(凶力)이 약하다.

을사(乙巳), 무신(戊申), 신해일주(辛亥日柱)도 신강으로, 일지가 희신이면 무시해도 되지만, 신약사주로 설기하는 기신이거나 관살(官殺)을 극(剋)하는 형태라면, 고란살(孤鸞殺)의 흉의가 나타난다.

고란살(孤鸞殺)은 남편과 애정 생활이 원만하지 못하거나, 남편이 무능하고 불구가 되어, 부득이 여자가 직업전선에 나서기도 한다.

또는 부부간에 독수공방하는 수가 많으며 남자는 남자대로, 여자는 여자대로 바람을 피우기도 하며 작첩(作妾), 작부(作夫) 하는 경우가 많은데, 주말부부, 월말부부, 기러기 부부로 살아가는 경우가 많다.

고란살(孤鸞殺) 여인은 뜨거운 가슴의 소유자로 성격이 화끈한 다혈질이고 성취욕이 강하며, 적응능력과 처세술이 탁월하다.

대체로 입술이 얄팍하거나 아니면 툭 튀어나와 두툼하며, 흰자위가 사랑에 목마른 핑크빛인 경우가 많다.

전생 지밀상궁이라 하는데, 옥로(玉露)를 내뿜는 슬프고 한(恨) 많은 여인이다. 고란살(孤鸞殺) 여인은 자신의 정렬(貞烈)을 일에 바쳐 집중하면, 반드시 이웃과 세상을 널리 이롭게 하는 보람된 삶을 살아갈 수 있다.

음양차착살(陰陽差錯殺)

| 丙午日柱 | 丁巳日柱 | 癸亥日柱 | 壬子日柱 |

　음양차착살(陰陽差錯殺)은 천간이 양(陽)에 속하면 양착살(陽錯殺), 음(陰)에 속하면 음착살(陰錯殺)이라 하며, 줄여서 차착살(差錯殺)이라고 한다. 음양(陰陽)이 어긋나 있다는 말이다.

　양착살(陽錯殺)은 병오일주(丙午日柱)와 임자일주(壬子日柱)가 되는데, 신강사주로 일지가 기신이면 차착살(差錯殺)의 흉의(凶意)가 나타나 부부간에 풍파가 많으며, 결혼생활에 어려움이 있다.

　여명의 경우는 몰락한 시가(媤家)에 결혼하는 경우가 많은데, 결혼해서 자수성가해야 하고 윗사람의 덕이 적으니, 스스로 자립성가해야 한다. 남편이 고독(孤獨)한 사람으로 바람을 피우는 경향이 있으나, 용서하고 인내하며 사는 것이 좋다.

　음착살(陰錯殺)은 정사일주(丁巳日柱)와 계해일주(癸亥日柱)인데, 외가(外家)가 몰락하여 어머니가 고독(孤獨)하고 외가(外家)와 왕래하지 않는 특징이 있다.

　남명의 경우 음착살(陰錯殺)이 시주(時柱)에 있다면 처가(妻家)가 몰락하고 처남(妻男)이 없는 경우가 많다.

　음착살(陰錯殺) 일주는 대체로 어린 시절 성장환경이 불미하고 욕구불만이 많다. 그리고 중년 이후 일상의 권태를 느끼다 일탈(逸脫)하는 경우가 많다.

천라지망(天羅地網)

| 戌亥 | 辰巳 |

  천라지망(天羅地網)은 빛을 가린 그늘진 곳이라서, 천을귀인(天乙貴人)이 불임(不臨)하는 흉살(凶殺)이다.

  양기(陽氣)는 자수(子水)에서 일양(一陽)이 시생(始生)하여, 술해(戌亥)에 이르면 묘절(墓絶)로 종국(終局)이 된다.

  음기(陰氣) 역시 오화(午火)에서 일음(一陰)이 시생(始生)하여 진사(辰巳)에 이르면 묘절(墓絶)로 종국(終局)이 되는 것이므로, 불명(不明)하고 암매(暗昧)한 형상이 되어 신고파란(辛苦波瀾)이 있다.

  병정화(丙丁火) 일간이 술해(戌亥)를 만나면 천라살(天羅殺)이 되고, 임계수(壬癸水) 일간이 진사(辰巳)를 만나면 지망살(地網殺)이 된다.

  경신금(庚辛金)과 갑을목(甲乙木) 일간은 천라지망(天羅地網)에 해당하지 않으나, 무기토(戊己土) 일간은 어느 정도 작용하는 것으로 본다.

  명식에 천라지망(天羅地網)이 있다면 명식이 묘절(墓絶)하여 입고유폐지상(入庫幽閉之像)이라, 마치 그물 속 음지(陰地)에 있어서 빛을 못 보는 것과 같으니 음지생활(陰地生活)에 인연이 되고, 구제중생 활인업을 목적으로 세상에 나온 사람이다.

  종교인, 역술인, 약사, 간호사, 교도관 등을 하여 본다. 특히, 술해천라(戌亥天羅)는 하늘에 그물이 가려진 형상이므로 남자의 뜻을 펴기 어려우며, 진사지망(辰巳地網)은 땅에 그물이 드리워진 형상이므로 여자의 뜻을 펴기 어렵다.

명식에 천라지망(天羅地網)이 있을 때 술해진사(戌亥辰巳)를 다시 만나고 형충파해(刑沖破害)가 가중(加重)되는 경우에는, 병액, 무병, 신병 신액이 되거나 옥고(獄苦)를 치르기도 한다.

술해천문(戌亥天門)은 신(神)을 공경하고 정신(情神)을 연마한다. 천라성(天羅星)을 천문성(天門星)이라 하며, 술해(戌亥)가 같이 있을 때 적용된다.

특히, 술해(戌亥)가 근접하여 붙어 있을 때 더 큰 작용을 하며, 일시(日時), 일월(日月), 년월(年月) 순으로 강하다. 하늘을 드나드는 것이라 하여 정신적인 면이 뛰어나고, 선견지명(先見之明), 예지능력(豫知能力)이 있다.

독특한 정신, 도(道) 닦는 능력, 신앙심, 활인업, 역학, 무당, 의사, 기공 수련, 수행 등을 의미하는데, 종교인 쪽에도 인연이 많다.

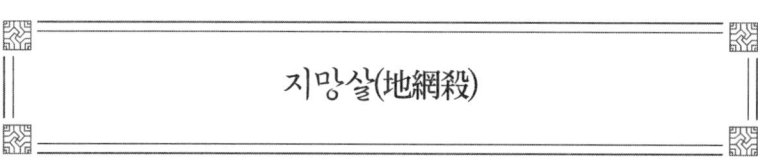

진사(辰巳)를 지망(地網)이라 한다. 땅에 그물이나 거미줄이 쳐져 있다는 것으로, 하는 일에 무언가 장애물이 생긴다는 것을 뜻한다.

그러므로 장애물(障碍物)로 인해서 애로사항, 매사에 걸리는 것이 많으며, 관재구설(官災口舌)이나 송사(訟事)에 휘말리는 경우가 많다.

특히, 진사(辰巳)가 근접하고 있을 때 더 큰 작용으로 나타나며, 일시(日時), 일월(日月), 년월(年月) 순으로 강하다. 그러나 사주가 잘 짜여 있다면 그물에 물고기가 걸리듯이 좋은 역할을 할 때가 있다. 특히 경찰, 군인, 검찰, 안기부, 정보기관, 특수기관에 종사하는 사람들에게는 오히려 길작용을 한다.

명식에 천라지망(天羅地網)이 있고 대세 운에도 작용한다. 가령, 남녀 모두 일지에 사화(巳火)가 있는데 운에서 진(辰)이 오면, 부부간에 떨어져 사는 경우가 발생한다. 진사(辰巳)를 공방살(空房殺)로 보기 때문인데, 술해(戌亥)도 마찬가지로 대입하여 본다.

여명의 경우에는 식신(食神) 이외에 일지를 생식기로도 본다. 남명의 경우에는 수기(水氣)를 식상(食傷)과 생식기로도 본다. 고로 남녀 간에 수기(水氣)가 강하다면 성욕(性慾)도 강하다.

여명이 조열하여 관성(官星)인 수기(水氣)를 좋아하면, 남편이 바람을 피울 가능성도 크다. 남녀사주에 화기(火氣)가 많으면서 조열하고 수기(水氣)가 허약하다면, 정력이 약해서 이성을 멀리하는 경우도 많다.

복음살(伏吟殺)

복음살(伏吟殺)을 전지살(轉止殺)이라 하는데, 세운에서 60년 만에 한 번 오는 것으로, 일주와 세년(歲年)이 같은 것을 말한다. 잘 구르던 것이 멈춘다는 뜻이며 나와 같은 자가 또 있는 상으로, 마치 임금이 두 명인 것처럼 이럴까 저럴까 고민하고 갈등하는 특징이 있다.

혼자 엎드려 속을 끓이며 신음한다는 살이 복음살(伏吟殺)이다. 서로 같아서 답답하고, 껴안고 있으므로 움직이기 불편하다는 뜻이다. 될 듯 말 듯 시간만 가고, 성사(成事)가 더디다. 건체(愆滯), 답보상태, 유보(留保) 등을 나타내는데, 일 년 신수(神授)에 적용한다.

자기 자신에 관한 갈등, 원망(怨望)을 많이 하는 경향이 있다. 대운에도 일주와 같은 대운이면 전지살(轉止殺)이라 하며, 기신운이면 참담(慘憺)한 경우가 많다. 그러나 세운에서 오는 것이 훨씬 영향력이 크다고 할 수 있다.

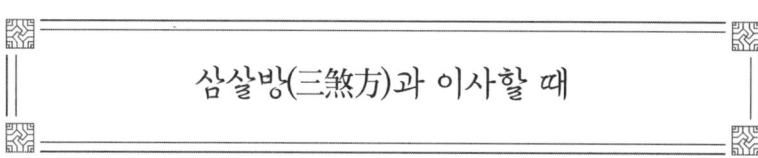

삼살방(三煞方)과 이사할 때

　이사 방향(方向)에 쓰이는 삼살방(三煞方)과 대장군방(大將軍方)은 무엇인가? 삼살방(三殺方)은 세년(歲年)마다 바뀌는 신살(神殺)인데, 삼합(三合)의 중심세력과 충(沖)이 되는 방향(方向)을 말한다.
　가령, 경인년(庚寅年)이면, 인목(寅木)이 속해 있는 삼합(三合)은 화국(火局)이 된다. 그러므로 화국(火局)을 충(沖)하는 자수방향(子水方向)이 삼살방(三殺方)이므로, 북방(北方)으로 이사하는 것이 흉(凶)하다고 본다.

　대장군방(大將軍方)은 삼 년마다 한 번씩 바뀌는 것으로, 방국(方局)을 기준으로 한다. 가령, 경인년(庚寅年)이면 인묘진(寅卯辰) 동방(東方)의 전(前) 지지인 해자축(亥子丑) 방이 대장군(大將軍方) 방이다.
　삼살방(三殺方)과 대장군방(大將軍方)이 해당하는 해에 이 두 방향(方向)으로 이사를 하거나 직장 사무실을 옮기면 좋지 않다고 하는데, 잘 자라던 나무도 옮겨 심으면 성장이 잘 안 된다고 한다.
　그러나 이 방향(方向)으로 간다고 다 안 좋은 것은 아니고 해당하는 사람이 있는데, 다음에 열거한 사람들은 특히 주의해야 한다. 대체로 자기 용신방(用神方)이 길하며, 대문이 삼살방(三殺方)과 대장군방(大將軍方)이 아니어야 한다.

*삼대가 모여 사는 집
*임산부가 있는 집
*갓난아기가 있는 집
*백일기도나 작정 기도를 하는 사람
*기도 신앙을 업(業)으로 하는 사람
*집안에 신(神)을 모시고 있는 사람

  삼살방과 대장군 방(方)은 기운이 이미 지나간 쇠약(衰弱)한 방향(方向)이라 하여, 삼신할머니가 따라가지 않는다고 한다.
  악삼재(惡三災)에 해당하는 사람도 사주구성이 안 좋으면 피하는 것이 좋으며, 복삼재방(福三災方)으로 가는 것이 길하다.
  개인적인 필자의 생각은 년지(年支)로 보는 삼살방(三煞方)과 대장군방(大將軍方)은 큰 의미가 없다고 본다. 나의 운기가 좋은 상태라면 큰 문제가 없으며, 운기가 흉(凶)하다면 아무리 골라서 간다고 해도 문제가 있는 이동수라고 본다.
  필자가 보는 이사 방향은 용신방(用神方)이면 족하고, 기운이 들어와 멈추는 장소라면 더욱 좋을 것이며, 공망지(空亡地)는 피하는 것이 길하다.
  그리고 인간은 자연에 속해 있으므로, 자신도 모르게 대운이라는 환경을 따라가며 살고 있다. 그런데 자신의 사주와 역행하는 대운으로 흐르는 사람이 있으므로, 주의해야 할 일이다.
  가령 남방운이 용신방이고, 대운은 북방운으로 용신을 극(剋)하는 대운일 경우, 이때는 동방(東方)으로 이사를 하여 수화(水火)를 통관(通關)하며 용신방(用神方)을 생(生)하는 동방(東方)이 길하다고 본다.

*주택의 오관(五官)이 복잡하다면 좋지 않다.
*현관문 앞에 나무를 심지 말라. 현관을 가로막는 나무는 가정의 번영을 막는다. 문부터 현관까지 나무를 심으면 스스로 운기를 막는 일이다.
*집안에 햇빛이 들어오도록 하라.
*일직선의 앞뒷문은 복록이 빠져나간다.
*현관에 들어섰을 때, 가옥 내의 2층으로 올라가는 계단이 보이는 집은 최악의 조건이다. 이런 집에서 사는 사람은 하는 일마다 장애가 따르며, 집 중앙에 계단이 보이는 것은 집주인이 질병에 걸리기 쉽다.
*누구나 집 대문으로는 대체로 동남방이 길하다.
*주택은 남향, 부엌은 동쪽이 좋다.
*어떠한 문이건 창문이 서로 마주 보고 있다면 복록이 빠져나간다.
*악조건에서는 실내, 실외 코너에 거울을 세우면 상당히 유리하다.

*침실에는 거울을 두지 말라. 부부에게 들어오는 기운이 거울에 반사되어 없어지고 부부 또한 음란하게 된다.
*부부의 침대는 하반신 쪽이 문을 향해서는 안 된다. 가능한 침대의 옆면이 문과 평행하게 놓는 것이 좋다. 침대를 쓰지 않을 때도 잠자리의 위치는 이와 같아야 한다.
*천장의 조명등 밑에 침대를 놓지 않는 것이 좋다. 조명등 바로 아래에 침대를 설치하면 질병을 불러들이게 된다.
*아이들의 공부방은 집의 중앙에서 볼 때, 동북쪽에 있는 것이 가장 이상적이다.

*부엌은 동쪽이 최고이다. 부엌이 동쪽에 있다면 과학적으로 가장 이상적이고 위생적이며, 풍수지리적으로도 대단히 좋다.
*침실이 지나치게 밝으면 복록이 모이지 않는다.
*북쪽을 향해 경대를 놓으면 부부 사이가 나빠진다.
*식탁 의자가 가족 수보다 적으면 가족이 흩어진다.
*그림, 박제, 골동품 등은 함부로 집안에 두어서는 안 된다.
*창문은 남쪽에 있는 것이 길하다.

*서쪽에 큰 창문이 있다면 게을러진다.
*서쪽의 창문이 있다면 100% 돈이 나간다.
*단층집에 2층을 올리면 3년 동안 가운이 수그러든다.
*천장이 낮은 집은 크게 번영하지 못한다.
*선반이 사방에 있다면 그 방에 거주하는 사람은 100% 질병이 발생한다.
*아기가 태어난 해에는 절대로 이사하지 말라.
*햇빛이 너무 잘 드는 방을 노인에게 드리면 정신질환수가 있다.
*골짜기 밑이나 언덕 위의 집은 피하는 것이 좋다.
*좁은 길에 접한 집은 번영하지 못한다.
*막다른 골목에 있는 대지와 집은 모두 흉하다. 그러나 빠져나갈 길을 만들면 괜찮다.
*배수처리가 잘 안 된다면 그 집에 병자가 생긴다.

*집 중앙에 정원을 만들면 부부 사이가 나빠진다.
*대체로 집 근처의 큰 나무는 피하는 것이 좋다.

*복도가 집을 둘로 나누는 것은 절대 금물이다.

*지하실 창고 위에 있는 거실은 피하는 것이 좋다.

*흉한 사고가 일어났던 집은 싸더라도 피하는 것이 좋다.

*가족이 모이는 곳에 소리 나는 물건이 놓이는 것은 좋지 않다.

*아내가 임신 중에 침대를 옮기거나 침대를 털게 된다면 유산할 수 있다.

*대문에 들어서면서 안방이나 부엌이 곧장 보이지 않는 것이 좋다.

*화장실은 동남향에 두지 않는 것이 좋다. 예로부터 동남향은 깨끗한 방향으로 생각되어 사람이 잘 때는 머리를 그쪽으로 두게 되는데, 화장실이 그쪽에 있다면 별로 좋을 것이 없다.

*집 안의 조경도 위치만큼이나 중요한 몫을 차지한다. 집 안마당에는 집보다 높이 자라는 나무를 심어서는 안 된다. 나무가 집보다 높이 자라 누르는 모양이면 집의 기운을 누르게 되어, 좋은 일보다는 나쁜 일이 더 많다.

특히 등나무, 은행나무는 심어서는 안 되는 나무다. 등나무는 넝쿨이 뒤틀리면서 자라는 나무이므로 집안 형편이 뒤틀리게 되고, 은행나무는 너무 크게 자라 집안의 기운을 누르게 되므로 아예 심지 않는 것이 좋다.

*집 안마당에 연못이나 웅덩이를 파는 것은 큰 위험을 자초하는 일이다. 집 안이 넓고 커서 이상적인 정원 환경을 꾸며 본다고 웅덩이나 연못을 파서 고기를 기르는 사람이 종종 있는데, 미치거나 죽고 가정이 파괴되는 무서운 선례가 있으므로 절대로 하면 안 된다.

*옆집을 사서 담벼락을 헐고 두 집을 같이 쓰는 사람도 있는데, 대부분 큰 화를 당한다. 그렇다고 옆집을 사지 말라는 것은 아니며, 만약 옆집을 샀다면 헐어 버리고 정원으로 쓰던가, 두 집 다 헐고 한 채를 짓는 경우라면 상관없다.

*한 동네에 형제의 집이 나란히 있는 것도 좋지 않다. 형제는 같은 어머니의 탯줄을 매고 나왔기에 개체 같으나, 동체인 것이다. 그래서 동기(同氣)라 한다.

동기(同氣)가 집을 나란히 마주해 있다면 구조상 가옥은 나뉘어 있으나 정신적인 합일로 보기에, 형제 중 하나가 없어도 된다는 것이 성립되는 것이므로, 형제 중 하나가 죽거나 사람 노릇 못할 정도로 폐인이 되는 경우가 많다.

*여자의 능력이 남자를 앞지르게 되었다면 과부가 되는 경우가 많다. 이것은 남자 없이도 살 수 있는 능력이 부인에게 있기에 그런 어려운 운명이 도래한다고 보아야 할 것이다.

예외가 있다면 남자가 남자 노릇을 못 할 때는 괜찮다. 모름지기 남자라면 가정을 주도해야 함인데 모든 주권을 여자에게 맡기고 눈치나 살피는 무능력한 사람이면, 이미 가장일 수는 없다. 이런 있으나 마나 한 존재일 때 활동가이자 능력 있는 여자가 과부 팔자를 면할 수 있다.

*집의 앞면은 대자연이 막아 주어야 한다. 수평선이나 지평선같이 탁 터져 있다면 사람의 몸으로 막아야 한다는 것인데, 나약한 인간이 어떻게 자연과 맞서서 싸울 수 있겠는가.

*큰 강이 정면으로 흘러 들어오는 방향으로 집 또는 별장을 짓고 살다가 완전히 망하는 사람이 수없이 많다. 큰 강의 물줄기 기운을 막

을 사람은 아무도 없다. 막는다고 해도 잠시일 뿐, 사주팔자의 운이 약할 때 터지기 마련이다.

큰 규모의 사업을 안정되게 잘하던 사람이 이런 집을 짓고 나서 몇 년 안에 완전히 망한다. 대자연의 법칙에 순응한다는 것은, 자기 자신은 물론 그와 이웃해서 살아가는 주변의 모든 이들과 함께 풍파 없이 살아가는 방법이고 지혜이다.

음인살(陰刃殺)

일간	乙木	丁火	己土	辛金	癸水
지지	辰土	未土	未土	戌土	丑土

양인살(羊刃殺)은 甲, 丙, 戊, 庚, 壬, 양천간의 왕지인 자오묘유(子午卯酉)가 양인살(羊刃殺)이고, 음인살(陰刃殺)은 乙, 丁, 己, 辛, 癸, 음천간(陰天干)의 진술축미(辰戌丑未)가 음인살(陰刃殺)에 해당한다.

음일간(陰日干)의 록지(祿地) 다음 글자가 음인살(陰刃殺)이므로, 을목(乙木)의 진월(辰月), 정화(丁火)의 미월(未月), 신금(辛金)의 술월(戌月), 계수(癸水)의 축월(丑月) 등이 해당한다.

양인(羊刃)은 일간의 오행기운이 태왕하여 더 나아갈 수 없는 곳에서 양인(羊刃)의 흉살(凶殺)이 나타나고, 음인(陰刃)은 일간의 오행기운이 쇠퇴(衰退)하는 곳에서 음인(陰刃)의 작용으로 나타난다.

양인(羊刃)은 파괴의 살성(殺星)인데 비해서, 음인(陰刃)은 은밀하게 변혁(變革)과 창조(創造)하는 살성이다. 즉 양인(羊刃)은 밝게 드러난 양적(陽的) 성분으로 파괴에 관련하고, 음인(陰刃)은 여성적인 음습(陰濕)한 곳에서 음적(陰的)인 상태의 창조(創造)와 변혁(變革)을 하고자 한다.

일반적으로 양인(羊刃)은 불화 대립의 특징을 지니지만, 음인(陰刃)의 흉력은 양인의 특징에 십 분의 일에도 미치지 못한다. 은밀하게 해 나가는 것이므로 육친성(六親星)에도 적용하지 않는다.

다만 자아(自我)와 개성(個性)이 강한 성격이며 여성적인 어머니상으로, 자신이 아쉬워도 남에게 쉽게 고개 숙이지 않고 혼자 끙끙대며 인내하는 상이라는 점을 참고한다. 밖으로 드러난 것이 아니라, 가정 내에서 소소하게 정리하고 인내하는 상이다.

양인살(羊刃殺)과 정반대의 특징인 음인살(陰刃殺)은 사람이 먹고 살아가야 하는 기술성분으로 작용한다.

양인(羊刃)은 왕지월(旺支月)에, 음인(陰刃)은 사묘고(四墓庫)에 있다. 천살(天殺), 월살(月殺), 반안살(攀鞍殺), 화개살(華蓋殺)의 작용을 하는데, 음인(陰刃)이 천살(天殺)과 고갈살(枯渴殺)에 해당하는 흉신(凶神)이면, 바쁘기만 하고 실속이 없는 인생이 될 것을 암시한다.

진술축미(辰戌丑未)는 목화토금수(木火土金水)의 입묘지(入墓地)이며 오행(五行)의 창고로써, 직업 기술성의 역할을 한다. 인(刃)이란 칼, 가위, 도끼 등을 상징하는데, 찢고, 째고, 자르고, 뚫고, 다듬는 공업용 공구이고, 세상을 변화시키는 작용을 한다.

음인(陰刃)에 해당하는 진술축미(辰戌丑未)는 은밀하게 빛도 소리도 없이 음지(陰地)에서 묵묵히 연구개발하며 실험하고 건설하는 연구소이다.

*을목일간(乙木日干)의 음인살(陰刃殺)인 진토(辰土)는 귀인이 응(應)하지 않는 물의 창고이다. 물이란 만물과 존재의 생성(生成) 시발점(始發點)으로 태동을 의미한다.

인체의 모발, 신경계, 두뇌, 간, 담, 시력 등에 해당하고, 위장, 유방, 자궁이 된다. 한마디로 전자회로이며 전기재료이고 수많은 정보를 저장한 곳으로, 미생물의 집결지이다. 그러므로 연구, 대체의학, 실험실,

소방서, 수질 환경 연구소이다.

*정화일간(丁火日干)과 기토일간(己土日干)의 음인(陰刃)인 미토(未土)는 목기(木氣)의 창고이자 입묘지로, 만물, 농수산물의 창고이다.

명식에 목국(木局)이 이루어지면 곡직인수(曲直印綬)라 하여 한의사, 한의학, 교수, 선생 등 특히 타인을 가르치는 업무에 두각을 나타내고, 만물을 변화시키는 공업 기술성이며 존재의 발육성장을 변화시키는 과정이므로, 탤런트의 변화무쌍한 성분이다.

인체에서는 체온, 심장, 소장, 혈맥, 순환계에 해당하고, 각종 통신으로 수신(受信)된 모든 정보를 기억했다가 저장하는 프로그램의 창고이다.

미토(未土)가 예술성이 되기도 하는데 기타, 가야금, 거문고 등 줄 악기에 해당한다. 또한 도축(屠畜), 가공, 변형, 실험을 통해서 새로워지는 조작물이고, 농수산물 유통으로 인간을 먹여 살리는 열매에 해당한다.

바이오 산업, 화학, 제약, 미생물, 유전 공학, 음식물, 축산물, 생명 물질, 의약품이 된다.

*신금일간(辛金日干)의 기술성분인 술토(戌土)는 가을의 정령임과 동시에 화기(火氣)의 집결지 창고로서, 성숙 결실하는 수확기이다. 인체의 폐, 대장, 피부, 코, 호흡기 등에 해당한다.

선천의 모든 것을 입묘(入墓)한 상태이므로, 정적인 상태의 정신만 왕성하고 육체는 쉬는 상이다. 그러므로 고요하고 수많은 정신의 교류가 이루어진다.

술토(戌土)는 귀인이 응하지 않은 땅으로 천라지망(天羅地網) 천문성(天門星)이라 하는데, 진토(辰土) 수기창고(水氣倉庫)와는 정반대의 성분으로 작용한다.

정보통신 수단의 출력장치인 진토(辰土)가 문자 전달 장치라면, 술토(戌土)는 음성 전달 장치이다. 그래서 술토(戌土)의 성분은 목소리가 좋은 특징이 있고, 모든 반도체를 통합하여 활용할 수 있는 기술성 창고가 된다.

전화, 통신, 인터넷, 영화, 만화, 게임과 같은 영상물이며, 전자 상거래, 정보검색, 정보구축, 광케이블, 이동통신, 화상전화 등 인터넷 전반과 통신을 일컫는 기술성이 된다.

*계수일간(癸水日干)의 기술성인 축토(丑土)는 사화(巳火)에서 시작된 화기(火氣)와 토기(土氣), 금기(金氣)를 입묘한 광산(鑛山)과 같은 형상으로, 인간사회의 구석기 시대에서 신석기 시대로 넘어와 최첨단 산업의 원자재 창고가 된다. 그러므로 구리, 주석, 철, 금, 알루미늄, 유리, 석탄 등의 광산(鑛山)이라 표현한다.

이 축토(丑土)는 겨울의 정령임과 동시에 금기(金氣)의 집결지인 쇠의 광산 창고이자 수렴 수장하는 종착점으로, 인체의 신장, 방광, 귀, 골수, 비뇨기에 해당한다.

또한 모니터에 해당하여 주고받는 모든 정보를 분해하고 영상을 송출하는 전자 시스템과 같은, 지극히 정적이고 새롭게 만물이 태어나게 하는 정보창고가 된다. 그러므로 반도체 설비 첨단 기계 공학이나 금속 공학의 기술창고이다.

그런데 천지인(天地人) 삼재(三才)의 지(地)에 해당하는 축토(丑土)는 갑무경(甲戊庚)의 천을귀인(天乙貴人)이라 하지만, 자칫 업인살(業因殺)의 작용이 되기 쉬운 단점이 있다.

이처럼 음인살(陰刃殺)은 각기 독특한 자기의 영역이 발생하고, 모든 존재가 있게 하는 시발처(始發處)가 된다.

　인류문명 또는 인간을 있게 하는 근원적인 힘은 음양(陰陽)이며, 음기창고(陰氣倉庫)인 진토(辰土)와 화기창고(火氣倉庫)인 술토(戌土)는 모든 생명체가 있게 하는 창고로, 공업성이고 직업성이다.

상문조객살(喪門弔客殺)

일지	子	丑	寅	卯	辰	巳	午	未	申	酉	戌	亥
상문	戌	亥	子	丑	寅	卯	辰	巳	午	未	申	酉
조객	寅	卯	辰	巳	午	未	申	酉	戌	亥	子	丑

 일지에서 한 칸 건너 후진은 상문살(喪門殺)이고, 한 칸 건너 전진은 조객살(弔客殺)이다. 상문살(喪門殺)과 조객살(弔客殺)은 일지를 기준으로 대운이나 세년과 비교하고, 희기신을 가려 살핀다.
 상문살(喪門殺)이나 조객살(弔客殺)이 세년에 들면 상복(喪服)을 입게 되고, 친척 간에 사별함이 있다. 명식에 이 살(殺)이 있거나 세운에서 이 살(殺)을 만나면 집안에 비극적인 일이 생겨 눈물 흘릴 일이 발생하고, 질병이 생겨도 원인을 알 수 없는 질병에 시달려야 하므로, 상갓집에 출입할 때는 무척 조심해야 한다.
 조객살(弔客殺)은 상문살(喪門殺)과 마찬가지로 집과 친인척 중에 상(喪)을 당하여 조객(弔客)을 맞거나 조객(弔客)이 된다는 살성(殺星)으로, 통곡할 일이 생기고 가정이 불안정하며 질병이 생기기도 한다.

 상문(喪門)이나 조객(弔客) 중 어느 하나만 들어도 같은 상황이 벌어진다고 보는데, 또한 아무 일 없는 경우도 많다. 희용신(喜用神)을 구별하는 것이 우선이다.
 이 살(殺)이 있다면 건물을 새로 짓거나 묘지(墓地)를 안장(安葬)할 때, 이사할 때, 사고로 인해서 화(禍)를 당한다고 하여 피하고 있지만, 희용신(喜用神)에 해당하면 큰 문제가 없으며, 이장(移葬)을 하거나 건물을 신축하는 데에도 길함이 있다.

그러나 상문조객(喪門弔客)이 악살(惡殺)로 작용할 경우 잡신(雜神)에게 홀리는 일도 있다.

그러므로 상가 출입 시 비방법(祕方法)으로는, 소금 한 수저와 고춧가루 한 수저를 봉지에 넣어 호주머니에 넣고 다녀온 후, 집에 들어오기 전 두부 한 모를 사서 봉지의 내용물과 혼합해서 버리면서 침을 세 번 뱉고, 뒤돌아보지 말고 집으로 오는 방법이 있다.

상문조객살(喪門弔客殺)이 아닐지라도 상갓집에서 잡신이 붙어 오는 경우도 많다. 신병신액(神病神厄)으로 괴이한 질병이 발생하거나 자신도 모르게 해괴한 행동을 하는 일도 있으며, 무작정 가출하는 때도 있다.

또는 함께 살아왔던 부부 정이 급랭(急冷)하여 상대의 안 좋은 점만 보여 결국 이별하는 때도 있는데, 이것은 모두 귀신의 장난이다.

특히 사주가 음습(陰濕)하고 극신약이면 귀신의 장난에 놀아나는 경우가 많은데, 사주에 유력한 병화(丙火)가 있는 경우 귀신의 장난에 자유로운 편에 해당한다.

삼재살(三災殺)

　삼재(三災)란 계절에 비유하면 혹한기(酷寒期) 겨울로, 만물의 성장이 위축되고 정지 상태에 있는 것과 같아서, 매사 활동이 부자연스러워 자칫하면 사고가 일어나는 시기라고 할 수 있다.

　들어오는 들삼재, 입삼재(入三災)인 인신사해(寅申巳亥) 세년은 인재(人災)가 발생한다. 사업실패나 부진으로 손재 또는 빌려준 돈을 받지 못하거나, 보증이나 담보로 인해서 손재, 그리고 투자한 자본이 묶이거나, 회전이 안 되어 애를 먹거나, 사기를 당하거나, 부도 파산에 이르는 경우를 말하는데, 겁살(劫殺)과 같아서 겁탈(劫奪)당하는 일이 발생한다.

　자오묘유(子午卯酉) 세년은 머무는 삼재, 눌러 앉았다 하여 눌 삼재(三災)라 한다. 수옥재살(囚獄災殺), 삼재팔난(三災八難)과 같아서 관재(官災)로 형액(刑厄)이나 송사(訟事)가 발생하는 일이 있기 쉽다.

　진술축미(辰戌丑未) 세년에는 나갈, 날 삼재(三才)라 한다. 본인의 사고나 그 밖의 일로 상처를 입거나, 질병으로 인해서 수술 등 신액(身厄)을 겪는 경우, 또는 가족 중에 위와 같은 우환(憂患)이나 사망이 발생하는 것을 말한다. 특히 입묘살(入墓殺)이 발동하므로, 해당 육친에 흉액(凶厄)이 발동하는 세년이 된다.

삼재(三災)의 성립

  삼재(三災)는 사주의 년지를 기준으로 세년의 지지를 참고하여 정하는데, 고서(古書)에서는 년지 삼합오행(三合五行)의 병사묘지(病死墓地)에 해당하는 3년간이 삼재(三災)에 해당한다고 말하고 있다.

*인오술(寅午戌) 년생은 신유술(申酉戌) 세년이 삼재(三災).
*사유축(巳酉丑) 년생은 해자축(亥子丑) 세년이 삼재(三災).
*신자진(申子辰) 년생은 인묘진(寅卯辰) 세년이 삼재(三災).
*해묘미(亥卯未) 년생은 사오미(巳午未) 세년이 삼재(三災).

  인오술(寅午戌) 년생에 해당하는 오행(五行)인 병화(丙火)는 인목(寅木)에서 장생(長生)하여 신금(申金)에 병지(病地), 유금(酉金)에 사지(死地), 술토(戌土)에 묘지(墓地)가 되어, 마치 병(病)들어 죽은 뒤 땅속에 묻히는 형상의 무력함이므로 삼재(三災)가 발생한다.
  그러나 이 또한 희기(喜忌), 악삼재(惡三災)와 복삼재(福三災)가 있다. 가령 경금일간(庚金日干)이 신약일 때 신유술(申酉戌) 세년이면, 드디어 자기 자신은 록왕(祿旺)으로 가는데 삼재(三災)라면 얼마나 답답한 일이겠는가?
  그러므로 흉(凶)이 길로 바뀌는 전화위복(轉禍爲福) 복삼재(福三災)가 있어서 발전하는 행운을 누린다.
  신강한 경금일간(庚金日干)에 신유술년(申酉戌年)이면 진정한 악삼재(惡三災)에 해당하여, 재난풍파(災難風波), 관재구설(官災口舌)이 발생하게 된다.

삼재살(三災殺)은 앞서 말한 대로 해당하는 명의 80~90% 정도가 최소한 한두 가지 정도의 재난(災難)을 경험한다. 물론 개인의 명식과 행운의 길흉에 따라 그 손실 정도가 다르니 잘 살펴야 하는데, 특히 대세운이 모두 좋고 사주가 잘 짜여 있다면 흔히 말하는 복삼재(福三災)라 하여, 흉사(凶事)보다는 오히려 길경사가 있다.

행운이 흉(凶)하더라도 오행구족(五行具足)의 명식으로 순환상생(循環相生)이 되었다면 흉함이 적고, 사주에 악살(惡殺)이 있고 행운이 흉(凶)한데 또 삼재(三災)까지 겹치면 악살재난(惡殺災難)이 따르게 된다.

*입삼재(入三災) 년에 해당하는 인신사해(寅申巳亥) 세년은 지살(地殺) 역마삼재(驛馬三災)이다. 이동이나 변동이 큰 세년으로 교통액이 발생할 수 있다. 이동, 변동, 장기출장, 차를 사거나 바꾼다. 흉한 운기일 때는 척추디스크, 척추 관련 질병도 있다.

입삼재(入三災) 세년에는 누구를 막론하고 객식구(客食口)가 동거하거나 새로운 식구가 늘어날 때 집안에 우환이 생기고 재액(災厄)이 발생할 염려가 있으므로, 식구를 늘리는 일은 삼가는 것이 길하다.

특히 같은 삼재(三災)에 해당하는 사람은 피하는 것이 길하며, 사무실이나 점포, 공장 등의 직원이나 종업원 등을 채용할 때도 마찬가지인데, 많은 인원이 필요하거나 이동이 잦은 곳에서는 핵심 인물이나 측근 또는 중요부서에만 적용한다.

*삼재(三災)의 두 번째 해, 눌러앉은 삼재(三才)인 자오묘유(子午卯酉) 세년에는 대부분의 사람이 화(禍)가 심한데, 특히 수옥도화(囚獄桃花)이므로 더욱 조심해야 한다. 역시 식구를 늘리는 것은 좋지 않다.

*출삼재(出三災)인 진술축미(辰戌丑未)의 마지막 삼재(三災) 세년에는 묘고삼재(墓庫三災)로 가족 중 출타하는 사람이 있다면 흉중길(凶中吉)하다. 여러 사람이 모이는 행사나 잔치, 결혼 등은 삼가는 것이 좋다. 사람이 많이 모인다면 흉사가 발생할 염려가 있다.

특히, 진술축미(辰戌丑未) 일지라면 마지막 출삼재(出三災) 세년이 회갑에 해당하는데, 불환갑(不還甲)이라 하여 잔치를 하지 않는 것이 통례로 전해 내려오고 있다.

역시 출삼재(出三災) 세년에는 다른 일주보다 진술축미(辰戌丑未生) 일지들이 변화가 많으며 재해(災害)가 자주 생기니, 주의해야 한다.

일가족 중에 3인 이상이 삼재(三災)이거나 과반수가 삼재살(三災殺)에 해당하면 재화(災禍)가 더욱더 크게 미치니, 이 점을 참작하여 집안의 대소사에 활용해야 할 것이다.

단장관살(斷腸關殺)

甲午日柱	丙辰日柱	己卯日柱	癸丑日柱
乙未日柱	丁巳日柱	庚寅日柱	

상기 일주는 단장관살(斷腸關殺)이라 하는데, 대장질환(大腸疾患)이나 소장질환(小腸疾患), 맹장염(盲腸炎) 등의 질환으로 고생할 암시가 있다.

육수성(六秀星)

丙午日柱	戊子日柱	戊午日柱
丁未日柱	己丑日柱	己未日柱

상기 일주는 재치(才致)가 있지만 조급하고 자신의 이익을 먼저 생각하며, 독단적(獨斷的)인 기질이 강하여 동업은 피하는 것이 좋다고 알려져 있으나, 일지가 기신에 해당할 때 흉의(凶意)가 더 드러난다.

음양살(陰陽殺)

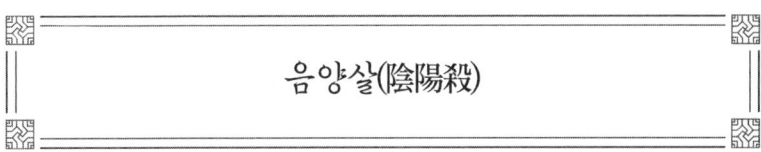

　남녀불문 음양살(陰陽殺) 일주라면 용모가 양호하여, 이성으로부터 유혹을 많이 받는다고 한다.
　천간(天干)과 지지의 음양(陰陽)이 달라서 몸과 마음이 따로 노는 형국으로, 음란하고 색정(色情)이 강해서 일생을 망칠 염려가 있다.
　고서에도 남명이 병자일주(丙子日柱)면 평생 많은 미녀를 상대하며, 많은 여자를 거느리고 같은 집에 함께 사랑하며 산다고 하였고, 여명이 병자일주(丙子日柱)라면 미남을 남편으로 얻고 뭇 남자들과 음사(淫事)를 즐기며, 남자를 품에 안고 도망간다고 하였다.

철사관살(鐵蛇關殺)

甲辰日柱	丙申日柱	丁未日柱
戊寅日柱	庚戌日柱	癸丑日柱

상기 일주는 돌림병이나 희소한 질병에 걸려 보며 단명의 암시(暗示)가 있다고 하므로, 방역이나 예방에 철저해야 한다. 일지가 기신에 해당할 때 흉의(凶意)가 더 강하게 드러난다.

오귀살(惡鬼殺)

甲子日柱	乙丑日柱	丙辰日柱	丁卯日柱	庚午日柱
丑時	子時	卯時	辰時	丑時

일주와 시(時)의 결합으로, 명식과 운이 같이 흉하다면 발생한다. 특히 음습한 사주에서 더 많이 발생하며 여자에게 더 많은 작용으로, 우울증이 되기도 한다.

부부 정이 없어서 독수공방(獨守空房)하는 경우가 많다. 잡생각을 많이 하고 산만해져 심하면 자폐나 정신분열로 나타나고, 의욕 상실에 허무주의가 되기도 한다.

간혹 헛것이 보이거나 꿈에 시달리고 삶의 회의를 느끼며, 정신병원 입원 및 무속인이 되는 경우도 많다. 질병이 끊이지 않고, 늘 몸이 아프다는 암시(暗示)가 강하다.

고신성(交神星)

丙子日柱	丙午日柱
辛卯日柱	辛酉日柱

무슨 일이든 타인과 같이하지 못한다는 일주이다. 생각은 깊으나 자아(自我)가 강하여 주변환경이 마음에 들지 않고 자기 생각과 같지 않으므로 동업은 절대불가(絶對不可) 일주이다.

불구각살(不具角殺)

일지	子	丑	寅	卯	辰	巳	午	未	申	酉	戌	亥
단명	巳	寅	辰	未	巳	寅	辰	未	巳	寅	辰	未
불구	亥	子	寅	卯	申	丑	戌	酉	辰	巳	午	未

    단명살(短命殺)이라고도 하는데, 말 그대로 명(命)이 짧다는 것이다. 해당 오행이 기신으로 월지(月支)라면 더욱 강하다. 온갖 질병에 시달리며, 불의(不宜)의 사고를 많이 당하여 상처와 흉터가 있으며 평생 약골로 지내는 경우가 많은데, 특히 불구각살(不具角殺)은 뼈에 이상이 생기는 경우가 많다.

    소아마비(小兒痲痺), 뇌성마비(腦性痲痺), 척추질병(脊椎疾病) 및 골다공증(骨多孔症)과 후천적(後天的)인 사고로 인해서 세운에서 골절 및 뼈를 다치게 되는 일이 발생하는 경우가 많은데, 해당 육친이 기신으로 월지(月支)라면 더욱 강하다.

급각살(急脚煞)

月支	寅卯辰 月	巳午未 月	申酉戌 月	亥子丑 月
急脚	亥子 日時	卯未 日時	寅戌 日時	辰丑 日時

 급각살(急脚殺)이 있다면 급격한 교통사고나 낙상(落傷) 등으로 다리가 부러진다든가, 수술하여 다리를 전다든가 하는 일이 발생하는데, 본인과 그 해당 육친을 함께 본다.

 가령, 인묘진(寅卯辰) 월생의 사주 명식에 해수(亥水)나 자수(子水)가 일지나 시지에 있다면 급각살(急脚殺)에 해당한다. 여기서도 희기(喜忌)를 가려 판단해야 한다.

 급각살(急脚殺)이 기신인데 급각살(急脚殺)에 통근하는 일간이면 당주 역시 자유로울 수 없으며, 신경통, 관절염, 풍치, 소아마비, 디스크. 척추 장애, 골절, 수족부상 등이 발생하기 쉽다.

 특히, 여자는 생리통, 두통, 산후통으로 고생한다. 수기과다(水氣過多)는 냉대하증(冷帶下症)이고, 화기과다(火氣過多)는 건혈대하증(乾血帶下症)이다.

 시주나 육친의 자손이 급각살(急脚殺)이면 자녀가 다치거나 장애인이 되는 경우가 많다. 명식에 급각살(急脚殺)이 있고 사주가 편고(偏枯)해서 막힌 곳이 많으면 중풍(中風)에 걸린다.

 특히, 화를 잘 내고 게으르며 운동이 부족한 사람이 수목응결(水木凝結)되어 있다면, 습관을 바꾸도록 노력해야 할 것이다.

격각살(隔角殺)

일지	子	丑	寅	卯	辰	巳	午	未	申	酉	戌	亥
시지	寅	卯	辰	巳	午	未	申	酉	戌	亥	子	丑

일지 한 칸 건너 시간에 태어난 것이므로, 이 살(殺)이 있다면 부모 형제 곁을 떠나서 타향살이한다고 하였다.

수고하셨습니다.
대미(大尾)

맺음말

그동안 공부 하시느라 참으로 수고 많이 하셨습니다.
필자의 미진한 글이지만, '자연의 실상 신살론과 인연법'에 관련된 사주 명리의 책으로서 큰 깨달음 얻으시기 기원합니다.

사주 명리를 공부하기 위해서는 기초가 튼튼해야 사상누각(砂上樓閣)이 되지 않습니다. 그러므로 기초를 튼튼히 공부하실 수 있도록 합(合)과 형충파해(刑沖破害) 신살론(神殺論)과 인연법(因緣法)을 접목(接木)하여 구성했습니다만, 벗님들의 궁금한 것을 모두 채워 주기에는 많이 부족할 것입니다.
필자 나름대로는 최대한 알찬, 자연의 실상에 근접한 "신살론과 인연법" 책이 될 수 있도록 풀어 쓰려고 노력했지만, 그래도 부족한 부분이 많을 것으로 생각됩니다.

현재의 천간지지의 글자가 있기 전, 자연의 실상을 글로 표현하여 10천간 12지지의 글자가 되어 현재의 사주 명리가 된 것인바, 천간지지의 모양은 자연의 형상입니다.
그런데 천변만화(千變萬化)하고 변화무쌍(變化無雙)한 자연을 글로 표현한다는 것이 범부(凡夫)밖에 못 되는 필자로서는 잘못 표현하고, 잘못 말한 것이 되지 않을까 겁이 앞섭니다. 큰 이해 있으셨으면 좋겠습니다.

사주 명리를 공부하시는 벗님들께서는 책과 함께 유튜브 명리 강의를 접하신다면 비부명리 초급편, 중급편, 고급편, 신살론, 일주론, 천간론 등의 동영상을 통하여 궁금하신 명리 공부를 이해하실 수 있을 것입니다.

벗님들께서 "신살론과 인연법" 책을 보시고 공부에 도움이 된다면 그 또한 필자의 업장소멸(業障消滅)이요 공덕(功德)이 될 것입니다.

이 책 모두는 김민정님께서 교정해 주셨습니다. 크나큰 업장소멸(業障消滅)이요 선행공덕(善行功德)이 될 것입니다.

-벗님들 가정의 평안과 건강을 기원합니다.-

대현(旲炫) 배상(拜上)